（典藏版）

百部国学传世经典

中华国学经典盛宴／获取先贤核心智慧

金刚经

【后秦】鸠摩罗什／译
林少华／主编

漓江出版社

图书在版编目（CIP）数据

金刚经/(后秦)鸠摩罗什译；林少华主编. --桂林：
漓江出版社，2017.9
(百部国学传世经典)
ISBN 978-7-5407-8272-6
Ⅰ. ①金… Ⅱ. ①鸠… ②林… Ⅲ. ①佛经②《金刚经》-译文
Ⅳ. ①B942.1
中国版本图书馆 CIP 数据核字（2017）第 233350 号

金刚经

作　　者　【后秦】鸠摩罗什　译
主　　编　林少华

策划统筹　陈植武　林晓鸿
责任编辑　李淑娟

出 版 人　刘迪才
出版发行　漓江出版社
社　　址　广西桂林市南环路 22 号
邮　　编　541002
网　　址　www.lijiangbooks.com
印　　制　北京飞达印刷有限责任公司
开　　本　710 mm×1000 mm　1/16
印　　张　30
字　　数　505 千字
版　　次　2017 年 9 月第 1 版
印　　次　2024 年 2 月第 8 次印刷
书　　号　ISBN 978-7-5407-8272-6
定　　价　45.00 元

前言

中华民族有着数千年的文明历史，创造了光辉灿烂的古代文化，其中中国传统国学是我国辉煌灿烂的文化典籍的核心部分，它博大精深、源远流长，显示出中华文化的深厚根基，给人类留下了丰富的精神财富。它塑造了我们中华民族的民族精神，开启心智，滋润生命，陶冶人格，塑造灵魂。

开卷有益，忙碌的人们闲暇之时，应该用传统国学来陶冶自己的情操，开阔自己的心胸，提高自己的人文修养，用先人的哲思来涤荡自己忙碌的心灵。我们应该坚持阅读的爱好，在潮流文化的强大攻势下，让传统文化永驻我们的心田。“复兴国学，从根本上讲，是复兴中华民族的自尊心、自信心。”我们要甄选传世经典著作中最经典的部分来读，要以开放的胸襟和燃烧的激情去承接古人的经典大论与哲思华章，以自豪而不狂妄、执着而不僵化的精神风貌来直面当今社会的竞争与挑战。

为了弘扬中国传统文化，帮助读者深刻了解我们的历史与文化，用经典历史文学知识陶冶情操、提高文化修养，同时使国学得到承传，得以弘扬光大，我们精心编排了本书。

本书选取了国学经典著作中很多优秀的作品及资料，博采各类经典作品的长处，并有所创新，以使得本书风格迥异、卓然超群，相信会给读者带来全新感受。

由于时间仓促，书中难免有不尽之处，恳请读者朋友提出宝贵意见，在此深表谢意。

目录

金刚般若波罗蜜经[1]

宣讲:【古印度】释迦牟尼佛[2]

结集:【古印度】阿难尊者[3]

翻译:【姚秦】[4]三藏法师[5]鸠摩罗什[6]

①金刚般若波罗蜜经:简称《金刚经》。《金刚经》是佛教重要经典。根据不同译本,全名略有不同,鸠摩罗什所译全名为《金刚般若(bōrě)波罗蜜经》,唐玄奘译本则为《能断金刚般若波罗蜜经》。《金刚经》传入中国后,自东晋到唐朝共有6个译本,以鸠摩罗什所译《金刚般若波罗蜜经》最为流行(5176字或5180字)。唐玄奘译本《能断金刚般若波罗蜜经》共8208字,为鸠摩罗什译本的一个重要补充。其他译本则流传不广。《金刚经》通篇讨论的是空的智慧。一般认为前半部说众生空,后半部说法空。

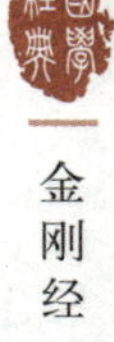

"金刚",金中最坚硬的刚,坚固义。经论中常以"金刚"比喻武器或宝石。以"金刚"比喻武器,乃因其坚固、锐利,而能摧毁一切,且不被万物所破坏。如帝释天及密迹力士所持之法器,称为金刚杵,它不会被任何物所摧破损坏,还能摧破一切物。

在中国文化中,《金刚经》是影响非常大的一部佛经。千余年来,不知有多少人研究《金刚经》,念诵《金刚经》,因《金刚经》而得到感应,因《金刚经》而悟道成道。《金刚经》是佛教经典中很特殊的一部。我们研究《金刚经》时,不能将它局限于佛教的范围,佛在《金刚经》里说:"一切贤圣,皆以无为法而有差别。"这就是说,佛认为古往今来一切圣贤,一切宗教成就的教主,都是得道

成道的；只因个人程度深浅不同，因时、地的不同，所传化的方式有所不同而已。

“金刚”指最为坚硬之物，喻指勇猛地突破各种关卡，让自己能够顺利地修行证道；“般若”为梵语妙智慧一词的音译，意为“通达世间法和出世间法，圆融无碍，恰到好处，绝对完全的大智慧”。“波罗蜜”，意指超越生死而度达解脱的彼岸。经者径也，学佛成佛之路。经题的意义，指以金刚一样无坚不摧的大智慧，破除一切烦恼执着，脱离欲界、色界、无色界三界而完成智慧（到达苦海彼岸）。

②释迦牟尼佛：生卒年代，北传佛教据汉译《善见律毗婆娑》“出律记”推断为公元前565—前486年；南传佛教或认为是公元前624年—前544年或公元前623—前543年。本是古印度迦毗罗卫国（今尼泊尔境内）的太子，属刹帝利种姓。父为净饭王，母为摩耶夫人，佛为太子时名叫乔达摩·悉达多，意为“一切义成就者”（旧译“义成”）。

佛陀以本誓愿，于娑婆世界，五浊恶世示现成佛（详见八相成道），开显佛教，度化众生。

释迦牟尼的意思是“能仁”“能儒”“能忍”“能寂”等，因父为释迦族，成道后被尊称为释迦牟尼，义即“释迦族的圣人”。

据佛经记载，佛陀在19岁时，有感于人世生、老、病、死等诸多苦恼，舍弃王族生活，出家修行。35岁在菩提树下悟道，遂开启佛教，弘法45年。年80岁左右在拘尸那迦城涅槃。另一说为30岁成道，弘法49年。

③阿难尊者：释迦牟尼佛的十大弟子之一，阿难是梵语的音译，意为“欢喜”“喜庆”，本是释迦牟尼佛的堂弟，后跟随佛陀出家，佛陀55岁时，选阿难为常随侍者，当侍者达25年。因为他专注地服侍佛陀，谨记无误佛的一言一语，因此被称为“多闻第一”。佛灭后第一结集由阿难诵出三藏中

的经藏，《金刚经》即在其中。

佛祖涅槃后，大迦叶尊者成为“初祖”，统领广大佛家弟子。大迦叶圆寂后，阿难尊者继承迦叶，率领徒众弘扬佛法，被后世尊称为“二祖”。

在寺院中，阿难与迦叶总是侍立在佛祖的两边，成为佛祖的协持。

④姚秦：十六国时期羌族姚苌建立的国家，都长安（今陕西西安）。盛时控有今陕西、甘肃、宁夏及山西、河南的一部分。历三主，共 34 年。史称“后秦”“姚秦”。

⑤三藏法师：三藏是佛教典籍的三种形态，经藏是佛说的佛经，律藏是戒律，论藏是后来的弟子们来著书立说，解释佛经及戒律等是了不起的著作，只要精通经藏、律藏、论藏的人就可以被称之为三藏法师，三藏法师就是对精通此三藏者的尊称，中国历史上的三藏法师有很多。

⑥鸠摩罗什（344～413）：本名梵语为 Kumārajīva，音译为鸠摩罗耆婆，又作鸠摩罗什婆，简称罗什。其父名鸠摩罗炎，母名耆婆，属父母名字的合称，汉语的意思为“童寿”。

鸠摩罗什原籍天竺，生于西域龟兹国（今新疆库车县）。幼年出家，初学小乘，后遍习大乘，尤善般若，并精通汉语文，曾游学天竺诸国，遍访名师大德，深究妙义。他年少精进，又博闻强记，于是备受瞩目和赞叹。所介绍之中观宗学说，为后世三论宗之渊源。佛教成实师、天台宗，均由其所译经论而创立。著名弟子有道生、僧肇、道融、僧叡，时称“四圣”。在东晋后秦弘始三年（401），姚兴派人迎至长安（今陕西西安西北）从事译经，成为我国一大译经家。率弟子僧肇等八百余人，译出《摩诃般若》《妙法莲华》《维摩诘》《阿弥陀》《金刚》等经和《中》《百》《十二门》和《大智度》等论，共七十四部，三百八十四卷。与真谛（499～569）、玄奘（602～664）并称为中国佛教三大翻译家。另说还有义净（635～713）〔又说为不空（705～774）〕并称为四大译经师。由于译文非常简洁晓畅，妙义自然诠显无碍，所以深受众人的喜爱而广为流传，对于佛教的发展，有很大贡献。

总　解

从中国古代历史上来看，中国佛教几经兴衰，曾经历过两个盛世，一是唐宋时期，一是明朝。

佛法是精神层面的东西，在谈论它时，就要以物质为基础，这也是由今天这个时代的特点所决定的。如果大家只是单纯谈论精神上的东西的话，那就与这个时代格格不入。今天人们难以像颜回一样，每天一箪食，一瓢水，一张蒲席，在一间漏得不能再漏的破屋子里，自己保持着很高的精神境界，“不改其乐”。

佛法要得到大力弘扬，总是需要有一个太平盛世作为前提。随着国家的日益强盛，物质的富足，人们对精神层面的探索需求也就到了一个空前的高度。跟这个时代众生相关的一些佛教宗派（像净土宗、密宗等）都开始有了繁荣的气象，大德们也纷纷出来用各种善巧方便来弘扬佛法。这些都首先得益于佛法盛世的来临。

《金刚经》与中国的因缘是非常殊胜的。在三藏十二部佛经中，很多国家都有他们本国所钟爱的经书。而《金刚经》在中国的受欢迎程度一直远胜于其他教经。早在宋朝的时候，《金刚经》在出家人的考试中是必考的。譬如从沙弥升为沙门（即比丘），或者是参加一些监院、住持、方丈之类的考试时，就要考《金刚经》。

中国人非常勤俭，也非常讨厌繁琐，同时这个民族的悟性非常高。而《金刚经》正与这样的秉性契合，因此，中国人学《金刚经》的非常多，尤其是文人雅士。禅宗在佛法的发源地印度并没有得到发展，而是在达摩祖师传到震旦（中国）之后，得到很大的发展，形成了一个没有离开佛陀教育的自己的路子，可以说已经成为中国自己的一个宗教。因为这样的修行路子，非常契合中国人的特点。

古往今来，有很多大德曾经讲解过这部《金刚经》，第一是天亲菩萨跟无著菩萨，这两位是唯识宗（法相宗）的老祖宗。他们的注解不可不看，尤其是天亲菩萨的。因为这部《金刚经》本是阿罗汉询问如何成就大乘菩萨，直至无余涅槃入实相境界的一个修证过程。而天亲菩萨的《金刚经论》正是在他证得阿罗汉果之后，回过来学习、弘扬大乘佛法时所著。在这个末法时代，已经极少有人能证得阿罗汉果，虽然越南、缅甸、老挝那一带的南传佛教还有些阿罗汉的大成就者，但是他们是很难出来给大家讲《金刚经》的。

第二位是六祖惠能，他的《金刚经解义亦曰口诀》非常朴实。

第三，就是印顺法师的《金刚经讲记》。印顺法师是我国近代一位难得的大德，尤其是他重建“人间佛教”的提议，推动了佛学与现实社会接轨。因为要想荷担如来家业，就必须要走这个路子。如果跟独觉一般，只是自己觉悟了，就不管别人，大乘佛法就会因此而灭绝。

古往今来，讲解《金刚经》的人非常多，但是印顺法师指出一个很大的问题，就是关于这部经书的讲解大多流于空谈，流于文字相，很少有人能将全经的经络讲出来。

你会觉得这部经总是在说一件事，但是又会奇怪经中的布施比量为什么越来越高。产生这样的疑惑是因为不明白全经的次第和真意。这部《金刚经》本是一个渐次修行的法门，如果不明白这一点，就不能读懂《金刚经》。大家都只是在纠缠一些“阿罗汉”“菩萨”之类的名相，而不去探究深层的内涵，这也就是印顺法师觉得非常遗憾的地方。

比如，“一合相者，即是不可说，但凡夫之人贪着其事”中的“一合相”，到底是什么意思？“一合相”的范围是什么？为什么佛陀说它是“一合相”，又为什么“不可说”？

再如，为什么要“无我，无人，无众生，无寿者，修一切善法”？既然“无我，无人，无众生，无寿者”了，那为何还要修一切善法？以“无我，无人，无众生，无寿者”，修一切恶法不行吗？

如果不能搞明白诸如“一合相”、“如如不动”之类的章句真正的内涵，这部经就算白读了。

如果能弄明白这部经，三藏十二部佛经的提纲也就都明白了。同样，如果把《心经》搞明白，也就能把“般若”的心搞明白了。

这部经文开始，由号称佛陀十大弟子中“解空第一”的须菩提发问：当众生立定志向要达到无上圆满的佛陀觉智时，应该将发心的目标定在哪里？如果在实践过程中心不能安住，应该如何降伏？即如何使心灵平和地安住在终极关怀，如何在走向终极目标的过程中，对各种错误认识和患得患失心理进行克服？《金刚经》就是围绕佛陀对此问题的解答而展开的。

《金刚经》是彻底解放烦恼心灵的大智慧，对中国的历史和文化产生了深远影响。但由于该经文字简洁、思想深奥，一般人很难全面透彻地理解其本来含义和价值指向。因此，历史上佛教各派祖师都为此经作注讲解。

《金刚经》是一部证入“无有涅槃佛，无有佛涅槃”的实相境界的大经。如果死在文字上，无有是处。因为它真正内在的意思，不是靠攀缘、文字、分别所能理解的，这也是学《金刚经》的难处。

第一品[①] 法会因由分[②]

①第一品：《金刚经》原本是完整的一本经书，南北朝时期，梁朝的昭明太子萧统将《金刚经》分作三十二品（章），使得原本长篇连贯的经文经过他整理之后，变成了容易传诵理解的三十二个分则，各段并补充浓缩精要的副标题。

②法会因由分：事因缘，说法度生，必须因地因人因时，不可轻易说法，所以机缘不到不说也。因地者，须有庄严的道场。因人者，须有听法的智慧。因时者，须俟机缘的成熟。有此三因，方能说法。总之极言其成立法会之不易也。

如是我[①]闻：一时[②]佛在舍卫国[③]，祇树[④]给孤独园[⑤]，与大比丘[⑥]众千二百五十人俱。尔时，世尊食时[⑦]，着衣持钵[⑧]，入舍卫大城乞食。于其城中，次第乞已，还至本处。饭食讫，收衣钵，洗足已，敷座[⑨]而坐。

经文注释

①我：集经的阿难自谓也。

②一时：说经时也。

③舍卫国：是波斯匿王的国都名。

④祇（qí）树：祇是祇陀太子的略称，树是祇陀太子所施的林树，故名祇树。

⑤给（jǐ）孤独园：波斯匿王的大臣，名叫须达多者，乐善好施，常在此园赈济贫人，所以大家称他为给孤独园长者。因此之故，这个地方，也就叫给孤独园。

⑥大比丘：有德行者之称也。译为汉语即乞士，上乞法以养慧命，下乞食以养生命。

⑦食时：佛有一定之食，非时不食，寅卯辰三时，诸天食时。巳午未三时，人法食时。申酉戌三时，鬼神食时。亥子丑三时，畜生食时。今言食时，是人法食时也。

⑧钵：钵为应量器。有三应，即色相应，体相应，大小相应是也。色相应者，钵是灰黑色，令人不起爱心之意。体相应者，钵体为粗质，令人不起贪心之意。大小相应者，不过量也。乞食不过七家，令人不贪口腹也。

⑨敷座：铺座跏趺而坐，安住于正念中。所谓坐如钟、行如风、卧如弓、立于松，是佛教的威仪。因为佛教对坐立等都有严格的规定，故“结跏趺坐”就是其中的一个动作规范。

译文

（弟子阿难说）：这本《金刚般若波罗蜜经》是我亲自听到如来佛说的。在说此经的时候，佛是在舍卫城的祇树给孤独园，与有德行的高僧及各弟子，约有一千二百五十人等共同生活。有一天已经是快到吃饭的时刻，大伙儿穿上了袈裟，拿着盛饭的钵，由祇树给孤独园走进舍卫大城去乞食。在城中依次乞食完了，便回到原处吃饭。佛吃过了饭，就将衣钵收拾干净，也洗净了脚，亲自在地上铺好座位坐下来。

详解

如是我闻：一时佛在舍卫国，祇树给孤独园，与大比丘众千二百五十人俱。

这段文字叫通序，每一部经都是一样，亦称为证信序，这是佛经五种证信之一。

1. 如是我闻——就是我听到这样。为经典的开头语。释尊在《涅槃经》中曾经对多闻第一的阿难尊者要求说，凡是他一生所说的经典，都要在经文的卷首加上“如是我闻”这样的语句，表示这些都是他亲口所说的，直接来自于他的心得。“我”指阿难尊者，亲从佛闻。因为他是结集经典的代表。一般传统上都称阿难为“尊者”，这是阿含经里的一个尊称；事实上阿难也是一个菩萨，而且是证悟之菩萨。因为在《楞严经》里，阿难在世尊的帮助下，悟得自性本心，所以说他也是菩萨。

2. 一时——时节到，其理自彰，是为时成就。

一千二百五十位大阿罗汉生死已了，又经方等食上，弹偏斥小，叹大褒圆，诸阿罗汉悉舍小乘，学习大乘的善根成熟，时节既到，世尊便宣讲金刚经。又，一时者，悟道之时，得法之时也。由于佛陀说法的时间、地点有所不同，有时在人间，有时在天界；在人间又有不同国度之差别，而且所使用之历法、时间各有差异，不能决定而说，所以泛称为“一时”，在这个时间里佛陀宣说某部经。

3. 佛——六种成就中，说法主成就。

梵语佛陀耶，华言觉者，觉天地间之真理。觉，有两种解释：（1）外觉，观诸法空，外不见人过，亦不被六尘所染。（2）内觉，知心空寂，不被邪迷所惑，故名觉。

自己觉悟了后，称为自觉；令他人觉悟，名为觉他；自己究尽诸法实相，又令他人究尽实相，称为觉满，是故自觉、觉他、觉行圆满，名之为佛。

4. 在舍卫国，祇树给孤独园——舍卫国乃波斯匿王的王都，祇指祇陀太子，祇陀是梵语，译为战胜，是一个太子的名字。因为太子出生的时候，国王战胜他国，所以起名叫战胜。本经中佛说法的地点在舍卫国。舍卫国是以舍卫城之名取为国号，舍卫其实是城名，故亦有译作舍卫城者。

祇树是指祇陀的树林，祇陀是波斯匿王之太子。“给孤独”，是一个人名，他是舍卫国的人，因为平常就乐善好施，是一位大善长者，大家就称他为“给孤独长者”。

后时，有给孤独长者很信仰佛，想请佛说法，于是就看准了太子这个园子，做佛的住处最好。他想定了。就去与太子商量，想买他这园子，但是太子向他提出条件，要是他能用黄金铺满园地，就将这园子卖给他。长者听了这话并不为难，真的照办。还没有铺满，太子见他这样诚恳，就对他说不用铺了，这个园子就算是长者的，树林算是太子的。所以就立名为祇树给孤独园。给孤独，是说这个长者喜欢救济孤独困苦的人，所以大家就给他这样一个美称。以上是叙说法的处所，他们的成就是六种成就中的处所成就。

不过在今天看来，却不可以只凭这六种成就而完全接受大藏经里的每一部经，或流通在坊间的每一部经，因为“伪经”之情形确实存在，虽然为数极少，但是我们还是要有此认知才好。除了六种成就外，分辨是否为“伪经”之方法就是从其法义上着手，尤其是以根本的法来辨别真伪。根本的法，就是法界实相第一义谛的法，以此来辨别较为可靠；《金刚经》就是属于第一义谛的法，所以值得我们努力修学，乃至悟入。

很多佛弟子可能也已曾在无量劫中于无量佛所种了一分善根，听佛说法，由于《金刚经》有如是语。譬如《金刚经》云：“世尊！颇有众生，得闻如是言说章句，生实信不？佛告须菩提：莫作是说！如来灭后，后五百岁，有持戒修福者，于此章句，能生信心，以此为实。当知是人，不于一佛二佛三四五佛而种善根，已于无量千万佛所，种诸善根；闻是章句，乃至一念生净信者。”

从此经文得知，一个人要相信《金刚经》真的很不容易；又由此经文可以知道，众生需要生生世世地温习像《金刚经》这种第一义谛的法和知见。个人以舍身命之心情愿为佛教、为众生、为正法而努力，实在是因为广大的佛弟子需要正法，更需要正法之知见；然而大多数人却是无缘听闻，乃至修学大乘菩萨正法之知见，就像《金刚经》这部第一义谛的大乘妙法经典并非大多数人有缘听闻修学。众生的福薄，令人怜悯；正法的未来充满危难，也令人忧心。

这个金刚法会除了有一千二百五十位大比丘外，一定还有其他比丘、比丘尼以及在家优婆塞、优婆夷也同在祇树给孤独园参与盛会。参加佛陀说法之大会，必然是非常殊胜，可惜这是可遇不可求之事，但是肯定仍有无量的众生曾听过佛金口说法，只是时间长短有别罢了。真正说来，听佛说法极难可得，就像我们这一世并没有机会听佛说法，因为再生的弥勒尊佛又要在五十六亿七千万年后才能够成佛，相距已是那么久的时间。谁会有此难得的福分呢？

5. 与大比丘众千二百五十人俱——六种成就中，听法者成就。大比丘指已证阿罗汉果的徒众，梵语比丘，含三义：（1）乞士。上乞法以养慧命，下乞食以养色身。佛在世时，制诸比丘，不得弄食，必须沿门托钵，次第乞食，一方面舍离自己的骄慢，另一方面体会苦谛，故云乞士。（2）破恶。恶者，身有杀盗淫三种恶，口有妄言、两舌、恶口、绮语四种恶；比丘出家，持戒清净，能破身口七支之恶，证阿罗汉果，出三界火宅，具六神通，故称为大比丘。（3）怖魔，比丘受具足戒后，因戒生定，因定发慧，以智慧断烦恼，出三界，了生死，不再是魔王的子孙，故比丘登坛受戒时，魔宫震动，天魔怖畏。

“众”即僧，梵语僧伽耶，华言和合众，四位以上的比丘和合，称为众，大众和合成一力量，可令佛法久住，若比丘个别而住，很容易被魔王逐一击倒，所以比丘众亦称为和合众，分事和及理和两种。理和者，同证择灭无为之理，择者，拣择烦恼，证寂灭涅槃；事和又有六种：身和同住、口和无诤、意和同悦、戒和同修、利和同均、见和同解，以六和为因，证择灭无为之果。依据《大智度论》之说法，凡结集一部经，必须具备六种缘，乃能成就。此经即必须以“如是”为“信”成就；以“我闻”为“闻”成就；以“一时”为“时”成就；以“佛”为“主”成就；以“在舍卫国祇树给孤独园”为“处”成就；以“大比丘众千二百五十人俱”为“众”成就。就《金刚经》而言，必须有此六种成就才算完整。

“千二百五十人俱”，“千”，指三迦叶及其弟子一千人，“二百”，指舍利弗、目犍连及其二百弟子，“五十”，指耶舍长者子及其五十友人出家，共成一千二百五十人，与佛同住于此金刚道场，听佛说般若波罗蜜经。

尔时，世尊食时，着衣持钵，入舍卫大城乞食。于其城中，次第乞已，还至本处。饭食讫，收衣钵，洗足已，敷座而坐。

此乃别序之文，别在此经，故云别序。

由“如是我闻”至“千二百五十人俱”，名为通序，如来所说的一切经

典，都有如上六种成就，故名通；别，则指发起讲经之缘起，每一次均不同，故名别。

“尔时”，即时间到了，“世尊”，乃如来十号之一，如来智慧福德，超胜三界，天上天下，惟佛独尊，更无有上，故名世尊。

“食时”，分四种，睹天早晨食，所以供天应该是寅时，巳至午乃佛食时，下午畜生食，戌亥二时鬼食，是故佛过午不食，不但佛如是，佛弟子亦然，故云食时。

“着衣”，出家人有三件衣：五衣、七衣及大衣。着衣者，指着大衣；有三处地方，一定要着大衣：(1) 入皇宫见国王，(2) 升座说法，(3) 乞食。

“持钵”，钵分铁钵及瓦钵两种，惟佛的钵是石钵，乃四大天王于释迦佛成道时，各献青石之钵，佛受之，以四钵重叠，按为一钵。后因石钵重，不便携带，故佛制弟子，不可用石钵，只可用已熏之瓦钵及铁钵。

舍卫城横六十里，纵二十里，居民九亿，故称大城。世尊入城乞食有两种因缘：(1) 令城中不能外出的妇女，得见如来，供养求福。(2) 如来本不需食，为了令众生得福，如来不食而食。智者大师有偈颂曰：法身本非食，应化亦复然，为长人天福，慈悲作福田。

既然要令人人得福，故佛乞食并不拣择贫富，沿门托钵，次第而乞，令人人均可见佛，以乞至钵满为止，钵未满，只可乞七家，故云次第乞尔。

“敷座”者，展具而坐，比丘展具，趺坐其上如宝塔，其如地基，所谓“卧具尼师坛，长养心苗性，展开登圣地，奉持如来命”。智者大师亦有偈颂曰：收衣息劳虑，洗足离尘缘，欲证三空理，跏趺示入禅。

比丘结跏趺坐后，身端正，心清净，容易悟道，可知跏趺坐是一种用功的法门。

丛林上，禅堂有四正四开，每天坐四支香：早粥后至午时是一支，午饭后趺坐至晚上，晚上趺坐至睡眠时，清早起来趺坐至天亮，是谓四正四开，后人改为四正八开，或四正十开，坐香的时间因此缩短了，其实修行人应该要坐长香。坐长香，心比较容易安定下来，入定后，就不知道时间长短，所以应该要坐长香。

此段文名为发起序，即发起般若经之序，古德解释此文各有不同，大致如下：着衣持钵，入舍卫大城乞食——表戒，结跏趺坐——表定，说金刚经——表慧。

佛法平常，佛法在眼前，无一法不是佛法，所以不能领会者，皆因无明。赵州问南泉：“何谓道？”南泉曰：“平常心是道。”平常心者，穿衣吃饭、出入往还、举首动足、行住坐卧，都未离开这个道。看，世尊食时，着衣持钵，入舍卫大城，次第乞食，然后返回本处，食饭毕，收衣钵，洗足，敷座而坐，根本未动丝毫一念，如如而作，如如而去，一切不离道，这就是平常心是道，所谓粗言及细语，皆归第一义。

如来把此微妙之法，在平常日用中表露出来，古人云：“原来佛法无多子，只在平常日用中，穿衣食饭亲认得，千差万别体皆同。”世尊在简单的言行里，表现出佛教行、住、坐、卧的威仪。

世尊在人间示现成佛，是应化身，这个应化身就和当时的印度人一样：为了维护这应化身之生命，仍必须饮食。佛及比丘们有一定之饮食时间，原则上是过午不食，这是佛制之戒律。在佛世必须每天清晨出去托钵乞食，以遵守过午不食之规定；因为舍卫城离佛的住处祇树给孤独园仍有一段距离，走路也要花一些时间。世尊和诸比丘弟子们都是以乞食而生活，一方面是为了给众生种福田，另一方面，也借此去除贪欲。这是世尊的规定，其中当然有很深的道理；在当时的环境，也是为了修行解脱，必须如此。

不可轻忽此段经文，经典上之每一段文字皆有妙法在。

依照佛制，托乞至七家仍未满，也不能向第八家乞食。又乞食绝不加以拣择好坏，必须遵循次序乞完，至多七家，或是已乞满，就要停止。即使佛陀也是要依照这个规矩乞食，不能例外。乞食之后还是要走回住处祇树给孤独园才能吃，不能在城里人的住家前就用食，也不能在半途即吃，这就是佛制的规矩。

佛吃完饭之后，还是要自己收拾衣和钵，要就座之前仍要先把双足洗净一番才就座。

由此段经文可以稍微了解世尊生活上的点滴情形，对今日之佛弟子而言，其实也是得以对佛的生活多一些想象空间。《金刚经》是一部极为特别的经典，从这部经典上，我们可以了解到世尊说法之善巧方便和智慧，有智慧的人当然会深刻地体会到世尊的慈悲。

这段经文的内容，在其他经典上并没有，或说是少有的。那么为什么在《金刚经》里会有这些佛陀生活上的思想或行为呢？它是在教导我们什么呢？这当然免不了是要教导我们“佛陀在日常生活上的无言教示”。佛在这里所要教导的不仅仅只有“日常生活的无言教示”，若说“着衣持钵，入舍卫大城乞食。于其城中，次第乞已，还至本处。饭食讫，收衣钵，洗足已，敷座而坐”，不只是佛陀每天做这些事，即便诸比丘众也莫不如是，有什么稀奇呢？又即使古时佛及诸比丘弟子每天托钵乞食，换作今日之出家僧众，每天仍是要早晚课诵，忙于执事，每天要做很多事，并没有闲着。这又和古时佛世之僧众有何差别呢？

同样每天都要吃喝拉撒，佛及诸比丘弟子有何不同？有人会说：“当然不一样啰！一个是佛，而诸比丘是弟子，这就是最大的不同啊！”这样的回答是“只知其一，不知其二”。佛弟子都知道，学佛要“闻、思、修、证”；看经典是“闻”，闻法之后，就要去用心“思维”。现在我们反思看看，我们在阅读经典时有没有用心思维？

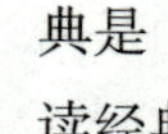

不是只用肉眼看，否则像走马看花一般，又有什么大利益呢？利根之人自可从任何一段经文悟入，这就要看是不是“与佛有缘”了。

学佛修行不能错用心，若是错用了心，即使百千万劫努力修行，也是枉然。诸方佛弟子不妨深思，若如世尊二千多年前“着衣持钵，入舍卫大城乞食。于其城中，次第乞已，还至本处。饭食讫，收衣钵，洗足已，敷座而坐”，此诸日常生活之琐事有何值得大肆宣扬之处？徒留后世佛弟子每日读诵、唱诵不断，浪费佛弟子多少宝贵青春。若耗费宝贵生命，应要作补救才对，而最好的补救，就是给那个人加持一下，只要一下就好。此事何故诸方佛弟子都不介意？两千多年来竟无人委婉提出抗议？若是抗议有理，至少佛世尊加持一下也好。佛弟子不能有过分要求，勇于提出问题是好事，表示有善根，所以只能要求佛加持“一下”就好。

要求世尊加持是可以，但是要如法，最好是多拜佛、多念佛。拜佛的功德很大，有一句话不是也说“礼佛一拜，罪灭恒沙”吗？拜佛的利益这么大，为什么不拜呢？念佛也可以啊！不管是持名念佛或忆想念佛都很好，一定要努力修习念佛工夫。《观无量寿经》就说：持念一句阿弥陀佛名号，可以灭除八十亿劫生死重罪。又心想忆念阿弥陀佛也可以灭除无量劫生死之罪，这么大的利益，为什么不要呢？不管是持名念佛或忆想念佛，都可随个人喜好，随个人因缘去努力修习。

有人会问：“持念阿弥陀佛名号，求生西方净土，和《金刚经》有何关系？”答案是：“关系很密切！”持名念佛的人也需要修学《金刚经》、读诵《金刚经》，因为那是通往西方的重要基础，也是提高品位之保证。

讲经的人只能表达出他心里面的东西，而没办法表达出你心里面的东西。现实生活中，可能你连描述一个普通的物品都很困难，所以佛的意思又怎么可能描述、比喻出来呢！我们没有办法用思维和分别的方式学到真正的佛法。大家要学着去悟，用“心”去领悟。

另外，虽然讲经讲的是自己内心的一种见解或证悟，但针对不同次第和特点的人，讲出来的东西也会不同。南朝时期，志公老和尚告诉梁武帝，有位大德讲《金刚经》讲得非常好。梁武帝非常景仰，就立即要请他来，问：“他在哪儿啊？”

“他在一个鱼行里。”

就去鱼行把傅大士请来了。

梁武帝就问他：“你要登台讲吗？”

“不用，给我一副打板就可以了。”

这皇帝喜欢听经，那些臣子们也非常爱听经，呼啦啦地跪了一地，只有皇帝坐着，满堂都在静等傅大士讲经。

这时只听“啪”的一声，傅大士狠狠地一敲板，然后把板一扔，走了。

梁武帝一看，傻眼了：这是什么意思？

这时志公老和尚说：“他讲完了！”

这才是真正能讲《金刚经》的人，这才是真正的大德。大家要好好体会这里面不可思议的地方。傅大士其实是弥勒菩萨应身来结缘的。

梁武帝没听明白，赶紧跟志公禅师说：“请他再讲一遍吧，大家都没听明白。”傅大士就回来又讲了一遍，这就诞生了那些偈颂集。

第一次傅大士为什么那样讲经？这是因为《金刚经》是需要你自己去悟的，讲是讲不出来的。这才是傅大士真正的慈悲。

评析

六祖慧能自幼因家贫而失学，所以并不识字，但他事母至孝，每天上山砍柴养活老母亲。一日，在街上听到和尚念经，他不禁驻足凝听。当他听到“应无所住而生其心”这一句话时，感动之情溢于言表。于是，那个和尚告诉他这是《金刚经》所载，又指引他在黄梅山有一位弘忍禅师，正在讲授该卷经，教人见性成佛的道理。

从此，他立志出家，只是放不下老母。后来有一位善心人帮助他照顾母亲，他才安下心去弘忍那里求道。他每日在米房里舂米，并暗中修行，终于他领悟到所谓“应无所住而生其心”的意思，就是一切存在不离心。

弘忍知道了慧能求道之志，一夜，将他叫到自己的房间，告诉他：“不知心，学佛无益，看清此心便为佛。”

不久后，弘忍对弟子们说：“我想把禅法传给人，谁都行。只要你们把自己的悟境用偈语表达出来，而且能适中禅之真髓，我就给予认可。”

当时弘忍的弟子有八百人之多，但是届时大家都畏缩起来，不敢去做偈。

后来有一位高徒神秀终于写了一首偈，贴在弘忍经常走过的走廊上：“身是菩提树，心如明镜台。时时勤拂拭，莫使染尘埃。”

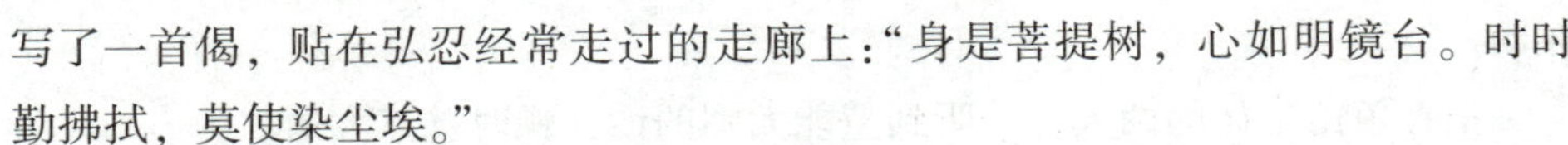

此偈一贴出，人人称赞，连弘忍也很欣赏，但是慧能却说：“神秀的偈虽然点到真实，但称不上十分好。”大家对于他的评语都不理睬，因为神秀既通内外之学，德望又高，常代弘忍讲道，而慧能被认为只不过是一个不学无术的捣米小鬼而已。

可是后来慧能做了一首偈，请人代为书写后就贴在神秀的偈旁：“菩提本无树，明镜亦非台。本来无一物，何处惹尘埃。”

众人看了大吃一惊，因为这首偈把禅的真谛明明白白地表示了出来。

弘忍的衣钵终于传给了慧能。

只要心不动就不会受到外物的影响

很多时候，我们看到春光灿烂、鸟语花香，或者寒风凛冽、花凋叶落，在禅者的眼里这都是我们的心理作用的结果，是我们的内心感受向外界事物的一种投射。因此，保持一颗平常之心，真正地做到不以物喜，不以己悲，

才会达到人生的至高境界。

慧能大师在五祖弘忍处得到衣钵，为了悟道修行，只身来到南海。

当时，广州法性寺有一位印宗禅师正在开讲《涅槃经》，于是，慧能大师决定在法性寺停留数日，以便听闻法师讲经。

到了这一天，寺前因为法师讲经而竖起了幡旗。

其中，有两位和尚见到广场中飘扬的幡旗，便开始议论起来。其中一人说："是幡动。"

另一人则说："不，是风动。"

结果，两人就此争论不休。

这时，慧能大师开口说道："不是幡动，也不是风动，是你们两人的心在动。"

正在争论不休的两人，一听到慧能大师的话，顿时恍然大悟。

只有祛除妄念才不会被世事所迷惑

一个人能达到心静的境界，就不会迷茫，可很少有人能做到，因为这世上有太多的诱惑。虽然我们不可能完全抛开世间之事，但有一点是要尽力做到的，那就是不要被外界环境所干扰。

慧能禅师见弟子终日打坐，有一次便问道："你为什么终日打坐呢？"

弟子回答："我参禅啊！"

慧能禅师说："参禅与打坐完全不是一回事。"

弟子回答："可是你不是经常教导我们要守住容易迷失的心，清净地观察一切，终日坐禅不可躺卧吗？"

慧能禅师说："终日打坐，这不是禅，而是在折磨自己的身体。"

弟子糊涂了。

慧能禅师紧接着说道："禅定，不是整个人像木头、石头一样的死坐着，而是一种身心极度宁静、清明的状态。离开外界一切物相，是禅；内心安宁不散乱，是定。如果执着人间的物相，内心即散乱；如果离开一切物相的诱惑及困扰，心灵就不会散乱了。我们的心灵本来很清净安宁，只因为被外界物相迷惑困扰，如同明镜蒙尘，就活得愚昧迷失了。”

弟子躬身问道：“那么怎么样才能祛除妄念，不被世间之事所迷惑呢？”

慧能禅师说道：“思量人间的善事，心就是天堂；思量人间的邪恶，就化为地狱。心生毒害，人就沦为畜生；心生慈悲，处处就是菩萨；心生智慧，无处不是乐土；心里愚痴，处处都是苦海了。”

弟子终于有所醒悟。

第二品　善现启请分①

分名解说

①善现启请分：善现，就是须菩提的名。须菩提知道佛要说般若大法，所以应机而启请也。如来每次说法，必同弟子等，借问答以显明真理。《金刚经》本是空宗，因须菩提善解空，故而应机启请也。（善现是须菩提汉语译名。又名善吉，又名空生。须菩提原生于有钱之家，出生之时，库藏的物品皆空了，所以名空生。他的父母请算卦先生占了一卦，占云主吉，所以又名善吉。良久库藏的物品，又出现了，所以又名善现。）

经文

时，长老①须菩提，在大众中即从座起，偏袒右肩，右膝着地，合掌恭敬而白佛言："希有②，世尊！如来善护念诸菩萨，善付嘱诸菩萨。世尊，善男子、善女人，发阿耨多罗三藐三菩提心③，云何应住，云何降伏其心？"佛言："善哉！善哉！须菩提，如汝所说，如来善护念诸菩萨，善付嘱诸菩萨。汝今谛听，当为汝说：善男子、善女人，发阿耨多罗三藐三菩提心，应如是住，如是降伏其心。""唯然，世尊。愿乐（yào）欲闻。"

经文注释

①长老：德高曰长，年高曰老。

②希有：希者少也。希有，就是赞佛之辞。此处具有四种意义。一、时

希有，难得此说法的时候。二、处希有，难得此庄严的道场。三、德希有，不但佛有极大威德，就是听众，也都是道高德重者。四、事希有，事是因缘大事，说法度生之事也。

③阿耨多罗三藐（miǎo）三菩提心：阿者，无也，耨多罗者上也，三者正也，藐者等也，三者正也，菩提者觉也，就是无上正等正觉。换句话说，就是我的真性也。此真性包含太虚，孰得而上之，所以说无上，然而上自诸佛，下至蠢动，此性是正相平等的，所以说正等。又因其觉，圆明普照，无偏无亏，所以说正觉。

译文

这时，长老须菩提领悟如来不时在乞食、穿衣、洗足等平常生活中所示现的佛法。在大众中就从座位上站起来，偏袒右肩右膝跪地，合掌恭敬地对佛说："希有，世尊！如来无所从来，亦无所去，显现在平常生活中，正是如来护念一切菩萨，要付嘱一切菩萨的佛法。世尊，如果善男子善女人，发愿要上求佛果下化众生，辛勤修行，增长智能，发现了如来所付嘱的无上正等正觉心，应当如何安住无上正等正觉心？如何降伏妄心？"佛说："问得好！问得好！须菩提，正如你所说，如来善护念诸菩萨，善付嘱诸菩萨。你现在仔细听，当为你说明。如果善男子善女人，发现了如来付嘱的无上正等正觉心，应当如同发现无上正等正觉心那样的安住无上正等正觉心，应当如同发现无上正等正觉心那样的降伏妄心。""是的，世尊，我们很希望听佛详细的说明。"

详解

时，长老须菩提，在大众中即从座起，偏袒右肩，右膝着地，合掌恭敬而白佛言：

“长老”是指德高望重者的尊称，通常都是年高又德望重。道德高者，可能是持戒清净，也可能是有智慧的修证，已在解脱道或佛菩提道有证果者；也可能既是持戒清净，智慧亦有修证，又为年长者。

须菩提，是佛的十大弟子之一，是解空第一。“解空”，就是证解空性之法界实相心，有此智慧之修证，也就是说具有般若智慧，善解空法。须菩提就是这样一个有般若智慧之长老，在经典里，须菩提常是代替法会大众向佛请法之重要人物。须菩提，又名善现，因为在他诞生的那天，家中所有的财宝、用具都忽然不见了，全家人都非常忧心，所以很快请相师来卜卦。相师卜卦后，说道：“这是一件可喜的事，你们家所生的是贵子，室中金银宝物在贵子出生时会一切皆空，这象征着他是解空第一人呢！就为他取名‘空生’吧！这是大吉大利的事，他将来不会为世间的名闻利养所束缚，就是为他取名‘善吉’也好。”相师的话，安定了全家人的心，从此，尊者的大名，有人称他“空生”，也有人称他“善吉”，直到三天以后，尊者家中的财宝和用具，才又恢复原状。解空第一的尊者，出生时的征兆，真是稀奇万分，古今罕见的事。又有译为妙生的，因为生他的时候，不但现有空相，还现有种种妙好吉祥的相，所以又叫妙生。玄奘法师译为善现，因为在他生时，现有种种吉祥善事，所以他的父母就叫他做善现。这位具有高寿的善现，当时也在千二百五十大比丘中同座。坐定之后，他就从自己的座位立起，露一肩出来——因为印度搭袈裟与中国不同，在平常的时候是将两肩都覆着的，有了特别的事才露一肩出来，如乞食、礼佛等，这是表示恭敬的意思。善现既露出了一肩，并且将右膝跪在地上，又将两手掌合起，以表示极度的恭敬。从座而起，显善现是阿罗汉，从他自所证的阿罗汉法中而起观察佛菩萨法。偏袒一肩，就是偏露右肩，因为右手做事比左手方便，这就是表他起方便智，能由自所证的法进一步来勤求佛菩萨的法。右膝是方便行，右膝着地，是更进一步的由方便行而进取的姿势。合掌，表定慧相应一致。合掌恭敬而白佛言，就是表显依着定慧一致而起问菩萨的大因，成就无上佛果的心。这不过是略举一例，以前的文同以后的文，都可以这样去推寻文中所含的深法义。这些比丘本来都要请法的，但都默然地仰望，乃由善现代表大众而启请如来。

上面都是依事相解释。实则这事相里面都含有法义的：如顶礼世尊双足的双足、是显佛的福德智慧圆满具足，最可恭敬，所以各个都向世尊顶礼。

古时候，佛之弟子要向世尊请示佛法，都要从座位中站起来，不能坐着

向佛问法，这是一种对法的恭敬，也是对佛的恭敬；现在的佛弟子请法时，常是在座位上坐着问，并没有像古时候佛世时之规矩。

向佛请示佛法，不但要站起来，而且要偏袒右肩；偏袒右肩，是代表要承担如来家业，以此向佛表明心意。又要右膝着地，亦即只跪右膝，另外还必须合掌。要以这样的身体仪式，然后恭恭敬敬地向佛请示。

“希有！世尊！

须菩提先行赞叹世尊稀有，依六祖解释：（1）世尊若不出家便作金轮王，王一四天下，惟世尊能舍金轮王位而出家，故云稀有。（2）如来身长丈六，紫磨金色，三十二相，八十种好，身相稀有。（3）如来心中，含吐八万四千法门，三身圆满具足，故云稀有。

佛出现世间，犹如昙华偶为一现，是很不容易有的。并且佛所成就的功德智慧，也都是世间一般人所不能成就的，所以赞为希有。一尊佛的出现往往要经百千万劫的时间，对众生来说，岂止是稀有而已；在佛经里常以优昙华来比喻佛世尊之稀有，优昙华据说要三千年才开花一次，可说极为稀有、难见。事实上并无人见过这种花，唯是一种传说而已，世尊就常以优昙华来比喻佛的稀有。

成佛要经过三大阿僧只劫的修行，才能成佛。阿僧只意指无量的意思。众生要经三大无量数劫的修行才能成佛，而且每个人的“无量”仍有不同，虽然都需要很久很久，却还是有差别。有的人慧力比较好，根性好又有福德，勤苦精进，所以早一点成佛；可是有的人某种条件欠缺的话，就一定比别人慢。比如说他慧力好、根性好，却不精进，这就差很多。就像经典所说，释迦世尊比弥勒菩萨早成佛，是因为世尊较为勤苦精进；若弥勒菩萨当来下生成佛，也要五十六亿七千万年之后。由此可知，一尊佛的成就是多么困难；若以贤劫来说，会有一千尊佛的出现，算是很多了，但实际上，却仍是极为稀有难得。佛弟子应该多思维，才能体会今天能够学佛修行，当个佛弟子是

何等的不容易。佛弟子虽然为数众多，若论善根、福德因缘，则每个人却是千差万别。

有的人一天到晚只求佛菩萨加持，却不想为佛教、为众生、为正法做事，想要捡便宜，天底下哪有这种事？佛法智慧之修证，也许一点点的提升就要百千万劫勤苦修行才能获得，所以没有为正法付出，没有为众生做事的因，哪来智慧修证的果？如果是这样，就没有因果可言。佛弟子绝对不能有这种不劳而获之想法，如果存有这个念头，就是没有智慧。又佛也不是随便把任务付嘱一个人，也要这个人有此条件有此因缘，才有可能。所以佛弟子要自我思维、反省、检讨，为什么人家修得比自己好？比自己有智慧？能够解脱自在？自己是否努力过？凡事都是有因有缘，不会无因无缘而有智慧之修证，这点一切佛弟子都必须深切思维才好。

有的人此生因缘好，遇到善知识，一点一点地摄受他，最后还度他悟；却在悟了之后，生起大慢心，以为自己已经和善知识一样厉害，以为自己的智慧已经超过善知识，就不再恭敬、尊重，甚至做出大逆不道之事。他认为善知识没教他什么，不知自己已处于大无明、大慢心之中，这是自古以来所存在的事实，值得广大佛弟子警惕。话说回来，生起大慢心之人，都必须善知识于多年当中一点点地摄受，才能慢慢建立正确知见，才有念佛工夫，才能于正法生起信心，才能将之从三恶道之深坑中拉拔出来；必须有善知识如此辛劳地护念，才有最后助其证悟之机缘。然仍有人不知感恩，不知好好利用从善知识得来的智慧，努力修除烦恼障以及所知障，不知报答师恩，反而恩将仇报，如是之人自将随着习气烦恼而又走入三恶道之深坑，令人怜悯和忧心。

如来善护念诸菩萨，善付嘱诸菩萨。

梵语菩提萨埵，简称菩萨，华言道心众生，亦云觉有情，觉即不迷，有情即众生之意。道心者，常行恭敬，乃至蠢动含灵，普敬爱之，无轻慢心，故名菩萨。

菩萨修六度万行，荷担如来家业，续佛慧命，受记当来成佛，故如来善

巧护念诸菩萨。

如来有善巧方便，护持忆念菩萨，令彼等不退转，直至能继承佛位，故云如来善护念诸菩萨。

如来以般若护念菩萨，若身若心不起妄念，不动念则心清净，清净心中，具有恒坷沙诸佛功德，古德云:“一念不生全体现。”一念不生是善护念，三身、四智、五眼、六通等功德全体现前，是善付嘱，只要护念至心清净，所有无相功德，不求自得，受记作佛，是谓善付嘱。

一切菩萨都需要如来的护念，菩萨多必须离佛而住，不像佛的声闻弟子一定要随佛而居住，随时接受世尊之教导。菩萨则不如是，不能常在佛身边，菩萨是哪里的众生需要佛法，哪里的众生和他有缘，菩萨就去哪里，这就是菩萨。是故菩萨常是离佛而住，不能仰赖佛天天摄受。

菩萨是凭什么能够离佛而住、而行菩萨道？因为菩萨已经证得法界实相之自性本心，具有般若智慧，能够依自己的清净自性本心而修学，是故他有勇气、能力离开佛而到远方去度众生，为众生做事。当佛还在世时，菩萨就能如此；即便佛入灭后，如来家业由谁来承担？当然是由菩萨来荷担啊！所以说菩萨不可思议。

菩萨凭什么本事去荷担如来家业？就是凭他的般若智慧，这个般若智慧就是世尊在《金刚经》里所要传授给我们的深妙境界。因为有了这个般若智慧，即知道什么是“到彼岸”的境界，也知道如何修到彼岸，所以菩萨一定要修学《金刚经》，乃至从《金刚经》而悟入。一切菩萨都应该要从《金刚经》中获得智慧，菩萨若未证得此般若智慧，则菩萨不但不能荷担如来家业，更不能自度，何况去度众生？

可见菩萨在度众生之同时，也获得如来之护念，由于如来善护念菩萨，菩萨才能在自度度他当中，继续提升自己，增长自己的智慧。因为如来有威德力在，是故离佛而行菩萨道的菩萨众必须依佛之经典而继续修学，也必须依此诸经典教化众生，这就是如来善护念诸菩萨。

如来护念菩萨之方式很多，有时放光加持，有时现金色身，有时让你见大莲华，有时进入你梦中启发、教导，有种种不同方式，以种种方法来护念

诸菩萨众。有的人曾有这些经验，于是开始学佛，或是更增信心。这是因为众生有此需要，如此才会增加对三宝之信心，才能努力修学，所以如来才以此方式护念众生。很多人不知所以然，反而因此生起慢心，以为自己修得很好，有特殊境界。这是错会了，千万不要这么想，要有智慧才好。并不是看到金色身，就代表自己有修证，这只是佛的慈悲护念而已，不可因此而自我陶醉，否则只会障碍自己道业之提升。

如来除了善护念诸菩萨，也善付嘱诸菩萨。“付嘱”就是教导、耳提面命、交付任务之意。在经典佛说法大会中，如来总是不忘付嘱菩萨，就像在《无量寿经》里，世尊就把此经付嘱弥勒菩萨，交代弥勒菩萨要如何教导后世众生，流布此经。

譬如《无量寿经》云:“佛语弥勒，如来兴世，难值难见；诸佛经道，难得难闻。菩萨胜法，诸波罗蜜，得闻亦难；遇善知识，闻法能行，此亦为难。若闻斯经，信乐受持，难中之难，无过此难。是故我法，如是作，如是说，如是教，应当信顺，如法修行。”

菩萨为荷担如来家业，常必须受如来之嘱咐，依如来之嘱咐去为众生做事，完成使命。佛常会嘱咐菩萨做某事，菩萨应该高兴才对，也许因为这件事需要你比较适合，也许是为了帮助你、提升你，所以给你机会，千万不要起慢心计较。有智慧的人就要马上答应，即使在你很不情愿的情况下，都要答应下来，这是一个难得提升之机会。或许就是一种新的考验。

世尊，善男子、善女人，发阿耨多罗三藐三菩提心，

于三宝中，得闻佛法，种诸善根者，称为善男子、善女人，“善”指善根而言，男人善表正定心，能成就一切功德，所往无碍，女人善表正慧心，能出生有为无为功德，如是善男子表定，善女人表慧，定慧具足，即可发菩提心。

定是慧的体，慧是定的用，从体起用是慧，摄用归体是定，有定无慧，心未清净，不见佛性；有慧无定，心亦未清净，亦不见佛性，惟有定慧等持，心清净，清净心就是菩提心。

声闻人定多慧少，不见佛性，所以不发菩提心，权教菩萨慧多定少，亦不见佛性，所以亦不发菩提心，惟有实教菩萨，定慧等持，见性，发菩提心。

“阿耨多罗”即无上之意，无上心是佛心，“三藐”即正等，“三菩提”即正觉。凡夫所以不觉皆因有我，有我则有你，有你有我，便有是有非，有

是非则有取舍，有取舍便有憎爱，如是烦恼随来，业障亦起，所以一定要觉。觉，则无我，无我则无烦恼，无烦恼则无业，无业则无生死，如是觉一切法无我便是正觉。

正等者，不起法执，若有法执便有碍——此法不是彼法，彼法不是此法，法法有碍，法法不能周遍法界——若无法执，法法犹如虚空，法法平等，布施遍法界，忍辱、禅定遍法界，法法平等便是正等。

正等破法执，正觉破我执，我法二空是佛因，得无上的佛果，因不离果，果不离心，因果惟是一心，故称发菩提心。

一切心之中，以菩提心最妙，竖穷三际，横遍十方，所以无一众生而不度，无一法而不知，无一净土而不庄严，无一佛而不供养，是故菩提心最上，更无有上。《华严经》贤首菩萨曰："十方佛异口同音赞叹菩提心的功德，亦赞之不尽。"

初发菩提心的人，"了一切法即心自性，成就慧心不从他悟"。《涅槃经》云："发心究竟二不别，如是二心先心难。"发心指发菩提心，究竟指成佛，发心与究竟成佛无异，若将两者比较一下，发菩提心较难，成佛的心不难。《涅槃经》又云："初发已为天人师，超出声闻及缘觉。"

六祖于五祖处初发菩提心云："何其自性本来清净，何其自性本不动摇，何其自性本自具足，何其自性本不生灭，何其自性能生万法。"五祖闻后赞叹曰："若不识自心，不见本性，学法无益，识自本心，见自本性，即名天人师、佛。"只要发菩提心，便是天人师、佛。

我们凡夫未明心以前，所发的心，称为菩提愿，菩提愿者，所谓："众生无边誓愿度，烦恼无尽誓愿断，法门无量誓愿学，佛道无上誓愿成。"名为发菩提愿心，也是功德无量，亦为诸佛所称叹，亦能超出声闻及缘觉。

从菩提愿起修，先降服无始劫以来的妄想习气心，然后住于菩提，就是发菩提心。

善男子、善女人是如来对佛弟子的称呼，因为当了佛弟子必定是要向善的。当佛弟子也不容易，也要有因有缘，我们若是要度父母亲人学佛，也是要种种因缘才有可能。此生能成为同一家人就是有缘，此外还要我们自己也学佛，父母亲人也愿意接受；其实这其中是有无量的因缘所促成，不是那么简单，也不是想象中的容易。

"阿耨多罗三藐三菩提"是指什么？"阿耨多罗"意指"无上"；"三藐三"意为"正"；"菩提"是名为"觉"，如此总称为"无上正遍正觉"。

"无上"，是说没有比此再高的果位；"正遍"，是说既是正又是遍；"觉"，即是觉悟。这意思说，佛所觉悟之境界是正遍皆了知，无有其上；佛的智慧在三界世间至高最上，无有超过佛。阿耨多罗三藐三菩提，又名无上正遍正觉，又名无上菩提，就是佛地之果位，就是成佛。

菩提有三种：一者声闻菩提、二者缘觉菩提、三者诸佛菩提。菩提又名智慧，修学声闻法所得之智慧，称为声闻菩提；修学缘觉法，即是十二因缘法，所得之智慧，即是缘觉菩提；又修学佛菩提道所得智慧，名为佛菩提。佛菩提包含声闻菩提和缘觉菩提。又一切佛法有两个主要法道，一种是解脱道，一种是佛菩提道，而佛菩提道又涵盖声闻、缘觉之二乘解脱道。修学不同的法道，所得的智慧就有不同，而修学佛菩提道，则会获得三乘菩提，也就是声闻、缘觉以及佛菩提。

阿耨多罗三藐三菩提就是佛菩提，是故发阿耨多罗三藐三菩提心即是发起证得佛菩提之心。一般所谓发菩提心，即是指发起证得佛菩提之心，就是发起成就佛道之心。

发菩提心极为重要，一切佛弟子都应该发菩提心，因为只有成就佛菩提之修证，才能真正广度无量众生。我们欲修学《金刚经》，想从《金刚经》获得智慧，就应该发无上菩提之心，不要只是发声闻菩提，或是缘觉菩提之心，佛在经典上也是如是教导。譬如《大集月藏经》云："大念见大佛，小念见小佛。"有人一直把它解释为："大念者大声念佛，小念者小声念佛。"这是不正确的说法。"大念见大佛，小念见小佛。"之"大念"是指发佛菩提心；"小念"则是说发声闻菩提或缘觉菩提之心。"见大佛"是指证佛菩提果位；"见小佛"则是只证得声闻菩提、缘觉菩提。这当中的意思差别很大，只要努力去修学，从这部经里证得法界实相心，具有般若智慧，就能了解"为什么要发菩提心"，就知道此段经文之意义。

由于证得般若智慧，则必会生起大悲心，又若能于众生生起大悲，必会发菩提心。譬如《华严经普贤行愿品》如是云："诸佛如来，以大悲心而为体故，因于众生而起大悲，因于大悲而生菩提心；因菩提心，成等正觉。"

又譬如《菩萨优婆塞戒经》云："善男子！外道断欲所得福德，胜于欲界一切众生所有福德。须陀洹人胜于一切外道异见，斯陀含人胜于一切须陀洹果，阿那含人胜于一切斯陀含果，阿罗汉人胜于一切阿那含果，辟支佛人胜于一切阿罗汉果；在家之人发菩提心，胜于一切辟支佛果。出家之人发菩提心，此不为难；在家之人发菩提心，是乃名为不可思议。何以故？在家之人，多恶因缘所缠绕故；在家之人，发菩提心时，从四天王乃至阿迦腻咤诸天皆大惊喜，作如是言：我今已得人天之师。"

"云何应住，云何降伏其心？"

菩提心易发，长远心难持，虽然现在发了菩提心，但过去无始劫以来的妄想烦恼习气很多，会令我们退失菩提心。

譬如阳光照入室中，只见微尘摇动不停，凡夫未发心前，其心相亦如是烦躁而动摇不停，这是妄心，亦称尘劳心。发心后，要降服这个动摇的妄心，然后才可以住于菩提心、修菩提行、证菩提果，因此须菩提长者请教世尊："善男子、善女人发菩提心后，如何住于菩提而不退心？如何降服未发心以前，妄想颠倒的狂心？"

"云何应住？云何降伏其心？"——善男子、善女人发了菩提心之后，究竟要如何安住呢？就是用来修行的觉知心要安住在什么境界来修学，才能成就佛道呢？又觉知心妄想颠倒，随顺着烦恼习气而分别攀缘，乃至造种种恶业，像这样的觉知心，善男子、善女人要如何降伏呢？须菩提可说是"开门见山，单刀直入"，就请问佛世尊这个问题，这正是众生最应了知之问题。

学佛修行，是要靠这个四大假合的色身，有了健康的色身才能修学佛法，行菩萨道，修集一切功德；所以色身要保养，才好修行。可是修行是要用心来修，光靠色身是不行的，要用觉知心来修，无论闻、思、修、证，都需要用觉知心来做这些工作。这里的觉知心主要是指意识、意根，也就是第六识、第七识。众生的觉知心都是无法安住的，因为烦恼习气很重，觉知心往往被习气牵着走。除非定力很好，能够暂时降伏烦恼习气，却不能修除烦恼习气之种子，所以遇到了境界，习气的种子又现行。如此烦恼断不了，当然就无有解脱之可能。就像色界、无色界的众生，定力那么好，有了四禅八定之能力，可是还不能解脱。

定力、定境都是意识觉知心的境界，不能令人解脱，只有智慧才能令人修得解脱，所以众生需要智慧，安住于智慧之境界。若依于此般若智慧的境界而修习，则在解脱道上能够获得解脱果，在佛菩提道上也能够成佛。云何应住？应住于般若智慧之境界；云何降伏其心？要转依般若智慧的境界修习，来降伏其觉知心。

佛言："善哉！善哉！须菩提，如汝所说，如来善护念诸菩萨，善付嘱诸菩萨，汝今谛听，当为汝说。"

佛赞叹须菩提，的确是问得好，是故世尊云："汝善得我心，善会我意，如汝所说，皆不错谬。"谛听者即审谛而听。

"佛言：善哉！善哉！须菩提"能够被佛称赞，是佛弟子的莫大荣幸和鼓励；在这里，是因为须菩提问得好、问得妙，知道佛的心意，利用此因缘切入议题，让佛有宣说妙法之机会，所以须菩提长老正是此金刚法会大众中的主角之一。

在经典中，世尊的每一场法会都是有因有缘，与会的大众，不管是菩萨众或是比丘众，要扮演什么角色都是安排好的。当不该自己说话时，就不能脱离剧本演出，否则就是逾越规矩。这一场金刚法会就因为须菩提的请问而开始演出，佛也因此直接地对须菩提赞叹。

世尊肯定须菩提之说法，而亲自这样说："如来善护念诸菩萨，善付嘱诸菩萨。"

如来护念一切众生，当然也护念一切菩萨，尤其是发了菩提心之菩萨，更是如来所要护念之对象，因为“发菩提心”是一件重大之事。发了菩萨心，即是菩萨，已具无量功德，能于将来荷担如来家业，替佛分忧解劳，所以佛会如此看重已发菩提心之菩萨。

众生需要佛的护念，佛弟子也需要佛的护念，菩萨还是需要佛的护念。如来虽护念众生，却也要众生信受如法而修行才会有用。也就是众生要依如来之教导而努力修学，这样，如来如母忆子。若子逃逝，虽忆何为？子若忆母，如母忆时，母子历生，不相违远。若众生心，忆佛念佛，现前当来，必定见佛，去佛不远，不假方便，自得心开。

如来如是怜念众生，但是众生、佛弟子，乃至菩萨也是要依佛之付嘱而修行，才能领受佛护念之利益。一切佛在经典之教导都是如来之付嘱，除此之外，如来仍会以种种善巧方便付嘱，一切有善根的佛弟子应该用心体会才好。

譬如一个有善根的佛弟子或菩萨，他为什么勇于发愿留在娑婆世界行菩萨道，以及度众生呢？他难道不知道娑婆世界充满障碍、陷阱、歧路、恶因缘吗？他当然很清楚，万一自己犯大过失，也许就往下堕，无有出期。但是他相信如来的威德力，他相信如来一定会护念他，让他在隔阴之迷当中仍会遇到正法，修学正法，遇到善知识，甚至又证悟，所以他不怕。而如来也根本不可能舍弃这样的菩萨，因为他遵循如来的教导而行菩萨道。

《阿弥陀经》是十方诸佛所护念经，也就是十方一切诸佛不但护念此经，也护念一切相信《阿弥陀经》而受持之众生，也教导其国众生应当相信、受持《阿弥陀经》，这就是十方诸佛的一种护念方式。诸佛的护念并不代表众生就可以安心地等着佛来救拔，如果是这样想，就是没有智慧。诸佛护念的相对条件，就是众生要“依教奉行”，依佛之付嘱而奉行，不能一厢情愿地等佛来接引。往生西方要自力、他力并行，“完全他力”之说毫无经典之根据，不合净土三经之法义；修学净土宗的一切同修一定要遵循净土三经之真实法义而修，才会有实质利益。

“善男子、善女人，发阿耨多罗三藐三菩提心，应如是住，如是降伏其心。”

“应如是住，如是降伏其心”，是释迦牟尼佛最妙的法门：如是住——这样，便住于菩提心。

如是降伏其心——这样，就能够降伏其心。

这是禅宗以心印心的法门，不落言诠。

昔日世尊在灵山会上，拈花示众，迦叶尊者破颜微笑，世尊拈花示众，不落语言文字，表禅宗的心法，迦叶尊者是领会禅宗的心法，以心印心，然当时大众不明所以，是故世尊惟有以语言文字再讲："吾有正法眼藏，涅槃妙心，实相无相，微妙法门，付嘱摩诃迦叶为第一代祖。"一落语言文字，便有正法眼藏、涅槃妙心、实相无相、微妙法门、有第一代祖、第二代祖等。

今日佛讲《金刚经》亦复如是，亦一样以心印心，对须菩提谓："应如是住，如是降伏其心。"

如同如来护念、付嘱诸菩萨一般，善知识亦是如是护念、付嘱一切学子，不舍慈悲，以学子道业之提升为念。然学子是否遵照善知识之付嘱而修学呢？若是不能，那又如何能得到善知识之摄受？如此欲于无上妙法获得般若智慧，可说是"难如登天"。若有人于《金刚经》思欲获得般若智慧，绝大多数学子都需要善知识多年当中一点一滴的付嘱、教导、摄受、护念，才有因缘证得《金刚经》之般若智慧。自古以来，能以自我阅读经典、证悟祖师之教语而悟入者，千万人中难得有一二，一切学子当于此而有深切体认才好。

若是现前观察广大佛弟子，于此甚深般若无缘悟入者，皆因个人于善根福德因缘不足所致，并非诸佛菩萨不护念、付嘱，实乃因极多学子烦恼习气、慢心特重所致。有诸多学子于善知识慈悲相助之下而得悟入，却往往因为慢心重，乃至其他烦恼习气极重，即使在善知识之护念、付嘱之下，仍于遇到恶因缘之情况时，不能承担那得来不易之无生智慧，令人怜悯。

看佛经不但可以学到深妙法，更可以学到佛说法所用词句之美。虽然这和译者之翻译风格、智慧之修证和文辞之造诣有关，但是阅读经典确实是一种享受，也是提升文学修养之好方法。佛重复说了一遍"善男子、善女人，发阿耨多罗三藐三菩提心”，这正表示，若要修学《金刚经》，就要发菩提心。若已发了菩提心，也要修《金刚经》，这正是发菩提心者所要修学之方向。发菩提心的人应该知道，证得无上正等正觉是最后的目标，要经过漫长的修学过程；这就是需要三大无量数劫的修行才能成就，而发菩提心只是刚要开始而已。在这漫长佛菩提道的修学当中，有哪些法是我们所要修的呢？这必须在了解之后才能按部就班地一一去完成，不是那么简单。菩萨五十二个阶位所要修学的法，没有一样可以遗漏，而于《金刚经》之修学中证入，即是已发菩提心者一个最重要的努力目标。

“唯然，世尊。愿乐欲闻。”

须菩提谓自己虽然明白佛意，但在座部分大众还未领会，所以请世尊以语言文字再说，是为教下。

就像世间人一样，如果有人问说某某事要如何做，也都是这样回答：“你应该要这样做，要……”佛也是如此，然后才开始说法。佛经上常是这样一问一答，这就是佛说法之方式。

众生的心犹如猿猴，分别妄想，无有止时，总是在五蕴、十八界一切法之幻境里妄想执着；但这些境界毕竟虚幻不实、亦是无常，而众生却不能了知。如是为了贪着虚幻的五蕴、十八界之境界而造业，是故轮回于三界之中，无有出期，令人怜悯。

十方诸佛怜念众生，乃至释迦世尊亦是如此怜念娑婆世界众生，为度众生免于生死之苦而示现地球人间；即是为令众生悟入佛之知见，是故不辞辛苦，讲经说法，开佛知见，示佛知见。此佛之知见，即是《金刚经》所要宣说的第一义谛法界实相之法。众生若能悟入，便可获得般若智慧，此一智慧正是一切佛道修学之根本，这才是世尊示现人间之目的。

有机会听佛开示说法，三更半夜都要冲去听；如果有人不乐听佛说法，那一定是福报差到极点，无有善根可言。有智慧的人如须菩提，当然会说：愿意乐于听闻。

评析

释迦牟尼开始传教时，曾遇到过难以想象的困难和麻烦，有时甚至遭到挑衅和人身攻击。但他凭借智慧、毅力和人格力量，一次又一次地克服挫折，战胜困难，化解矛盾。有一次，释迦牟尼走在街上，遇到了一个愤怒的婆罗门。那个婆罗门非常仇视佛教，几乎到了疯狂的地步。他发现受世人尊敬的佛教开创者释迦牟尼后，一条毒计顿时涌上心头。

他蹑手蹑脚地绕到释迦牟尼背后，趁释迦牟尼不注意，抓起一大把沙土，就向释迦牟尼的头上扔去。

说时迟，那时快，就在沙土扔出去的一刹那，突然一阵风向婆罗门吹来，沙土反而向他自己飞来，洒得他一头一脸，十分狼狈。

他想发作，但又无法开口，气得满脸通红。

街上的人看到刚才发生的一切，都盯着他看，嘲笑他。面对这么多锐利的目光，那个婆罗门不得不低下了头，羞愧难当，恨不得找个地缝钻进去。

这时，他耳边响起了释迦牟尼平静而洪亮的声音：“如果想污染清净的东西，或者想陷害心无邪念的人，罪恶反而会伤了自己。”

听了这番富有哲理的话，那个婆罗门顿时恍然大悟，开始反思自己的行为。

救助别人往往就是在救助自己

当别人需要我们救助的时候，我们要勇于伸出援助之手，因为，有时候救助别人，往往就是在救助我们自己。

一天深夜，有位施主沿着一条昏暗的小路回家。经过一片丛林，他突然听到有人挣扎的喘息声，他停下脚步，仔细地听，发现是两个人在扭打，夹杂着衣服撕裂的声音。他立刻明白：一个女人被袭击了！

他想：到底我该不该介入这个事件当中呢？

他一面担心着自己的安危，一面诅咒着为什么今天晚上要选这条小路回家。如果自己也成为另一个牺牲者怎么办啊？是不是该跑到附近的电话亭打电话给警察就算了呢？

那个决定的过程好像永无止境，但实际上花不了几秒钟，而且听得出来那个女孩的呼吸挣扎声越来越微弱了。他决定一定要有所行动，于是冒着生命危险，立刻冲到丛林后面，将歹徒从那个女人身边拉开。随后他和歹徒扭打成一团，倒在地上滚来滚去。

最后，歹徒终于放弃，跳起来逃跑了。他气喘吁吁地爬起身来，那个蹲踞在黑暗之中的女孩仍然在啜泣和不停地发抖。

他跟女人保持了一段距离，慢慢地说："好了，那个人已经走了，你现在安全了。"

一段很长的沉默，女孩开口了，带着不可思议的惊讶："爸爸！是我啊！"

做人做事为别人着想实际上就是为自己着想

在黑暗中点一盏灯，不但能照亮别人，更能照亮自己，在生活中也是如此。做人做事为别人着想，会使双方都受益，而最大的受益者，则是我们自己。

有一个僧人走在漆黑的路上，因为路太黑，僧人被行人撞了好几下。他继续向前走，看见有人提着灯笼向他走过来。这时候旁边有人说："这个瞎子真奇怪，明明看不见，却每天晚上打着灯笼！"

僧人被那个人的话吸引了，等那个打灯笼的人走过来的时候，他便上前问："你真的是盲人吗？"

那个人说："是的，我从生下来就没有见过一丝光亮，对我来说白天和黑夜是一样的，我甚至不知道灯光是什么样的！"

僧人更迷惑了，问道："既然这样你为什么还要打灯笼呢？是为了迷惑别人，不让别人说你是盲的吗？"

盲人说："不是的，我听别人说，每到晚上，人们都变成了和我一样的盲人，因为夜晚没有灯光，所以我就在晚上打着灯笼出来。"

僧人感叹道："你的心地多好啊！原来你是为了别人！"

盲人回答说："不是，我为的是自己！"

僧人更迷惑了，问道："为什么呢？"

盲人答道："你刚才过来有没有被别人碰撞过？"

僧人说："有呀，就在刚才，我被两个人不留心碰到了。"

盲人说："我是盲人，什么也看不见，但我从来没有被人碰到过。因为我的灯笼既为别人照了亮，也让别人看到了我，这样他们就不会因为看不见而碰我了。"

僧人顿悟，感叹道："我辛苦奔波就是为了找佛，其实佛就在我的身边啊！"

第三品　大乘正宗分①

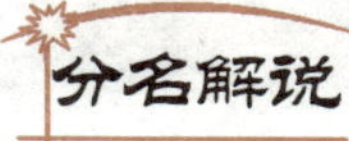
分名解说

①大乘正宗分：声闻菩萨是小乘，缘觉菩萨是中乘。现在说大乘者，是说大乘菩萨之法也。声闻悟四谛法，缘觉悟十二因缘法，大乘菩萨，悟六度万行法。宗门派别很多，今言正宗者，就是般若的甚深法。般若为诸佛之母，是最上乘之法，所以就是正宗。

经文

佛告须菩提："诸菩萨摩诃萨①应如是降伏其心：所有一切众生之类，若卵生，若胎生，若湿生，若化生；若有色，若无色；若有想，若无想，若非有想非无想，我皆令入无余涅槃而灭度②之。如是灭度无量无数无边众生，实无众生得灭度者。何以故？须菩提，若菩萨有我相③、人相、众生相④、寿者相⑤，即非菩萨。"

经文注释

①摩诃萨：广大之称。摩诃萨是菩萨中具大觉性者。

②灭度：灭，就是灭此妄相。度，就是复此觉性。以智明、慧灭诸痴暗，就是这个灭度的意思。（譬如人患眼疾，经医生治好，眼复光明，医生是治他的病，并没另外给他光明。所以可知道，光明是眼所本有，障翳是眼所本无。因为本无，所以可灭，因为本有，所以可度。）

③我相：相，形迹也。执着形迹，心不虚空，滞而不化，谓之相也。我

相者，凡自爱其身，终日营营，争名夺利，为一身计又为子孙计，都是我相。

④众生相：凡色受想行，计其和合，贪嗔痴爱，汩没灵源，这都是众生相。

⑤寿者相：凡焚香祷祝，为求现在福田。炼药烧丹，希望长生不老，这都是寿者相。

译文

于是佛告诉须菩提："大菩萨应如是降伏他的妄心：所有一切众生之类的心，如卵生的鸟虫，如胎生的人兽，如湿生的水中动物，如化生的天人，这四类欲界众生，爱欲心深重；如有色界天众生虽然已经没有爱欲心，但是还有色相，如无色界天众生不但没有情欲，并且已经空无色身；如有想天众生唯存一念；如无想天众生连一念都不存，寂然不动；如非有想非无想天众生心境寂然不动，而又不像木石那样无知；等等都是虚妄不实的妄想心，我都要使他们入于不生不灭的境界，而灭除妄心。像这样灭度无量无数无边的众生，然而实际上，妄心虚幻有，众生也是虚幻有，本来不生不灭，不待降伏，也不待灭度，没有任何众生得以灭度。你知道为什么吗？须菩提，凡是可以证明'我'存在的任何境界，都是我相，比如痛苦或快乐，让自身意识到'我'的存在，如果没有'我'，就不会感受痛苦、快乐。他如救济穷困、慈心不杀、发菩提心等等都适足以证明'我'的存在，甚至不生不灭境界、无上正等正觉都是'我'所要证取的。如果菩萨有妄心待降伏，有无量无边的众生待灭度，就是有我相。凡是能够领悟道理，能够取舍任何境界的，就是人相，比如领悟了烦恼由'我'相所生，于是不取我相，这就是人相，甚至低等动物只有一点点领悟也是人相，如果菩萨心存少悟，以为所悟为实有，虽然不取我相，却有人相。凡是可以证取的境界和能够领悟道理证取境界的，除了我相、人相，还有分别一切境界和众生的'觉知'，凡是有情都有此觉知，不论入地狱、上天堂、做畜生、做鬼、做菩萨、做佛，都念念相随，有很多修行人证到这一灵明觉知，以为悟道了，当知这是众生相。如果菩萨以为摒除我相、人相，念念守住此一觉知，就是有众生相。显现这一觉知的，有人称之为本体；上帝，天主，有人称之为梵；真如，自性，法界，如来藏，等等。如果菩萨以为我相人相众生相都不是，但守一不生不灭体正好落在寿者相，这是根本大无明，比如人先有了生命，有此寿者相，才有身心，然后才有痛苦快乐，然后想要离苦得乐。那么，他就还没有如实领悟如来所护念所付嘱的无上正等正觉心，他就不叫做菩萨，还只是善男子善女人而已。"

详解

佛告须菩提："诸菩萨摩诃萨应如是降伏其心：

诸菩萨者，指善男子善女人。发了菩提心后，便称为菩萨，摩诃萨者，大菩萨也，以慈悲喜舍，种种方便善巧，化度众生，名为菩萨，能化所化，心不取着，能所心灭，念念清净，虽在尘劳，心常不退，称为摩诃萨。

菩提心是直心，未发菩提心以前的，是虚妄心，妄心就是众生，离众生无妄心，离妄心亦无众生，所谓度众生者，度虚妄之心，众生是虚妄的，那一个众生不是虚妄？俄而为人、俄而为鬼、俄而作畜生、俄而升天、俄而入地狱，都是虚妄的。菩提者，觉也，觉则度尽无边众生，不但度尽自己八识田中，无始劫以来的众生，乃至尽虚空遍法界所有一切众生，亦能尽，你若能度自己的众生，则可以度法界的众生，所谓降服其心者，度众生也。

佛告须菩提："诸菩萨摩诃萨应如是降伏其心："菩萨摩诃萨是大菩萨之意。什么样的人才能叫做菩萨摩诃萨？依照经典之说法，至少要明心又见性者才算是菩萨摩诃萨。若就《金刚经》这一句话而言，明心者也算是菩萨摩诃萨，不过明心者最好不要生起自己是"大菩萨"之想法比较好。

佛接下去所要开示的法，菩萨摩诃萨要具备这个法的智慧，以此智慧降

伏其心，这就是佛所说“菩萨摩诃萨应如是降伏其心”之意。佛弟子要有正知见，就是：“解脱是由智慧而解脱，成佛也是因智慧而成佛。”光凭定力是不可能令人解脱的，更不可能唯靠定力而成佛。色界、无色界天众生禅定那么好，为什么不能解脱呢？因为还没有智慧，所以即便有四禅八定之功夫也不得解脱三界。一切的定力、定境都不能令人断我见，只有智慧才能断我见；断了我见，才有解脱之可能。

若欲成就佛地果位，就必须先追求证悟法界实相心，如此才能获得般若智慧，就是无分别智。无分别智分为根本无分别智及后得无分别智。根本无分别智又名总相智，是亲证如来藏之总相而得；后得无分别智则是悟后修学而得，是悟后以总相智为基础，继续修学别相智、道种智、一切种智等，故名为后得无分别智。若是圆满一切种智之修证，才可能成佛。

菩萨欲降伏其心，必须有般若智慧才行。当一个人有了般若智慧之后，他就能依如来藏的清净体性去修行，觉知心如此转依之后，才有可能被降伏。众生的觉知心充满着烦恼习气，这些贪、瞋、痴、慢、疑等烦恼习气，自无始劫以来，习气种子之势力极强极强，极难调伏。若能从《金刚经》之修学当中，悟得自心如来，便能具备般若智慧，便能转依修行，如是便可降伏其心，是故佛说：“应如是降伏其心！”佛弟子在建立正确之大乘菩萨般若知见后，就应该以追求大乘开悟为首要目标。譬如于《金刚经》用心参学，努力护持大乘正法，如此才是修学佛法正确之途径。

所有一切众生之类，若卵生，若胎生，若湿生，若化生；若有色，若无色；若有想，若无想，若非有想非无想，

所谓众生者，不离色及心，心色和合是众生，色空、心空，涅槃妙心便显现出来。色是身体，身体不离四种生：卵生、胎生、湿生、化生；心指受、想、行、识。色不离心，若没有心，色（身体）便坏，若无色，心亦无所依止，所谓度众生者，度色，四生空；度受想行识，心空。

卵生——《楞严经》云：“卵为想生。”随妄想而受生，例如雄雁飞翔，

牠的影子投在雌雁身上，雌雁便受孕，又如斑鸠，雄的在东边叫一声，雌的在西边和，就这样一唱一和的，便受孕，都是因妄想而受生。

胎生——胎因情有，有感情然后才有胎生，无论父母，兄弟姊妹，都是因感情而有，是为胎生。

湿生——湿与合感，与境相合，便有湿生，例如把湿的瓦盆覆转，第二天，便滋生了虫，是为湿生。

化生——化以离应，与境相离，舍旧趣新，便是化生；天，是化生，极乐世界的众生，也是化生。

六道众生不离四生，有生即有妄，如何度妄，云何降服其妄心呢？

妄心虽然很多，但不离如下五种：有色——是执有的众生，着有见。

何谓有色？真心不会有色，起心动念去修心，妄想心便生起来——起心修心，则见是见非，见是见非则执是执非，执是舍非属修福，执非舍是属造罪，罪福均属于“有”；福，有人天生死轮回；罪，有三涂恶报。

迷了无相之理，所以见是见非，若能领会无相之理，便能度去“着有”的众生。

梁武帝初见达摩祖师时问道：“朕一生布施、斋僧、建庙，有何功德？”是着了有。祖师云：“全无功德，此乃人天小果，有漏之因，如影随形，虽有不实。”

执着有，是有色，着有色，如何能悟涅槃妙心呢？后来梁武帝拜志公禅师为师，将自己布施、斋僧、建庙、印经的功德渐渐空去，不再执“有”功德。

无色——是执“无”的众生，不肯修福慧、不恭敬人、不供养三宝、不拜佛、亦不念佛，认为空就是道，是豁达空。有些人在丛林上修行，三十年也不愿提起扫帚扫地，他是一点福也不求，所以任他如何修行，如何用功，如何精进，最后也是枉然，是着无的众生。

着无的众生比较难度，不知涅槃妙心内具有无量无边的功德，不能以空而蔽之，经云：“宁可着有如须弥山，不可着空如芥子许，如来说空法破有，若复着空者，诸佛所不化。”所以千万不要着空，着空则拨无因果。

着空的众生，无福无慧，将来受愚痴的果报，是贫穷无福慧的众生，着空，是为狂心，亦违背佛性，必须舍去空（无），勤修戒定慧，息灭贪瞋痴，方可见佛性，发菩提心。

有想——但有其想而不见有行，眼看佛经，耳闻法，心内思惟诸法名相，口讲得很好，但无行动，只有其想——打妄想成佛，但不肯修行；打妄想布施，但不愿布施；打妄想念佛，但始终不愿念佛；打妄想持戒，他终不持戒，是有想无行，名为有想，晓得讲不晓得行，全都是妄想。虚云老和尚有一次对请法者说：“你不必请我说佛法，你满肚皮都是佛法。”意即是他满脑子都是妄想的佛法，还请讲什么佛法。

修行者，说得一尺不如行得一寸，说得一丈不如行得一尺，志在实行，但有其想的众生，不能见菩提。

众生数目无量无边，若是把他们归类，则有九种（在《楞严经》里，佛说有十二种类众生），这是因为他们的烦恼业习不同而略分其种类。一般世间人大多不能了解有这些种类众生，即使佛弟子也不一定了知，是故以众生的心量是很难理解众生的种类，也很难体会众生有无量数。

一切需要由卵化而生者，如鸡、鸭、鹅、鱼等；其形体有大有小，大者如鸵鸟，小者如鱼卵。多要先由母体生卵，再经由孵化才能出生。

凡需由母胎出生者，就像牛、羊、猪、狗、猫、兔等，都是胎生之众生。又包括地球之人类也是胎生，这个很容易了解，但仍需要精卵和合。

如欲界六天、色界天之天人都是化生出来的，不经过卵、胎，地狱众生也是化生。

有色身的众生，就像人类等五道都是有色身；五道就是人、天、畜生、饿鬼、地狱。又在三界当中，只有欲界、色界有色身。

就是只有觉知心而没有色身之众生，在无色界四个天都是属无色身之众生。有人说无色界众生仍有微细色身，这是不正确的。

在欲界众生都是有想心，常处在有想心之情况，而色界众生也大多是有想众生。此是指在常态上，这些众生都有意识心想存在。

譬如色界之无想天众生，处于无想心之境界，是故皆属于无想众生。若地球人类有人处在无想定中，其时亦算是无想众生。

就像在无色界的第四天——非想非非想天众生，其觉知心之境界就像非有想，又像非无想，这是无色界非想非非想天中众生觉知心境界。这些众生由于我见未断，是故不能舍离觉知心。无色界众生有如此好的定境，何故仍不得解脱？就是因为还有“痴”。因其仍旧不能断除觉知心的我，我见不断，则必贪着于觉知心之境界，终无舍离之日，还是处于三界之内。即使在三界之最上、最高之天界众生，终有报尽下堕之时，是故禅定不能解脱生死，智慧才能解脱生死。

有想的众生，只要能放得下，从解而起行，行起解绝，把自己“有想”的众生度尽，终会悟到自己的本来面目，见到涅槃妙心。

无想——妄想来，止，不打妄想，甚或停正妄想，久而久之便空了妄想，无妄想便能入定，可以入定一日、二日、一个月、十年或二十年。坛经中，智隍禅师以为自己得正定，回河北住茅棚，整天打坐，所用的就是无想的功。六祖的弟子玄策禅师慕名来拜访他，问道:“大德在这里做什么?”“我入定。”玄策问:“你是有心入定还是无心入定?假如你是有心入定，一切有情都入定，若无心入定，荆棘瓦砾石块都可以入定，你是有心还是无心入定?”智隍禅师云:“当我入定时，不见有无之心而入定。”玄策云:“若你不见有无之心而入定，离了有无之心而定，是常定，常定是大定，大定就是佛定，佛定常定而无出入，你怎可以说自己入定?”

智隍答不上来，问玄策:“汝师是谁?”“我师是六祖。”“六祖如何说禅定？”“五阴本空，四大非有，禅性无生，离生禅想，禅性无住，离住禅寂，心如虚空，亦无虚空之量。”后来智隍往见六祖，六祖对他开示一番后，智隍二十年所得禅定的心，冰消瓦解。

无想，是指一些禅人，但除妄想，妄想除尽了后，不知从空出妙有，像木石一样无想，不起作用，古人云：“冷水泡石头”，“枯木岩前岔路多”，就是此意，若果无妄想可以悟道，石头应推为第一。

但得其体，未有其用，只可以生在禅天，如何能上求佛道、下化众生、广作佛事呢？应该从体起用，方可以悟道。有些外道可以五百劫无妄想，入无想定，生于色究竟天，五百劫后，妄想又生起，等于大石压草，草虽暂不生长，把大石移开后，草又生起来，依然有妄想，依然未入涅槃妙心。

非有想非无想——不想有亦不想无，语默双寂，动静两亡，是“非有想”，但是想开悟，故云：“非无想。”

非有想非无想的众生，修行已到了极点，但菩提心还未现前，必须亲近大善知识，由善知识替他抽钉拔楔，令他悟过来。

一位禅人问赵州老人：“一物不将来（有亦无，无亦无），如何？”赵州老人曰：“放下着。”禅人云：“一物不将来，放下个什么？”赵州老人曰：“放不下，挑起去。”他便悟道，他虽然无妄想，但他存无想，仍是有想；他就是卡在一物不将来这个非无想的关内。

修行人想开悟也是一个妄想，令你永不能开悟。

禅宗大德参禅就在这个地方——非无想——话头是空（无想），但话头不明，想明白这个话头，还有求理心在，便是非无想，于是直参下去，参，就是非无想。

因此，若妄心而言，执是执非是有色，拨无罪福是无色，单讲不行是有想，除妄而不起作用是无想，有无俱遣、语默两亡，是非有想，理还未明，有求理心在，是非无想。

度众生就是度卵生、胎生、湿生、化生之色，及度其有色、无色、有想、无想、非有想非无想之心。

我皆令入无余涅槃而灭度之。

无余者，无烦恼习气妄想之剩余，名为无余。

涅槃，就是清净心，妄想，是染污心，妄想灭，涅槃妙心即现前。

“所谓无不从此法界流，无不还归此法界”，因我们最初一念不觉，迷了涅槃妙心，故有种种妄想，因种种妄想而作业，便有种种生死，因种种生死而有种种众生，是故所有众生，都是从涅槃妙心而起，众生灭，还归涅槃妙心，犹如大海出生千涛万浪，千涛万浪灭，大海澄静，回复大海的本来面目。

有妄想的众生，涅槃妙心不现前，所有妄想的众生灭尽，就能见到清净圆满涅槃妙心。

“我皆令入无余涅槃”，把有色、无色、有想、无想、非有想非无想的心——妄想、烦恼、习气——度尽无余，“而灭度之”，灭，即寂灭，烦恼本来寂灭，一切法本来无生，迷则有生，悟时无生；度，即是出生死苦海，到涅槃彼岸之意，故云我皆令入无余涅槃而灭度之。

如是灭度无量无数无边众生，实无众生得灭度者。

要度众生入无余涅槃而灭度之，就要先了解什么是无余涅槃。无余涅槃是指一个人舍了自己的五蕴、十八界之后，只剩下他的自性本心，也就是如来藏，这个如来藏独存之境界，就叫做无余涅槃。

无余涅槃，即是解脱之境界，无有三界之束缚，而这个无余涅槃之本际就是如来藏。每一位众生都具有一个独立的如来藏，祂是本来而有，自性清净，永不坏灭，能够含藏一切种子。一切众生所造种种善、恶、非善非恶之业的种子，都会含藏在各自的如来藏中，随着业种之势力，在临命终去受应有的异熟果报。也就是去受生于三界六道中，于是又开始另一世的生命，众生就是这样而轮回于三界。

“入无余涅槃”，意指把自己的十八界舍掉，惟剩下如来藏独存之境界。在此所谓的“入”，其实只是方便说“入”；“入”是觉知心才有“入、不入”之问题。在舍掉十八界时，觉知心也同时舍掉自我，是故已无有觉知心可以“入”无余涅槃。“入无余涅槃”只是方便说“入”，实际上是觉知心自我舍掉，十八界完全消失了，独存如来藏，这个过程方便说是“入”，而实无有“能入者”。

又如来藏是无为性，祂不会做主，离于一切觉观，非在三界、非非在三界，非属于五蕴、十八界之法，是故如来藏不会说："我要入无余涅槃。"如来藏之体性是"如"，自无始劫来一直都是"如"，是本来而有，不是所生之法，所以也不会灭，性如金刚，这也是本经名为《金刚经》之原因。如来藏不取不舍，不迎不拒，是中道实相，本来即是解脱，是本处于解脱之境界。

无余涅槃，又名无余依涅槃，由于已无微苦之所依，故名无余依涅槃。阿罗汉仍有微苦所依之色身存在，故阿罗汉仍处于有余依涅槃，他有能力或在现前，或在舍报之时人无余涅槃。可是在他未入无余涅槃时，只要还有色身在，就有微苦，就要吃饭、穿衣等来维持生命，也可以说法度众生。若阿罗汉把自已的十八界舍掉，就是入无余涅槃，就是真正的解脱，不再受生于三界，唯除其在生前已回小向大。

若众生如阿罗汉一般，能入无余涅槃，如是"灭度"，"灭"了自已的五蕴十八界，即是"度"到彼岸。佛在此教导菩萨如何灭度众生，令众生入无余涅槃，如果能够这样，就是"灭度"众生。

现在常有人在某某人逝世或往生时，就以"入灭"、"圆寂"、"涅槃"等来形容此人之过世。这并不是很"如实"之说法，只能说是"方便"，因为不一定符合"入无余涅槃"之事实，在此只是顺便一提而已，意在正确了解此一名相。若说一个人过世了，就说是"入灭"，说是"圆寂"，说是"涅槃"，并不符合"灭度"之事实。此人并没有入无余涅槃，现在却偏要说他是"入灭""圆寂"，这样绝对没有任何好处，也不是正面之教育，会让人误解涅槃之意义。要令一切众生入无余涅槃而灭度之，这是极困难的工作。佛及菩萨摩诃萨是最有威德力了，但是说起度众生，即使十方一切诸佛都会同声叹说："众生难度！"在经典里，常有菩萨或佛之弟子向佛问讯，说："世尊！起居安利否？少病少恼否？众生易度否？"世尊却总是这样回答："身心安利！少病少恼！众生难度！"世尊是说实话，就连佛都有这种感叹，何况是修证在佛之下的一切菩萨摩诃萨？虽然以世尊之威德力，都有如此的感慨，但是众生还是要度，还是要说法，要讲《金刚经》。

又若站在众生之立场，佛法的确也是甚深甚妙，难证难入，必须要有佛菩萨、善知识的教导，才能建立正确之知见，才会训练出工夫，才懂得广修福德这当中有许多要修要学之处。若没有正确的正法知见，所学到的尽是邪知邪见，这等于是背道而行，哪有可能走上涅槃解脱之路？如此对于般若智慧之修证则绝难有契入之可能。

如是灭度无量无数无边众生，实无众生得灭度者。

此乃观照般若之文。

善男子善女人发菩提心后，开始度妄想的众生，度习气的众生，度烦恼的众生，凡夫的妄想烦恼习气，多如空中的尘，摇动不停，又如虚空的风，忽然而起，忽然而灭，一弹指顷，有九十刹那，一刹那，有九百生灭妄想，所以凡夫一念之中的妄想多得厉害。

“诸法从本来，常自寂灭相”，以般若观其寂灭，度其出生死，来一个妄想，灭一个、度一个，来无量的妄想，灭无量个、度无量的妄想众生，所有众生度尽，涅槃妙心即现前，若有一妄想众生未尽，涅槃妙心也不会现前，一定要把众生度尽无余，涅槃妙心才现出来。

无论念佛、持咒、参禅，目的都是度妄想的众生，当用功时，把妄想逼了出来，开始时，只逼出一个两个妄想，到后来，妄想倾巢而出，那时便是好消息，仗念佛的力，或咒力，或是参禅看话头的观照力，一下子把妄想众生一网打尽，所谓“灭度无量无边众生”，无量无边的众生度尽后，再观一观，佛号空、大悲咒空、话头空，真妄两亡，天下太平，可有众生？

众生本来空，犹如发梦一样，梦中有无量众生，醒来时，一个不可得，梦原来是空。

烦恼本来空、众生本来无、生死本来寂灭，迷时则有，悟时则无，故云实无众生得灭度者，是为实相般若。众生灭度后，还有什么？如果说还有什么，便着了个什么，所以什么也不说，只说涅槃妙心，也就是菩提心，灭度妄想的众生后，只有菩提心现在眼前，我们便依这个菩提心而修行。

世尊每每在盛会当中，一场法会说完，就有多少众生得法眼净，多少人

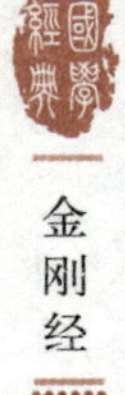

远尘离垢，有多少人悟无生忍，有多少人证无生法忍，有多少人发菩提心，有多少人信不退转。佛世尊虽有如此威德力，却也要众生有一定的福德善根，否则一切众生早已被佛度尽了。事实上，佛在人间或在世间说法四十九年，应得度者早已得度；未得度者，亦已种下未来世修学佛法之因缘种子。所以说法不能有尽，说法若有尽，则众生必失去得度之因缘。应该要说法无尽，因为众生有无量无数无边；众生无量，是故说法应该无尽。正如宣说《金刚经》，欲灭度一切众生而众生无量无边无尽，是故金刚法会亦无有尽时。

一切学人都会感到疑惑、纳闷，何故世尊说“实无众生得灭度者”？这话岂不和前句所说互相矛盾？岂不违背吗？每一个人都会心生疑惑，这是理所当然的。可是佛世尊说法四十九年，从来不相矛盾，然众生常因智慧不足，教理尚不通达，不能正确体会，甚至掌握经典之意义。佛弟子不能了解经典之法义，是很正常之事，佛菩萨自无责怪之理；然身为佛弟子，就必须深信“佛言不虚”才对。佛是“不诳语者、不妄语者、如实语者”，这一点佛弟子都应该要深信才对。

何故佛说“实无众生得灭度者”？因为众生唯是假有，亦是假名。众生是针对五蕴之身所给予之假名，而五蕴之身又是如来藏所生之法，既是所生之法，即会有灭，有生必有灭，这是一切有为法必定如是之道理。五蕴之身既然是有生有灭之法，则是不坚固、不实在，是无常、虚幻的。那么由五蕴之身所取的“众生”之名，又何有真实可言？故说“众生”唯是假有，亦是假名，那又何有得灭度之众生呢？

有般若智慧的人都知道，《金刚经》的前面经文，佛世尊已经开始宣演无上之妙法了，只是一般人尚未悟入，尚无般若智慧，不能体会而已。佛的慈悲，一般人哪里能够体会呢？修学佛法绝没有“不劳而获”的道理，任何一点点之修证，都是无量劫种诸善根所累积来的。佛菩提道这一条路，没有便宜之处，一切要修学、证得之法和智慧，一样都不能免。一切佛弟子对此还是要深思而心里有所准备才好，要有长远心始有成就之一天。

有人畏惧佛法之深妙，心生恐怖，始终不敢如实面对，不敢真正发菩提心。如此遂欲寻找“径路”，希望“捡便宜”，最后只有错解佛经，甚至舍离经典之法义，而以自己个人虚妄想象之境界，作为修学之依循，如此只是拉长轮回生死之时劫而已，并无实质利益。

何以故？须菩提，若菩萨有我相、人相、众生相、寿者相，即非菩萨。”

金刚经处处提出四相，何谓四相？

1. 我相——度众生时，见有能度的我，则有我相，不见有能度众生的我，则无我相，我相不是本来有，取我则有我相，不取则无我相，何为取我而有我相？例如，你有钱财，若执自己有财便有我相，不执自己有财便无我相，我相，是从执着而有。

菩萨有我相，烦恼因而生起，亦因此增长，因为有“我”而生起无量烦恼，何云“我”度烦恼？烦恼反会增加，为什么呢？若见有众生灭度，见有灭便有生，不见有灭，无灭则无生，那时才可称为实实在在度众生，而不见有众生灭度。有些人埋怨烦恼破不尽，皆因见有烦恼可灭，见有灭则见有生，不久，烦恼又生起来，因为有能灭的我相在。

2. 人相——人相也是取则有，不取则无，例如，我修善，执自己是修善之人，他不修善，执别人不是修善之人，看轻他人，这便是人相。经云：布施即非布施、持戒即非持戒，则无布施持戒之人相；忍辱，无辱可忍，则无忍辱之人相。

人相，也是我相的一种，执“我”行善，我是善人，八识田中，便有善人的相，有相即遮蔽佛性，迷失佛性，迷性即有生灭，有众生生，亦有众生灭；或者着我是修行人，着了修行人的相，着了人相，心内便有一物，亦遮蔽佛性，迷性则烦恼起。

3. 众生相——众生即妄想，去掉妄想，哪里有众生，妄想的确是众缘而生。妄想有无量之多，比恒河沙还多，的确是众生。我们一天打多少个妄想？日间为想，晚上发梦，也是妄想，是为众生相。

众生相的范围很广，好食懒做，是众生相，恶事向他人，好事归自己，俄而作小人，俄而为若子，爱之欲其生，恶之欲其死，都是众生相。

菩萨度众生，自己不能有众生相，自己有一个众生相，则度不了众生。

我贪，是一个众生相，我贪，又如何度别人不贪，我瞋，又是一个众生相，我既有一个“瞋”的众生，又如何度别人的瞋；自己不布施，别人更不布施，自己不持戒，别人更不持戒。菩萨度众生，自己万不能有众生相，若无众生相，一切众生，一时度尽。

有了众生相便迷失佛性，迷失佛性则心有生灭——有众生生，有众生灭，故有众生得灭度者——灭去众生相，是为离相见性，见佛性则无生灭，是故无众生得灭度者。

4. 寿者相——遇境逢缘，取舍分别，经过很长久的时间，仍坚执取舍分别，是为寿者相。例如某甲开罪了某乙，某乙三年也不跟他说话，瞋恨心还在，这便是寿者相。

寿者相，是指烦恼命的寿者相，是惑命，不是慧命；烦恼由今生带到下一生，前世瞋，今世亦瞋，前世爱，今世亦爱，前世痴，今生亦一样愚痴，是为烦恼的寿者相。文殊菩萨偈云："众生学平等，心随万境转，百骸俱舍尽，其如憎爱何？"

对境取舍憎爱，分别取舍憎爱的心相续无间断，便是寿者相，对境若不取舍憎爱，便无寿者相。寿者相是比较微细，取舍憎爱是第七识，分别是第六识，经过很长久的时间，也不容易放下解脱的，名为寿者相。

菩萨无我相，即如大海无东风，海水无波浪；菩萨无人相，即如大海无南风，海水亦无波浪；菩萨无众生相、无寿者相，即如大海无西风，亦无北风，海水无波浪。若大海无四边风起，则波止浪息，还归大海。

《金刚经》讲四相的确有道理，所有烦恼都是因四相而有，若无我相，何来有贪瞋痴的烦恼？着我是善人的人相，便有骄慢心，看人不起；众生就是生灭心，所谓众生相者，是指众生的八万四千尘劳烦恼，众生相空，八万四千尘劳烦恼亦空；我相、人相、众生相，相续不断，名寿者相；四相中，但有一相都不得了，有一相则招无量烦恼，即如大海，但有一边风起，大海波涛便不能止息。菩萨无四相之无明风，涅槃性海现在眼前——清净、不生不灭四相空，菩提心现前，菩提是觉，觉即无生，觉一切众生无生，是为不灭度而灭度一切众生，亦为实无众生得灭度者。若想见佛性，一定要离四相，四相，是烦恼的根本。

世尊先答降心，狂心不降，如何能住于菩提？狂心就是生死，生死就是众生，众生有无量无边，狂心亦无量无边。狂心顿歇，歇即菩提，狂心不外是有色、无色、有想、无想、非有想非无想，行者回光返照，见有色则度，见无色亦度，见有想无想亦度，如是灭度无量无边众生。终有一天，豁然悟到众生本来空，不见有一众生得灭度，所度的众生既无，能度的我相亦无，能所两亡，自性真实，自性清净，菩提心现前，从性起修，修六度万行，直至成佛。

一般人常说“你、我、他”，以此方便表达意思，而“你、我、他”就有些许是指“人相、我相、众生相”。“我”是指什么呢？世间人所谓的“我”，在佛法上可以分为两种：一是身我，二是觉知心的我，就是心我。“身我”，是指以自己之色身、身体为我。世间之人往往为了这个色身而费尽心思，希望好好保护它，欲得长命百岁，为此总是想尽办法补身，欲求身体强壮。譬如误以为“吃脑补脑”、“吃心补心”，是故有吃猴脑者，也有吃“猪心”者，甚至吃熊掌、蛇胆、种种动物之心脏，可说无所不吃，极尽造业之能事。如是世间之人多不知“吃人一斤，必须偿还十六两”，逃也逃不过。又未来异熟果报之苦痛，他们哪里想象得到呢？又有人为了爱美，也是极尽可能，把自己打造得“美美的”，这当然要付出代价。第一，要花钱，第二，要造业，第三，增长烦恼习气。“人要衣装，神要金装”，所以免不了要花钱，趁着百货公司打折时，去血拼（意指疯狂采购）一番。血拼需要钱，钱不够花用，有人就动歪脑筋，当然就想办法去偷、去抢、去骗，为了满足己欲，却都造了种种恶业。这些都会增长烦恼习气，就是贪、瞋、痴、慢、疑之烦恼习气，甚至未来世须受异熟果报，这当然是轮回生死之因。

这个色身、身体其实只是地、水、火、风四大之假合物而已，是由人人本具之如来藏所生；既是所生之物，自然会坏灭，就是无常不实的法；既是无常不实的东西，我们又何故去贪着它？为它起烦恼？为它造恶业？为它花大笔金钱呢？不值得啊！这个身体，表面上看起来是妈妈生的，事实上，它是自己的如来藏所生，妈妈只是提供母胎之环境和供给养分而已。在三界六道里，不同的异熟果报就有不同的色身，这当然是由于不同的业才有这个不同色身。可是这个色身终究不能免于一死，因为“有生必有死”。所以这个身我是假的，只是一种假相而已。菩萨要了知这个身我不是真实的，没有“真实我”之相，这样才算是菩萨；若有我相，即非菩萨，佛意即是如此。

“心我”，就是觉知心的我，若误以为意识觉知心是真实不坏，以为是真

心，这也是有“我相”。意识觉知心是所生的法，是由如来藏所生，亦是属于五蕴十八界之法，这又怎么可能是真实的呢？意识觉知心之生起，要有种种缘才可能出生，更要有如来藏才能配合种种缘而生出觉知心，并非无因而起。譬如《楞严经》云：“意、法为缘生于意识”，即是意根触法尘而生意识。虽然如此，觉知心既是如来藏所生，则不可能永远不坏灭；“有生必有灭”，是一切有为法之必然道理。觉知心的我既然不真实，就不可以执着它，一切觉知心之境界都不可以贪着；若是有贪着，即是着觉知心的我为真实，这就没有智慧，就是有“我相”。菩萨若有我相，即非菩萨。

了解“身我”、“心我”，其实并无真实的我，所以菩萨不可以有我相。菩萨既已了知无我，无有真实之我，自是没有道理说有“真实的人”。因为一切的人，就自己而言，仍是“我”；既然无有一真实的我，所以不应该有真实的“人”相。

世间人常说：“只要我喜欢，有什么不可以？”这就是有我相，贪着于我，这是不正确的观念，不正确的观念就应该舍弃。又有人说：“我什么都不着，我只着一样。”这也是有我相！这就表示他们还没有“无我”之智慧。菩萨了知世间无有真实的我，当然也了知无有真实的“人”。若菩萨有“人相”，即非菩萨。无我、无人，则亦无有众生。若有真实的我，则有真实的人，则有真实的众生；若无真实的众生，则无有真实的我，则无有真实的人。一切的众生皆是由五蕴之身而为众生，即使无色界众生不具足五蕴，亦是以觉知心为我，而说是众生。然五蕴十八界既是假有，由五蕴所成之众生自是假名，亦是假有；是故菩萨无有众生相，菩萨若有“众生相”，则非菩萨。

寿者是由众生五蕴去当的，然众生既是会死，即便是长寿之人瑞，也是会死。如是寿者又有何真实之寿者相？实无有真实之寿者，若菩萨有寿者相，即非菩萨。

菩萨必须具有智慧，若菩萨有我相、人相、众生相、寿者相，即非菩萨。有智慧之菩萨具无我的智慧、具无人之智慧、具无众生之智慧、具无寿者之智慧，如是菩萨是名菩萨。是故应舍离一切相，不住于一切相，不住于我相、人相、众生相、寿者相，如是即名真实菩萨。

又如来藏是无形无相，是空性，却是真实有，虽名“空性”，其实应名为“空有性”。如来藏既是空性，无形无相，是故如来藏亦无有一切我相、人相、众生相、寿者相。无有一切相，如是菩萨，始名菩萨；如是菩萨，即是菩萨摩诃萨。

此乃《金刚经》度众生而无众生可度之文。

为什么实无众生得灭度？皆由菩萨无四相，有四相则有众生，无四相，所以实无众生得灭度者。

相不住相，迷性而有相，迷失了佛性则见种种相；性不住性，离相而见性，欲想见佛性，一定要离相；“迷性见相，离相见性”，佛家弟子一定要谨记这八个字。

评 析

有一个佛教的信徒在屋檐下躲雨，看见一位禅师正撑伞走过，于是就喊道：“禅师！佛法不是讲求普度众生吗，度我一程如何？”

禅师道：“我走在雨里，你躲在屋檐下，这里有雨，而檐下无雨，何必需要我度你呢？”

信徒听禅师这样说，立刻走出屋檐，站在雨中：“现在我也在雨中了，应该可以度我了吧？”

禅师说道：“我也在雨中，你也在雨中，我没有淋雨是因为我带伞了，而你淋雨是因为没有带伞。准确地说，不是我度你，而是伞度我。如果要度，不必找我，请自找伞吧！”

那信徒站在雨中被淋得浑身湿透，他说：“不愿意度我就早说，何必绕这么大的圈子，我看佛法讲求的不是‘普度众生’而是‘专度自己’！”

禅师听了不但没有生气，反而心平气和地说：“想要不淋雨，就要自己找

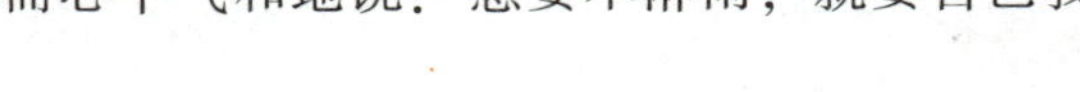

伞。真正悟道的人是不会被外物干扰的。雨天不带伞，一心只想着别人肯定会带伞，肯定会有人帮助自己的，这种想法最是害人。总想着依赖别人，自己不肯努力，到头来必定是什么也不能得到。本性是人生来就有的，只不过有的人还没有找到，平时不去寻找，只想依靠别人，不肯利用自己潜在的资源，只把眼光放在别人身上，这样怎么能够取得成功呢？"

自己的事自己去做才能真正有所收获

人生中的绝大多数事情，别人是无法替我们做的。既然是自己的事，理应由自己去做。自己的事自己去做，才能真正有所收获。

道谦禅师与好友宗圆结伴参访行脚，途中宗圆忍受不了跋山涉水的疲惫，因此几次三番地闹着要回去。

道谦就安慰他说："我们已决心出来参学，而且也走了这么远的路，现在半途放弃回去，实在可惜。这样吧，从现在起，一路上如果可以替你做的事，我一定为你代劳，但只有五件事我帮不上忙。"

宗圆问道："哪五件事呢？"

道谦非常自然地说道："穿衣、吃饭、拉屎、撒尿、走路。"

听了道谦的话，宗圆终于有所大悟，从此再也不说辛苦了。

第四品　妙行无住分[①]

分名解说

①妙行无住分：妙行者，无能行，无所行。所谓行无行行，虽行而不着于行也。第七识就是一个行字，有所行就不能无住，有所住就不能清净本然，周遍法界。所以这行而无行，住而无住的妙理，非九地十地菩萨，不能知其奥妙。故四禅四定，都不能脱离这个行阴之苦。今言妙行无住者，就是说的不着相布施。凡所有相，皆是虚妄。住相就是住虚妄，若不住相，就不为妄境所动。不为妄境所动，则不生不灭，清净本然之体，回然独露矣，此不住之住，才是真妙行也。

经文

"复次，须菩提，菩萨于法，应无所住，行于布施[①]，所谓不住色布施，不住声香味触法布施。须菩提，菩萨应如是布施，不住于相。何以故？若菩萨不住相布施，其福德不可思量。须菩提！于意云何？东方虚空可思量不?""不也，世尊。""须菩提，南西北方四维上下虚空可思量不?""不也，世尊。""须菩提，菩萨无住相布施，福德亦复如是，不可思量。须菩提，菩萨但应如所教住。"

经文注释

①布施：佛法六度之一。分三种。(一)财施，(二)法施，(精进不倦，禅定不差机，智慧不颠倒，说法。谓法施。)(三)无畏施，(凡人在惊恐畏怖之中，我力所能及的地方，不避艰难，就要去救他，即谓之无畏施。)

译文

“其次，须菩提，菩萨既然没有我相、人相、众生相、寿者相，于行住坐卧，起心动念时，应当无所住。比如行布施的时候，应当无所住而行布施，也就是说，不住色相行布施，比如你正在行布施的时候，看到一朵美丽的花，顿时心生贪爱，心住在花朵上，而失去了无上正等正觉心，这叫做住色行布施；如果看到美丽的花朵，花朵固然看到了，不因此而失去无上正等正觉心，就叫做不住色行布施。比如你正在行布施的时候，耳朵听到扣人心弦的音乐；鼻子闻到令人垂涎的香气；舌头尝到可口的滋味；身体碰触柔细的东西；心里想到可歌可泣的往事，导致迷失了无上正等正觉心，就叫做住声香味触法行布施。如果行布施的时候，音乐固然听到了；香气固然嗅到了；滋味固然尝到了；柔细的感觉固然碰触到了；心事固然在思量中，但不因此而迷失无上正等正觉心，就叫做不住声香味触法行布施。须菩提，菩萨应当像这样行布施，不住于相，比如你正在行布施的时候，以为做了一件令人赞叹的善行，满心欢喜；所要布施的对象实在令人同情，大发怜悯之心；而所要布施他人的东西，心里却一时割舍不下，导致你迷失了无上正等正觉心，这叫做住相行布施，如果你以为做了一件善行心里固然欢喜，所要布施的对象固然令人怜悯，而所要布施他人的色声、香、味、触、法等财施或是法施或是无畏施，心里固然盘算着，但不因此染着贪爱不舍，而失去本来如如不动的无上正等正觉心，就叫做不住相行布施。为什么呢？比如你在梦中，拿七宝或身命来布施他人，而实际上那是梦幻，根本没有你在做布施，没有他人接受你的布施，也没有七宝或你自己的身命。如果菩萨于施者、受者、所施物，念念都趣入空，不住相行布施，无上正等正觉心现前，他的福德不可思量。须菩提，你的意思怎么样？东方的虚空可以思量它的大小吗？”“不可以，世尊。”“须菩提，南方、西方、北方，四方上下的虚空，可以思量它的大小吗?”“不可以，世尊。”“须菩提，菩萨不住相行布施，他的福德也是这样，不可以思量。须菩提，菩萨但应如我所教授的心要，安住无上正等正觉心。”

详解

“复次，须菩提，菩萨于法，应无所住，行于布施，

此乃《金刚经》无住布施之文。

无住就是般若，般若不住一切法，凡夫法法有所住，故不得般若，若想求般若，一切不可住，不住财色名食睡，乃至不住三身四智五眼六通，古人云：“不与万法为侣者是何人?”不与万法为伴侣者，便是般若，所以一切众生成佛时，什么也无，惟有般若具足六度万行，庄严佛土，菩萨悟道时亦然，惟有般若，以般若上求佛道，下化众生。

观音菩萨得般若，寻声救苦；普贤菩萨得般若，六度万行齐修；文殊菩萨得般若，教一切菩萨发菩提心，得根本智；地藏菩萨得般若，空地狱，众生度尽，然后证菩提。所以般若之行，一行一切行，行行遍法界，故经中云：其福德犹如虚空。六度以布施为首，布施有三种：财施、法施、无畏施，舍财而施名为财施，历代三藏法师说法，令人悟道，称为法施，观音菩萨现神力救众生苦，是无畏施。

以菩提心修布施，菩提心不住一切法——不住生死、不住涅槃、不住六根六尘六识、不住欲界色界无色界，于三界九地已证之法亦不住，是谓菩萨于法，应无所住。不住就是布施——内舍悭贪烦恼，外利益一切众生。

不住一切法，自性清净名为戒波罗蜜，持戒度毁犯，舍离破戒的妄想，是为上求佛道，持戒清净，以戒福利益众生，是为下化众生。菩提心不住一切法，在尘而不染尘，在欲而离欲，名为戒波罗蜜。

菩萨于法，应无所住行于忍辱，不住就是无生，烦恼不生，就是忍辱波

罗蜜。

菩萨于法，应无所住行于精进，用功而不住法，便忘了时间性，是名精进波罗蜜。

不住于法行于禅定，“不住”者，空也，一切法空便入定，色空入色定，受想行识空，入受想行识定，火空入火定，水空入水定，空空入空定，能空一切法即得定，是谓菩萨于一切法无所住，而行于四禅八定。

菩萨于一切法无所住，所谓六根、六尘、六识等十八界之法无住，无住便是般若，是谓菩萨于一切法，应无所住，行于般若。

“法”，是指一切万法，即是五蕴、十二入、十八界等一切法。这一切法都是由如来藏所生，以如来藏为第一因、根本因；若加上种种缘，即会有五蕴、十二入、十八界等一切法之出生。

五蕴是指色蕴、受蕴、想蕴、行蕴、识蕴等五种。蕴是积聚之意；色蕴是色法之积聚。行蕴是一切行之积聚；识蕴是指七转识之积聚。七转识是指眼识、耳识、鼻识、舌识、身识、意识、意根等七个识。

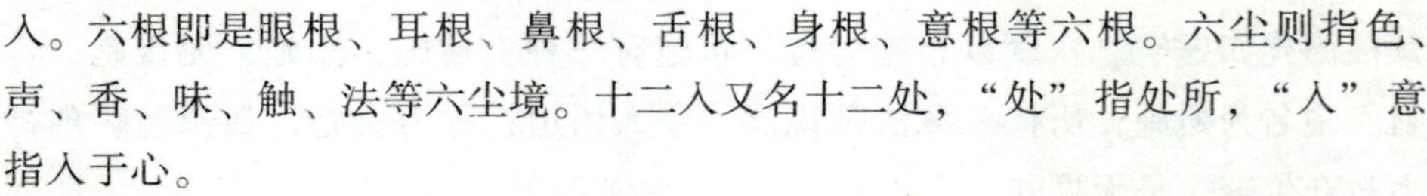

十二入是指六根、六尘，合称为十二入。六根即是眼根、耳根、鼻根、舌根、身根、意根等六根。六尘则指色、声、香、味、触、法等六尘境。十二入又名十二处，“处”指处所，“入”意指入于心。

十八界即是指六根、六尘、六识，合称十八界。一切诸法就是五蕴、十八界；五蕴十八界即是一切诸法，这一切法都不离如来藏，为如来藏所生。“法”，亦指法界实相如来藏，因为祂是一切法出生之根源。

所谓不住色布施，不住声香味触法布施。

佛弟子中，舍利弗智慧第一而不住智慧，以智慧布施利益众生，若有所住，便生出自私自利之心；目犍连神通第一，不住于神通而利益众生；阿难多闻第一而不住于多闻，以多闻结集经藏，利益无量众生，是为不住于多闻而行布施。

我们每个人都有自己的长处，以长处布施利益众生，不应住于长处，我们虽然还未开悟，亦可以把自己的长处贡献出来，布施利益众生，有所住，便是悭贪，所以凡夫菩萨，亦可以不住于法而行布施。

“不住色”，财是色之一，不住财就能布施财，不住珍宝之色，亦能以珍宝布施，菩萨不住一切色，是故能以最好之物布施，不住，就是智慧，有智慧就不会起烦恼，所以对财物之色不会悭贪。

不住色，是智慧，布施，是慈悲，所以菩萨有智有悲，罗汉不住色，但不肯布施，所以有智无悲，凡夫不但住色，亦不布施，所以无智无悲。

“不住法”，法即法尘，三藏十二部语言文字经典，就是法座，不住于法就能布施法，是法施，若住于法，就不愿以法布施，是为吝法。

不住神力，以无畏神力利益众生，是无畏施，若有威德而住于威德，不能布施，不住威德，就可以神力布施，例如观音菩萨神力能救苦，神力能与乐，是为无畏施。

所以不住色声香味触法，则具足三种施，不但如是，戒亦具足，着色破戒，不着色，心清净，便是戒，不住声香味触法，心清净，戒亦清净。

如是不住色声香味触法，烦恼不生，忍则众恶无喧，名忍辱波罗蜜。

不住色声香味触法，空了时间性，是谓精进波罗蜜。

不住色声香味触法，六尘空，得禅定波罗蜜。

不住色声香味触法，一切法不住便住于般若。

因此不住色声香味触法，不但能布施，更能修持戒、忍辱、精进、禅定、般若。

须菩提，菩萨应如是布施，不住于相。

布施时，不应住我相，若“有我”布施，将来便“有我”受果报，亦即有我入生死，无我布施，则无我受果报，谁受生死？

菩萨布施，不住我相，“我”则无限量，周遍法界，以法身真我，供养大众。

布施时，若有受施的人相，便会有拣择，有分别心，则心量小，心小福亦小，梵网经云：“供养五百罗汉菩萨僧，不如僧次一凡夫僧。”供养五百罗汉菩萨僧是分别心，在大众中僧次一凡夫僧是无分别心，有分别心不及无分别心，布施时若无受施的人相，则无分别拣择心。

菩萨布施，不住于人相，人相无限量，上供四圣，下济六道。

布施时，若着所施的物相，物有大小，福亦有大小，故福有限量，有限量是有为法，无为法无限量。

菩萨布施，不住物相，物相便无限量，布施物周遍法界，福德亦周遍法界。

菩萨不住相布施，内不见有布施的我相，外不见有布施的物相，亦不见有受施的人相，三轮体空，是为无相布施。

“住”是说执着、住着、贪执之意。在此是说，若菩萨行于布施，于法应无所住，不住于色、声、香、味、触、法尘等而行布施；若是有所住，则为着于相而布施。若住于色而布施，即是着于布施之物，即是住于色相而布施。色就是色尘，若住于色就是有色相，菩萨不应住于色相而布施。

又若菩萨于法，有所住而行于布施，即是住于种种法相，譬如住于色尘相、声尘相、香尘相、味尘相、触尘相、法尘相。若是住于相而行布施，则有施者、受者、所施之物相，这种有相、住相之布施，即非三轮体空。若是有相、住相之布施，则所获之福德必有限量，已被所住之相所限制，有所拘限，不是无量。若无所住所行之布施，由于不住于相，即是无相布施；无相布施所得福德必是无量，如此的布施才是波罗蜜，才算布施波罗蜜，否则布施只是布施而已，不是波罗蜜。

无相的布施，就是不住于一切法相，无有施者、受者、布施之行、布施之时、布施处所、施因、施果等一切法相；这样的布施才是波罗蜜，才是布施到彼岸。菩萨有无相之般若智慧，了知一切法皆是虚幻不实，是故不应住于法而行布施，应无所住而行布施。

世间人行布施多是为求福报、求功德，然而有智慧的人，他不会心着于这个福报、功德上。他相信布施的因果，所以深信今日的布施，未来的果报是逃不掉的，别人抢也抢不走，因为他是如法修布施。既然未来世必得果报，那么我们何必一天到晚挂在心上呢？挂在心上的意思就是心中有物，就是心中存着“我行了布施、我会有福报”，这就是“住色布施”，执着于“施物、施者、受者、福报……”

何以故？若菩萨不住相布施，其福德不可思量。

须菩提听了都无所住而行布施，就生起了疑惑：菩萨都无所住而行布施，那么布施也是空无所为，都无所得，菩萨何必修这无所为无所得的行呢？佛知道须菩提有这种疑惑，于是不等他问就先为他解释，告诉他不但有所成，并且还大有所成。所以，佛对须菩提说：若菩萨中的大菩萨，都无所住而行布施，所有的福德聚即不可限量。因为布施本来就摄一切菩萨行，本是以诸法为缘而起，诸法缘起本无限量、无边际，所以都无所住而行布施，也是无限量无边际的。若有所住就有限量，即有限量，那么布施的福德也就为有限量心拘定了。本是无限量的福德，因有所住倒成为有限量了。

什么是功德？简单地说，一切的布施都会有福德，却不一定有功德。住相、住色的布施只有福德，没有功德；而不住相、不住色之布施，也就是离相之布施，既有福德，也有功德。有相之布施，唯是布施而没有波罗蜜；无相之布施，既是布施，亦有波罗蜜，是故无相之布施名为布施波罗蜜。布施有波罗蜜，才有功德；若布施无波罗蜜，则只有福德而没有功德。

譬如《菩萨优婆塞戒经》云：“善生言：‘世尊！如佛先说供养六方，六方即是六波罗蜜；是人则能增长财命。如是之人，有何等相？’佛言：‘善男子！若能不惜一切财物，常于他人作利益事；念于布施，乐行布施；随有随施，不问多少；当行施时，于身财物不生轻想；净施不择持戒、毁戒；赞叹布施，见行布施欢喜不妒；见有求者，心则悦乐，起迎礼拜施床命坐；前人谘问，若不谘问，辄为赞叹布施之果；见恐怖者，能为救护；处饥馑世，乐施饮食；虽作是施，不为果报，不求恩报施，不诳众生。能赞三宝所有功德；不以斗称杂余异贱，欺诳于人；不乐酒博贪欲之心，常修惭羞愧耻之德，虽复巨富心不放逸，多行惠施不生憍慢。善男子！有是相者，当知是人则能供养施波罗蜜。’”像以上这样的布施，就有波罗蜜，就能到彼岸，就能于布施解脱，就有布施之福德与功德，就是不住相布施。

有的人行善布施做很多，是为了名声，为了在社会上得到肯定、表扬、赞叹；别人的赞叹一定难免，但菩萨却不住于这个“声尘”而行布施。有一句话说：“人死要留名，虎死要留皮。”从这句话就知道，“留下好名声”还是

人人要，但是若为了名声而行布施，就无形中已住于“声尘”而布施。菩萨则不如是住于声而布施，否则即非有智慧之菩萨。

又有人行布施是有偏好的，他一定要买米，或者买某一种食物，拿这个来布施，对布施之物品有执着。譬如以香喷喷的美食，以此送人家吃，还要人家马上吃，这样他看了就高兴、满意，这就是一种住于“香尘”的布施。菩萨则不如是，菩萨是有什么就布施什么，众生需要什么就布施什么，不住于香尘而行布施，菩萨若住香而行布施，即非菩萨。

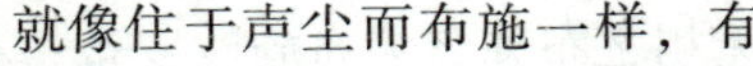

就像住于声尘而布施一样，有人也是住于味尘而行布施。菩萨则不应住于味尘而行布施；菩萨若住味布施，即非菩萨，已着于味尘相故。住于触尘而行布施之例子也有，譬如有一个眼盲的按摩师，他的按摩功夫很好。如果你去帮助他，目的是为了请他帮你按摩，你是贪着他按摩所带给你身触之感觉，这就是一种形式的“住触布施”。触尘无常，触尘不坚实，是故不应住于“触尘”之境界而行布施。有智慧的菩萨不住于触尘而布施，若菩萨住触而行布施，即非菩萨。

法尘有色法尘、心法尘，一切法尘都是如来藏所变现；又色、声、香、味、触都有它的法尘；若住于色，即是住于色法尘；若住于声，即是住于声法尘；若住于香，即是住于香法尘。若是执着于一切法尘而布施，即是住法而布施。菩萨不应住法而行布施，若菩萨住于法而行布施，即非有智慧之菩萨。

福德不能令一个人得解脱，智慧才能让人解脱，因为只有智慧才能断烦恼，才能断除烦恼习气之种子。烦恼有六种根本烦恼，就是贪、瞋、痴、慢、疑、恶见等六种根本烦恼；此外，还有二十种随烦恼。定力不能断除烦恼，只能降伏住烦恼，就像石头压草一般，只能压住它，不能除断草根。只有智慧才能除尽一切烦恼，才有解脱之希望。

若布施有所住，有所执着，不管是住于色、声、香、味、触、法等六尘境之任何一种，都是有所住而行布施。这种有所住之布施，只有福德，没有功德；只有布施，而无布施波罗蜜，不能到彼岸，不能解脱。一般人在还没有佛法智慧时，其布施往往不离相，有所执着，有所贪取，总是住于色、声、香、味、触、法等六尘境而行布施；也就是一般人的布施，很难三轮体空，很难无所住。若能证得深妙之般若智慧，就能依于所获得之般若智慧，才能真正地无所住而行布施。菩萨就是要依于无所住之智慧而行布施，始名菩萨。

一切法都有其法相，我们常会说:“这一尊佛的法相很庄严!”也有人常会对同修道友说:“某某师兄、师姊，您的相貌好庄严哦!”这是说你所看到的色尘相很庄严，这个色尘就是一切法中的一种法，色尘有色尘的法相。一切法的根源就是如来藏，也就是说如来藏是宇宙一切万法出生的第一因。每一位众生都有其自己唯一而独立之如来藏，这个如来藏又名自性，亦名自性本心，又名阿赖耶识，又名第八识，又名真如，又名藏识，又名种子识，又名心，又名本来面目，又名实际，又名涅槃本际，又名非心心，又名无心相心……有种种异名。

每一位众生的如来藏体性都相同，都具足一切种子。种子不是指一般植物的种子那样，如来藏所含藏的一切种子是指功能差别。一切种子，就是一切功能差别；种子是指功能差别，在唯识上称为种子。因为每一位众生的如来藏都具足一切种子，若能圆满修证这一切种子的智慧，则必能证得佛地果位。在经典上常说“心、佛、众生，三无差别”，就是指这个意思。如来藏又名心，而佛和众生也都有自己的如来藏，都具足一切种子。佛已圆满具足一切种子之智慧，故名为佛；若每一位众生努力修学佛菩提道，也能证得一切种智而成佛，基于此一如来藏之体性，故说:“心、佛、众生，三无差别。”

我们所居住的地球，山川河流以及茂密的森林，都是众生的如来藏共同制造的，也就是众生的共业所生；这正是如来藏所含藏一切种子之功能，一切佛弟子都必须建立此一知见。由于如来藏有一切种子，故能出生一切法，而一切法都有它的相貌，就是一切法之法相，这是我们对法相必须了解之处。

佛弟子修行是用觉知心来修行，一切对法的“听闻、思维、修行、亲证”，都要用觉知心来修；布施也是一样，要用觉知心来行布施。但这不是说布施只用觉知心在那里想象“我在布施”，而是要用身、口、意去行布施，觉知心的“意”只是其中的一部分而已。

觉知心很容易着相，就是执着种种法相，这是习气，因为无明烦恼，才有这个习气。由于无明，没有智慧，不能了知诸法实相，不知道一切法都是由法界实相心——如来藏所生，不知道一切法和如来藏之关系是非一非异，不知道这一切法都是虚幻不实、是会坏灭的，所以不断地分别、攀缘、妄想、执着。妄想、执着，就会引生种种烦恼；有了烦恼就要于三界继续轮回受苦，不得解脱。

一切诸法就是指五蕴、十八界等一切法。“五蕴、十二入、十八界”，看起来没什么，事实上极不简单，这里面有着很深的内涵。佛弟子如果只是吸收一些佛法知识或知见，那是不会有什么功德受用的，因为知识、知见不等于功德正受。知识不能解脱生死，智慧修证所得的功德受用，才能解脱生死。

学到一切法的内涵，得到五蕴、十二入、十八界之知见后，必须要一一去现观，去体验它的存在事实；实际体验之后，才能真正了解这一切法的虚幻性、无常性、不真实性。如果不能了知这个事实，就不能体会世尊何故要我们“如是布施，不住于相”。“相”，在这里就是指一切法的法相；若住于一切法，就是住于“相”、执着于“相”。只要觉知心住于一法，即是住于这一法之法相；若心有所住，则不得解脱，更不能契证无心相心——如来藏。是故，佛教导我们“如是布施，不住于相”。

布施若住于相，则名为“住相布施”。譬如一个人为贪求名声而布施，他就是住于“名声”这一法，就是住着于这个“名声”之相。这种布施之福德必是有限量，因为这种布施之福德，已经被这个“名声相”所局限，所以是有限量。佛弟子必须了解，一切的布施都有其果报，这些果报皆必然存在，只是什么时候“缘”成熟了，才能收割这个布施之成果。这必需要种种缘的配合，因缘具足才能得到布施之果报。

菩萨因为有般若智慧，了知一切法的虚幻不实，是故菩萨行一切布施，不住于相；不住于相之布施，名为“无相布施”。无相布施，所得福德不可思量；不可思议、计量，也就是无量。因为无相，所以无量，是故佛才要我们行“不住相布施”，也就是“无相布施”，由于所获之福德不可思量故。

从另一层面来说，住相布施，只有福德而无功德，福德有享尽之时；若不住相布施，不仅有福德，亦有功德，福，生生世世摄藏于如来藏中，来世又有智慧将受用福报加以增上广大，如护持正法，是故福德不可思量。

要如何行“无相布施”呢？努力修学《金刚经》，从《金刚经》中建立正确的第一义谛知见，护持菩萨正法。借由护持金刚法会之正法，修集广大之福德，然后依照《金刚经》之教导去参究，去悟得那人人本具之法界实相。由于获得般若智慧，就具有无相之智慧，就能行“无相布施”。然以自我之能力，想要亲证般若智慧，不是不可能，而是甚难甚难。是故一切有心之佛弟子还是要去寻觅善知识，亲近修学，较有机会圆满所愿。

须菩提！于意云何？东方虚空可思量不？”“不也，世尊。”

佛又以譬喻来说明这样的福德。佛告须菩提说：依你的意思，东方虚空可不可以取它的量呢？周遍十方一切世界虚空，可不可以取它的量呢？须菩提都回答说：不可以，世尊。

方位是世间法，是世间人所施设，要有一个基准点，以此基准点来说东方、西方、南方、北方、上方、下方。东方虚空也是随顺世间人的习惯而说，有东方虚空，则有西方虚空，乃至南方、北方、上方、下方虚空。

虚空，只是施设之名，事实上并无虚空之法；在一切法中，并没有虚空这个法。虚空是因为有色法之对称，依色法而言，名为虚空。世人多以为实有虚空之法，这只是错觉。

譬如《楞严经》云:“乃至虚空，皆因妄想之所生起。”由经文可知，虚空是妄想分别出来的。

又譬如《大乘起信论》云:“虚空相是其妄法，体无、不实，以对色故有，是可见相，令心生灭。以一切色法，本来是心，实无外色；若无色，则无虚空之相。”古人曾把虚空归于“色边色”，把虚空摄于色处之中，因而有人误

认为是有为法。而世间人也有把虚空当作色法，即是色法，即是妄法，有生有灭。然则虚空实无有法，唯是假名。

譬如《大智度论》云："如虚空者，但有名而无实法。虚空非可见法，远视故眼光转见缥色。诸法亦如是，空无所有，人远无漏实智慧故弃实相，见彼我、男女、屋舍、城郭等种种杂物心着。"

"虚"是虚无，"空"是空无，都是"无"之别义；是故虚空本无实体，无有形质，空无障碍，不为色法所障。又虚空无有边际，既是虚无形质，又何有边际？无有边际，即是广大。又既是虚无形质，即是广大；既是虚无形质，即是无相，无有形相。无相的布施，所得福德犹如无相之虚空，无限广大，是故不可思量。

譬如《大乘起信论》云："虚空无边，故世界无边；世界无边，故众生无边。"虚空无边，则东方虚空亦是无边，南、西、北方虚空亦是无边。又东南、东北、西南、西北等四维之虚空仍是无边际，上方、下方虚空亦是无边际，一切之虚空皆是无有边际。因为无边际，所以广大；因为无有边际，所以不可思量。

佛弟子修学《金刚经》，应该要有一个认知，就是佛在这里所说之每一句话，都是有意义的；如果没有意义的话，那世尊为什么要说呢？详细阅读本书，对于他日的悟入绝对有很大的帮助；本书意在提供佛弟子一个熏习正法知见的机会，有了正确的知见，方向才会走对。

一问一答是佛说法之一种很重要的方式，这种说法方式效果很好。其实，以佛的威德力来说，度众生应是很容易才对；可是，事实并非如此。并非世尊的威德力不够，而是众生烦恼障重，而佛法又甚深极甚深，尤其是如《金刚经》这种第一义谛之法。至于唯识种智之法，就更深细了，所以佛法甚深的确是事实。

大乘佛法的悟入，确实极为困难，一切佛弟子最好是随顺福德因缘，如法而求就好。若是太过勉强，往往会出问题，并非好事。

有志追求《金刚经》开悟之一切佛弟子，在修学此经般若知见之同时，一定要努力修除个人之性障。若不好好努力去除自己的烦恼习气，而一心一意地想追求开悟，这就不免令人怀疑如此追求开悟是另有目的，而不是真为生死而求，不是真为众生之利益而求。像这样就不是正确的修学心态，值得深思。

有的人只是慧力好，世间智慧比他人好，多看了一些经典或是佛法的书，就到处去踢馆，去各大大小小道场去找师父，想要以自己所学到的一点名相去考师父。如此考师父、踢馆之目的，只是为了突显自己很厉害，这不是佛弟子学佛应有的心态，这是我见未断。

又有人于正法道场学得一点知见，却不能观察众生因缘，一意地去否定他人，好像别人都是一无是处。事实上，人家只是老实念佛，也没有以严重错误之知见影响信众，只是修学正法之因缘还不具足而已。像他人老老实实在念佛修行，为什么要去考人家呢？即便考到了，那又代表什么呢？那不表示自己修证就比较好，而是不能观察众生之因缘，没有善巧方便罢了，这也是另一种我慢之现象。像这样都不是正确的学佛心态，那是慢心。欲求契入《金刚经》之第一义妙法，最好还是先努力修除自己的习气比较要紧。至少也要先把粗重的习气除掉，才好当一个开悟者。有的人会说：“你先帮我悟，我一定努力修除习气。”从这句话就知道他要修除习气是有条件的。像这种人你如果助他开悟，他一定生起大慢心，乃至欺师灭祖都有可能。这是习气不除的后遗症，值得我们警惕。追求开悟还是要等因缘成熟，瓜熟蒂落，自然成就比较好；换句话说：该你的跑不掉，不该你的千万不要强求，这样的悟才不会出问题。现在就是该学的赶快去学，该修的努力去修，该护持的舍命去护持，其他就交给佛菩萨安排就是了。

“须菩提，南西北方四维上下虚空可思量不？”“不也，世尊。”“须菩提，

菩萨无住相布施，福德亦复如是，不可思量。

世界中大者莫过虚空，一切性中大者莫过佛性，何以故，凡有形相，不得名为大，虚空无形相，故名为大。众生心性有限量，例如恶性不含善性，刚性与柔性不能并住，此乃限量，不得名为大；佛性则无有限量，善恶均能觉，非动非静，觉动觉静，故名为大。

虚空中无东西南北，若见东西南北，亦是住相，不得解脱；佛性本无我人众生寿者，若有四相，即是众生性，不名佛性，亦所谓住相布施也，菩萨行施，不住于相，无所希求，其所获福德，如十方虚空，不可较量。

“四维”指东南、东北、西南、西北四个方位，称为四维。东、南、西、北加上四维，以及上、下，即是十方虚空；这是为了配合众生所能了解之心量，是故佛作如此比喻。这是一种方便比喻，虚空既是无法，在一切法中既没有虚空这个法，又如何会有东、南、西、北、四维、上、下等虚空呢？

布施可分为两种：一者财施，二者法施，又布施可分为三种：一者财施，二者法施，三者无畏施。财施，是指所布施者为钱财、物品；法施，即是布施种种佛法；譬如劝人念佛、教人佛法知见、度人开悟，都是法布施。讲《金刚经》即是法布施，著作佛法的书籍也是为了法布施。法施通常也包含财施，就像写书著作需要花钱；以书流通结缘，利益他人，不但是法施，也是财施。无畏施，即是施人无畏，譬如造桥、铺路、救人免于生命之灾难等都是无畏施。

布施可以舍悭贪，故要常行布施。有的人行善布施，总是头抬得高高的，用下巴对人，觉得很了不起，慢心很重；这样的布施反而增长我慢，这样就不能到彼岸。行布施，其实还要感谢接受我们布施的人，因为他们让我们有机会舍悭贪。

布施是要身、口、意具足才算布施，至少要具二种，即是要用五蕴来行布施。有部分人以打坐观想之方式，观想自己在行布施；这样不能算是布施，那只是虚妄想象而已，不能对人有实际帮助，佛说这不是布施。

布施有何果报呢？布施能得五种果报，即是色身、寿命、安乐、力气、辩才五种果报，经典上说为“色、命、安、力、辩”。这五种果报，无论施者、受者都可获得，而打坐观想布施之方式，根本不能令人获得这五种果报，所以不算是布施。又观想者本身，也不能获此五种果报。

有的人生性悭吝，一毛不拔，要他布施比要他的命还恐怖，总是会说：“我没钱布施。”说没钱布施的人，真的就会一直没钱；应该要说：“我有钱布施，我要及时布施。”这就是有智慧的人。真正会修布施的人是菩萨，菩萨不但常行布施，而且不住于相；无相之布施，所获福德不可思量，犹如虚空一般不可思量。

又布施有净施、不净施。清净布施所得果报大，不清净布施之果报则小。净施可分为三种：一者物净，二者田净，三者心净。物净是指所布施之财物是清净财，譬如正正当当赚来的钱，用来布施，这就是清净财。若是以不正当、不合法的方式赚来的钱、得来的物品用来布施，就是不净财、不净物。田净就是布施的对象是清净福田，这种布施所获得之福德大；因为田净，所以果报大。譬如供养佛和供养凡夫众生，其果报有差别；供养佛是无量报，供养众生果报有限量。心净就是布施之心清净，不住相布施就是心净布施，福德无量，所以布施要清净，福德才会大。

布施有很多的内涵要努力去修学，才知道如何布施，才知道如法布施。有智之人有五种布施：一、至心施。即是以至诚心行布施，因为至诚布施，是故舍掉了骄慢。

二、自手施。也就是亲自布施，不假手他人；若假手他人而行布施，所得福报也要经过他人才能得，所以要自手施。

三、信心施。相信布施之果报不失，有布施之因，必得其果，如此信心行布施。

四、时节施。依时节因缘之需要而行布施，就是时节施。譬如要以对方之所需而行布施，当对方得了重病，所需要的是治病，所以要助他就医，解除他的痛苦，就是时节施。

五、如法求物施。这是指布施之物要如法而求，不可用不正当的手段取得财物来布施。

布施，因为对象不同，所得果报有差别，此可见于《菩萨优婆塞戒经》。譬如布施给畜生，得百倍报；布施给一个破戒者，得千倍报；布施给一个持戒者，得十万倍报。若布施一个外道的离欲者，得百万倍报；又布施给一个向道者，得千亿报。若布施、供养一个初果人，乃至于佛，都是无量报。

这是因为所布施对象的不同，果报也跟着不同。这是佛所说，当然佛有他的道理才会这么说。这是“田”有差别，“田净”则果报大。会修的人若遇到大福田，像佛菩萨、证果的圣人，应该及时去供养他，不要客气，因为这种机会并不多。若是错过了，又不知要等到何时？虽然我们要在福田大者去种福田，可是也要有平等心，不能专挑圣人，这样的分别心、不平等心是不对的，我们还是要等施一切众生比较好。

若只选择圣人修布施、供养，也是执着，即是住相布施，住色布施。虽然福田大，所以果报大，却仍是有限量。有智慧之菩萨不住相而行布施，这种布施，即使布施给一般众生，所得果报还是无量报，所以佛说“不可思量”。

布施之人若有下列三事，则布施后不能得到胜妙果报：

一、先多发心，后则少与——本来发心答应要布施多少，事后却未完全做到，譬如已经答应、承诺要拿一万元帮助对方，实际上却只拿五千元。这样布施五千元之果报，最后虽然还是会有，却不胜妙，也许得来会很勉强。

二、选择恶物，持以施人——有的人喜欢把自己不要的东西送人家，或是把旧的东西送到佛寺去，这是不对的做法，这样所得之果报不胜妙。应该把最好的或是对方真正需要的东西送给对方，这才是如法之布施。

三、既行施已，心生悔恨——常会听到一句话，就是：“我很后悔帮了他！”事实上不需要这样，帮就帮，都已经帮了，因为因缘不同，过去的就让它过去。若心生悔恨，则所得果报必不胜妙。

须菩提，菩萨但应如所教住。”

须菩提请问世尊：“云何应住？”佛言：“应如是住。”

无住而住，就是住于菩提心，布施无住，布施的功德便住于菩提心；持戒无住，持戒的功德便住于菩提心；忍辱无住，忍辱的功德住于菩提心，禅定无住，禅定的功德，住于菩提心；菩萨修六道万行，一一离相，无相的功德，住于无相的菩提，故云：“菩萨但应如所教住。”

佛弟子应依佛在经典之教导修学、安住，应“如所教住”，这是天经地义之事。可是有许多佛弟子依自己的“习气”、“偏好”来修行，不依佛在经典之教导，这是很奇怪之事情，一点道理也没有。可是这样的佛弟子着实不少，却还有更离谱的事，就是完全不看经典，却很努力在修行。

譬如常有人说：“好好修就好，不用看经典。”你若问他：“好好修什么法道？”他说：“修天道。”再问他：“是哪一天的道？”结果就答不出来了。修行绝不可以胡修一通，要有目标，要有方法，要有次第，要有善巧方便，更要有法。如果没有法作依循，又如何达到目标呢？要知道修什么法，要达到什么目标，才能“好好修”啊！譬如想要获得解脱，就要修解脱道的法；想要成就佛道，就要修学佛菩提道。如此有目标、有法道、有次第，才能算是修行。佛法有何处比一神教、其他宗教特别殊胜呢？因为佛法能够修至解脱，乃至成就佛道。其他宗教不曾有人证得阿罗汉果，更没有人修得佛地果位，而佛法却已有恒河沙数诸佛早已成佛，成就阿罗汉道者更是无量无边。是故佛弟子应依佛在经典上之教导，如所教住；菩萨应如所教住，行六度万行。

佛弟子不能“如所教住”者，的确不少；自古以来即是如此，不分宗派，无论古今，乃至佛世亦复如是，这也是佛每每感慨“众生难度”之原因。众生不能“如所教住”之问题，在于众生，不在于佛；佛已把成佛之法、解脱之法宣说出来，但是佛却不能代替众生修行，只有众生自己去修。若佛能代替众生修行，则三界内已无众生存在，也不需要佛法，而佛也无众生可度了。可是事实上并非如此，众生还是要去面对自己的生死问题，对于佛之教导，众生应“如所教住”才对。

众生若不能信受佛语，不能“如所教住”，那三界内又有何人可以依止？难道是要依止自己之习气？这是佛弟子必须面对，也必须深思之处。众生很可怜，也很无奈，因为众生一直被烦恼紧紧地束缚着。

可是看到许多人轻易毁谤正法，实在令人为他们感到忧心、难过，当然也更加珍惜自己好不容易得来的一点智慧。佛门的弘法者更应该“如所教住”才对，然多年来佛法的弘传，却有极多严重偏离经典之处。譬如有人不但不信受大乘经典，反而更进一步公开否定大乘正法，这确实是一件不可思议之事。这完全是因为善根福德不够所致，对于大乘正法熏习太少，毫无大乘正法之种子，是故很难相应，更难看懂大乘经典。因为这是一点一滴所累积而来的，不可能一蹴即成，是故几乎在任何时代都会有人不信受大乘之法，不信《金刚经》里“如所教住”之佛语。

但是不信佛语，不能“如所教住”之结果，只有让自己陷于三恶道之深坑当中，于己于人又有何实际利益呢？三恶道之苦、地狱之苦，难道自己真的能够承受吗？不然！一切众生都不能承受地狱之苦，佛弟子在否定、毁谤大乘之前，都应该深思才好。

净土三经也是一样，仍有少部分人敢于否定，这也是另一种不能“如所教住”之情形。有人不信有西方极乐世界、不信有阿弥陀佛；然不相信，并不代表没有；看不到，亦不代表没有。就像电力、空气一样，你看不到，却不表示没有；西方极乐世界也是一样，你看不见，并不是表示不存在。

评析

以前，有位叫明慧的和尚一心向道。为了能够早日修成正果，便住在深山中的一座寺庙中潜心修行。

但是，明慧和尚每次打坐入定时，眼前都会出现一只大蜘蛛。那只蜘蛛张牙舞爪，不住地给他捣乱，他虽然不害怕，但是无法静下心来修行。

为此，明慧和尚十分苦恼，于是向祖师求教："师父，每次我一入定，就会出现一只大蜘蛛，无论我怎么赶它也不走，请祖师为弟子指点迷津。"

祖师听了非常惊异，说道："居然有这种事情？这样吧，下次你入定时，拿一支笔，等蜘蛛出现时在它肚子上画个圈，看看它是何方怪物，我也好为你斩除。"

明慧和尚在下次入定的时候，果然拿了一支笔，等蜘蛛一出现，他飞快地在它肚子上画了一个大红圈。蜘蛛一点防备也没有，仓皇地逃走了，明慧和尚很快安然入定。待他出定一看，赫然发现自己肚子上有一个大红圈！

明慧和尚恍然大悟：原来阻挠自己修行的就是自己呀！

人生中最大、最难战胜的敌人，就是自己。有的人可能战胜了无数的对手，可最后还是败在了自己的手中。因此，在我们试图战胜对方之前，或者想要达到某个目标之前，一定要先检查一下自己，看看自己是否阻碍了自己。

只有全心全意地投入才能做到"心手合一"

所谓"心手合一"，就是说，在做一件事的时候要调动全身的积极性，达到心即手、手即心的至高境界。无论我们做什么事，都要专心致志、全心全意地投入，只有这样，才能做到"心手合一"。

有位名叫大年的学僧，喜好雕刻佛像，但由于缺乏良好的指导，雕刻出来的佛像总缺乏佛性。于是，大年专程去拜访无德禅师，希望能得到无德禅师的指导。

大年到法堂时，无德禅师便放一块宝石在他手中，命他捏紧，然后天南地北地跟他闲聊，除了雕刻方面的事外，其他一切都谈，约一个小时后，无德禅师拿回宝石，命大年回禅堂用功。

这样连续过了三个月，无德禅师始终没有谈到雕刻的技术，甚至连为什

么放一块宝石在他手中也没说。终于，大年有点不耐烦，但也不敢询问无德禅师。

一天，无德禅师仍照往常一样，又拿一块宝石放在他手里，准备谈天。大年一接触那块宝石，便觉得不对劲，立刻脱口而出说道："老师！您今天给我的，不是宝石。"

无德禅师问道："那是什么呢？"

大年看也不看，就说道："那只是一块普通的石块而已。"

无德禅师欣慰地笑道："对了，雕刻是要靠'心手合一'的功夫，现在你的第一课算是及格了。"

第五品 如理实见分①

①如理实见分：如者，真如也，十法界无一是实法，若有实法，皆是虚妄相也。如理者，就是不可以虚妄之相见如来，应从无相无不相之理见如来也。（何谓无相？世间一切相，皆系妄境，本无所有，故名无相。何谓无不相？十界十如之法，应用无方，自在无碍，故名无不相。）实见者，见自性如来，已悟性体空，所以不可以相见如来也。如理实见者，不可执相，亦不可离相。盖执相皆是虚妄，离相又落断灭，须不执不离，虽有相而不住相，则即见诸相非相，善见如来也。

“须菩提，于意云何？可以身相见如来不？”“不也，世尊。不可以身相得见如来。何以故？如来所说身相①，即非身相②。”佛告须菩提：“凡所有相，皆是虚妄。若见诸相非相，即见如来。”

①身相：色身之谓。

②非身相：法身之谓。

译文

“须菩提，你的意思怎样？可以以为看见我外表的身相，就是看见不生不灭，无所从来，亦无所去的如来吗?”“不可以，世尊，不可以为看见身相叫做见如来，为什么呢？如来所说的身相，就是虚幻的身相。”佛告诉须菩提：“凡所有现象，都是虚妄的，好比在梦中，你看见山河大地亲朋好友，而实际上并没有。如果见所有现象就是虚幻相，当知一切虚幻现象虽然有生灭变化，而实际上本来就没有生灭，和不生不灭的如来没有两样，那么，你若见诸相是虚幻相，就见到如来了。也就是发无上正等正觉心，当可如是住，如是降伏其心。”

详解

“须菩提，于意云何？可以身相见如来不?”“不也，世尊。不可以身相得见如来。

须菩提根据前文中所说的菩萨不住相想应行布施，就生起疑惑来了：不住相想而行布施吗？我们现在修行布施的目的，就是为求佛果；佛就是三十二相、八十种好、诸相具足的。要是求这样佛果而行施，不就有了所求佛果的诸相？这不是住相想而行施吗？佛有他心通，知道须菩提心中有这样的疑，所以故意问他，使他自己去参究。佛就问须菩提说：在你的意思怎样，可否以三十二相、八十种好、诸相具足，来观作如来呢？如来具有三身：一、化身，就是有三十二相、八十种好；二、受用身，具足无量光明功德智慧；三、法身，就是无有分别、离一切相的。须菩提平日听佛说，法身是离一切相的，因佛这样一问，他当时就明白了，回答说：不，世尊！不应以诸相具足观如来。

何以故？如来所说身相，即非身相。”

因为如来说三十二相、八十种好诸相具足，就不是诸相具足。这是说：佛具足的身相，都是随众生虚妄心所现的，应众缘而变化，本是空无自性，如镜中花、水中月似的，所以说诸相具足，即非诸相具足。于是须菩提就再解释说：“世尊所说的色身如来是应身，应身有身有相，法身无身无相，若能见身即非身，相即非相，即见法身如来。”

佛告须菩提：“凡所有相，皆是虚妄。若见诸相非相，即见如来。”

金刚般若是佛的境界，由众生到佛的境界，其实是不隔的，迷即众生，悟时是佛，何谓不隔？波浪即水，不是离开波浪才有水，即波浪而见有水，但波浪不是水的本性，从波浪体会水不难，但着了波浪，则永远只见生灭无常的波浪，见不到不生不灭、一体的水性，所以众生悟佛道，说难不难，故谓不隔。

《金刚经》处处教我们离相——度众生不见有众生相可度、布施不见有布施相、离相即可见法身如来，不是以三十二相见法身如来，以三十二相见法身如来则不用修行，舍卫国九亿人，有三亿人见佛闻法，三亿人见佛而不闻法，三亿人不见佛不闻法，业障深重所致，佛法的确难闻。

既闻了佛法，为什么还未开悟呢？问问自己可有种善根，未种要种，种了之后可有增长，增长了可有成熟，若善根成熟，一闻佛法即悟道，若善根未成熟，或未增长，甚或未种善根，那你以什么来悟呢？

上来说得很清楚，若见诸相非相，即见如来，不错，诸相非相是如来，但你何曾见到诸相非相，人家赞叹你便欢喜，开罪了你便发脾气，甚至做梦时也还不知梦是非相，知道梦是非相就好了，但是任何一个人在梦中不知是梦，不知梦是非相，等到醒来时，才知梦是非相。人生如大梦，有谁知道自己现在做梦，知道现在做梦，就见到非相的法身如来，但现在不知道自己造梦，便着相见生死，所以虚云老和尚说："拜佛若能见到诸相非相，即见如来。"

有人问赵州老人："请问和尚，何谓佛？""殿里底。""那是泥塑木像，我不问这个佛，我问法身佛。""殿里底！"

法身佛未曾离开有相佛，若见诸相非相，便见法身如来，倘若离开诸相，哪里还有法身呢？离了众生，哪里还有人成佛呢？成佛是众生成，没有众生，谁来成佛？离了波浪，哪里有水？惟有离了波浪的相，便能见清净的水体，所以若见诸相非相，即见法身如来。

一般众生若有机会见到佛，通常是见到化身佛或应身佛。佛有三身：一者法身佛，二者报身佛，三者化身佛。化身是佛所变化出现之影像，是为了众生的需要才出现。应化身则是指应化出现，如出生于人间和人类过类似之生活，然后如释迦世尊说法四十九年一样，这就是应化身，或称为应身。

报身佛是指庄严报身，或谓圆满报身。如毗卢遮那佛是释迦世尊之圆满报身，现正在色究竟天为菩萨说法，一般众生并没有机会看到。法身佛是指佛地真如或无垢识，是清净法身，就像卢舍那佛就是释迦世尊之清净法身一样。佛的法身和一般众生之法身，体性是一样，只是所含藏的种子不同。佛地真如之体性究竟清净，故又名无垢识。众生的真如尚有染污种子，非是究竟清净，是故不可以名为无垢识，只能称为因地真如、如来藏……有种种异名。

一般未悟之众生不能见如来之法身，若要得见如来之法身，则必须先求开悟；开悟之后，能见自己的法身，也能见十方诸佛之法身。是故一般来说，众生并不能见佛之法身，更不能见佛之庄严报身，只能见佛之应化身。在此金刚法会里，世尊是应化身，以应化身说法。应化身有身相，有三十二相、八十种随形好，这是应身佛的色身相。世尊问须菩提说："你的意思如何呢？你可以我的色身相见如来吗？"与会大众现前皆眼见如来，何以如来这样问须菩提呢？

世尊的意思当然不会以这个色身相为如来，如果是的话，世尊就不会如此问了；在此，世尊的意思是指如来的法身，而不是指色身。因为即使佛的应化身也是五蕴之身，这个色身即是五蕴十八界所成，即是虚幻不实，是无常不坚的。这个无常不坚不实的五蕴之身，绝对不是法身，不等于法身，是故佛的应化色身不等于佛的法身。

在此金刚法会之大众，个个都看到如来之应化身，这是色身，是有形相、有身相的，这就是三十二相。但这个如来的身相不等于如来之法身，因为色身会坏灭，法身永不坏灭；色身有身相，法身则是无形相，是故如来的色身相不等于如来的法身。

与会大众所看到的是如来的身相，并不是佛的法身，佛是何等慈悲，为了众生之法身慧命而说法，欲令众生得能悟入。若是众生能够证得自己的法身，即是如来藏，如此才能依自己的如来藏而修行，不再执迷自己五蕴十八界之境界为真实，如此才有解脱之可能。无始劫以来，众生一直都在五蕴十八界一切法的虚幻境界上去贪着，为了这无常不实之身而造业，因此于三界内轮转生死，难有出期。

众生自无始劫以来，也一直不能了知自己身中有个如来藏，这个如来藏就是每位众生自己的法身；每个人的如来藏是本来就存在，是人人本具，不是生出来的。因为如来藏不是所生出来的法，既不是所生之法，就不会坏灭，所以如来藏永远不会坏灭。又如来藏的体性是清净的，然而众生的觉知心却总是染污；因为众生的觉知心充满着贪、瞋、痴、慢、疑等种种烦恼。由于觉知心有种种烦恼，是故不清净，是有染污，因此才会生生世世受生于三界，轮回生死。

充满贪、瞋、痴、慢、疑等烦恼的觉知心是所生的法，如同色身一样，觉知心也是所生之法；既是所生之法，则必会灭，是故觉知心是有生有灭的法。有生有灭的觉知心，却为了贪、瞋、痴、慢、疑而造种种恶业；造了恶业就会受种种苦报，众生就是在生生世世轮回中受无量苦。佛世尊究竟了知众生轮回生死之根本原因，是故要说法四十九年，也才会有金刚法会之说法。这都是佛大慈大悲，不忍众生苦而辛勤说法，其目的就是希望众生能够悟入自己身中的如来藏，了知此如来藏之体性，转依此体性而修行，由此得解脱，乃至究竟成佛。

有诸多外道修行人，甚至佛弟子也不能了知此一事实，往往误以觉知心之种种境界为涅槃，误以为觉知心是不灭、是真实的，把意识觉知心当作真心，认为这样就是开悟。殊不知意识觉知心根本不是真心，因为意识觉知心是所生的法，由如来藏所生。既是所生的法，又怎么会是真心呢？

真心如来藏是永不坏灭的，而意识觉知心却是必会坏灭，是故觉知心不可能是真心如来藏。

又真心如来藏是无觉无观，离于觉观，远离见闻觉知；可是觉知心却是有觉有观，一切的分别妄想都是觉知心的作用。既是分别妄想，就会有觉知，有智慧的人应该重新去思维、检查自己所谓的“悟”，是否悟错了。若确实是错会，就应该尽速修正过来，千万不要轻易地成就大妄语业才好。

色身有形有相，因为一切色法都是有形相的。

色身就是我们所说的身体，是由地、水、火、风等四大所组成；包括一切山河大地之一切色法都是如此，亦是由四大所结合之物质。

地大是指坚性的极微物质元素，水大是湿性之极微元素，火大是指暖性的极微元素，而风大则是动性之极微元素，众生的色身就是由此四大元素结合而成。这四大元素不能自行集结而成色法物质，要由如来藏才能集合四大之元素而造色，人的身体就是这样造出来的。如来藏之所以能造色，是因为如来藏有四大的大种性自性；由于大种性自性，故有造色之功能。不但人类色身是由每个人自己的如来藏所造，一切众生之色身都是由其各自的如来藏所造。山河大地也是由如来藏所造，只是山河大地是由众生的如来藏所共同制造的，并不是单独个人有此能力，这要由众生如来藏来造。

也许有人会说："我是妈妈所生，每个人都是自己的妈妈所生出来的，这是众人所知之道理。"表面上每个人确实是由自己的妈妈所生，但是真正把你制造出来的，是你自己的如来藏，妈妈只是提供母腹之环境，供给胎儿所需之养分而已。如来藏就借此养分来配合造出胎中的婴儿身。胎儿成形，需要十月怀胎期间，始能出胎；出生之后，还要慢慢养育长大，这时候还是要由如来藏继续造色才能长大。人类的色身大小有其局限，不可能一直长大，这就是人道的异熟果报。所有地球上的人类形相、大小就是这样，不会有太大的差异，这是佛弟子必须建立之知见。

五道的众生，各有其一定的色身形相、大小；天人的色身和人模拟起来，又是大得太多太多，因为天人的异熟果报就是如此。天人的色身不似地球人类之色身，地球人类之身体既粗又重，天人则不如是。天人色身是由微细物质所构成，是故身形才能广大，而其广大的色身仍是由其个人之如来藏所制造，不可能例外。三界六道一切众生之色身，都是由其个别之如来藏所造，无有例外；无色界众生，只是觉知心存在，而无色身，所以名为无色界。除了无色界众生外，所有众生都有色身，只是色身的形相大小有所差别而已。众生的色身，随其异熟果报的不同而有差异。异熟果报是指每一位众生在其一生当中，也就是在一期生死当中，由于所造种种善、恶、无记等业，在其一生舍报之后随业而受报，或为天人，或在人间，或在畜生等三恶道中受生。不论出生在哪一道，此道的色身或五蕴，就是这个众生的异熟果报。异熟，就是指变异而熟的意思。

众生在三界六道流转生死，每一生每一世的色身都不一样；色身既是不同，当然身相也就不同。虽然身相不同，但是制造色身的如来藏，还是同一个如来藏，并没有不同，只是所含藏的种子，会随每一生每一世所造的业而改变。众生必须借修行学佛来改变自己业的种子，不同的业种当然会受不同的果报。为什么天下人并没有完全相同的命运，这就是各人所造的业不同，命运就不同。即使双胞胎、三胞胎，其长相酷似，外形身相很难分辨，然个个命运、造化，却大大不同，差别极大。这不是父母偏心，而是各人的业不同；父母所能影响小孩，决定他的命运者是很有限的。世间人有句话说："能生得儿身，却生不得儿心。"这是事实，只是他们并不了解其中之佛法道理，这是每个人的业不同。父母是同样生出儿女，同样教育，并没有差别待遇，但是儿女的命运却完全不同，甚至差别很大，这就是为什么要学佛修行之原因。

释迦世尊在人间的应身也是如此，由世尊之如来藏所造，只是世尊的如来藏已究竟清净，故又名佛地真如，又名无垢识。佛地真如所造之色身也是由四大所成，既是由四大所成之色身，就会有生灭；佛的色身也是有生灭，所以佛会示现入灭。佛的色身一定有形相，若是从佛的身相上要见如来，则所见的并不是真实之如来；真实之如来是佛的法身，是佛地真如，又名无垢识。众生所见的并不是佛的法身，唯是应化色身，这并不是真正见到如来，由于没有见到佛的真实法身故。亲见佛的法身，才能算是见佛；见了佛之法身，就可以见一切众生之法身。这个法身就是诸法实相，而一切众生多不知不见此一法界实相，是故佛说其为可怜悯者。

世尊在此就是教我们"不可以身相得见如来"，若无世尊说法四十九年，我们又如何能了知这些道理呢？由于世尊的教导，我们就能够建立正确之知见，依此知见去修行，才有亲证法界实相之可能。若没有世尊所说的这些法，我们很难得解脱，至于成佛那就更不可能了。由此也可以知道，知见很重要，一定要修学正确的佛法知见才好。

有很多人不明就里，看到《金刚经》之说法方式，就说佛讲话常自相矛盾，这是不了解《金刚经》法义的缘故。佛说法绝不会自相矛盾，绝对是众生不明白法义所产生之误解。

须菩提在此如是回答世尊，他也没有错；他既是这场金刚法会的主角之一，智慧又是一流，他当然也不会说出自相矛盾的话。部分佛弟子有时谤佛、谤法好像很容易，这就是善根不够，学佛的时间尚短，所以不能和深妙法相应。在经典所常说的“毁谤大乘”者，往往就是指佛弟子；因为大乘菩萨妙法确实太深太妙，不可思议，难信难入。在法华会上，为什么会有五千个阿罗汉退席？他们确实是因为闻所未闻法，心生惊惧，不能相应，所以才会退席。阿罗汉已证得解脱果，在解脱法道上已是圣人了；在末法的今天，要找到一个阿罗汉都是很难的事情，即使要退席，也没有那么多阿罗汉可以退席呀！因为在佛世有佛的威德力，才会有这么多人证得阿罗汉果；若是在现今末法时代，要找一位声闻初果人都很难。

“身相”，就是色身之法相。色身是一个法，每一个法都有它的法相；一切有相的法都是有为法、是无常的法。若是无常的法，又哪有一定不变之法相呢？色身也是如此，是无常的法，是虚幻不实，因为每个人都会死，身体也会坏灭。一切会坏灭的法，都没有永远不变的真实法相，所以才说“如来所说身相，即非身相”。譬如一个人从母胎出生，慢慢长大，他的面孔、身材、外观……一直都在改变，何时有固定之身相呢？现在回头看看小时候的相片，会发觉差别太大太大了，哪有不变的身相呢？若是老年人把一生从小到老所有的相片摆出来，不管多可爱，年轻时多漂亮、英俊、帅气，老了还真的老模老样，发白皮皱，骗不了人的；身相确实一直在改变，哪有真实不变的身相可言？由此可知，身相只是一个假名，那是施设之名词；事实是色身一直在迁流变化，身中细胞一直不断地在出生、死亡、缘起缘灭。如此因缘所生之色身，在缘起缘灭当中，何时有过真实不变的身相呢？许多佛弟子被误导，走错了路，浪费了一生的时间，凡此都令人惋惜，也令人感到不舍。佛弟子在修学上遇到的困境，确实千差万别，以下是几项比较重要的原因：

一、没有善知识的教导——善知识难值难遇，并不是今天才如此，自古

以来原本一直就是这样。没有善知识的教导，就不可能学到正确知见；若没有正确知见，则学佛是不可能学好的。一个知见错了，修学的方向就跟着错，那还会有什么修证呢？

譬如禅定的修证，若是不先建立正确的禅定知见，那么修定者又如何确认、印证自己处于何种禅定境界呢？初禅有初禅之境界，二、三、四禅都有其境界；若不知道这些境界的正确知见，那是不可能知道自己是证得何种禅定的。智慧的修证也是一样，若是不知道每一种智慧境界，明心有明心的智慧，见性有见性的智慧境界；若不能了知明心的知见，如何知是明哪个心？若不知道如来藏体性之知见，又如何知道自己确实是悟？如果真的悟了，就应看得懂《金刚经》之法义。若有任何人认为自己悟了，就可以拿《金刚经》来看看，若不能印证的话，就应该暂时保留才对。

二、福德因缘不足——有的人明明遇到了善知识，善知识已在面前，却当面错过，因为他不信眼前这个人是善知识。许多人极为着相，他只看一个人的表象，却从不去听这个人所说的法是否有道理，也不去思维、印证这些法是否符合佛在经典所说。这样的情况、心态又如何学到正确的佛法呢？这就是善根福德不够才会如此。

三、邪师说法如恒河沙——邪师并不是恶，只是所说的法偏邪，背离中道实相之法义，言不及于第一义；这样的说法不但于人之利益极少，却会严重阻碍众人多生多劫之修行，影响可谓极为深远。由于邪师说法极为严重，为了广大众生之利益，摧邪显正绝对有需要。就像古时候玄奘大师说："若不摧邪，无以显正。"所以一切有智慧、有悲心之佛弟子一定要为此付出更多之努力，广大的众生才有前途可言。

《金刚经》的修学，不可只是看几本依文详解的书，必须建立全面性又正确的知见，生生世世都要如此修学、熏习、护持。尤其是要护持正法的书籍、正法的道场，为自己修集大福德，也借此结下善知识的因缘。如此努力，才有可能具足福德因缘而契入《金刚经》之智慧，但愿一切有缘之同修于此多加思维，毕竟生死还是自己的生死呀！众生都生活在一切相上，在这一切相去攀缘、分别、执着、妄想；可是众生丝毫不知道一切的相都是虚幻不实的，因为不管是我相、人相、众生相、寿者相乃至一切法相，都是不真实。又众生其实不曾看见过外色尘境，众生自无始劫来所见的色尘都不是外色尘，只是这色尘的内相分而已。这色尘的内相分是由自己的如来藏所变现和外色尘

相似之内相分，众生所看到的正是这个内相分。只有已证得总相智的人，在继续修学别相智、唯识种智后，才有可能了知此一事实。

一般人常说："人生如梦！"这句话是千真万确，只是世间人对"人生如梦"之体会还是比较粗糙。具有唯识种智之证悟者，他所亲证的后得无分别智，就会更清楚地显示，人生不只如梦，而是人生如"大梦"一般。一般人所了解的"无常"或"缘起"之法，其实都只是很粗的概念而已；但是一切有般若智慧的人却可随着智慧的增长而有更深细之体验。就像世间人所了知的电视机一样，只是表面的电视机外观和其功能而已，只知道如何使用而已，这是比较粗略的认知。若是对一个制造电视机的专业人员来说，他们所了解的电视机，还会包括百千种以上的零件、功能、制造过程以及安全、成本……另外还有维修等种种复杂的专业知识和技术，这其中深浅有极大的差别。

"缘起"也是甚深极甚深，十二因缘法有深有浅；深者是随着智慧的增长，所体验、了知的缘起自然是更深的缘起法。甚至十地菩萨和等觉菩萨所了知的缘起法，也是有所差别。一切法的法相也是一样，有智慧的人所了知的五蕴、十二入、十八界等一切法，是比一般人深细太多了。这是由于他已经亲证了法界实相如来藏心，已获得般若总相智，才能以此总相智为基础，继续修学更微细的别相智、一切种智。像这样的菩萨所了知的"凡所有相皆是虚妄"，是有别于大多数佛弟子的。

"诸相"，是指一切诸法的法相。这就是指每一位众生身中的五蕴、十八界等一切法，其各有不同的法相。一切法都不能离于五蕴、十八界，若离于五蕴、十八界，就无有别余之一切法可言。然五蕴、十八界则不能离于如来藏，因为如来藏是一切法出生的根源。这一切法的法相都是虚妄不实的，一切欲从《金刚经》的修学中契入般若智慧的佛弟子，都应该于此有深切的了知和体证才对。“了知”就是要修学建立正确的五蕴、十八界之知见，去思维、领受它。“体证”，就是要从“闻、思”所学到的知见当中，去作现观、体验，要一一去体验这五蕴、十八界的存在，以及体验它的虚妄性。如此确认之后，才能舍弃自己对这五蕴、十八界之执着、贪爱，转而去寻觅那本来存在、人人本所具有、不生不灭、无始劫来从不曾坏灭的自心如来。自心如来就是法身，就是如来藏，就是每个人的本来面目。

证得自己的自心如来之后，才能转依它的体性去修行，如此才能解脱，才能究竟修至佛地果位。并不是要先修学很微细之五蕴、十八界的法后，才能去参究法界实相，寻求证悟之契机，而是只要具备一定程度的五蕴、十八界之知见和体验，这样才适合去参究。因为这样才是初步了知“凡所有相皆是虚妄”的教导。

对于“若见诸相非相，即见如来”这句话，有极多佛弟子错解佛意，往往落入“断灭空”之思维境界里，然后就以《金刚经》这一句话作为印证自己开悟之依据；若究其事实，显然是误会一场。错会的人往往坚持己见而辩解说：“佛明明是这么说的啊！我已经不认这五蕴、十八界为真了，既然是这样，那一切都已经空无所有。因为已空了一切相，所以我就证见了如来。”这样已经堕于断灭空，根本不是亲见自心如来，事实上只是误解佛意而已。紧紧咬住一句经典上的语句，就大胆承担下来而说自己开悟，这是极为危险、不可靠的。从经验上来看，这常常是一种错会，只是对经典语句之误解而已，佛弟子还是小心一点比较好。此事宁愿多一分小心谨慎，切莫铸成大错再来补救，以免后悔莫及。

古人有一句话说：“但求妄息，莫更觅真。”这句话并不正确，正确的理解应该是：“当求妄息，应更觅真。”觅真是寻觅真心，获得般若智慧；若不觅得真心如来藏，亲证祂的体性，了知祂是一切万法的根源，又如何具有从真心所获得之智慧呢？这就是误会《金刚经》这句话之意思所致。世尊说“若见诸相非相，即见如来”之意思是说，在了知一切法都是虚幻不实，了知凡所有相皆是虚妄后，才不会在身相上去觅如来法身，因为那样是见不到如来法身的。是故了知“凡所有相皆是虚妄”后，不在身相上觅见如来，如此即得有见如来之因缘；但不表示这样就“等于”、“即是”见了如来，千万不要再误会才好。

评析

一枕黄粱的故事大家已是耳熟能详了，故事说的是在唐玄宗开元七年，有个名叫吕翁的道士因事到邯郸去。这位道士不简单，经他长年的修道，已经掌握了各种神仙幻变的法术。

有位叫卢生的穷学生进京赶考，也是中途路经邯郸。卢生是一个穷学生，住不起价格昂贵的客店，只能在附近一个村庄的普通客栈将就过夜。在那里他遇见了吕翁。

两人有缘，就彼此攀谈了起来。在谈话中，这位穷学生时时流露出渴望荣华富贵的想法。吕翁对他劝解了一番，可是口水都已经说干了，卢生依然感慨不已，难以释怀。

吕翁见状，知道再说什么也没有用了，就拿出了一个枕头来递给卢生，对他说:“你枕着它睡，它可以使你荣华富贵，就像你想要的那样。”卢生接过枕头，是一个青色瓷枕，枕头的两端各有一孔，于是卢生把枕头放在床上，马上倒头便睡。

在朦朦胧胧之间，他觉得枕头上的洞孔渐渐地大了起来，卢生钻了进去想看个究竟，就这一下子，他回到了家里。过了几个月，他娶了一个老婆，妻家很有钱，陪嫁的物品非常丰厚，他的生活因此变得富足起来。第二年，他去参加进士考试，金榜题名，之后担任专管代皇帝撰拟制诏诰令的知制语。又过了三年，他出任同州知州，之后改任陕州知州。他喜欢作治理水土的工程，在任时集合群众开河凿道八十里，使阻塞的河流畅通，政绩得到当地的老百姓的肯定。没过多久，他被朝廷征召入京，任京兆尹，大概相当于现在北京市市长的职务。不久，边境燃起战火，皇帝便派“卢市长”去镇守边防。

卢官员到任之后，挥军开拓疆土九百里，官职升迁至户部尚书兼御史大夫。然而由于卢生功压群僚，也就惹起了同僚们的妒忌，各种的谣言都向他飞来，指责他沽名钓誉、结党营私、交结外敌、图谋不轨之类不一而足。皇帝听信谗言，于是下诏将他逮捕法办。跟他一起被诬的人都已被处死了，他因为有皇帝宠幸的太监作保的缘故，才得以减免死罪，被流放到偏远蛮荒的地方受尽折磨。

又过了好些年，皇帝知道他是被人诬陷的，重新起用他任中书令，封为燕国公，加赐予他的恩典格外隆重。他生有五个儿子，个个都成为国家的栋梁，卢家成为当地赫赫有名的望族。这时的卢生地位之崇高，声势之显赫，一时朝野无双。后来他年老体衰，屡次上疏请求辞职，皇上都没有批准。在他将要死的时候，他挣扎着给皇帝上了一道奏疏，回顾了自己一生的经历，并对皇帝的恩宠表示十二分感激。奏疏递上去不久，卢生就呜呼哀哉、驾鹤仙游了。

正在卢生无限悲哀伤感、泪流不止的时候，他忽然醒了。

他揉了揉眼睛，又摇晃几下头，看见自己正仰卧在客栈的床上，吕翁坐在他身旁，店主人蒸的黄粱米饭正在冒烟，还没有煮熟。触目所见，和睡前一模一样，没有任何变化。

他忽地跃起身，诧异地说:“我刚才是在做梦吗?”吕翁没有直接回答他，而是不动声色地说:“人生在世，痛苦也罢，快乐也罢，不过是这样罢了。”

人生如梦，梦如人生。

究竟醒时是梦？抑或梦时是醒？卢生梦中那个“我”是卢生呢？还是醒时那个“我”是卢生呢？这是区别菩萨与凡夫的分水岭。

以一种超然的心态看待人生才能真正地享受生活

因为生活充满艰辛，所以我们应学会享受生活。享受生活并不是不思进取，更不是及时行乐，而是要以一种超然的心态看待人生。我们还应知道，享受生活与赚钱多少无关。

黄昏下的海滩上，有一位不知从哪里来的老翁每天都坐在一块固定的礁石上垂钓。无论运气怎么样，钓多钓少，两小时的时间一到，老人便收起钓具准时离去。

一个年轻人对老人古怪的行为产生了极大的兴趣。他问老人：“当你运气好的时候，为什么不一鼓作气钓上一天？这样一来，就可以满载而归了！”

“钓那么多鱼用来干什么？”老者平淡地反问。

“可以卖钱呀！”年轻人觉得老者傻得可爱。

“卖了钱用来干什么？”老者仍平淡地问。

“你可以买一张网，捕更多的鱼，挣更多的钱。”年轻人迫不及待地说。

“挣那么多的钱来干什么？”老者还是那副无所谓的神态。

“买一条渔船，出海去，捕更多的鱼，再赚更多的钱。”年轻人认为有必要帮助老者进行规划。

“赚了钱再干什么？”老者仍显出那副无所谓的样子。

“组织一支船队，赚更多的钱。”年轻人心里直笑老者的愚钝不化。

“赚了更多的钱再干什么？”老者已准备收竿了。

“开一家远洋公司，不光捕鱼，而且运货，浩浩荡荡地出入世界各大港口，赚更多更多的钱。”年轻人眉飞色舞地描述道。

“赚了更多更多的钱还干什么？”老者的口吻已经明显地带着嘲弄的意味。

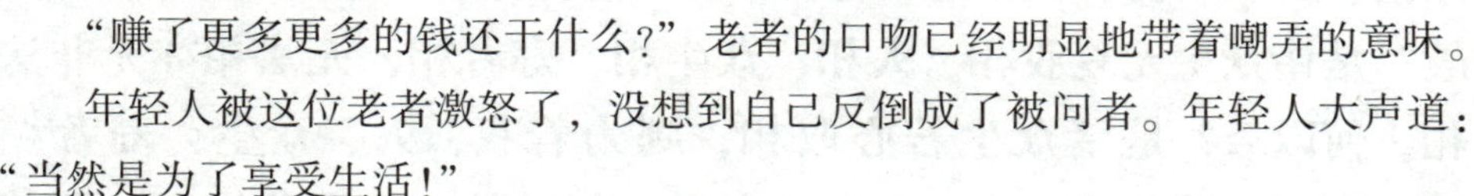

年轻人被这位老者激怒了，没想到自己反倒成了被问者。年轻人大声道：“当然是为了享受生活！”

老人笑了：“我每天钓上两小时的鱼，其余的时间嘛，我可以看看朝霞，赏赏落日，种种花草蔬菜，会会亲朋好友，我已经在享受生活了。”

老人说完后，打点好行装，扬长而去。

第六品　正信希有分[①]

①正信希有分：前分说的不可以身相见如来，此理甚深。佛恐众生疑佛是虚无，所以将不住相之甚深般若，反复而申明之，令众生断疑而生正信。此疑从前面无住布施和非相见佛两段经文而来。盖因凡夫布施，皆是住相布施，凡夫观佛，皆是住相观佛，凡夫不知布施不住相，其功德更大。观佛不住相，其智慧更深。所以佛教人以无相之因，契无相之果，因深果深。此义难信难解，故云正信希有。

须菩提白佛言："世尊，颇有众生，得闻如是言说章句，生实信不？"佛告须菩提："莫作是说。如来灭后，后五百岁，有持戒[①]修福者，于此章句能生信心，以此为实。当知是人不于一佛二佛三四五佛而种善根，已于无量千万佛所种诸善根。闻是章句，乃至一念生净信者。须菩提，如来悉知悉见，是诸众生得如是无量福德。何以故？是诸众生无复我相、人相、众生相、寿者相，无法相亦无非法相。何以故？是诸众生若心取相，则为着我、人、众生、寿者[②]。若取法相，即着我、人、众生、寿者。何以故？若取非法相，即着我、人、众生、寿者，是故不应取法，不应取非法。以是义故，如来常说：'汝等比丘，知我说法，如筏喻者；法尚应舍，何况非法。'"

经文注释

①持戒：持守戒律也。持戒有三种：（一）律义戒，（凡行居坐卧，出入往还，严持身心，谓之律义戒。）（二）摄善戒，（凡善事就要做，谓之摄善戒。）（三）饶益有情戒，（发心修行，欲拔众生之苦，与以众生之乐，似此做有益于一切众生之事，谓之饶益有情戒。）

②我、人、众生、寿者：天地间众生所有之情状，尽不出此四者之中。除此四相外，又有法相，非法相，断灭相，此数相皆是心相。又如身相，三十二相，一合相，是形相也。但形相，也从心出，心无相，无有形。惟生实相，就是悟境。

译文

须菩提恭敬地对佛说："世尊，能有很多众生，听到这样的言说章句，而生起确实的信心吗？"佛告诉须菩提："不要说这种疑虑的话。如来应化身离开这世界以后，第五个五百年开始的末法时期，有持守戒律修福的人，对于这样的言说章句，能生起信心，以此为真实。当知这种人，不只是在一佛、二佛、三佛、四佛、五佛而种善根，已经在无量千万佛的教化所在，种了很多善根。听到这样的章句，甚至只要一念便已生净信心，须菩提，如来很清楚地知道，也很清楚地看见，像这类众生，都得到悟见如来，不可思量的福德。为什么呢？因为这类众生已经没有我相、人相、众生相、寿者相，已经没有无上正等正觉法相，也不能说没有正等正觉法相。为什么呢？这类众生如果心存有无上正等正觉可证取，我相还在，就是着我相、人相、众生相、寿者相，如果执取无上正等正觉法相，以为有真实的佛法让他领悟，可以依法证得无上正等正觉，就是人相还在，人相还在的话，事实上我相也还在，也就是着我相、人相、众生相、寿者相。为什么呢？如果以为等正觉法是没有的，我相、人相不可取，众生相也不可取，而执取空无相，就是执取非法相，那么我相、人相、众生相都还在，也就是着我相、人相、众生相、寿者相。所以，不应当取等正觉法，也不应当以为既然是虚幻的，那就是断灭的，而执取非法。因为这个道理，所以，如来常常说：‘你们比丘，既然知道我所说的佛法如同渡筏的比喻，渡过河就要舍筏，佛法也是如此，佛法尚且要舍弃，何况非法。’”

详解

须菩提白佛言：“世尊，颇有众生，得闻如是言说章句，生实信不？”

此乃金刚经正信之文。

须菩提知道世尊所说的是大乘法，小乘的罗汉也不易解，更何况未出轮回的众生，所以问，可有众生，得闻：“诸相非相，即见如来”的章句，亲见法身如来，而生实信。世尊又谓布施无相，哪一个人见到布施无相，而能相信无相的妙行呢？须菩提意谓，众生一定要见到三轮体空，才能生实信。

修行用功，若能够见到诸相非相，即见法身如来，能够见到法身如来，就算在任何艰苦的情形下，也不会退心，若只有泛泛而信，而未见法身，遇境逢缘，被五欲六尘之境所转，便生退心。

从前有一位弟子，大半生都很诚心修行，甚至如来的舍利，也给他求得，后来年老时，他开始有点糊涂，他对别人说自己身体不好，要食狗肉，于是大家很替他惋惜，从前他的致诚心，可以求得释迦佛的舍利，现在年老时，反而食狗肉，可知道他未曾有一个实信，只是泛泛而相信，为何他可以得到舍利？那是他的一念诚心所感，但未见法身如来，所以未生实信，只是泛泛而相信。例如去朝拜天台山，不是每一个人从天台山回来之后，一定会转好的，有些人依然故我，皆由未曾有一个实信。实信真实，真实地相信佛教，是为正信。

见到法身如来，法身就是般若，般若就是佛性，佛性就是菩提，既然得见菩提，又怎么不会相信，又怎么会生退心呢？第一义谛的法是如此的深妙，难信更难证入，否则在法华会上就不会有五千阿罗汉退席，不能信受。即使以世尊的威德力，所说深妙之法都会有这种情况，末法时期的今日更是难信难入。须菩提问得太好了，确实问到了重点，而佛的回答也是值得我们用心思维。

外道不能相信佛法，那是很正常的事；若是佛弟子不能信受大乘菩萨的深妙法，也是常见之事。我们在经典上就可以看出佛弟子毁谤大乘菩萨正法之情形极多，即使净土三经里，世尊都一再地嘱咐，不可以“毁谤大乘正法”，阿弥陀佛也不接引毁谤大乘正法之人。譬如《无量寿经》第十八愿云：“设我得佛，十方众生，至心信乐，欲生我国，乃至十念，若不生者，不取正觉，唯除五逆、诽谤正法。”又同经云：“佛告阿难：其有众生生彼国者，皆悉住于正定之聚。所以者何？彼佛国中，无诸邪聚，及不定聚。十方恒沙诸佛如来，皆共赞叹无量寿佛威神功德不可思议。诸有众生闻其名号，信心欢喜，乃至一念，至心回向，愿生彼国，即得往生，住不退转，唯除五逆、诽谤正法。”

以法界实相为基础的大乘菩萨第一义谛正法，虽然如此难信难入，但是千万不可因此轻易毁谤，因为毁谤正法的罪确实很重，都是地狱之罪，是故要小心谨慎。不能相信的人着实很多，却也有极多人深信不疑。深信的人不一定是高学历的知识分子，事实上有许多一生持名念佛的老菩萨，都相信《金刚经》，深信这种第一义谛的菩萨妙法。他们也不一定识字，也看不懂《金刚经》，却仍是如此深信，这是为什么呢？佛会回答须菩提的此一问题而说。这是因为即使你不信，却仍有极多人深信，所以不要轻易毁谤。

末学此生学佛以来，见过不少人毁谤大乘菩萨正法，其中多有佛门之弘法者；其于讲经说法，著书立说，极力否定大乘正法之正真，乃至谓之为“后人所虚构”。佛弟子不是不可以大胆，可是大胆之前还是要心细，要说这句话前，到底有没有想清楚呢？大胆，真的是要衡量后果，无间地狱的尤重纯苦，不是任何人所能承受的。有的人连经典都不看，就轻易地去犯下毁谤大乘正法之恶业，这实在令人不可思议啊！另外一点，就是学佛不能只是研究佛经，不可以只是把它当作知识、学问来研究而已；佛法一定要有“闻、思、修、证”的过程，否则是不可能有解脱乃至成佛之希望。研究佛学，顶多只能增加一些知识而已，这并不是完全没有必要。研究，可以说是“闻、思、修、证”中的听闻，以及思维之范围而已；可是没有修、证的学佛，是很少有有功德受用的，而微少功德正受的学佛又怎么能够面对生死呢？

有一次佛再次回到人间，佛弟子知道了，当然是想去见佛、迎接佛。一位比丘尼名叫花儿品，为了能够先见佛，就抢个第一名，排在最前面，也不顾应在比丘之后的规矩，结果，佛竟然对她说：“并不是你先见佛，而是须菩提先见如来。”

为什么花儿品比丘尼不是最先见佛呢？因为她只是先见佛的身相而已，虽然是最先见到佛的身相，却没有见到佛的法身，而须菩提虽没有排在最前面，却仍是最先见佛法身的人。这个时候，你要信佛语？还是信自已的凡夫之见呢？如果这时候还是不信佛语，那你学佛又是要学什么？如果是这样子学佛，难道不算是愚痴吗？从这一段经典上的事例，就可以得到证明；《金刚经》之法义也是如此，也就是“不可以身相得见如来”，而须菩提并不是以身相而见如来。

何以须菩提能先见如来呢？须菩提若于大乘菩萨正法不能生实信，他又怎么能够见如来法身呢？净土三经是属于大乘经典，在末法时期仍有千千万万佛弟子相信净土三经，相信有西方极乐世界、有阿弥陀佛，相信阿弥陀佛发了四十八大愿要接引十方佛国世界一切众生往生彼国。这么多的佛弟子能够相信释迦世尊的教导，这正表示相信大乘佛法的人是何其众多，这个事实是否能够带给少数毁谤大乘菩萨正法的人一些省思呢？

譬如佛在《大般涅槃经》说：佛性可见。福德因缘还没到，当然不能见，但那不代表自己永远不能见，也不代表别人不能见。要当一个佛弟子，要学佛修行，为什么仍不相信佛语呢？如果学佛而不相信佛言教语，那岂不是自相矛盾吗？

佛告须菩提："莫作是说。如来灭后，后五百岁，有持戒修福者，于此章句能生信心，以此为实。

如来说法，若无人相信，如来是空说。如来言不虚发，如来金口出言，不会空说，如来说"若见诸相非相"，须菩提以为在法会中无人相信，其实除了须菩提相信外，还有一千二百五十位阿罗汉会相信，焉能说"颇有众生得闻如是言说章句生实信不"，所以世尊谓须菩提："莫作是说。"

不但现在有人相信，如来灭后，亦有人相信，信什么？信"若见诸相非相，即见如来"的般若妙法。

"后五百岁"者，如来灭后，有五个五百岁，第一个五百岁，解脱坚固，其中有龙树菩萨，优波鞠多尊者，度无量人，依如来的遗教，得解脱之果。

第二个五百年，禅定坚固，佛弟子虽未得解脱之果，有修四禅八定、有修念佛三昧、有修数息观、有修空观等，皆得禅定三昧，在此五百岁中，亦有人相信般若。

第三个五百年，多闻坚固，佛法开始流入中国，常时有鸠摩罗什法师、道安法师等，一个寺门中，最少住上五百位和尚，道安法师讲经时，最少有一万人听法，是为多闻坚固，在此五百岁中，亦有人相信般若。

第四个五百年，寺庙坚固，在六祖菩萨时代，恰巧是佛灭后二千年，马祖兴丛林，百丈立清规，到处是佛堂，是为寺庙坚固，办道场求福，在此五百岁中，亦有人相信般若。

第五个五百年，斗诤坚固，各立门户，学者无所适从，但仍有人相信般若。

在最后的五百年中，有努力求福求慧者，严持如来清净戒，由清净戒得见如来无相戒。

例如杀生，杀了一条鱼、一只鸡，是有相。不杀生即无杀，无杀即是无相，戒是无相，功德亦是无相，如是不盗、不淫、不妄，亦是无相。

“修福”者，福有三种：布施、持戒、禅定，文中指的是修禅定的福；佛灭后第五个五百年，佛弟子持无相戒，修无相定，依此章句，能生信心，信心清净，得见法身如来，知道法身才是真实，故云：“以此为实”。

当知是人不于一佛二佛三四五佛而种善根，已于无量千万佛所种诸善根，闻是章句，乃至一念生净信者。

“诸相”我已见到，但是还未见到“非相”，皆由自己的善根还未成熟，所以要多种善根，如何种善根呢？

地藏经云：若有善男子善女人，于佛法中种少善根，一毛、一尘、一沙、一渧，地藏菩萨，即以道力拥护是人，渐修无上，不令退失。

所以若不在佛法中种善根，就是以恒河沙七宝布施，也只得人天的果报，是有漏的因，生死的果，决不能成佛。所谓修行者，就是栽培自己的善根，闻了佛法便有善根，要好好地栽培。

善根是于佛法中来，悟与不悟，看你可有善根，早悟或迟悟，也得看你善根成熟还是未成熟。

种善根者，如地藏经所说，于诸佛所而种善根，故云：“不于一佛二佛三四五佛而种善根”，善根成熟，方可解般若。此外，诵经、念佛、拜佛、参禅，也是种善根，应该勇猛精进，念念佛、念念种善根。

“已于无量千万佛所种诸善根”，是指长远心，以长远心修行，直至善根成熟，一闻法，便大彻大悟。

马祖二十年不开口，二十年种善根，南泉祖师得法后，三十年不下山，达摩祖师九年面壁，九年种善根，是谓已于无量千万佛所，种诸善根，善根成熟，就是闻法开悟之时，所以种善根须有长远心，善根由种子而增长，因增长而成熟，善根成熟，闻法即悟。

应以何身得度，观音菩萨即现何身而说法度之，为什么观音菩萨不现身向我们说法呢？因为我们的善根未熟，若善根未成熟，就是观音菩萨向我们现身说法，我们也不能开悟。诸佛如来出现世间，都是在众生善根成熟之时，是故释迦世尊初转法轮之时，五比丘证阿罗汉果，百万诸天证无生法忍。

闻是章句，一念生净信，念念生净信。念念生净信是由最初第一念而生，在最初一念清净信心中，见到自已的佛性，知道佛性才是真实。因此，“一念生净信”，是属于十信位的菩萨，傅大士云：“信心生一念，诸佛尽能知，修因于此日，得果未来时，三大经多劫，六度久安施，熏成无漏种，方号不思议。”

从“念信心而修因，以十信为因，进而至十住、十行、十回向、十地、等觉、妙觉，而得佛果，故云得果未来时”。

由一念信心而修佛因至成佛果，须经三大阿僧祇劫修六波罗蜜，把八识田中有漏的种子熏成无漏，转阿赖耶识为大圆镜智，普照十方世界，所以信心生一念，是成佛之因，经云：“十善菩萨发大心，长别三界苦轮海。”见法身后，生死已了，虽然还未成佛，但是已经长别三界轮回苦海。

修行不难，天天的念佛诵经坐禅，但是难在一念生净信，我们不但未曾有一念生净信，反而念念妄想昏沉，未曾有一念狂心顿歇，歇即菩提。

上文我曾经引用涅槃经中两句法语：“发心究竟二不别，如是二心先心难。”发心及究竟成佛，等一无异，惟是二者之中，先心最难，即是一念生净信者。果从因生，不是因从果生，一念生净信是佛因，佛因较难，但只要有一念净信的佛因，将来自然有成佛的佛果，所以：“乃至一念生净信者”的功德很大，有谁知道呢？

“佛告须菩提：莫作是说。如来灭后，后五百岁”的威德，一定有为数众多的人相信大乘菩萨深妙法；即使是这样，却还是会有不少人怀疑，甚至心生毁谤。在佛入灭后，佛法住世最后五百岁，若还有人相信像《金刚经》这样的大乘妙法，那就另有原因了，那需要无量劫种诸善根才有可能。

弥勒菩萨也说：“大乘经典是真佛说。”并不是那些不信的人所谓“是后人所虚构”的。譬如《成唯识论》云:“诸大乘经皆顺无我，违数取趣，弃背流转，趣向还灭，赞佛法僧，毁诸外道，表蕴等法，遮胜性等。乐大乘者，许能显示无颠倒理，契经摄故；如增壹等，至教量摄。又圣慈氏，以七种因，证大乘经，真是佛说。一、先不记故。若大乘经，佛灭度后，有余为坏正法故说。何故世尊，非如当起诸可怖事，先预记别。二、本俱行故。大小乘教本来俱行，宁知大乘独非佛说。三、非余境故。大乘所说广大甚深，非外道等思量境界。彼经论中，曾所未说；设为彼说，亦不信受。故大乘经非非佛说。四、应极成故。若谓大乘是余佛说，非今佛语，则大乘教是佛所说，其理极成。五、有无有故。若有大乘，即应信此诸大乘教是佛所说，离此大乘不可得故。若无大乘，声闻乘教亦应非有，以离大乘，决定无有得成佛义。谁出于世说声闻乘？故声闻乘是佛所说。非大乘教，不应正理。六、能对治故。依大乘经勤修行者，皆能引得无分别智，能正对治一切烦恼。故应信此是佛所说。七、义异文故。大乘所说，意趣甚深，不可随文而取其义，便生诽谤，谓非佛语，是故大乘真是佛说。”

佛法是修证一分，信一分，亲自修证之后才会完全相信；亲证之前，虽然是信，却不是百分之百相信。在佛菩提道的五十二阶位当中，十信位是最初的阶位，最长都要一万劫才能满足十信位之修学，而这也只是对三宝的信，是基础而已。佛菩萨或是声闻阿罗汉的威德力较能令人信佛，尤其是世尊的威德力最容易度人信佛了。佛有十八不共法都足以摄受众生，又有三十二相、八十种随形好，甚至神通、八种妙音都能够度众生信佛。又戒有戒的威德力，定有定的威德力，慧有慧的威德力，乃至神通、福德都有它的威德力。众生会信佛，其因缘差别不等，却常是因为佛菩萨的种种威德力才信佛的。

对于大乘菩萨深妙法也是一样，一定要先信佛，然后才会信受佛所宣说的大乘义理。这种信也是一点点累积而来，最后还是要去亲证才会完全相信。对于《金刚经》的信受也是一样，是生生世世一点一点所累积起来的，并不是一蹴即成。又信受并不等于亲证，要信受就需要无量劫在无量佛所种诸善根，这样才能信受、相应，所以并不简单。也就是要在无量劫当中累积善根福德之种子，才有可能相信《金刚经》，这些种子都含藏在每个众生的如来藏里，所以如来藏又名为种子识。

正如弥勒菩萨所说的第一点理由，如果在如来入灭后，会有外道为破坏正法而著述大乘经典，如此重大之事，世尊一定会作预记，会预先记别，我灭后会有此事发生。这样事先记别，则佛入灭后，众生就有一个依循，就可知道此事，不致有今日之诤论。然世尊并没有如此预记，世尊也不会忘了作记别，是故大乘经典非是外道或后人所虚构、编造，世尊无先记别故。

又弥勒菩萨所举的第二个理由，是大小乘本来就是俱行的。佛法有三乘，即是声闻菩提、缘觉菩提、诸佛菩提。三乘菩提是众多佛弟子所共知之事实，既然承认有声闻乘、缘觉乘，则必定会有一切佛乘。佛法的流传必是三乘俱行，不可能独传某一乘，以末法时期的今日，这确实符合佛法弘传之现况。所以一切不信，乃至毁谤大乘的人，岂可轻易宣称大乘经典非佛说呢？或谓“后人所虚构”呢？又外道之法不出三界世间，不能出世间，不能解脱，更不可能修至佛地。

大乘菩萨妙法是法界实相第一义谛之法，绝不是一切外道的思量境界。所谓外道，是指心外求法之人，即是离于如来藏而觅心、而求法界实相心者，都算是外道。佛弟子也有心外求法者，而且为数不少，这样仍是外道。外道的境界都是觉观的境界，有觉有观，在见闻觉知中去求法；就像《金刚经》所说，是“住相”求法。可是大乘佛法所要证悟的法界实相心，是离于觉观、远离见闻觉知的。这个无相、无所得的境界，绝非外道思量境界所及，是故外道之人，以及少数佛弟子岂有资格称大乘经典非佛说呢？这也正是弥勒菩萨所举“大乘真是佛说”的第三个理由。

又有人说：“大乘经典是其他佛所说，不是释迦牟尼佛。”如此说法自是更能证明大乘是佛所说之法，因为今佛、古佛皆是佛。依此论述，若宣称大乘非佛所说，则属“所言自相矛盾”，是故大乘经典必是佛所宣说，毋庸置疑。这是弥勒菩萨所举“大乘真是佛说”之第四个理由。

又大乘法包括声闻、缘觉之法，有大乘才会有声闻、缘觉二乘。若是无有大乘，就没有声闻、缘觉二乘存在之理由，是故只承认二乘教，却不相信有大乘教，不应道理。又佛示现人间说法，不可能只说二乘教，而不说大乘教；若是如此，即不需佛来示现，只要阿罗汉就可以，只要辟支佛就可以，又何须佛来示现而只说二乘声闻、缘觉之法呢？又世尊说法四十九年，绝不会只说二乘法，佛要宣说二乘法又何须花四十九年的时间呢？是故大乘必是佛所说，这就是弥勒菩萨所举“大乘真是佛说”之第五个理由。

又一切于大乘佛法修学，已亲证法界实相自心如来之人，都能获得后得无分别智。无分别智有根本无分别智、后得无分别智。依此无分别智，便能

对治、修除一切烦恼，除灭一切烦恼障种子，以及所知障随眠，能究竟圆满佛地果位之修证。若只有二乘声闻、缘觉之法，所得声闻菩提、缘觉菩提，至多只能降伏烦恼之现行，不能除尽烦恼障种子，更不可能除一切所知障，以未证法界实相自心如来故。这是弥勒菩萨所举“大乘真是佛说”之第六个理由，一切不信，乃至毁谤大乘经典者，皆应深思才好。

弥勒菩萨所举第七个理由，意指大乘经典之义理甚深极妙，并非表面文字所可理解，不可依文详解，不可依表面文字而心生毁谤。有人看《金刚经》不能懂，都不深思、忏悔，就说:“佛怎么说法自相矛盾?”这句话一出口就是谤佛、谤法，这种毁谤也太轻易犯了；这样不好，真的要小心谨慎比较好。至于进一步称《金刚经》非佛说，则是更为严重。可是这种现象却时有所闻，几乎每一个时代都有，这样的人实在令人担心，他们怎么不怕呢?他们一点也不怕。可是话说回来，最后受苦的还是自己呀！这就是自作自受，也是异作异受。“自作自受”，是说自己的意根决定做，未来世的苦仍是原来的意根在受；“异作异受”，是指这一世的五蕴所做，未来世的五蕴就要去受苦报，逃也逃不掉。

佛弟子应该要有智慧一点，千万不要让自己陷于不能自拔的三恶道深渊当中，那并不是自己所要，也不是个人所能承受的，何故如此轻易地毁谤大乘呢?

大乘正法经典永远都会有人相信，虽然要亲证般若智慧，极为困难，却仍是一直有人亲证。所以不应该自轻自哀，还是要如法努力修学，相信大乘，相信因果。有善根的人仍是很多，受持戒法，修集福德的人都是有善根的人；这些有善根福德的人，他们一定相信《金刚经》之章句。即使在如来灭后，后五百岁，依然有诸多受持种种戒法的人，以及广修六度万行一切福德、功德之人，他们因为有此善根福德，是故相信大乘经典。这些人真是不可思议，而大乘妙法更是不可思议，有智慧的人岂可轻易放过？又一切外道之人又岂可轻易毁谤？

一切深信大乘佛法的人，在其如来藏里必定含存着无量善根福德的种子，若不信佛语，怎么会受持佛所制之戒法呢？一切佛制之戒法都有其功德道理在，如五戒、八斋戒、菩萨戒、沙弥戒、沙弥尼戒、比丘戒、比丘尼戒，都有其不同之作用和功德。若不信佛，又怎么会受戒、持戒呢？受菩萨戒的人也是很多啊！受菩萨戒之前都要发菩提心，若不相信大乘第一义谛之法，又如何能够发菩提心呢？

发菩提心，受菩萨戒，欲行菩萨道者都会在受持菩萨戒当中，修集一切福德，广修供养、布施、护持大乘正法，行菩萨之所行，而且难行能行。是故他们一直在累积善根、福德，他们当然信受大乘经典，信受《金刚经》，这就是佛所说的“持戒修福者”。

要求往生西方，也要发菩提心，要读诵大乘经典，品位才会高；若只是持念阿弥陀佛名号，虽然必可往生西方，但品位绝不会高。

譬如《观无量寿经》云：“佛告阿难及韦提希：凡生西方有九品人。上品上生者，若有众生，愿生彼国者，发三种心，即便往生。何等为三？一者至诚心、二者深心、三者回向发愿心。具三心者，必生彼国。复有三种众生，当得往生。何等为三？一者慈心不杀，具诸戒行。二者读诵大乘方等经典。三者修行六念，回向发愿，愿生彼国。具此功德，一日乃至七日，即得往生……是名上品上生者。”

又同经云：“上品中生者，不必受持读诵方等经典。善详解趣，于第一义，心不惊动，深信因果，不谤大乘，以此功德，回向愿求生极乐国。行此行者，命欲终时，阿弥陀佛与观世音、大势至、无量大众，眷属围绕，持紫金台，至行者前，赞言：法子！汝行大乘，解第一义，是故我今来迎接汝。……是名上品中生者。”

又云：“上品下生者，亦信因果，不谤大乘。但发无上道心，以此功德，回向愿求生极乐国。行者命欲终时，阿弥陀佛及观世音、大势至，与诸菩萨，持金莲华，化作五百佛来迎此人。五百化佛，一时授手，赞言：法子！汝今清净，发无上道心，我来迎汝。……上辈生想，名第十四观。作是观者，名为正观；若他观者，名为邪观。”

以上之三种上品往生，都不是只因持念阿弥陀佛名号为条件而往生，而是要发无上道心，相信因果，不谤大乘，乃至读诵大乘方等经典，善解第一义，于第一义，心不惊动。像这些都不是持名念佛所能代替的，是故读诵、修学《金刚经》，对于愿求上品往生绝对有帮助。对于求愿往生西方极乐世界之净土宗同修，若能详细阅读本书，信受修学，当得上品往生，契符上品往生之条件故。我们仍要继续持名念佛，并努力提高品位。

净土三经就是大乘经典，《金刚经》更是大乘了义经典。修学净土宗的人不要只是持名念佛，应在持念阿弥陀佛名号中，努力修学大乘菩萨第一义谛之法，乃至证得法界实相心，具有般若智慧，这样才是往生西方极乐世界的最大保证。如此不但能够往生，而且必是高品位往生；除非年纪已大，没有时间、体力再去作种种修行，那就一心持名念佛就好。可是如果还不是七老八老，身体还很硬朗、健康，就应该努力修学大乘第一义谛之法，要行六度万行，要修集一切功德智慧，不可以只是持念阿弥陀佛名号。若只是持名念佛，也是可以往生，但品位绝对不高，而且也不是多数人念得下去。

有部分净土宗之修学者公开主张：“舍弃圣道门，归于净土门。”若是如此主张，形同舍弃大乘菩萨第一义谛之法，也形同要人舍弃修学《金刚经》。这样的主张只会障碍自己往生，也障碍他人往生西方，绝对不符合净土三经之法义，于人于己都无有利益，何苦来哉？修学净土宗的学人应该要“不舍圣道，归于净土”，譬如不舍《金刚经》之修习，归于净土；如此才是往生西方之最大保证，而且品位必高。

一切经典都说，不谤大乘，相信因果，即使净土经典也是如此。上品三种生确实不曾提到持名念佛，中品三种生亦不曾说要持名念佛，和持念阿弥陀佛名号并无直接关系。品位之高低和持名之深浅没有直接关系，反而和大乘正法之圣道有密切关系，这在净土三经已有清楚详细之宣说。净土宗之同修们一定要详细了解净土三经之教导，依止净土三经之正确法义来修学，这样才是最好的依靠。依循经典世尊之教导，才是真正的学佛，也才有如来的威德力加持。

《金刚经》和净土经典、净土宗的修学有何关系？答案是：“不但有关系，而且关系极为密切。”因为《金刚经》是宣说法界实相第一义谛之大乘经典，地位无比重要，而且流通极为普遍。此经不但是志求开悟，欲求亲证法界实相之佛弟子必修之经典，也是一切净土宗修学者所不可舍弃之经典。能够相信、相应《金刚经》是何等的不容易，要在无量劫中于无量佛所种诸善根，才能于今生今世能够相应，努力修学都来不及了，何故主张要舍弃呢？这完全没有道理。

有部分净土法门之弘传者会主张“舍弃圣道门”，完全是由于对经典法义之误解，不能通达三乘教理所致。这不能怪佛弟子，这纯粹是因大乘第一义谛之法太深妙太难入，所以对大乘经典教理会有误解是很正常合理的。尽管如此，这种大乘深妙法还是要弘传，否则众生又有何解脱生死之希望？又有何成佛之可能？我们相信在努力修学之余，若有不懂之处，则应虚心请教善知识；善知识有其智慧、方便，可以解除我们的疑惑。但是千万要除慢心，不可带有慢心，若带有慢心，善知识岂会倾心传授、教导呢？经典上一再地教示：“要一心恭敬求。”因为善智识的智慧修证也是百千万劫，甚至无量劫勤苦修行而来。你若带有轻慢心，那人家无量劫付出多少血泪修行而来的智慧，他会愿意传授吗？若是如此，善知识无量劫勤苦修行所付出的代价，又要找谁算？

大乘佛法，本是禅中有净，净中有禅，禅净本一家。《金刚经》亦复如是，有禅亦有净，修学《金刚经》不但将获得禅的智慧，亦可归于自心净土，转依自心净土而修学一切佛道。又更可以归于西方极乐净土，在西方极乐净土，利用那里的优良环境，再归于自心净土，继续跟随阿弥陀佛、二大菩萨以及一切菩萨摩诃萨修学，乃至补佛处。

一切大乘佛法不可谤，大乘经典不可谤，更不可舍弃大乘圣道之修学，不可主张“舍弃圣道门”；若舍弃了圣道门，舍弃大乘菩萨第一义谛之妙法，就形同拔除佛法的根本，失去了佛法根本之持名念佛是不可能独自生存的。一切佛弟子，乃至净土宗之同修，不妨深思，思维此说是否有理。是故千万不要再主张、弘传:“舍弃圣道门。”我们可以“不舍圣道，归于净土”，可以归于自心净土，更可以归于西方极乐净土。《金刚经》之修学可以让我们既得“归于自心净土”，亦可“归于西方净土”，是故要“不舍圣道，归于净土”。

一尊佛要出现于世间极不容易，要经过很长很久的一段期间，譬如释迦世尊入灭后，当来下生弥勒尊佛也要在五十六亿七千万年之后才会来成佛。五十六亿七千万年对人类来说，是难以想像的长久；下一尊佛要等那么久的时间才会来，可见佛是极为稀有的。

又能够在佛世之时，前往佛的处所，供养、奉侍、听法、修学，如此种植种种的善根福德，这种机会有多难啊！就像我们在释迦世尊住世之时，是否曾经供养、亲近修学，种植善根福德呢？有人或许有，可是对于广大的众生来说，那可不一定啰！就以现在地球上的人口来说，能够信佛，成为佛弟子者，恐怕也不一定有五十分之一；而其他绝大多数的人还是无有信佛、学佛之因缘。如此想要有机会在佛世当中，于佛之处所亲近、供养、修学，种诸善根，那有多难呀！每一次有机会在佛所种诸善根，就会修集诸多善根福德的种子；如此间隔那么久才遇到一尊佛而种诸善根，修集一些善根福德之

种子。对于《金刚经》之一章一句法义，要能够生真实信心，能够相应，是要在无量劫中于无量佛之处所而种诸善根，这是何等的不容易啊！我们常常看到一些不识字的老菩萨对于《金刚经》，乃至《阿弥陀经》唱诵得滚瓜烂熟，倒背如流，她是不是相信呢？若是不相信，她又怎么能够每天唱诵？如果以《金刚经》这一段话来看，其实答案已经很清楚。唱诵、信受《金刚经》的老菩萨，已于无量劫中在无量佛所种诸善根，而另外这些不信的人呢？他们当中之差距有多大？学佛用心很深的人，不妨去体会一下看看！菩萨道有如负重行远，必须一步一脚印，步步小心谨慎，千万不要犯大过失。在此所谓大过失，是指毁谤三宝，或是造了五逆、十恶等，都算是大过失。尤其是毁谤三宝之罪业很重，千万要小心。毁谤三宝中，特别是毁谤大乘经典之菩萨正法，最容易犯，而谤法之罪实在很重。像是毁谤菩萨藏，就是毁谤如来藏，这都是尤重纯苦的无间地狱罪；众生是无法承受的。所以一切众生，乃至佛弟子千万不要轻易毁谤，宁愿多用心思维、观察，不要随便就下决论，去批评、毁谤。

大乘菩萨正法之修学，若要亲证法界实相如来藏心，真的很困难，自古以来即是如此。是故古代禅宗证悟之祖师才会形容说“难如登天”。我们从《金刚经》里，应该也可以了知一二。就像这里所说“闻是章句，乃至一念生净信者”，这种听闻《金刚经》之章句都能生起一念的清净之信。这样就需要在无量劫于无量尊佛的处所种植种种善根，才能如此生起一念的清净信，那么想要从《金刚经》之修学得证悟法界实相，这种困难度又何止是千倍万倍而已。是故古代禅师形容证悟“难如登天”，并不为过，而是事实。

虽然证悟是如此困难，此一目标却绝不能放弃，这是一定要走的一条路；即使往生十方佛国净土，还是要寻求证悟，迈向佛道。往生西方极乐世界也是一样，必须听闻、修学第一义谛之法，这在净土三经已有极清楚明白之经

文作证明。佛弟子一定要把这个正确知见建立起来，才有利于修行。

有佛弟子公开主张“舍弃圣道门，归于净土门”，这种主张是完全不能契合世尊在净土三经之教导，也是违背《金刚经》之真实法义。他们之所以要“舍弃圣道门，归于净土门”之原因，是误会了“持念阿弥陀佛名号”之功德，误以为“只要持念一句阿弥陀佛名号到底就可以完全领受阿弥陀佛修行之功德，以此而成佛，不必修学佛菩提圣道”；误以为持念阿弥陀佛名号之后往生西方，也是继续持念这一句名号就可以成佛，不必修学三乘圣道。又他们也误以为“这一句阿弥陀佛名号就是实相”；又误以为“只要持念这一句阿弥陀佛名号，就是念实相，就可以乘佛愿力，转移阿弥陀佛之功德成为自己之功德，因此而成佛”。他们又误以为“一切经典上所说之‘念佛’二字，都是指持名念佛，都是指持念阿弥陀佛名号，包括净土三经也是如此”。

然这是极大极大，而且是一连串的误会、错解；由于如此的误会、错解，才会公开主张“舍弃圣道门，归于净土门”。其所谓的“净土门”就是“舍弃一切圣道之修学，只要持念这一句阿弥陀佛名号到底，就可以乘佛愿力，完全领受阿弥陀佛的一切功德，因此而成佛。往生西方就是如此而成佛，以持念阿弥陀佛名号取代一切圣道之修学，因为持念阿弥陀佛名号也可以成佛”。然这只是对经典极大误解下所作之主张，这种主张绝对不正确，一定要尽速停止这种主张才好。

须菩提，如来悉知悉见。

一念净信的功德，乃至菩萨、声闻、缘觉，也不知道，惟有如来知道，此文中“如来”，是指十方如来，不是单指释迦牟尼佛。“如来悉知”，“悉”，乃“尽”的意思，佛心尽知，佛眼尽见。

对于每一众生之因缘，乃至久远劫前之因缘，如来都完全了知、完全得见，这就是如来的威神力。如来有六种神通力，即是神足通、天眼通、天耳通、他心通、宿命通、漏尽通。前五种神通力，外道亦有，唯漏尽通为外道所无；但神力仍有差别，外道的五神通有局限，佛之六种神通力无有限量。是故如来于众生是“悉知悉见”，完全了知、完全得见；若就这一点来说，我们便应当信受佛语，“如所教住”才对。

是诸众生得如是无量福德。

见佛法身，一念生净信，就是见性，任何功德都不及见佛性的功德大。

“是诸众生”者，虽云见性，但还是众生，因为第一念见，又不知何时何日，于第二念、第三念再见，不过第一念见了之后，信心成就，永不退转；“得如是无量福德”，佛性内有无量福德，所以见佛性的福德亦无量。

主张“舍弃圣道门，归于净土门”之佛弟子，何故不能“如所教住”呢？像他们这样的误解，并非始自今日，而是长久以来所累积之误解，而这些误解都是由于舍弃圣道之修学，还不具有第一义谛的般若智慧所致，并非是故意。这完全是大乘菩萨正法太深太难契入，是故对于经典之法义很难如实了知。

净土宗之同修在往生西方之后，此生或生生世世以来，于《金刚经》之修学所作的努力，绝对不会白费的，一定可以派上用场，而且会有很大的利益。高品位往生者，可以早日华开见佛悟无生，跟随佛菩萨修学，也更容易听懂深妙法。又若此生努力修学《金刚经》这种大乘了义经典，绝对是可以提高往生品位，而且是上品往生，这在净土经典已经说得极为清楚，一切净土宗之同修应该相信才好。

佛弟子若欲求大乘之见道，获得《金刚经》之般若智慧，必须努力护持正法。正法可分为表相正法、实质正法。“表相正法”是指世尊四十九年所宣说之经典，十二部类经典都是表相正法。又一切契符经典法义之书籍，也可说是表相正法。“实质正法”是指宗门明心见性等修证，传授这种修证，名为实质正法。这两种正法都必须护持，无论是护持表相正法或实质正法，都是无量之果报；护持正法就是种植善根福德，在佛灭后的末法时期，护持正法是修集善根福德的最佳方法。诚如经典上所说：“一切供养中，法供养为最。”

在佛世能够供养、护持、亲近、修学是无量果报，可是末法的今日，哪有佛之处所让你去供养、护持、亲近、修学呢？要如何修集无量福德呢？护持经典，尤其是了义经典，就是很好的方式。有人很喜欢助印经典，这就很有善根啊！因此有大福德。经典有了义经典和不了义经典，尤其是了义经典更要护持助印；像《金刚经》就是了义经典，应该努力护持。不管是了义或不了义经典，对众生都需要，但是在修学上就要“依了义，不依不了义”。佛在经典上不是教我们“四依法”吗？就是依法不依人、依义不依语、依了义不依不了义、依智不依识。《金刚经》是了义法，所以要修学这部经，更要护持此经。

要护持宗门之实质正法，可能就要看运气了，要有善根福德才护持得到。要有宗门正法弘传真的很难，要有机会护持也是很难；即使有，佛弟子也不一定能相应，所以善知识要住持宗门正法备极艰辛。佛弟子学佛一定要求悟，若不求悟，那学佛作什么？学佛就是要得到智慧之修证，若不追求佛法的智慧，那学佛又有何用呢？只有智慧才能得解脱，才能修至佛地果位，所以佛弟子要求悟，悟了才会有智慧。

悟就是见道。见道有三种，即声闻见道、缘觉见道、大乘见道。声闻见道只证声闻菩提；缘觉见道只证缘觉菩提；大乘见道却可证声闻、缘觉、菩萨三种菩提。三种菩提就是三种智慧，就是三乘佛法之智慧。三种见道中，大乘开悟最难。佛弟子若要求大乘见道，应该去寻觅真实证悟之善知识，去亲近、修学、护持、供养，这样才有大乘见道之可能；若没有善知识之教导，要开悟真的很难。这种现象自古以来，一直都是如此；但不是说没有自参自悟之可能，而是真的很难。自古以来，只有极少数人是经由阅读经论或禅宗典籍而证入的，这种人也多是乘愿再来的菩萨。他们于宗门之证悟已有很长的时劫，对此佛弟子应该要有自知之明，这也是佛弟子要惭愧的地方。

亲近善知识修学，一定要努力护持善知识，一方面成就护持正法之功德，一方面趁此机会结善知识的缘。若没有护持正法之功德，是很难得到正法之修证；说得直接一点，智慧的悟入应该是努力修集善根福德后的成果收割，并不是一天到晚在计算我做了多少，然后要求人家特别来帮你，不能存有这种心态。我们应该要不计一切为正法付出，尽力之后就交给佛菩萨或是善知识去决定了；该你的跑不掉，不该你的求也没用，佛弟子一定要有正确的求法心态。

要从善知识那里得到法，一定要去亲近修学，努力护持；不可能说你护持其他人，或是护持相似正法——即非是真实正法，而能从善知识处得法，这种想法不合道理。就像是要从一家银行提领利息，就必须在该银行存款一样；又譬如古时候拜师学艺，一定要为师父努力做事，分忧解劳，如此师父要传授你技艺才有道理啊！在无量劫中于无量佛所种诸善根，这绝对不是白过，善根并不是凭空而来的；这无量劫在无量佛所修集善根的结果，才有此生对《金刚经》章句的清净信受，他们当然会有无量之福德。

如是因、如是果，因果不可思议。福德不是只有钱财，福德有禅定的福德、有布施的福德、有持戒之福德、有忍辱之福德、有智慧之福德。布施的果报，其范围有色、命、安、力、辩。色，是指色身的健康、上妙；命，是指寿命的维持、增加、延长；安，是指获得安乐；力，是指色身的力气；辩，就是增长辩才。这五种就是布施所得的果报，是布施而来的福德。禅定有禅定之乐，是故色界天人以禅悦为食，禅定也是一种福德。持戒也有持戒之福德，戒有戒香，名称远播；又持戒的人无有恐怖，是故持戒也是有其福德。修忍辱的人，心常安定，这当然是一种福德。

智慧更是大福德，只有智慧才能断除烦恼，获得解脱；智慧也是成佛的最重要原因，是故智慧也是福德，而且是大福德，能带来无量福德。

何故智慧能够带来无量福德呢？因为有智慧的人一定会努力修行六度波罗蜜，行六度而不住相，不住相而行布施、不住相而持戒律、不住相而修忍辱、不住相而行精进、不住相而修禅定，更会不住相而增长一切智慧。如此离一切相而修六度，既是离相则无相，无相则无有限量，所得一切福德则是无有限量。

何以故？是诸众生无复我相、人相、众生相、寿者相，无法相亦无非法相。

五蕴和合为我，从五蕴起执，有我相，空五蕴即见法身，法身无相，所以见法身后，不再有我相。

四大和合为人相，命终时，地归地、水归水、火归火、风归风，四大分散，何来有人相？所以见法身后，不后再有人相。

法身无生，无生则无灭，生灭的妄相心灭，众生相亦灭，故无复众生相。

既不执身为我，便没有长短寿之分别，所以无复寿者相，是故悟道之人，生死来去自由，能够坐脱立亡。

无法相者，悟道之人，离名绝相，不再执着三藏十二部诸法的名相，但亦不执着谓无三藏十二部的名相，故云:“亦无非法相”，若言无三藏十二部，便是谤法。

于《金刚经》之章句生真实信心的人，一定相信此经所宣说的无相智慧，一定会以无相之智慧来行布施、持戒、忍辱、精进、禅定、智慧。他们已不再会有真实之我相，已不认觉知心的我为真实，已舍离对觉知心真实之贪着，所以已不再有我相。既没有我相，也不会再有真实的人相，已了知所谓的“人”只是五蕴所成，假名为“人”，并没有真实的“人”存在。这些众生也不再有众生相，因为他们已经了知并没有所谓真实的众生，众生也是假名，是五蕴所成，何有真实？无我相、无人相、无众生相，则无有寿者相，寿者还是假名施设，何有真实之寿者呢？

“法”有两种：一者有为法、二者无为法。众生的如来藏是无为法性，它不起念、不作主、不取也不舍、不迎也不拒；自无始劫来，众生的如来藏一直都是无为。无为就是无造作之意。有为就是有造作，有为法即是有造作之法。众生的五蕴、十八界都是有生灭、有造作的法；也就是说五蕴十八界是所生出来的法，是由无为法性的如来藏所生；即是所生之法，就会有灭，有生有灭的法就是有为法。

这些有善根的人，他们在无量劫中于无量佛所已种诸善根，于《金刚经》的无相智慧已生真实信心，已得清净之信；如此众生就不再有我相、人相、众生相、寿者相了。而他们也不再有一切法的法相，对于五蕴、十二入、十八界等一切法的虚妄不实，他们已能了知，已不再认这一切法为真实，又怎么会再去贪着这一切法呢？他们已不住于此一切法之相，所以说“无法相”。

若就一切法的根源如来藏来说，也没有法相；如来藏自性是空，名为空性。如来藏既是空性，则无有相，离一切相、无形无相，那又有何“法相”呢？是故这些有善根的众生已无“法相”，远离一切“法相”。

又众生的如来藏也没有“非法相”，它既是空性，离一切相，无有形相，又哪来的“非法相”？“法相”和“非法相”都是相，都是有相；然如来藏并没有一切相，所以也没有“法相”和“非法相”可说。五蕴十八界一切法，也没有“非法相”；既然五蕴十八界是无常不坚、虚幻不实之法，是有生有灭之法，那又有何真实的“法相”和“非法相”呢？

有佛弟子误会就将此段经文所说之“无复我相、人相、众生相、寿者相，无法相亦无非法相”解释为空无所有之“空”，认为灭了一切相之后就是“真心”之境界，名为“灭相真如”。若是依此解释，便形同断灭空，又何来“真心”、“真如”之存在呢？这完全是误会《金刚经》的真实法义所产生之结果。然《金刚经》所说法义，并不是一般佛弟子所说“缘起性空”之断灭空，而是有真实体性之如来藏。如来藏的体性是空性，但并不是空无所有，不是如虚空一般，空无所有。在经典里常以“性如虚空”来形容如来藏，但这不是说“如来藏就是虚空”，也不是说“如来藏如虚空一般空无所有”，而是说“如来藏的体性犹如虚空一般”，这只是一种比喻而已。然有许多人每每对此产生误解，造成修学上失去正确方向，令人忧心。

佛弟子要看懂经论，往往须先了解经论里所说的法义，才容易看得懂；然此事并不容易，而这也是许多人常会误解经典之原因。对大多数佛弟子而言，看不懂经典是正常的；但是千万不可勉强去解释，或用自己的凡夫境界去作解释，这在修学上绝对没有好处。就像对《金刚经》法义所产生的误解一样，我们最好于不了知之经文，多作保留比较好。应该尽速寻觅善知识亲近修学，待证悟之后，就会比较容易看懂，而且会极为亲切。如此不再流于“依文详解”，也不再停留在“知识研究”之阶段。

众生之所以为众生，就是因为尚不具有般若智慧，所以往往在一切相上取着；有贪取有执着，这就是烦恼、就是习气。因为这样才会引生下一生五蕴之种子，是故要生生世世受生死之苦。解脱生死之苦，唯一之办法就是在佛法上获得智慧之修证。

若没有善知识之教导，要亲证法界实相如来藏心，哪有如此容易？佛弟子一定要有长期努力之准备，要有长远心，生生世世不断地熏习正确的大乘第一义谛知见。

事实上，据悉目前亦有大德在大力弘传第一义谛的正法，可是却仍有诸多佛弟子不能相应，不愿信受，也无缘亲近修学，令人惋惜。

如来藏虽名“空性”，实际上应名为“空有性”；它虽然是“空性”，却不是一般人所谓“空无所有”之“空”。如来藏是真实有，而且体性如金刚，从《金刚般若波罗蜜经》这个经名，就可以清楚显示如来藏的“金刚性”。因为如来藏这个心体是金刚性，如金刚一般永不坏灭，所以他才能够持一切种子，才能含藏一切法的种子，包括有漏有为法的种子，以及无漏有为法的种子。若没有这个性如金刚之心体，就没有别余能持这一切种子的心；能持一切种子的心体才叫真心，也叫种子识。其他一切见闻觉知心皆不能持种，因为见闻觉知心是所生之法，是真心如来藏所生；既是所生之法，就一定会灭，会灭的法是不可能持一切种子，也不可能含藏一切种子的。这是有关真心如来藏的重要知见，一定要把它建立起来，修习的方向才会正确。

何以故？是诸众生若心取相，则为着我、人、众生、寿者。若取法相，即着我、人、众生、寿者。何以故？若取非法相，即着我、人、众生、寿者，是故不应取法，不应取非法。以是义故，如来常说：'汝等比丘，知我说法，如筏喻者；法尚应舍，何况非法。'"

"是诸众生"，指未悟道之人，众生未悟道，未生一念净信以前，若见相，便立即取相，相就是境，都是虚妄，若取相，则有我、人、众生、寿者，是谓无明。

有些人执法相，法相者，三藏十二部诸法的名相，其实法相是让我们依着来修行，不是要我们去取着，言我能解名相，其实所解的是名相，能解的是谁？是妄想，所谓"名相妄想，真智如如"。名与相是二法，解名相的是妄想，妄想灭，得真智，名相灭，见如如之理，若取名相，心内便着我人众生寿者四相。

假如不取诸法的名相，却去取诸法的非相，认为不须依三藏十二部的经典修行，你教他念佛，他说不需要念佛；你教他持戒，他说不需要持戒；你教他拜佛、坐禅，他说不需要拜佛、坐禅，名为取非法相，亦名为谤经，所谓"离经一字，是为魔说"，亦着了我人众生寿者。

其实佛说法是无定的，众生着空，如来说有，以有破空，但不可执有，故云"不应取法"；众生若着有，如来便说空，以空破有，但亦不可执空，故云"不应取非法"。

上来"于无量千万佛所种诸善根"，一念相应，见到法身如来，见到自己本来面目，其福德犹如虚空，从此无四相、无法相、亦无非法相，从性起修，直至成佛。未曾有一念生净信者，那么，就要小心，修行第一个条件，切莫取任何相，取相便迷性，若见相而不取相，离相便见性。

何谓取相？取相即取法，法者，一切法，简而言之，不离一个"有"字，"有"莫取，"非有"亦莫取。修行时，不是见"有"便见"无"，见有之时，不取有相，过了"有"关，见无之时，不取无相，过了"无"关，要透过"有"、"无"二关，才能悟道。

例如坐禅时，妄想来，不取妄想，妄想便灭去；灭了之后，昏沈又来，昏沈又是一个相，不取昏沈相，昏沈便灭去；灭了之后，妄想相又来。如是妄想及昏沈相间而现，若离妄想及昏沈，便能得定，“是故不应取法，不应取非法”，法即是“有”，非法，即是“无”，以“有”、“无”概括一切，所以法及非法，皆不应取。

昔日许字门下，有一学人，向许字老人告假，到西方参学去，许字老人云：“有佛处不得住，无佛处急走过，三千里路逢人，不可错举。”那位学人实时醒悟过来，不再去参学。

到西方参学不外是想见性，见性之路，依法华经说，有五百由旬，依许字老人说，是三千里路逢人，但未见以前，在三千里路程内可能见到佛，所以有佛处不得住。有佛既不住，无佛又如何？无佛处急走过，离有佛无佛两边，就是行于中道，就是般若，所以云三千里路逢人，不可错说。

“以是义故”，以不取两边的中道义故，“如来常说”，如来于方等八年、般若二十二年，说的也是这个道理，对谁说呢？对比丘说，因为比丘求了生死，在家二众未必求了生死，故云：“汝等比丘，知我说法，如筏喻者，法尚应舍，何况非法。”如来所说的法，都能度人离生死苦海，到涅槃彼岸，到了彼岸后，如来所说的一切法都要舍，何况世间法，更要舍。

其实舍法即是舍心，法舍至极点，心亦舍，心与法相连，法尽，心亦尽，法绝，心亦绝，所以舍法就是舍心，若还有一法在，即是未肯舍心，例如要保护黄金，不是有一法保护黄金，是你的心要保护黄金，若肯舍黄金，你的心亦舍掉，是故舍法即舍心，舍心即舍法，心法俱舍，心空法尽，即到彼岸。到了彼岸，船要舍，心亦要舍，法穷心尽，即见如来；修行无别法，惟“舍”而矣。

有人说：“一个人所造的一切行为，不管是善是恶，这些种子都会含藏在意识里。”这样的说法并不正确。从前面所说明的知见，意识心是真心如来藏所生的法；所生的法毕竟会灭，意识既然会灭，又如何能够含藏善善恶恶行为之种子呢？如果是这样的话，就完全违背佛在经典的教导，就会住于意识觉知心之境界，会一直误认意识觉知心为真心，就很难有悟入之可能。因为修学方向错了，又怎么可能悟得真心如来藏呢？

错用了心，就会取相。若错以为意识觉知心是真心，就一定会“心取相”。用自己的意识觉知心去执取意识觉知心之法相，这样意识觉知心就不会有舍离的一天，就会引生新的意识觉知心，如此就永无解脱之日。

“即为着我、人、众生、寿者”——意识觉知心既是十八界的法，则必有法相，因为一切法都有一切法之相貌；执着自己的意识心为真实心，即是着有真实的我，即是着我相。如此把意识心的我深深地执着不放，如何有解脱之可能？

就像在《楞严经》里，阿难尊者错用心一般，为佛所斥责说：“不知常住真心、性净明体”。如此才会为摩登伽女以娑毘迦罗先梵天咒摄入淫席，是故阿难尊者向佛忏悔、自责：“一向多闻，未全道力。”这就是阿难尊者误以意识觉知心为真心的结果。一切的意识觉知心境界仍是意识心，不可能变成真心，若是错认意识觉知心为真心，则必着我。若是着我，则必会着于人、众生、寿者，如是永无证得真心之时。

譬如《楞严经》云：“若汝执吝分别觉观所了知性必为心者，此心即应离诸一切色香味触诸尘事业，别有全性；如汝今者承听我法，此则因声而有分别。纵灭一切见闻觉知，内守悠闲，犹为法尘分别影事。我非敕汝执为非心，但汝于心微细揣摩：若离前尘有分别性即真汝心，若分别性离尘无体，斯则前尘分别影事。尘非常住，若变灭时，此心则同龟毛兔角，则汝法身同于断灭，其谁修证无生法忍？”

意识觉知心和真心如来藏若不仔细分辨清楚，只要有一点点混淆，就会如同古人所说：“毫厘有差，天地悬隔。”有志于寻求大乘证悟者，一定要于此高度重视，只要差一点点，就会差很多。佛弟子可以自我检视，自己所以为的“悟”，到底是悟意识心，还是悟如来藏这个真心。一切真实证悟者对于真心和意识心，必定可以很清楚地分辨，以其证量而言，那是极为明白之事，一点也不模糊。证得真心如来藏的人，他只要再对五蕴十八界彻底体验、整理，一定对真心如来藏和意识觉知心能够清楚分辨；若能更进一步去阅读经

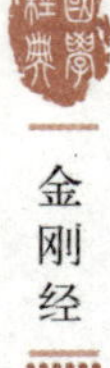

论，贯通教理，也一定能够正确地宣说。像这方面，错以意识心为真心的人就无法如此说出，而且所说之法也会格格不入，互相矛盾，更不能完全去印证了义经典。又其看了义经典，如《金刚经》，也无法真正看懂。古人常会说:“禅师很厉害。”真正情况是:“佛法很厉害。”

证悟这件事一定要谨慎小心，一定要作广泛而全面性的印证，要从禅宗祖师真实证悟的公案来印证，要从经典来印证，要从大菩萨的论来印证，要以自己的现量去一一印证，要极尽挑剔地一一检验，这样才能放心地安住下来。

修行是用意识觉知心来修行，意识心若取相，执取种种相，就包括“法相”和“非法相”。执取法相是执取什么法呢？就是五蕴、十二入、十八界等一切法。一切法就是在五蕴、十二入、十八界之内，这是每一个人必须了解的。

只要执某一个法真实，就是执取那个法的法相，误以为那个法有真实的法相。可是事实上除了如来藏心外，没有任何一个法有真实的法相，因为没有任何一个法是真实的。眼根有眼扶尘根、眼胜义根。眼扶尘根就是指眼球等眼部器官，眼胜义根是指眼神经和大脑掌管视觉的神经。眼根是如来藏所生的法，不管是眼扶尘根、眼胜义根，都是如来藏所出生的法；因为是所生出来的法，所以一定会坏灭，这就不是真实的法。眼根既然不是真实的法，当然也不会有真实的法相；若是执取眼根这个法有真实之法相，那和执取真实的我又有何差别呢？我是指觉知心，一般众生都执着以为能分别了知的意识觉知心为真实、不坏，以这个觉知心为我，就这样着我。

可是意识觉知心是缘起的法，是因缘生、因缘灭的法，是虚幻不实、是无常不坚的法，这样有生有灭的法，怎么可能是真实不坏的呢？但是众生就是一直执着此意识觉知心为真实，就是“着我”。执取眼根这个法以为有真实法相，就是“着我”、就是“着人”、就是“着众生”、“着寿者”。若修行的意识觉知心不执取一切法有真实的法相，就不会执着有真实觉知心的我，也不会执取有真实的人、真实的众生，以及真实的寿者。

这就是声闻、缘觉二乘解脱道的法，若能如实现观、体验、了知，则有可能声闻见道，乃至缘觉见道。世尊为什么要宣说这种解脱道的法呢？这当然有世尊的道理，因为大乘佛菩提道是包括声闻、缘觉的解脱道。要从大乘菩萨正法见道，就必须同时修学声闻、缘觉解脱道的法。《金刚经》是大乘了

义经典，要从《金刚经》的修学中，证得法界实相心如来藏，就必须修学五蕴、十二入、十八界等二乘解脱道的法，这就是为什么佛要在《金刚经》宣说一切法的原因。

修学五蕴、十二入、十八界等一切有为法的原因，就是要确实了知这一切法的虚妄性，如此不再去认此一切法为真实。要舍离对五蕴、十二入、十八界等一切法的执着，这样才不会继续在五蕴、十二入、十八界等一切法的法相当中去寻找真心如来藏。因为真心如来藏是不可能在这一切法相当中找到的，必须从别的方向去寻觅真心如来藏，如此才有证悟之可能。

五蕴、十二入、十八界等一切法虽然是虚幻不实、无常不坚，如梦幻泡影一般；可是它们毕竟还是存在，并不是没有。就像意识觉知心虽然是所生的法，是虚幻不实，却是存在；虽是存在，却一定会坏灭，是故说为不真实。又一切法虽然不真实，必会坏灭，但不能说它没有，不能说它不存在。若说一切法不存在，那就等于空无所有，就等于断灭空；然五蕴、十二入、十八界的一切法确实存在，各有其作用，是故不可说为“空无所有”，不可生起“断灭想”。若于一切法起“断灭想”，则是“取非法相”；法相不可执取，非法相亦不可取，乃至不可执取“我相、人相、众生相、寿者相”为“非法相”。

“取”，就是执着、认取的意思；“非法相”，就是一切法的断灭相、空无所有之相。“取非法相”，就是修行的觉知心执着认取有一个空无所有、断灭之相，就是取断灭空。然而“断灭空”是不正确的观念，有违背于世尊在经典上之教导，因为世尊说：一切众生身中都有一真实不坏的如来藏，一切的法都是由这个如来藏所出生。这就是说每一位众生自己的五蕴、十二入、十八界等一切法，都是由自己的如来藏所生出的；这一切法虽然会坏会灭，但是如来藏永远不会坏灭。譬如《楞严经》云：“诸善男子！我常说言：色心诸缘，及心所使诸所缘法，唯心所现；汝身汝心皆是妙明真精妙心中所现物。”所以执取“断灭空”、执取“非法相”是不正确的，是故不可以“取非法相”。

如来藏即是本来自性清净涅槃，自无始劫以来即是具有本来性、自性性、清净性、涅槃性。一切众生的如来藏都具足这四种体性，而且是自无始劫以来即是如此，永远不变。何故说是无始？因为如来藏本来就存在，并不是所生出来的，既不是所生之法，所以也没有灭，也不会灭，所以又哪里有开始呢？没有生也永远不会灭，所以说如来藏是不生不灭，体性如金刚。金刚是不坏性，世间人是如此形容金刚的体性；如来藏也是如此，体性如金刚，永不坏灭，具足本来性、自性性、清净性、涅槃性。

由于是本来而有，故说如来藏具“本来性”；由于自性空，“空性”即是其自性，故说如来藏具“自性性”；又由于体性清净无染，犹如莲华出于污泥中而无污染，故说如来藏具“清净性”；又如来藏是涅槃之本际，如来藏之自住境界，本即是在涅槃中，故说如来藏具“涅槃性”。除了如来藏以外，所有一切法都不具有这四种体性。

如来藏既是一切万法的根源，则每一众生的五蕴、十二入、十八界一切法都由自己的如来藏所生；即使阿罗汉舍了自己的五蕴十八界，入无余涅槃，只剩涅槃之本际，却不是断灭。因为在无余涅槃中，仍有如来藏自住于涅槃之境界，怎能说是断灭呢？还有不灭的如来藏存在啊！若众生执取一切法空无所有相断灭相，即是断灭空，就是“取非法相”。然有智慧的人不会“取非法相”，因为他知道舍掉了自己的五蕴、十二入、十八界后，还有如来藏存在。如来藏永不坏灭，所以不会有“断灭”之恐惧。阿罗汉虽不曾亲证自己的法界实相如来藏心，却深信佛语，不畏惧舍去自己的五蕴、十二入、十八界而入无余涅槃，因为深信佛语的缘故。

不管是取法相、取非法相，都是取相，都是着我、人、众生、寿者。有执取就是执着，即使执取“空无所有”、“一法也无”之“非法相”，取意识觉知心也是取。执取一切法断灭之“非法相”，也是不能证得如来藏，因为如来藏的空性和空无所有的断灭空并不一样。如来藏是真实有，却是空性，这不同于空无所有的“空”，这一点必须分辨清楚。

有佛弟子唯以阿含经典而坚持“缘起性空”的“空”就是法界实相，却否定如来藏之存在，这种说法并不合于经典教理。若是否定了缘起的第一因，则无因而说有缘起，并不合道理。若无第一因而说“缘起性空”，那就如同所说的“龟毛兔角”一样，无因而有。龟身上是不长毛的，若说龟有毛，就是无中生有，龟没有生毛的因，如何能够生出毛来呢？又兔子是不长角的，若说兔有角，那一定是天下奇闻，必是无中生有。那是不可能的，因为兔子没有长角的因，又如何能够生出角来呢？

“缘起性空”也是一样，一定要有第一因，就是如来藏；若没有如来藏这个第一因，就不可能缘生五蕴、十二入、十八界等一切法。这一切法不能凭

空而缘起，不会无因而缘起。所以一定要有如来藏这个一切法的根本因，才能藉缘而生起五蕴、十二入、十八界等一切法。就像意识觉知心的生起，一定要有四个俱有依，即是如来藏、意根、法尘以及有根身，才能生起。若没有如来藏这个第一因，意识就不可能无因而生；若缺少了意根，则意识还是无法生起。意根虽不是意识生起的第一因，却是意识出生的俱有依。俱有依是说要同时依靠这些条件才会有。意识就是要共同依靠如来藏、意根及有根身才会生起；若缺少一种，便不能生起。有根身是指色身，有眼根、耳根、鼻根、舌根、身根等五根的色身。

意识觉知心是要有三个俱有依才能生起，是五蕴、十八界中的一法，所以意识心绝对不是真实心；若是执取意识这个法相的话，就是着有真实意识心之我，也是着人、众生、寿者。“取非法相”也是一样，是着我、人、众生、寿者。若是实际上并没有一切法的“断灭空”，也就没有真实的“断灭空”之相，又何有这种“非法相”呢？既然没有真实的“非法相”，若是执取这种“非法相”，还是执着有真实的我、人、众生、寿者！是故不可执取一切法相。

法有二种：一者有为法、二者无为法。有为法是指五蕴、十二入、十八界等一切法，无为法是指一切法的根源如来藏之体性，然如来藏仍兼具有为性，始能生出万法。“为”，是指因缘造作；五蕴、十二入、十八界都是从因缘所生，由因缘所造作而有，故称有为。一切五蕴、十二入、十八界之法，都是有为法。如来藏是无始劫以来本即存在，本来即有，不是所造作而有，故称无为法。此法永不坏灭，体性是无为，故名无为法。

无论是有为法、无为法，都不应执取；若是执取，即是着我、人、众生、寿者。就有为法来说，五蕴、十二入、十八界之一切有为法，都是由如来藏所生出来，是因缘所生之法。“因”，是指如来藏，加上众缘才能生出这一切法。这一切法分为心法、色法。色蕴是色法，而受蕴、想蕴、行蕴、识蕴等是心法。在六根中，眼、耳、鼻、舌、身等五根是色法，意根则是心法。六识都是心法，色、声、香、味、触等外五尘为色法，法尘则有心法尘及色法尘。

五蕴、十二入、十八界等一切法，既然是如来藏所生，则必会有灭，故不真实；既是有生有灭则不真实，又怎么会有真实的法相呢？若没有真实的法相，则执取一切法相是没有道理的；因为这些法相也只是分别妄想而有，事实上并没有一个真实不变、不坏的相存在。一般众生完全无法了解这个事实，所以会去执取这些法相、取这些法；这样就是执着有真实的我、执着有真实的人、执着有真实的众生，乃至执着有真实的长寿者。可是不管是我、人、众生、寿者，都是因五蕴而取名。世间众生都说："我……"他们所说的“我”，是指这个“色身”的“我”，以这个“色身”为“我”；或是以“意识觉知心”为“我”，这都是五蕴所成或是五蕴的一部分。众生如此执取这五蕴为“我”。“人”也是一样，由五蕴所成，众生、寿者都是如此由五蕴所成，是以五蕴而说有“我、人、众生、寿者”。

五蕴既然不真实，则“我”也是不真实，则“人、众生、寿者”也是不真实的。这些五蕴、十二入、十八界的一切法的名相，都是假名施设；施设这些假名是为了说法而方便取之。世间人也是为了表达意思，为了语言沟通，所以取了种种名相；然世间人并不了解这五蕴、十二入、十八界之本质，所以就去执取这些“法”，在这上面造业，是故在三界内轮转生死。实则不应在一切法上去执取，若是执取一切法，则必等于执着有真实的我、人、众生、寿者。何故去执取无常不实的东西呢？

若就如来藏而言，我们也不应该执取。虽然如来藏是真实有，本来而有，不是所生的法，所以也不会坏灭，体性如金刚一般永不坏灭，却是空性。如来藏有自性，但其自性是空性，所以即使是真实有，也不应执取，否则也是“取法”，也是“取法相”。像这样就和“着我、人、众生、寿者”没有两样，是故亦不应执取如来藏这个“法相”。

“非法”，是指没有法、不是法。没有法就是空无所有，没有“有为法”，也没有“无为法”。不管是那一种“非法”，都不应该执取。

若就没有“有为法”而言，没有“一切有为法”就是指没有“五蕴、十二入、十八界一切有为法”，就是“空无所有”；空无所有就没有相，若是有相，又怎么能称为“空无所有”呢？这种“非法相”也不应执取，若是执取这“空无所有”的“非法相”，即是着我、人、众生、寿者。执取“空无所有”的“非法相”，这种“执空”是毫无道理，和“着我、人、众生、寿者”并没两样。

佛弟子常常犯这种错误，不承认如来藏为一切法出生的第一因而说“缘起性空”，这就是“取非法相”。没有如来藏为第一因之缘起，必是无止境的缘起，那么众生要以何心来修证无生忍，以及无生法忍呢？没有第一因如来藏又怎么能够修至佛地？如此对“缘起性空”的执取，就是“取非法相”。然世尊在《金刚经》已明确开示:“不应取非法!”何故仍有佛弟子不愿依教奉行？若不愿依世尊之教导而修行，如此又如何可名为佛弟子呢？名不副实呀！又这样如何说是“学佛”呢？

若就如来藏的立场来说，否定了如来藏后之“空无所有”，即是“非法”；这种的“空无所有”又哪里有“相”？“空无所有”既是无相，便不应执取；若是意识觉知心执取这种“非法相”，就等于“执着我、人、众生、寿者”，如此毫无道理，也没有智慧。是故不应执取“非法相”，不应执取“非法”，否则即是“着我、人、众生、寿者”。

一切的“法”和“非法”，都不应执取；若是执取“法”和“非法”，即是无有般若智慧，不能了知诸法实相之道理。像这样执取的众生能够得到解脱吗？不可能啊！完全没有解脱之道理。

意识觉知心分为见分、自证分、证自证分，都是摄属于见分，都名为意识。凡是意识觉知心的境界都是属于意识，都是十八界的法，都是生灭法，都是识蕴所摄。意识心和真心如来藏的体性完全不同，意识有生有灭，如来藏则是不生不灭；意识是所生的法，如来藏不是所生法，是本来而有；意识犹如幻化，如来藏则性如金刚。意识是如来藏所生出来的法，这在许多经典上都可查阅，得到印证；佛弟子应该依照世尊在《金刚经》上之教导，不应执取意识之“法”，因为意识并不真实，是无常而会坏灭之法。这样会坏灭的体性绝对不会是真心，不应该执取。若是执取意识以为真心，则是如世尊所说:“即着我、人、众生、寿者。”

佛为一大事因缘才会示现于人间说法，其目的是为了众生而开佛之知见、示佛之知见，为令众生悟佛之知见、入佛之知见。在四十九年中所说的一切法，无非就是为了此一目的；唯有悟入佛之知见，才能知道到彼岸解脱之境界。若证此涅槃之境界才能获得般若智慧，才能继续修习解脱道和佛菩提道。

然佛说法只是手段而已，并不是目的。佛所说之种种法都只是那指向月亮的手指，众生必须依照手指（代表佛所说之法）所指的方向去寻找月亮（指法界实相心）。找到月亮才是目的，找到月亮就好比悟得法界实相如来藏心；然后转依此心才能继续修习解脱道和佛菩提道，这就是大乘菩萨正法所要努力的目标。在这里，佛把所说的法比喻为竹筏，众生要乘坐这个竹筏才能到彼岸，然竹筏仍只是到彼岸的工具。可是有了竹筏并不代表已经到了彼岸，必须要乘坐上去，要去划行才能到彼岸。划向彼岸的当中，这个大海随时会有大风大浪出现，时时刻刻都可能吞噬竹筏上的每一个人。要到彼岸并不是那么简单，不是有了竹筏就能顺利到解脱之彼岸。

佛所说的一切法也是一样，众生要依这些法去修学才能悟入，才能解脱，才可修至佛地。佛只能为众生说法，修还是要自己修，而且一定要依循佛法去修，否则终无到彼岸之可能。《金刚经》也是如同竹筏，众生必须依法而修，依教奉行，才能从《金刚经》悟入法界实相。

佛弟子常有“见慢”，不能依照经典上佛之教导而修学，往往坚持已见，却不知自己所坚执者，乃是“凡夫之见”。又于知见产生增上慢，全然忘记当初学佛之发心，令人惋惜。譬如有佛弟子一生坚执意识觉知心以为真心如来藏，然世尊已于诸多经典上宣说，意识唯是所生之法，因意识乃是意根触法尘而由第八识流注意识种子才出生，是六识之一，六识都是由第八识所生。第八识又名如来藏，是五蕴、十二入、十八界一切法的根源，是一切法出生的第一因。经言佛语如此明白清楚显示，却仍有极多佛弟子不愿信受，全然不为自己之道业，不为自己的生死大事设想；唯如此随顺自己之习气而为，令人忧心，也令人不舍。修行毕竟是自己的事，生死也是自己的生死，受苦也仍是自己要受。此事一切人都不能代替，何不确实依循世尊之教导，如所教住，早登解脱之彼岸？

意识觉知心不是如来藏，意识反观反照自己的觉知心不是如来藏，住心一境时的意识觉知心不是如来藏，入定不动的意识觉知心不是真心如来藏。这些都是意识心的不同相貌，尽管有不同的相貌，却仍旧是意识心，不可能变成真心如来藏。一切有生有灭的意识心，不管再如何修，永远不可能修成真心，这是每一个佛弟子所必须了解的事实。因为真心本即存在，非因修而得，只是去证悟祂的存在而已；但亦非不修行而能证得祂。

若意识心修成真心，因意识心已转变为真心而不存在了，而且真心又不攀缘六尘、离诸觉观，那一切证悟者又如何生活、说法度众生呢？

意识心虽然有生有灭，虚幻不实，众生却必须利用它来修行、学习；不管是世间法、出世间法，都必须学习。意识心自从每一世重新出生开始，意识都是一直在不断地学习；对于出世间法，意识心也要不停地闻熏，乃至成佛的道路上，意识心仍要生生世世闻熏、修学。意识心虽然是有生有灭的法，却是很重要，必需要利用它来学习、修行；可是绝不能执取，若是执取意识这个法，就是“着我、人、众生、寿者”。不但不可执取意识这个法，还要舍离这个法相，如此才是“如所教住”。

五蕴、十二入、十八界等一切有为法不但不能执取，而且要舍离；对菩萨而言，并不是要舍掉五蕴、十八界而入无余涅槃，只是舍离对这一切法的执取。菩萨若执取五蕴、十八界之法，就是执取这些法为真实有，便为“执有”。若菩萨执取五蕴、十八界一切法为“非有”，即是“执空无所有”之“断灭空”，即是“执空”，如此则落于两边。“执有”即是“执法”，“执空”即是“执非法”；执有真实的法，以及执一切法空，都是堕于两边。

执“法”、执“非法”都不正确，所以佛说:“法尚应舍，何况非法?”如来藏是一切法出生的根源，是一切法出生的第一因；但是如来藏和一切法之关系，却是非一非异。“非一”，是说如来藏和一切法的关系不是同一个法；一切法虽是如来藏所生，却不等于如来藏，所以说是“非一”。又一切法是如来藏所生，却不可说一切法和如来藏完全相异；因为没有如来藏，就没有一切法，是故说如来藏和一切法之关系是“非异”。“非一非异”，正是如来藏和一切法的关系，是故不可以“执空”，也不可以“执有”。若是执一切法

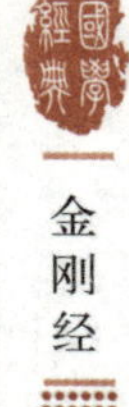

空，即是和如来藏的真实有不相应；因为即使一切法不真实，是无常的，但出生一切法的如来藏却是真实有，是故不可“执空”。若是执一切法真实有，即不符合一切法有生有灭之事实；因为即使如来藏真实有，但如来藏是空性，而如来藏所生之一切法却完全不真实，是故不可以“执有”。既然不可以“执有”，即是不可以“执法”；不可以“执空”，即是不可以“执非法”，这是我们必须用心思维、体会、建立之知见。

佛弟子若是有心于《金刚经》得能悟入，一定要好好在这些知见上作思维、整理，如此始有参究悟入之可能。

评析

当年有一个故事，一位非常有名的文喜禅师，从小出家，三十几岁开始参禅，总不能开悟，于是他从南方三步一拜，拜到山西五台山文殊菩萨的道场。

文殊菩萨是七佛之师，智慧第一，释迦牟尼佛和许多佛菩萨，多生累劫都是他的弟子。

所以大家求智慧、想开悟，都是三步一拜去朝五台山文殊道场。也有人拜了三年两年才拜到，为的就是要见文殊菩萨。

话说这位文喜和尚拜到了五台山金刚窟，看见一个老头子牵一头牛，胡子白白的，头发也是白的，请文喜到他的茅棚喝茶，问文喜道：“和尚你了不起啊！三步一拜是从哪里来的？”文喜说南方来的，想求见文殊菩萨。

老头子说：“南方佛教怎么样？”文喜回答说：“南方佛教马马虎虎，所以到这里来，想求见圣人……你们北方五台山的佛法怎么样？”老头子说：“龙蛇混杂，凡圣同居啊！其实整个世界人类社会，都是有圣也有魔，都是龙蛇混杂，凡圣同居。”

文喜问道：“五台山一共有多少出家人啊？”这老头子说：“前三三与后三三。”

这一句话，千年来也没人知道他讲什么？一般修道的人就讲，前三三与后三三，这就是要人修气脉呀！后面有三关，尾闾关、夹脊关、玉枕关。前面是印堂呀，守窍的灵门关，这里是什么关，那里是什么关，都是讲这个。其实这个可以作话头来参，前三三与后三三就是禅宗的话头。

那么两个人谈到这里，老头子就问文喜佛法，这位文喜和尚却答不出来。老头子皱了一下眉头，叫声："均提，送客。"茅棚后面出来一个童子就说："法师你请吧！"就把和尚送出茅棚外了。这个文喜和尚正回头要道谢，就看到文殊菩萨骑一只狮子站在空中。

可叹这位文喜，千里迢迢，三步一拜要见文殊，这时才发现原来与文殊菩萨当面对谈而不知，真是后悔莫及，痛哭流涕。以后，文喜发愤努力，终于大彻大悟。

文喜悟了以后，到丛林下做苦工，就是现在军队里所称的伙夫，那时禅林中就叫做饭头。

饭头的工作很辛苦，一个庙中千人吃饭，那个大丛林的饭桶，小个子站在锅里头，从外面绝对看不见人。要煮一千多人吃的饭菜，所用的锅铲之重，如果没有练过武功的人，拿都拿不动。所以少林寺学功夫，只要能烧三年饭，武功就不得了啦！米要整袋倒进锅去，要搅的时候，要有武功才能转得动那个锅铲。文喜禅师因为自己悟了道，愿意发心为大家做苦差事，行人所不能行，忍人所不能忍，这就是菩萨道。

有一天文喜在做饭的时候，文殊菩萨在饭锅上现身，还是骑他那只狮子，在饭锅上跑圈。文喜看到文殊菩萨，就是当年在五台山金刚窟看到的那个老头子，他就拿起锅铲一边打过去，一边嘴里说："文殊是文殊，文喜是文喜，你跑来这里干什么？你是你，我是我。"

文殊菩萨的那个化身飞到空中一笑，说："苦瓜连根苦，甜瓜彻蒂甜。修行三大劫，反被老僧嫌。"

苦瓜当然连根都是苦的，这个甜瓜当然连那个蒂都是甜的。修行三大劫数，连释迦牟尼佛都做过他的学生的，今反被老和尚讨厌。

这说明凡所有相，皆是虚妄。

这也就是禅宗祖师们后来说的“佛来斩佛，魔来斩魔”的道理，这也是修行的无上秘诀。

只看到自己而看不见别人就不会有快乐可言

处处以自我为中心并把金钱看得太重的人，一定是个自私自利的人。这样的人，眼中只有自己而没有别人，这不仅不会给自己带来快乐，反而会为自己增添无尽的烦恼。

有一个人拥有很多财产，但他非常吝啬，从不施舍。他感到自己没有一天是快乐的，所以就去求教一位禅师。

禅师声明，在回答他的问题之前，富人必须回答几个问题。

富人答应了。

禅师让这个富人站在窗前，隔着窗玻璃，指着外面的街面问：“你看到了什么？”

富人说：“一群忙碌的人。”

禅师又拿来一面镜子让他看，“现在你又看到了什么？”

富人说：“我看到了我自己。”

禅师又问：“窗户和镜子是什么做的？”

富人说：“都是玻璃做的啊。”

禅师再问：“它们有什么不同？”

富人说：“镜子的玻璃上镀了一层银子，而窗户上没有。”

禅师于是说：“这就是你要寻找的答案——单纯的玻璃能让我们看到别人，而镀上银子的玻璃就只能让我们看到自己，你的眼睛被金钱所蒙蔽，只见自己而不见别人，又何谈快乐呢？”

第七品　无得无说分[1]

分名解说

①无得无说分：前分说的佛不可见，法不可取。佛既不可见，那么经文是谁说的呢？法既不可取，那么得法的是谁呢？这都是凡夫的疑问。以为有物可得谓之得，有法可取谓之法，殊不知法是不可对不可见的法，并非是有形的物质可比。既不可对不可见，又有何物可得呢？更有一种聪明人，谓之心得。然此心得，也是一个无形的我执。谓之能知障，又谓之理障。事障障凡夫，理障障菩萨。今云无得者，就是双破事理二障也。未悟之时，须凭言说，已悟之后，言说皆非。如来所说之法，有时说有，有时说无，皆是因病施药，并无一定之说也。若是随言生解，执着有无，皆是法执之病。但有言说，都无实义。今言无说者，是破语言文字之障也。所以经颂云：有心俱是妄，无执乃名真，若悟非非法，逍遥出六尘。

经文

“须菩提，于意云何？如来得阿耨多罗三藐三菩提耶？如来有所说法耶？”须菩提言：“如我解佛所说义，无有定法，名阿耨多罗三藐三菩提，亦无有定法，如来可说。何以故？如来所说法，皆不可取、不可说，非法、非非法。所以者何？一切圣贤[1]，皆以无为法[2]而有差别。”

①贤圣：贤者，如须陀洹、阿罗汉之类。圣者，佛也。一切贤圣，就是说的三乘贤圣，何谓三乘贤圣，（一）声闻乘，依苦集灭道四谛之法门，观闻佛说此法之声，修行得解脱者之谓。（二）缘觉乘，依十二因缘之法门，不就师，自悟此理者之谓。（三）菩萨乘，依六度之法门，得解脱者之谓。

②无为法：是自然之觉性，不能假人为。所以无为法，就是无上菩提。如涅槃、如来、无相、无住，以至金刚般若波罗蜜等，虽有种种名称，皆是无为法的意思。有为法，是世间法。无为法，是出世间法。往往有人修行，把这个无为两个字，认作空寂，弄得灰心槁形，自以为学佛，实则为一个捕风捉影，顽迷不灵之人罢了。

译文

“须菩提，我再问你，我已修得至高无上的平等觉悟而成佛了吗？我说过法吗？”须菩提说：“如按我对佛所说意思的理解，本来就没有至高无上、大彻大悟大智慧之法，您也没有给我们讲过什么固定的法。”“为何这样说呢？”“您所说的法，都不能固持，不能用语言来表达，既不是法，又不是非法。”“为什么会这样呢？”“因为所有的圣贤都认为没有固定的法，只有各人理解不同而存在差别的法。”

"须菩提，于意云何？如来得阿耨多罗三藐三菩提耶？

道，只有一个，悟，亦无两个，众生悟道，与佛无异，如何能悟道呢？先要认识清楚何为道？道是不生不灭，无来无去，非一切法，清净本然周遍法界。道是无相，若想求道，一定要达无相的境界，方能与道相合，若着有相，任汝无量劫修行，以有相求觅无相的道，如何能求到呢？所以一定要舍离有相，修无相行。

无相即无为，有相即有为，以无相的心，求无相的道，能求的（心）是无相，所求的（道）亦是无相，无相与无相合为一体，便悟道。有与空是合不来，一定要以空，才能与空相合，空与空相合，便成一体；再举一例，若想与水和合，一定要用水，水与水合，便合为一体，若用泥，泥与水是合不来，一定是水合水，空合空。

释迦佛说法四十九年，句句无为，未曾以有为法系缚众生，所谓戒定慧三无漏学，以无漏法度众生：戒是无相，定是寂灭，慧是无住，以此戒定慧，才能出苦海，所以应修无为法。例如念佛，念至无念而念，才算有点进步，但还有"我"在，有我仍是有为法，要念至无我念佛，才是无为，才能悟无生忍，若还有我相在，有我便有生，那又如何可以花开见佛悟无生法忍呢？所以念佛是从有念而念、无念而念、再进一步无我而念，即念佛时无我相，无我相，心即空，以无相念佛的心，才可以求无相的道。

此段文是说得菩提道，得道时没有能得所得，如空与空合时，没有能合所合，既无能合所合，则无能得所得，但亦不能说无得，彼空与此空相合不能说无合，得道时就是这个境界，得时无能得所得，是为无得而得，是真真得无上道，此文的大意就在此。

须菩提闻说修行至法极心尽时，便到彼岸，心内便起疑问："既无心又无法，到彼岸时得个什么菩提法？若是无心，谁人得法？如来是得法才说法，有得才有说，无得又以何说法？究竟如来有没有得法？若有得才说法，不应要我们舍法，若无得无说，才可以叫我们舍，究竟如来有没有得菩提？"

佛知须菩提有此疑，故问须菩提："如来有否得菩提？"

如来得菩提，不是从外而得，如水合水，如空合空，无能合所合，如来得菩提，菩提无相，如来亦无相，无相与无相合，名为得菩提。

何以如来无相？如来心空寂，能所心灭，故得菩提，凡夫能所心未灭——“能”是知，“所”是妄想——例如聪明的人，“知”道自己心内“想”什么，便是有能有所，既有能所便有相，有相又如何得无相的菩提？如来亦不过修行用功，至能所心灭，心空，心空即无相，无相的智慧就是无相的菩提，所以能所心灭，便是菩提，那么如来得个什么？

水流入大海，何曾得大海，水就是大海，大海就是水，无能得所得，如来得菩提是无为法，无为法无两个——得、不得。

菩提不能说有得，有得就是妄想，又不可说无得，无得亦是妄想，妄想不空，不能得菩提，妄想空，就是菩提，若妄想已空，更不能说得与不得，这就是不二法门，故云：“如来得阿耨菩提耶？”

其实此段文所讲的，是菩提无得之文，免得众生依真起妄。依真，妄亦起，真若不立，妄亦不生，闻说真，便依真起妄，所以得菩提是无得，不令众生依真起妄。

这部是般若经，般若是大火聚，一点也不能执，古人云：“太末虫，处处能着，独不能着火焰之上；众生心，处处能缘，独不能缘般若上。”般若不能被攀缘，从前依生死起执着，起烦恼作业，现在岂能依般若起惑作业？

得菩提者，如寤时人，说梦中事，心纵精明，总不能将梦中事指示于人，是故得菩提是无得而得，不可执、不可着、不可取，若取菩提，我人众生寿者四相则现前。

烦恼是沿真而有，金刚经中，处处指出依真起妄，亦剖析得最透彻，所以真尚不立，何况是妄，真妄两亡，就是到家之日，因此得菩提，是无得而得。

世尊问须菩提这个问题很奇怪，却是有用意，佛弟子有谁不知不信佛已证得阿耨多罗三藐三菩提呢？又如来也应自知自证已得阿耨多罗三藐三菩提，既然如此，他老人家又何必明知故问呢？世尊的葫芦里到底是在卖什么膏药呢？佛弟子于此万万不可轻易放过，应当用心思维才好。

世间人做一切事，学习一切知识、技艺，都不离身、口、意。而身、口、意是含摄在五蕴中，所以一切的身、口、意行为都不离五蕴。学习世间法是如此，而佛法的修学也不例外。在五蕴、十八界当中，意识觉知心是很重要的一界，是摄属于识蕴。意识在佛法的修学中，占有极重要的地位，学佛修行完全不可能没有意识觉知心；若是没有意识心，则学佛修行也不可能进行。

如来藏不会修行，如来藏是无为法性，不会生起一念想修行，也不会修行；因为如来藏离见闻觉知，不能了别六尘万法。如来藏只是配合意识觉知心去修行，去“闻、思、修、证”，而如来藏本身是不会、不能“闻、思、修、证”的。“闻、思、修、证”都是三界内之事，而如来藏并不在三界内，亦不在于三界外，不能了别六尘万法，是无为性，是故不会修行、不能修行。

佛的如来藏名为佛地真如，又名无垢识。此心和众生的如来藏一样是无为性，不会起念想说法度众生，也不会度众生。佛地无垢识亦不在三界，非属于三界，不能了别六尘万法，所以也不会度众生，不会说法。佛的无上正等正觉果位也不是由无垢识所证，而是由意识心所证。又如同众生的意识心一样，佛的意识也是有生有灭，不是真实不坏的心。虽然如此，佛仍是要用意识觉知心来说法、度众生。众生也是一样，要生生世世以新的意识心去学习世间法，闻、思、修、证一切佛法；在生生世世当中修集善根福德之种子，一直到最后圆满证得无上菩提。“证”，是意识心去证，如来藏不会证、不能证，因为如来藏不能了别三界一切法，要如何证？如来藏离见闻觉知，所以也不能证果。

修学大乘了义经典，一定不可以依文详解，要依义不依语，佛已经宣说“四依法”作为众生修学之依循标准。常有佛弟子阅读佛经，总是喜于依文详解，只从经文的表面去看意思，或去猜测佛意？以这样的方式看经典，错会的几率极高，有太多人走错路，佛弟子岂可不慎？

有人看经典只撷取自己想要的部分，对于不合己意者却视而不见。如此作为，只是随顺自己的烦恼习气而已，何有一点智慧可言？佛把心药已经开出来给你，若是不服用，就对治不了烦恼之病。众生不信佛语，只是众生受苦而已，与佛有何相干？佛也不会代众生受苦，也不能代众生受苦，众生又何必跟自己过意不去呢？众生就是众生，凡夫的心性若不依佛，有何解脱之可能？至于成就佛道也就不用说了。

佛弟子看到这几句经文，千万不要再批评，甚至毁谤，以为佛“不知所云”；佛哪里会“不知所云”？佛所说的每一句话都有用意，都有深意在，都是为了众生。没智慧的人会说佛“不知所云”，有智慧的人却称赞佛、感谢佛为众生宣说妙法。有人实在没有智慧，看到《金刚经》里有一句说“若人言：如来有所说法，即为谤佛？”，就批评、毁谤说“佛说法自相矛盾”。其实，不是佛说法自相矛盾，而是众生自己没有智慧，又没有善根，不信佛语。这样的人实在需要好好忏悔，忏悔自己的善根不够，看不懂《金刚经》的深妙法义。

在《金刚经》里，世尊也是“隐覆密意”而宣说法界实相第一义谛之妙法，佛弟子于此应该有所认知，不可轻易毁谤。世尊于此问须菩提：“如来有所说法耶？”最好的回答是：“说法的是佛的五蕴在说法，是意识心在说法，如来并不说法、不曾说法，自无始劫来从未说过法；如来是指佛的清净法身、无垢识、佛地真如，如来无所说法呀！”这是修学第一义谛所必须建立之正确而重要之知见。

阅读《金刚经》，若只看表面文字，实在很难看懂。一定要有人解说，把正确的知见说出来，如此才会有比较清楚的概念。佛弟子只是一世一世地熏习这些法的知见，这样一点一点地熏习、累积善根的种子，如是经历无量劫的熏习才有此生的相应。若是所熏习、修学的知见不正确，那么即使经过无量劫，还是很难相应呀！所以一定要跟随善知识修学正确的第一义谛知见。

有人执意识心为不灭之真实心，长久以来一直就是熏习常见外道之法，于是每每听闻真心如来藏之般若知见，便不相应，甚至毁谤，谓为“邪魔外道”。然事实上真心如来藏之法，才是世尊在经典所说之大乘菩萨正法；只因为长久熏习常见外道法者，不曾修学、熏习正法之知见，是故不能相应。如此毁谤大乘之法，谓为“邪魔外道”，这是由于所学非是大乘正法之缘故。

五蕴、十八界等一切法都是虚幻不实、无常不坚的；十八界中的意识界也是所生之法，一定会坏灭。佛法的修学一定要靠意识觉知心来修，或说是靠五蕴来修行；五蕴包括有十八界，十八界即是五蕴。众生都是以五蕴来修学佛法，而五蕴中又以意识觉知心占极重要的角色。如此以意识心去作“闻、思、修、证”之工作，乃至经过三大无量数劫中，生生世世都是以此心来修行，直至证得无上正等菩提。“阿耨多罗三藐三菩提”，就是无上正等正觉，就是佛地果位。每一生一世的五蕴都不同，意识心也是不同；每一世都有每一世之意识心，都以那一世的意识心来修行。证得佛地果位，也是意识心所证，或说五蕴所证。

然意识觉知心，或五蕴、十八界都是虚幻不实、是无常之法；意识心虽证得无上正等正觉，然意识这个法并不真实。所以意识不是一定不变之法，是故说：“无有定法名阿耨多罗三藐三菩提。”

如来有所说法耶？”

如来说法的目的，是去除众生烦恼，若有众生烦恼尽，那么如来无所说，若众生烦恼未空，如来便要说法治众生烦恼病，所以不能谓如来无所说。

众生有八万四千种心病，“八万四千”只是一个形容词，代表无量数之意。心病是指烦恼，烦恼有六种根本烦恼，即是贪、瞋、痴、慢、疑、恶见。由于众生有这些病，所以需要佛法来对治；佛因众生有种种病，所以宣说种种法。若是众生没有烦恼病，佛也没有示现人间说法的必要；既然众生有病，而且有种种病，是故佛要说种种法来对治。

佛对众生说法，没有一定的法可说，只是随方解缚、应病与药而已，这个药是没有固定不变的。一种药不能治百病，一种法不能对治一切烦恼。这个道理，佛必然了知，因为佛是大医王，哪有不了知的道理？故说“法无定法。”众生欲求悟入法界实相如来藏心，也是无有定法，悟入的因缘时节无有一定。每一个人悟入的因缘完全不同，古时真实证悟的禅师悟入之因缘各有不同，那是事先无法预设的，也就是没有定法可言。除非是善知识故意帮忙，否则每个人都不可能知道自己会在何种情况之下悟入。一个法一个法的修证都是如此，无有一定之方法，却必须有方便善巧；因为有种种善巧方便，才能接引各种不同根性、因缘之众生，是故说言“法无定法”。

虽说“法无定法”，要悟入大乘第一义谛，仍需要有条件来配合，其中极重要者就是要修学、建立正确的大乘了义法知见。若无这些知见，要谈悟入，是难有可能。住持宗门正法很难很难，尤其在末法的今日，确有众多的常见外道思想广为流布；又众生多为常见外道之知见所误导，时日已久，根深蒂固。此诸事实，益令正法弘传倍增困难。“常见”，是指执以意识觉知心为常住、为不坏灭之真心如来藏，执此见者，名为常见。凡一切执意识心为常者，都属于常见外道。常见外道者大多承认有如来藏第八识，只是错会而已，错以意识觉知心为常不坏灭之真心如来藏之缘故。

常见外道的法绝不是真正中道了义之佛法，佛已在阿含等经典多所破斥。意识觉知心是所生之法，是十八界之法，属于六识之一识，经典已如此明白清楚显示，佛弟子何故仍不信受呢？欲于《金刚经》悟入法界实相如来藏心者，一定要好好将意识心和如来藏这个真实心详加用心、体会，建立正确知见，了解其体性的不同，这样才有悟入之可能。若有长久执以意识心为真心者，何不努力而理性地把此两种心之知见正确建立起来？然后自我反思、检验，如此或可令自己免于错悟之境地，而陷自己于危险之深坑中，难以自拔。

以如来藏为真实心，才是法界中道实相之正法，不但在各种经典当中处处得以查证，而且能够现量体验八识心王之运作。如来藏真实不虚，永不坏灭，是真正之法界实相，又名第八识。有第八识，才会有八识心王之运作；有第八识，才会有佛地真如，有真如才有佛性。若无第八识，则形同断灭，则阿罗汉入无余涅槃，等同断灭。然阿罗汉入无余涅槃之后，并不是断灭，因为佛说有涅槃之本际，故无余涅槃不是断灭。佛弟子若想要从《金刚经》悟入法界实相如来藏心，就必须如此了知、建立这些知见，才有悟入之可能。

世尊说话绝对不会自相矛盾，说法更不可能自相矛盾。因为法界实相第一义谛的法很深很妙，却又不能明说，所以佛才会以各种方便善巧来说法，要令众生得以悟入。自己悟的才有功德受用，若是听他人明说而来的，多半不能承担，不能生起智慧，反而任意毁谤。佛当然深知这个道理，所以世尊也是在“隐覆密意”之下，以各种譬喻而说，令众生自己悟入、亲证。佛所见过的众生、度化之众生无量无边，佛岂是不能明说密意？不是不能，而是

众生根本不能信受、承担。佛岂会不了解众生，众生的心行没有人比佛更能了知。所以看到《金刚经》的说法方式，千万不可批评、毁谤，谓佛说法“自相矛盾”。

众生应当反求于己，为自己看不懂《金刚经》而感到惭愧，所以不要说佛说法自相矛盾，要自我忏悔。大乘见道极为困难，住持宗门正法更是困难，因为善根福德深厚者不多，尤其是末法时期的今天倍加难觅。大多数人都会生慢，尤其是此生得来容易而心生轻贱，以为自己很厉害，甚至以为比助他证悟之善知识的智慧还高，这是因为“得来容易”而“心生轻贱”所致。像这种人都不深思，若无善知识之帮助，就凭自力，百千万劫之后也难有机会自参自悟。善知识为住持宗门正法，倍极艰辛，才会在学人善根不够深厚之下愿意相助；若学人能安住不退，对其未来世就会有莫大的帮助。然这并不表示学人厉害，只有不知天高地厚的人才会觉得自己很厉害；其实有点自我认知的人，都知道自己没什么，只有羞愧而已，惭耻而已，有什么好慢的？

须菩提言：“如我解佛所说义，无有定法，名阿耨多罗三藐三菩提，亦无有定法，如来可说。

菩提即是觉，觉有，有灭，有灭即非有；觉无，无灭，无灭即非无；如是觉生非生、觉灭非灭、觉一乘非一乘、觉三乘非三乘，是故无有定法，名阿耨多罗三藐三菩提，若有定法，众生便执着菩提是有，取有，四相亦跟着生起；若云菩提是无，众生便取着无，四相亦跟着生起，取有取无，执大执小，都是依真起妄，所以菩提是无定，不可执、不可着、不可取，故云：“无有定法，名阿耨多罗三藐三菩提”。

无有定法又是什么呢？就是无为法，若有定法，定于恶着恶，定于善，着善，定于有，执有，定于无，着无，定于小乘，执小乘，定于大乘，执大乘，无定，则无执，故无有定法如来可说。

菩提只是一个假名，如来说种种法逗众生种种机，对业障重的众生教以念佛观，对散乱的众生教以数息观，多欲的众生教以不净观，愚痴的众生教以因缘觊，瞋恚众生教以慈悲观，是故如来无有定法可说，维摩经云：“佛以一音演说法，众生随类各得解，皆谓世尊同其语，斯则神力不共法。”佛以一音说法，小乘人听到的是小乘法，大乘人听到的是大乘法，所以佛初转法轮时，五比丘证阿罗汉果——是小乘法；八万诸天证无生法忍——是大乘法。

何以故？如来所说法，皆不可取、不可说，非法、非非法。所以者何？一切圣贤，皆以无为法而有差别。”

如来得菩提是无为法——无得而得；如来说法，也是无为——无说而说，所以如来所说的法，皆不可取。

取，即心取，如来所说的法，过凡心境界，心行处灭，才可领会，心行未尽，不能领会。凡心的境界是有为，有生死，有生灭，无为的境界才是涅槃，所以凡夫以妄想心不能取如来的法，若果念佛念至心灭，当下即能领会，或是持咒至心空，亦能领会，法华经云：“是法非思量分别之所能知。”不可以思量心、分别心，取如来的法，思量分别心尽，便能领会如来的法，若思量分别心未尽，你还未能领会如来的法，故云：“皆不可取”。

心如何才灭？念佛念至心法两亡，就是心行处灭。

如来所说的法既不可以妄心取，那么可以口说吗？亦不可以口宣说，如来所说的法，超过凡夫言语界，不能用凡夫言语表达出来，是为不可说，惟有语言道断，才可以明白如来的法，语言未断之时，就是用多劫的时间，也讲不出来。法华经云：“是法不可示，言辞相寂灭。”一乘之法，不可以指示，更不可以言辞表达出来，法华经又云：“诸法寂灭相，不可以言宣。”诸法的寂灭相，不可以用言语宣说出来。

既不可以说，那么就不说吗？又不是不说，语言道断，就是说法，古人云：“达摩西来一字无，全凭心里用功夫，若以纸上谈佛法，笔尖点干洞庭湖。”

法眼祖师未悟道以前，很喜欢研究肇论，曾到处参学，有一次，因雪阻，在罗汉琛禅师处挂单，琛禅师与他谈肇论，禅师说：“肇论云，天地与我同根，请问上座与山河大地，是同是别？”法眼说：“别！”琛禅师竖起两个指头，法眼改说：“同！”琛禅师又竖起两个指头。

两个指头，不能说同，又不能说异，两个指头不一样，所以不能说同，两个指头同一掌出，所以又不能说别；意思是，山河大地与我，不可以说同，又不可以说别。

第二天，雪停了，法眼向琛禅师告假，禅师送他到门外，说：“佛法说三界唯心，万法唯识，对么？”“对！”琛禅师指着门外一块大石说，“那一块石，究竟是在你心内，抑或是在你心外？”法眼说：“在我心内。”琛禅师说：“行者，何苦把石头放在心内！”法眼哑口无言，立即放下衣包，依止琛禅师。

法眼用三十天讲言说道理，琛禅师不认可，说：“佛法不是这个。”法眼云：“某甲辞穷理极。”琛禅师说：“若论佛法，一切现成。”法眼当下开悟。

辞穷就是语言道断，理极就是心行处灭。修行至心尽言绝之时，才能够明白佛法，心行未尽，未解佛法，更不会说法，所以云如来所说的法，不可以心取，更不可以口说。

语言道断就是不可说，心行处灭就是不可取，那又是什么呢？就是非法、非非法。

如来所说的法，不是有（非法），又不是无（非非法），黄檗禅师云：“法本不有，莫作无观，法本不无，莫作有观。”法不是有、不是无、不是亦有亦无、不是非有非无，离四句，绝百非，就能见到诸法的实相，诸法的实相亦即无为法，无为法不可以说有——有生死；更不可以说无——无生死。无为法内既无生死，何来有生死灭？有为法有烦恼可断，无为法中，既无烦恼，何来断烦恼？

一切三贤十圣，皆证无为法：从有为——有烦恼可断，入无为——烦恼空，无烦恼可断，便是无为。

小乘以初果、二果、三果为贤，四果阿罗汉为圣，大乘以十住、十行、十回向为三贤位，十地菩萨为十圣位。虽云无烦恼，亦有贤圣之差别，犹如大海，大海是一，但是大海有浅有深，是故有差别；无为法是一，但亦有贤圣之差别：初果见惑烦恼空，阿罗汉果是见思烦恼空，菩萨不但见思烦恼空，所知障亦空；小乘以我空得无为，大乘以我、法二空得无为。如来虽有所说法，却都不可以执取，也不可以执说；若是执取如来有所说法，若是执说如来有所说法，那都不是真正解了如来之意义。说法是五蕴在说，是意识心在说法，都不离十八界之法；然五蕴、十八界毕竟是有生有灭的法，是不坚实、是无常的，那我们又能从哪里找到一个真实的说法者呢？没有一个真正的说法者。五蕴会坏，意识心会灭，十八界无常不实，何处得能找到真实的说法者？是故不可在此执取，不可执取“如来有所说”，也不可执说“如来有所说法”。若是执取“如来有所说法”，即是不解《金刚经》者，即是无智慧之人。

从如来的五蕴、十八界里，找不出一个真正的说法者；若从法身佛来说，佛的法身也不会说法，自无始劫来，佛迄今已成就无上正等正觉，此法身都不曾说一法。法身无为无作，本来而有，不生也不灭，不会起念，也不会分别六尘，也不会做主，更不会想要度众生。想要度众生者，是佛的意识觉知心，是意识心不忍众生苦，是意识心大慈大悲，是意识心分别而宣说种种妙法。五蕴虽然不是真实的说法者，意识也不是真实的说法者，而佛的法身又不会说法，那又如何找到一个真正的说法者呢？既然不能找出一个真正的说法者，那就不能、也不必执取“如来有所说法”，是故说言：“如来所说法，皆不可取、不可说。”

如来所说法，皆不可取、不可说，就是不可执取、不可执说“如来有所说法”。了知这个道理，始为智者，始了解如来所说义；若不能明白，当深自忏悔，继续努力修学。如来所说法，是“非法”、“非非法”。“非法”，意指不是有真实之说法；“非非法”，是说不是没有真正说法。所宣说出来的法，毕竟是声音、声尘而已，并不是真实之法。又所宣说之法，也只是语言、文字而已，“语言、文字”并不是真实法，只是“文字般若”而已。“文字般若”不等于“实相般若”，所以说是“非法”。如来也不是没有说法，明明说法四十九年，宣说了十二部类经典，怎么会没说法呢？如来四十九年所说的法，也不是非真实之法，因为所说的这些法都不离自性本心，不离如来藏，都是围绕在如来藏的体性而说，不离这个法界实相。所以说“非非法”，不是没有真如实相之法。

众生有无量的因缘差别，有贤人、圣人；“贤圣”，可分为世间贤圣、出世间贤圣。依字面而言，圣高贤低，然贤圣都是世间令人敬重者。世间法上的贤圣似乎没有一定之标准，就像世间所称的“伟人”，也没有一定标准一样。贤圣在世间法上，意指有道德之人，可是世间之道德标准，是不能和佛法的道德标准相比。

佛法所说的出世间圣人，分为解脱道和佛菩提道两方面。解脱道的声闻四果人应算是圣人，然这是指解脱道而言；若就佛菩提道而言，则不是如此。声闻的果位分为四种，有初果、二果、三果、四果。初果又名须陀洹果、二果又名斯陀含、三果又名阿那含、四果则名阿罗汉；这四种果都是声闻、缘觉二乘之圣人，也就是解脱道上之圣人。二乘声闻、缘觉之四种圣人，在大乘佛菩提道而言，并不是圣人，反而是愚人；因为即使声闻阿罗汉都不曾证得大乘菩萨第一义谛之法界实相心，愚而不知此实相之境界，所以不名为圣人。声闻阿罗汉都不知菩萨智慧之境界，何况初、二、三果人又怎么可能了知呢？由此可知，声闻阿罗汉并不了知《金刚经》之境界，于《金刚经》之法义及智慧之境界全然不知；因此《金刚经》之境界对声闻阿罗汉而言，是不可思议之深妙境界。又大乘菩萨之般若智慧，并不是声闻阿罗汉智慧所及，是故说声闻阿罗汉是愚人。虽然如此，佛弟子千万不可起轻慢心，因为声闻阿罗汉，或即使只是初果人，对凡夫众生而言，都已经是圣人，是故不应心生轻慢。就多数众生而言，要证得声闻初果已非易事，更何况阿罗汉之解脱果位？

若就大乘别教而言，有三贤位之贤人，也有初地以上之圣人。三贤位之菩萨是指已证得法界实相如来藏心而明心者，能于亲证后安住不退转，如此名为第七住，是七住位菩萨；若明心又见性者，则为十住菩萨。从七住位开始至十住、十行、十回向等都是属于三贤位菩萨；若是进入初地，便是别教之圣人。从初地以上，乃至佛地果位，都是佛法别教中之圣人。自古以来，地上菩萨来人间度众生者似乎不多，即使有地上菩萨在人间弘法，众生也多是难以相信。可是有善根福德的人还是会相信，只是为数极少而已。由此可知众生真的福薄、难度，这大概就是地上菩萨多不愿来人间说法度众的原因吧！个人相信有地上菩萨在人间弘法，不知道佛弟子是否也相信？

大乘菩萨第一义谛智慧的修证极为困难，必须无量劫中在无量佛所种诸善根才有可能；又不只是如此，还要福德因缘具足，并且要遇善知识，亲近修学，最后才能在因缘成熟之后由善知识相助，始有机缘悟入。悟入法界实相如来藏心之后，就初步具有般若总相智，但这仍是要能够安住不退转，才算是真正具有此总相智，这就是大乘菩萨极重要的修证。

无为法的智慧修证，只有大乘别教的菩萨才有。在菩萨证得法界实相如来藏心不退转后，便能获得般若总相智；以此总相智为基础而继续进修别相智、道种智、一切种智等增上慧学。如此从七住位菩萨开始，向上至十住、十行、十回向、十地、等觉乃至无上正等正觉之佛地果位，都是无为法之智慧修证，而其中却有种种差别。

自明心不退转后七住位开始，向上的每一修证都是极为不容易，每一个阶位之修证都可能要百千万劫之勤苦修学，每一位佛弟子对此都要有深刻地认识。悟有深浅，并不是每一个明心的人智慧都是一样，其中的深浅差别极大。除了见性的境界外，每一个证悟者之智慧都是围绕在真如上而有不同智慧之修证，譬如别相智、道种智、一切种智，深浅差别极大。无论是般若总相智、别相智、道种智、一切种智，都以无为法而有差别。

若有人于善知识所亲近修学，于善知识多年点点滴滴辛勤摄受之下，因缘日渐成熟，得蒙善知识以机锋不断引导始得悟入者，万万不可生起大慢心而自以为证量、智慧等同于善知识。若是如此，即是不能了知《金刚经》中所说“一切贤圣，皆以无为法而有差别”之深意；如是之人名为“增上慢者”，殊不可取。如是之人尚不得名为世间圣人，焉得名为大乘别教之贤人呢？

无为法智慧之修证，是千千万万佛弟子梦寐以求之事，自古以来一直都是如此，佛经上说："必须累劫一心恭敬求。"可是每一位佛弟子对于此事，应该要小心谨慎，证悟之歧路很多，不是那么容易。若是那么容易的话，世间聪明伶俐的人何其之多，皆当个个轻易悟入；然事实并不是如此，自古以来，穷尽一生，努力参究而不得入者，为数的确不少。佛弟子还是要小心，要作长期之努力、准备才好。

觉知心不是如来藏，入定不动时之觉知心不是如来藏，又在定中或定外能反观反照之觉知心也不是如来藏；这几种境界之觉知心都是有生有灭之心，是六识中之意识，是意识之见分、自证分、证自证分。佛弟子在参究、寻觅如来藏时，切莫错认此意识心为真心如来藏；有太多人错会此心，执取此意识心以为是真心，令人担忧。因为如来藏真心是离见闻觉知，而意识是能觉能知之心，两个差别极大。所以不可执以意识心为离见闻觉知的真心如来藏，应该继续参究，始为上策。如此才是有智之人，才是有善根之人。

评 析

释迦牟尼在一次法会上讲了一个故事。

有个富商讨了四个老婆：第一个老婆伶俐可爱，整天作陪，寸步不离；第二个老婆是抢来的，是个大美人；第三个老婆沉溺于生活琐事，让他过着安定的生活；第四个老婆工作勤奋，东奔西忙，使丈夫根本忘记了她的存在。

有一次，商人要出远门，为免除长途旅行的寂寞，他决定在四个老婆中选一个陪伴自己旅行，商人把自己的想法告诉了四个老婆。

第一个老婆说："你自己去吧，我才不陪你！"

第二个老婆说："我是被你抢来的，本来就不心甘情愿，我才不去呢！"

第三个老婆说："尽管我是你的老婆，可

我不愿受风餐露宿之苦，我最多送你到城郊！”

第四个老婆说：“既然我是你的老婆，无论你到哪里我都跟着你。”

于是商人带着第四个老婆开始了旅行。

最后，释迦牟尼说：“各位，这个商人就是你们自己。第一个老婆是指肉体，死后是要与自己分开的；第二个老婆是指财产，它生不带来，死不带去；第三个老婆是指自己的妻子，活时两个相依为命，死后还是要分道扬镳；第四个老婆是指自性（万事万物不改变不生灭的特性）。人们时常忘记它的存在，但它却永远陪伴着你。”

在每个人的一生中，都会或多或少失去一些东西，只有自性不会失去，而且也只有自性才会永远陪伴着我们。所以，我们不应该忘记自性的存在，更应该珍惜存在的自性。

在心中点一盏心灯才能真正照亮自己

一个人活在世上，想做到了无牵挂是不现实的。但有一点是可以肯定的，那就是若想活得快乐，就不能被外界一切所困扰——为自己点一盏心灯，在心里照亮自己。

从前，有一位小尼姑去见师父，她对师父说：“师父！我看破红尘，遁入空门已经多年，每天在这青山白云之间，吃素礼佛，暮鼓晨钟，经读得愈多，心中的杂念不但不减，反而增加，怎么办？”

师父说：“点一盏灯，使它不但能照亮你，而且不会留下你的身影，就可以通悟了！”

数十年过去了……

有一所尼姑庵远近驰名，大家都称之为“万灯庵”，因为其中点满了灯，成千上万的灯，使人走入其间，仿佛步入一片灯海，灿烂辉煌。

这所万灯庵的住持，就是当年的小尼姑。虽然如今她年事已高，并拥有上百的徒弟，但是她仍然不快乐，因为尽管她做一桩功德，都点一盏灯，却无论把灯放在脚边，悬在顶上，乃至以一片灯海将自己团团围住，还是总会见到自己的影子。甚至可以说，灯愈亮，影子愈显；灯愈多，影子也愈多。她困惑了，却已经没有师父可以问。因为师父早已死去，自己也将不久于人世。

她圆寂了，据说就在死前她终于通悟。

她没有在万灯之间找到一生寻求的东西，却在黑暗的禅房里悟道时，发觉身外的成就再高，灯再亮，却只能造成身后的影子。唯有一个方法，能使自己皎然澄澈，心无挂碍——点一盏心灯。

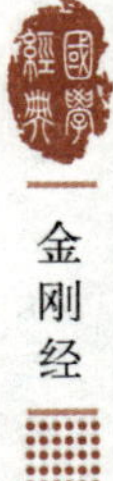

第八品　依法出生分[1]

①依法出生分：世间一切有为法，皆是从心生，所谓心生法生，心灭法灭。心是心体，法是心相，心相有生灭，然而心的本体，则无生灭。心的本体是湛然常住不迁的。若以常住真心，忽有妄见，则遗失本体，而变为业识。从妄起妄，精明外溢，奔色奔声，造业受苦矣。众生之迷，先执法我，后执人我，有此二执，骤然告以无相之因，焉能契无相之果。此甚深般若，未破法我执的菩萨，尚且不明此理，何况是未破人我执的凡夫呢？众生无始劫来，习气深厚，处处为业力所转。旧业未除，新殃又造，愈转愈深，虽有本智，若不假般若之力，断不能出此烦恼障蔽。如来苦口婆心，说此一部般若，真有不可思议的妙用。种种破障，浅言之以教化民生，深言之以启悟菩萨。未来之众生，如能依教修行，受持此经，即可超出妙庄严路也。因般若为无上法门，诸佛能成无上正等正觉，皆是般若之力，故云依法出生。

金刚经

“须菩提，于意云何？若人满三千大千世界七宝以用布施，是人所得福德，宁为多不？”须菩提言：“甚多，世尊。何以故？是福德即非福德性，是故如来说福德多。”“若复有人，于此经中受持[1]，乃至四句偈[2]等，为他人说，其福胜彼。何以故？须菩提，一切诸佛及诸佛阿耨多罗三藐三菩提法，皆从此经出。须菩提，所谓佛法者，即非佛法[3]，是名佛法。”

①受持：信力曰受，受之不忘于心也。念力曰持，持之不厌其久也。受持，就是承教不逆，结念不怠的意思。

②四句偈：是二十六分中，（若以色见我，以音声求我，是人行邪道，不能见如来。）四句，及三十二分中，（一切有为法，如梦幻泡影，如露亦如电，应作如是观。）四句等。

③非佛法：即前云，无为法，即后云无话可说之意，谓一心泯合，非佛非法，为不住相布施也。

译文

"须菩提，你再想想！倘若有人将三个大千世界的七宝用来布施，此人所获的福德是否很多？"须菩提回答道："相当多，世尊。""原因何在？""因为这种福德是有相布施，并不是自性的智慧福德。""因此我说那人能获得的福德多，但只是一个相，而非福德性。如还有人能理解我说的《金刚经》，用心修持，甚至反复念诵四句偈语等，给他人说法，那么他所获得的福德就会超过布施七宝的人。""这是什么原因呢？""须菩提，一切的佛，以及所有佛的至高无上、大彻大悟的智慧佛法，都是从我所讲的经中产生出来的。须菩提，所谓佛法，也就是没有佛法。"

详解

"须菩提，于意云何？若人满三千大千世界七宝以用布施，是人所得福德，宁为多不?”须菩提言:“甚多，世尊。

七宝，仅就世人所知而认为贵重的列举七种，所谓金、银、琉璃、玻璃、玛瑙、珊瑚、珍珠。三千大千世界，就是小千世界、中千世界、大千世界三种的千世界，合名为三千大千世界，这是一应化佛所教化的范围。在凡夫就觉得他的量很大了，难以推想到的了。不过依现在天文学也能推知的：一小世界就是较一太阳系的范围稍大点，积一千个小世界为一小千世界，就是天文学所谓星团、星云；积一千个小千世界为一中千世界；积一千个中千世界为一大千世界，是天文家所谓星河星海。三千大千出界，这就有百万亿太阳和几百万亿行星。佛告须菩提：在你的意思怎么样？假使有人，以此三千大千世界为装七宝的器具，盛满了最贵重的七宝、持用布施，这人，由这种因缘所生福聚，还算是多不多呢？这是明他的量极大，而所盛的又是极贵的七宝，依世间心理当然这人的施福是很多的了。所以须菩提答言：甚多，甚多。须菩提认为这个善男子或善女人，由此因缘所生福聚、他的量很多。

在经典上所说“七宝”，是指金、银、琉璃、玻璃、玛瑙、珊瑚、珍珠等七种；对世间人而言，这七种被视为珍宝。以七宝来布施、供养，可说是最有诚意，也最舍得。布施能舍贪，也可以得大福报；然对众生来说，布施极难，因为贪欲是众生之重大习气。要以七宝来布施，又以充满三千大千世界的七宝用以布施，那是不得了的，福报必是极为广大。

“三千大千世界”是一尊佛的佛土，就像我们这个娑婆世界，就是一个“三千大千世界”。“世界”是世间的一种方分、界限。佛教界多以一个太阳系，谓之一个小世界，但是这个说法并不能完全比对经论所说之一个小世界的内涵，这是就现在天文学家所公布一个太阳系之信息来看；至于实际情形，

很难了知。集合一千个小世界，是名为一小千世界；又集合一千个小千世界，称为一中千世界；又合一千个中千世界，便是一大千世界。由于有小千、中千、大千三个千，故称为三千大千世界，即是三个千的大千世界。三千大千世界就是一个佛土，一尊佛在此施作佛事。一个小世界有四大洲、一个须弥山、有欲界六天、色界十八天、无色界四空天。四大洲是指南赡部洲、东毗提诃洲、西瞿陀尼洲、北拘卢洲。须弥山又名苏迷卢山，是由四宝所成之体；四宝即是金、银、颇胝、琉璃等四种宝。有人说须弥山就是喜马拉雅山，这是不正确的说法，而且差得很远。喜马拉雅山在南赡部洲的地球人间，而须弥山是在一个小世界的中心，四大洲是围绕在须弥山的四周。所以须弥山不可能是地球上的喜马拉雅山，否则一个小世界的结构、内容，就会混乱掉，不能和事实比对起来。南赡部洲在四大洲中范围最小，四大洲中最大者，是西瞿陀尼洲。有人说南赡部洲就是我们所住的地球，这个说法和经论比对不起来，因为南赡部洲是长方形，而地球是圆球形。也可能地球只是南赡部洲的一个星球而已。一小世界的实际内涵，我们都很难详细了知，以我们的心量来说，自然很难以想象。三千大千世界也是由众生之共业所形成，对众生而言是极难以想象的，而个人却深信不疑。

布施，其福德当然甚多甚多，可是还是有限量，并不是无量。若是住相布施，即使作这种大布施，也犹是有限量；有智慧之人不会住相布施，一定会遵照佛之教导，不住相而行大布施。

对众生而言，大多是住相布施；住相布施所获之福德是有限量的，已经被这个相所局限。就像以充满三千大千世界之七宝用来布施一样，即使是这么大的布施，若是有相、住相，那么这种布施的福德虽然甚多，却仍是有限量，不是无量。“住相”，就是执着有一个真实的相，譬如福德相；执着有一个真实的福德相可得，就是住于福德相、有福德相。

事实上，并没有一个真实的福德相可得，福德没有真实之法相；福德只是佛所说的一个法而已，说出来的法只是语言文字，并不是实相。福德既不是实相，没有真实之自性，即使可获至甚多之福德，但是这种福德并没有真实自性，福德多又如何呢？还是无常之法呀！众生就是不能了知福德并没有真实的福德性，却执以为福德是真实，因而去贪执种种福德。众生是为了贪求福德而修集福德、而行布施，乃至以充满三千大千世界之七宝用来布施，也是为了贪求更多之福德，这就是众生。

何以故？是福德即非福德性，是故如来说福德多。”

有为的布施有相，有相则必有处所，其处所落在人天路上，既在人天路上，此布施福德，即非福德之性，而是福德之相。

何谓福德性？心有能所，即非福德性，能所心灭，是名福德性。虽以恒河沙七宝布施，有能施所施，未得三轮体空，依然落生死，故名即非福德性。

福德性是无相，在诸法来说，就是布施的性，是禅定、持戒、忍辱的性，称为福德性，性是无相，例如佛性，一切众生皆有佛性，惟是佛性无相，色身有相，众生受人身，佛性不是人，众生生天，佛性不是天，众生入地狱，佛性不是地狱，所以佛性无相，在众生来说，名为佛性，在诸法来说，称为法性、福德性，在佛来说，名为法身。

大千世界七宝是相，相有多有少，所以布施亦有多有少，例如山河大地有相，故有大有小。

性是无相，周遍法界，犹如虚空，无相、无有边际、不可量、无大无小。

福德相不是福德的性，是故如来说有相布施的福德多，是有可量故。

若是众生有了智慧，了知福德没有真实自性，就不会执着福德有真实之福德相。一样布施、一样修福德，却没有福德相，也没有布施相；如此无住相布施，才是真布施，才是无相布施。这种布施，才是布施波罗蜜，才是布施到彼岸；所得福德，才是无量之福德。

有了智慧之后，便了知没有真实福德性，如来藏才是一切福德之根源。然如来藏无相，也没有福德相，所以要无相布施，才能契符如来藏之体性，所获之福德，即是无量福德。

法布施和财布施，所获之福德差别很大；有智慧之布施和无智慧之布施，福德差别更大。“无相布施”就是有智慧的布施，“住相布施”就是无智慧之布施。转轮圣王的福德很大，却仍旧是三界有为法，仍没有智慧，不得解脱，不得成佛。对佛弟子而言，福德一定要修，却不是最重要；最重要的还是智慧之修证，这才是佛说此经之目的。有人不知道布施、福德之道理，不知其中有极为深妙之因果道理存在，一天到晚只想求财神帮助；可是若没有布施的因，求财神有用吗？财神若无正当理由而把财宝给你，那就是“假公济私”，因为你巴结他。可是这种财是不坚固的，不是坚固财，随时还会失去，因为真正的主人正等着要。佛弟子要相信佛语，如法布施才好。

《金刚经》是《大般若经》之一卷，是属于般若系之经典。般若是三世诸佛之母，是一切善法之根源，因为一切阿耨多罗三藐三菩提之法皆由般若而出。般若之获得，必须从亲证法界实相如来藏心开始，因为如来藏正是一切万法出生之根源，离于如来藏就没有五蕴、十二处、十八界等万法可言。亲证了如来藏这个真心之后，始能以此明心后所得之般若总相智为基础，继续修学更微细的智慧，譬如别相智、道种智、一切种智。在圆满一切种智之修证后，才算是究竟成佛，而不是明心即至佛地。有许多人不知此一道理，每谓“一悟即至佛地”，堕于狂禅，不明白整个佛法之概貌，亦不了解佛菩提道之次第，是故多所误解。

在修学上以《金刚经》来印证极为重要，五祖弘忍为六祖惠能印证，即是依《金刚经》；自六祖惠能之后禅宗的弘传，也是以《金刚经》为重要经典，是故《金刚经》在中国大乘宝地，有极重要而深远之影响。一切佛弟子都应该发菩提心，以证得《金刚经》之般若智慧为第一目标，因为般若是三世一切诸佛之母。若无般若智慧，无最重要的般若总相智为基础，要进修至究竟佛地果位，是完全无有可能。

修学净土宗之佛弟子也是一样，往生西方极乐世界之后，仍是要继续听闻、修学，以证得法界实相为首要目标；要得华开见佛悟无生，才会有般若智慧，才能修至补处。往生西方之后，不是等着成佛，不是等着阿弥陀佛把他的功德转移给你而成佛，也不是往生之后继续持念这一句阿弥陀佛名号而想完全领受阿弥陀佛之功德，如此成佛。这是不可能的想法，是对净土三经法义之误解而已，不能真正因此而成佛。往生西方只是换个修学的环境而已，仍是要继续闻、思、修、证三乘一切圣道，要证得法界实相如来藏心，获得般若智慧，这就是《金刚经》之智慧。

净土宗的修学者绝对不可舍弃圣道之法，不可舍弃原来读诵多年之《金刚经》，因为依照净土经典之教导，那正是往生西方之重要保证，而且是高品位往生之重要资粮。是故不要轻易放弃读诵、修学《金刚经》。不要舍弃六度万行，若能在读诵、修学《金刚经》之余，如理作意为人解说，乃至四句偈，其福德还胜过前面所说“以充满三千大千世界之七宝用来布施”所获之福德，这是净土宗之修学者所要认知之事实。

经典上说：“一切布施中，法布施为最。”此可从这一段《金刚经》之语句得知其深意，这种功德智慧才是提高往生品位之重要资粮。世间法有一句话说：“给一条鱼，不如教他如何钓鱼。”佛弟子当然不可以吃鱼、也不可以钓鱼，因为吃众生肉、杀众生是必须要承担业报的。从另一个角度来说，若只是给一个即将饿死之乞丐一顿饭饱，不如也教他如何行布施修福报之道理，否则一顿饭饱之后，还是可能饿死啊！若是教他布施修福的道理，他也许就会分一些饭菜，布施给野狗、猫、蚂蚁等，或可因此改变了业缘，不至于饿死。

布施也是一样，不能只是修财布施，还是要努力行法布施。财布施不能令人解脱生死，只有法布施才能令人修证智慧，断除烦恼，才能解脱生死。第一义谛了义法的布施，更是如此，所获之福德无量无边；而且能够令人种下般若正法之善根种子，因而得能生生世世熏习正法知见，令人得有悟入法界实相如来藏心之因缘。如此未来世必将成就一尊佛，这样的功德、福德是何等广大！法布施的功德、福德很大，这是有其前提，那就是所布施的法是正法、是正确的知见，这样的功德、福德才会大。法布施是指所说的法，或印成书之法布施，这种符合经典法义的法布施，才有大功德。同样地，法布施的法若是不正确，譬如常见、断见、相似佛法，以这种非正法来布施，那不但无有功德、福德，反而是大罪过。因为不正确之法会误导别人修行方向，耽误他人之解脱，更障碍他人开悟，乃至不能早证无上菩提；是故不正确的法布施，罪过极重。

譬如以常见外道之法来布施，公开宣说、弘传常见外道之法，令人不得证悟真心如来藏，罪过极大。“常见”，是指以意识觉知心为常不坏之真心，执此意识心为常，执此见地者，即是常见。有很多外道之人都堕于常见，都是以意识觉知心之境界为真实心。“外道”，是指心外求法之人；凡是离于真心如来藏而求真实之法者，都称为外道。以常见外道之法来教人、弘传，罪是很重的，佛说："必坠地狱。"佛弟子应该相信佛语，佛绝对不会随便而说；外道亦有断见外道，彼执一切法断灭空，此亦非是佛法。

讲经说法之功德很大，那是要以所说之法为正法作前提，如此才谓有大功德，否则罪过也是极大，这是相对的。要成就佛道必须经过三大阿僧祇劫之修行。"阿僧祇"是指无量数之意，可见佛之稀有难得。佛法有两个主要法道：一者解脱道、二者佛菩提道，而佛菩提道又包括二乘声闻、缘觉之解脱道。佛菩提道就是大乘佛法，除了这两种法道之外，没有别的佛法。

佛法就是成佛之法，就是佛菩提道，又名为大菩提，而解脱道又名为二乘菩提。佛菩提道可分为几个阶段，有远波罗蜜多、近波罗蜜多、大波罗蜜多，以及佛地的圆满波罗蜜多。佛菩提道又可分为资粮位、加行位、见道位、通达位、修道位、究竟位。佛菩提道又可分为五十二个阶位，有十信、十住、十行、十回向、十地、等觉、妙觉等共五十二阶位，要完成五十二个阶位之修证，必须经过三大无量数劫之修行。

从十信位开始、进到初住、二住、三住、四住、五住是属资粮位之修学，资粮位的修学就要长久的劫数，极为不易。有时十信位之圆满，都可能长至一万劫，可见要信佛、法、僧三宝颇为不易，时间要很久。进入第六住就必须修加行，努力于般若中观知见之熏习、修学；修四加行后，若能明心，亲证本来自性清净的涅槃心——如来藏，则可进入见道位。在进入见道位之前，都是要外门修六度万行，因为尚未具备般若智慧，所以说是外门修六度万行。

"若复有人，于此经中受持，乃至四句偈等，为他人说，其福胜彼。

信力为受，念力为持；假如有人受持整部金刚经，或受持一章，乃至只受持四句偈，其福德性亦相等，若以虚空为例，万丈虚空亦是虚空，一尺的虚空也是虚空。受持整部金刚经固然是般若，受持一四句偈也是般若。

又例如饮一口大海水，只这一口亦是大海水，所以受持四句偈之人，亦见福德性。

金刚经中有十六处讲四句偈，但不指明是那四句，依弥勒菩萨言："若论四句偈，应当不离身。"不离身就是指不离法身，意谓若见法身，便是受持四句偈，若不见法

身，便是迷了四句偈，四句偈乃法身妙理在其中。什么是一四句偈见法身呢？就是无我相、无人相、无众生相、无寿者相，若有我相、人相、众生相、寿者相，便是见色身。

以四句偈自悟自行是自利，为人演说是利他；自己见性，又令他人见性，见性的福最为殊胜，一切福不及见性的福，所以说其福胜以七宝布施的福。

何以故？须菩提，一切诸佛及诸佛阿耨多罗三藐三菩提法，皆从此经出。

无为法无住，不住生死涅槃，不住色声香味触法，一切不住，有住则有相，无住则无相，无相即无生，无生即无灭，豁然空寂，就是解脱的佛性，就是佛，佛是觉，觉即观照，观照即般若智慧。

受持一四句偈，见佛性之时就是佛，所以诸佛是从般若出。又，见佛性即是菩提法，所以法也是从般若出，若佛若法，都是从般若出，故云："一切诸佛及诸佛阿耨多罗三藐三菩提法，皆从此经出。"

见道就是明心，见道不退即是七住位；从七住开始即具有般若总相智，以此总相智为基础，才能迈向佛道往前直行。这个般若总相智慧就是《金刚经》所要令众生去悟入之智慧，这正是成就佛道极重要的基础。由这个般若总相智为基础，便能够继续修学别相智、道种智、一切种智，圆满一切种智之修证，才算是究竟成佛。

从明心七住开始，经历八住、九住，到十住位的眼见佛性后，还有十行、十回向位，这一段修学过程，是为见道位。若能进入初地入地心，则是通达位；自初地住地心开始至十地、等觉位，都是属于修道位。成就佛道则是究竟位，佛菩提道之修学至此才完成。佛菩提道的修学，是一段极为漫长的过程，在此过程当中，般若智慧即是很重要的关键。这也正是《金刚经》的地位很重要的地方，是故佛说："一切诸佛，及诸佛阿耨多罗三藐三菩提法，皆从此经出。"

有少部分佛弟子公开主张："舍弃圣道门，归于净土门。"作这种主张的佛弟子误以为只要持念一句阿弥陀佛名号，就可以往生西方极乐世界直接成佛。误以为往生西方后，只要继续持念这一句阿弥陀佛名号就可以乘佛愿力而完全领受阿弥陀佛之功德而成佛，不必修学一切佛菩提道。又因为误会"只要持念这一句佛号就能够究竟成佛，不必修学一切圣道"，所以主张："舍弃圣道门，归于净土门。"

其所说的"净土门"，并不是净土三经所说的法义；其所说之"净土门”，就是“不必修学一切佛道，只要持念一句阿弥陀佛名号到底就可以完全领受阿弥陀佛之功德而成佛”。因为修学一切佛菩提圣道的“圣道门”可以成佛，却是“难行道”，而“净土门”是“易行道”，所以就公开主张舍弃难行的“圣道门”，归于易行的“净土门”，这是部分佛弟子主张“舍弃圣道门，归于净土门”之原因。然而这种说法是极大的误会，误会净土三经之真实法义，误会“持念阿弥陀佛名号”之功德，所以才会作如此主张。另外也是对于佛菩提道的法，没有建立正确知见，才会产生如此重大误解。

佛法就是成佛之法，就是佛菩提道，除此之外，没有别种成佛之法道；若不能修学佛菩提道，舍弃一切圣道之修习，绝无成佛之可能。无论在十方任一佛国净土，乃至往生于西方极乐净土，都必须修学一切佛菩提道才能究竟成佛。阿弥陀佛并没有发愿要转移他的佛地功德给往生西方极乐净土之众生，阿弥陀佛也没有能力如此帮助一切众生成佛；一切众生往生极乐世界之后，都必须跟随阿弥陀佛，以及观音、势至二大菩萨修学佛菩提道，始有可能究竟成佛。是故公开主张“舍弃圣道门，归于净土门”，是一种很大之过失；因为这种主张，不但严重偏离净土三经之真实法义，而且也违背大乘佛菩提道之教语和次第，更是违背了世尊在《金刚经》的这一段经文教导。

《金刚经》这一段佛语，已经清楚明白地显示，一切诸佛都是由证得此经所要传授之般若智慧，以修证一切般若智慧而成佛。又清楚显示，一切佛菩提道的法，都从此经所欲令众生亲证的法界实相如来藏心出；因为众生之如来藏都具足一切法的种子，只有圆满修证这一切种子的智慧，才能真正成就佛道。我们应当遵循世尊在《金刚经》这一段经文之教导，如法修学，依循佛菩提之道次第而向上修学，千万不可畏惧此大乘深妙之法，而思欲寻觅径路。依照净土三经之法义，持念阿弥陀佛名号只能往西方净土，因为这是弥陀世尊所发之愿，但是往生极乐世界后，还是要努力修学一切佛菩提圣道才能成佛。

须菩提，所谓佛法者，即非佛法，是名佛法。”

般若无形相、无佛相、无佛名，惟是佛从般若出，故佛即非佛；般若内亦无诸法的名相，但从般若而出生一切法相，所以佛法即非佛法。

要知所谓诸佛法，都是因缘所生假相上所立假名，既因缘生就空无自性，所以如来说为非诸佛法。此空无自性所显的，就是无相真实法性，所以如来说名诸佛法诸佛法。这样，闻此经的功德无量，不是平常功德所能比的；但

不可执着闻此法功德无量，就不修行一切的善法才是。

释迦世尊以四十九年的时间所说的法，称为佛法。若以众生可以感受到的，就是语言和文字。现在的佛经就是文字的佛法，而四十九年所说者，是为语言之佛法。佛所宣说的法，其实只是整个佛法的一小部分而已，譬如经云："我已说法，如爪上尘；我未说法，如大地土。"

佛法可分为广义的佛法、狭义的佛法。广义的佛法是指一切法界实相的法，都是佛法；狭义的佛法，则是指世尊在四十九年中所说的法。佛法可以分为三乘，即是声闻法、缘觉法、菩萨法，其中菩萨法又包括二乘声闻和缘觉之法。佛法也可以分为解脱道的法、佛菩提道的法。解脱道之法即是二乘声闻、缘觉之法，佛菩提道之法即是大乘菩萨之法。

佛法只是一个假名而已，并没有一个真实的法名为佛法。释迦世尊示现人间以四十九年所说之法是为了对治众生的烦恼，度众生到解脱的彼岸，以及令众生成就佛道而宣说；若众生没有烦恼之病，佛也不会说法，是故无有真实的佛法存在。四十九年所说之法是语言，然语言是声尘，声尘是十八界之法，无常不实，所以没有真实的佛法，故名"非佛法"。

若就所结集起来的经典文字，亦是假名为佛法，语言文字都不真实。经典上的文字只是色尘而已，色尘是十八界之法，是无常不实的，不能说是真实的佛法，故说"即非佛法"。若就诸佛的佛地真如——无垢识而言，也没有一个法名为佛法，没有佛法之法相。因为佛地真如，乃至一切众生之真如，都是空性，祂是无相，离一切相，又何来有一个真实的佛法呢？是故所谓佛法，也只是把法界实相之义理说出来，令众生得能悟入，并无真实的佛法可得。然为了方便众生修学、思维、证入，故取一个佛法之假名，故说："所谓佛法者，即非佛法。"

有人常误解《金刚经》之文字，以为佛说法"互相矛盾"、"颠颠倒倒"，甚至毁谤大乘经典非佛所说；若有如是之人，应当尽速忏悔、补救、修正。因为佛说法从不矛盾、不曾颠倒，只有众生无明障重，不能了解佛所说义理

而已。任何人都不应该任意毁谤经典，尤其大乘了义经典，特别是佛弟子，更没有批评，乃至否定大乘了义经典之理。岂有佛弟子谤佛、谤法之理？岂有凡夫毁谤世尊、人天导师之理？佛弟子应该有此认知：“只有自己不懂，不会是佛说错。”

评析

某日，无德禅师正在院子里锄草，迎面走过来三位信徒，向他施礼，说道：“人们都说佛教能够解除人生的痛苦，但我们信佛多年，却并不觉得快乐，这是怎么回事呢？”

无德禅师放下锄头，安详地看着他们说：“想快乐并不难，首先要弄明白为什么活着。”

三位信徒你看看我，我看看你，都没料到无德禅师会向他们提出这个问题。

过了片刻，甲说：“人总不能死吧！死亡太可怕了，所以人要活着。”

乙说：“我现在拼命地劳动，就是为了老的时候能够享受到粮食满仓、子孙满堂的生活。”

丙说：“我可没你那么高的奢望。我必须活着，否则一家老小靠谁养活呢？”

无德禅师笑着说：“怪不得你们得不到快乐，你们想到的只是死亡、年老、被迫劳动，而不是理想、信念和责任。没有理想、信念和责任的生活当然是很疲劳、很累的了。”

信徒们不以为然地说：“理想、信念和责任，说说倒是很容易，但总不能当饭吃吧！”

无德禅师说：“那你们说有了什么才能快乐呢？”

甲说：“有了名誉，就有一切，就能快乐。”

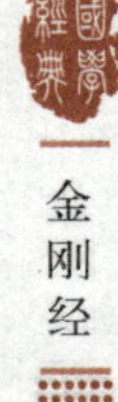

乙说：“有了爱情，才有快乐。”

丙说：“有了金钱，就能快乐。”

无德禅师说：“那我提个问题，为什么有人有了名誉却很烦恼，有了爱情却很痛苦，有了金钱却很忧虑呢？”信徒们无言以对。

无德禅师说：“理想、信念和责任并不是空洞的，而是体现在人们每时每刻的生活中。必须改变生活的观念、态度，生活本身才能有所变化。名誉要服务于大众，才有快乐；爱情要奉献于他人，才有意义；金钱要布施于穷人，才有价值。这种生活才是真正快乐的生活。”

我们为什么生活得不快乐呢？是因为我们的人生缺少一些必须要有的东西——理想、信念和责任。我们所有的行为应该为理想、信念和责任服务，只有这样，我们才能生活得快乐。

被别人需要生存才有意义

被别人需要，是人的一种天性，也体现着一个人的价值。在某些特定情况下，一个人如果不被别人需要，生存也就失去了意义。所以，我们要经常告诉自己的亲人和朋友：我需要你。

在某一城市一家医院的同一间病房里住着两位绝症患者，不同的是，一个来自乡下农村，一个就生活在医院所在的城市。

生活在城市里的病人，每天都有亲朋好友和同事前来探望。家人前来时宽慰他说：“家里你就放心吧，还有我们呢，你就安心养病吧。”朋友探望时劝慰他说：“现在你什么也别想，就一门心思养病就行。”单位来人时开导他说：“你放心，单位上的事，我们都替你安排好了，你现在的工作就是养病……”

来自乡下农村的患者身边只有一位十二三岁的小男孩守护着。他的妻子十天半月才能上来一次，或送钱，或送些衣物。妻子每次来总是不停地说这说那，要丈夫为家里的事情拿主意：“再过两天，他大伯就要嫁女了，你说送多少贺礼合适啊？小芳说要跟她表姐去‘出门’，我还没答应，这事要你拿主意……”

几个月后，情况发生了不可思议的变化。

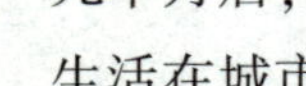

生活在城市的那位病人在亲人、朋友、同事一声声“你放心吧”“你就安心养病吧”的宽慰声里感觉他们已不需要自己，自己也就失去了活着的价值

意义，渐渐地失去了战胜病魔的信心和勇气，于是在孤独寂寞与病魔的吞噬中一点点消沉下去，最终死去了。

来自乡下农村的患者，由于妻子大事小事都要自己定夺，感觉家人对自己的依赖和自己对家人的重要，意识到自己必须活着，哪怕仅仅是给家人拿些主意，于是一种强烈的求生欲望使他奇迹般地活了下来。

第九品　一相无相分[1]

①一相无相分：前言佛法不可执着，此言佛果也不可着相也。须菩提因昔日佛为声闻说四谛法，以为佛所说，必有法可得，依法而修，必有果可得。此皆意言分别，随言生解，皆落在能知所知之中。殊不知般若实相，非一相，非异相，非有相，非无相，非非无相，非非有相，非非一相，非非异相；非有无俱相，非一异俱相，离一切相，即一切法，凡所有相，皆是虚妄也。破相破到极处，即诸妄尽除，诸妄尽除，不真何待也。

“须菩提，于意云何？须陀洹[1]能作是念：‘我得须陀洹果’不？”须菩提言：“不也，世尊。何以故？须陀洹名为入流，而无所入，不入色声香味触法，是名须陀洹。”“须菩提，于意云何？斯陀含[2]能作是念：‘我得斯陀含果’不？”须菩提言：“不也，世尊。何以故？斯陀含名一往来，而实无往来，是名斯陀含。”“须菩提，于意云何？阿那含[3]能作是念：‘我得阿那含果’不？”须菩提言：“不也，世尊。何以故？阿那含名为不来，而实无不来，是名阿那含。”“须菩提，于意云何？阿罗汉[4]能作是念，‘我得阿罗汉道’不？”须菩提言：“不也，世尊。何以故？实无有法名阿罗汉。世尊，若阿罗汉作是念：‘我得阿罗汉道’，即着我、人、众生、寿者。世尊，

佛说我得无诤[⑤]三昧[⑥]，人中最为第一，是第一离欲阿罗汉。我不作是念：'我是离欲阿罗汉'。世尊，我若作是念：'我得阿罗汉道'，世尊则不说须菩提是乐阿兰那[⑦]行者！以须菩提实无所行，而名须菩提，是乐阿兰那行。"

经文注释

①须陀洹：是梵语，译为入流，以根不入尘，而能入于圣流也。又因初预圣人之流的缘故，所以又译为预流。就是虽居尘嚣，已入圣流，其所以无入相者，因其能却六尘也。是为初果体。

②斯陀含：是梵语，译为一往来。按小乘法，所谓欲界思惑，分九品，须分七次破，就是须七返生死，方能破之。所谓一返生死，就是生到天上，天报已尽，即转生人间，受尽人间福报，又生到天上，如此者六返生死，死算破了六品思惑。还余下三品残惑未尽，还须一返生死破之，就是再要一生天上，一来人间受生，断此余惑也。是为二果体。

③阿那含：是梵语，译为不来，就是已断尽九品思惑，从此寄位四禅，生净居天，更不到欲界受生。是为三果体。

④阿罗汉：是梵语，译为无生，就不生不灭，已超出六道轮回，不受生，应受人天供养，是为四果体。此位不言果，而言道者，因为与觉道已近也。

⑤无诤：无诤者，无争竞之心也。

⑥三昧：三昧者，已到精妙处的意思。

⑦阿兰那：阿兰那者，是梵语，译为无净，又译寂静。就是无人我行也。若衲禅师曰：无净者。涅槃经曰：须菩提住虚空地，若有众生嫌我立者，我当终日端坐不起。嫌我坐者，我当终日立不移处，即此义也。

译文

“须菩提呀，你的意思呢？证得初步果位入得圣流的人是否可以想，‘我是圣人了，我证得了须陀洹果位了吗？’”“不可以，世尊。为什么呢？因为须陀洹名入流，其实没有什么流可以入，没有色声香味触法这一切执着，才可以说是证得初步果位入得圣流的人。”“须菩提你的意思呢？那斯陀含是不是可以这样想，我证得了斯陀含这样的果位了？’”须菩提回答说：“不可以，世尊。为什么呢？因为斯陀含又名叫一往来，其实，他们已经证得了没什么地方可以往，也不从什么地方可以来，才可以称一往来这个名字。”“须菩提我再问你，阿那含可不可以这样想，‘我得到了阿那含的果了？’”须菩提回答：“不可以的，世尊。阿那含又一个名字叫不来，其实他已经证得了没有地方可以来，才可以称得不来这个名字的。”“须菩提呀，阿罗汉是不是可以这样想，‘我已经得到了阿罗汉这个道法了？’”须菩提回答说：“不可以，世尊。为什么呢？其实没有阿罗汉这个名字，世尊。如果阿罗汉这样想，‘我得阿罗汉道了’，那他就是执着了我所执着的这个相，分别了人家执着的另一个相，还去看那么多的人所执着的一切相。以为自己有过去跟未来的这个现相。佛啊！你说我得无争三昧，在人群之中最为第一，是第一离开欲望欲界的阿罗汉。世尊，我不去有这个想法，‘我就是离开欲望的阿罗汉。’我如果有这样一个得阿罗汉道的想法了，你就不说须菩提是乐阿兰那行者了，正因为我其实没有什么行为思想，只是个名字叫须菩提。我才成为了乐兰那行者。”

详解

“须菩提，于意云何？须陀洹能作是念：‘我得须陀洹果’不？”须菩提言：“不也，世尊。何以故？须陀洹名为入流，而无所入，不入色声香味触法，是名须陀洹。”

佛问须菩提，须陀洹能否起心动念，在心内见有我相，见有得果的相，须菩提答:“圣人证无为法，无能得的我，无所得的果，那里能作是念，言我得须陀洹果，何以故，须陀洹修行，断了粗重烦恼，远离世间六尘，入法性之流，法性是无相，常入法性时，无能入的我，无所入的法性，能所俱空，才能入法性之流，既能所俱空，当然不会作是念，说我得须陀洹果。”

入流者，入法性之流，法性无相，故无能入所入。

何谓入法性之流？不入色声香味触法，才可以入法性流，例如眼见色，心内不起分别，即是色不入心，亦即心内无色，称为不入色。声、香、味、触、法亦如是，但自心内不起分别，即声香味触法不入心，亦即心内无声香味触法，心则清净，六尘空，六根清净，迥脱根尘，灵光独耀，初入法性流，初见道迹，证初果，名须陀洹，决定不受地狱、畜生、饿鬼、修罗等异类之身，七生可证阿罗汉果。

有入流之名，而无入流之相可得，无相有名，是名须陀洹。

解脱道有四种果可修证，即初果、二果、三果、四果。初果人又名须陀洹，二果人又名斯陀含，三果人又名阿那含，四果人又名阿罗汉，这是二乘声闻、缘觉法的修行人所要证的果位，名为解脱道之果位。证初果须陀洹的人，就可以断三缚结。三缚结是指我见（身见）、戒禁取见、疑见等三种烦恼结。我见又名身见，就是执着欲界之色身为真实，或执着欲界中能见闻觉知之意识心为常不坏我，坚执这个知见，名为我见。戒禁取见就是执着外道之非戒取戒，或误执唯受持佛所制之戒律，即可获得解脱，这种见解就是戒禁取见。疑见就是对于自己、对于诸方大师是否已断我见、身见，仍深深存有疑惑，是为疑见。这三种结缚，是初果须陀洹人所能断的烦恼结。

须陀洹是谁在当？谁去证呢？还是五蕴、还是意识觉知心在当在证啊！可是五蕴也好，意识心也好，都是十八界之法，都是虚幻不实，无常不坚，因此，又哪里找得出一个真正、真实证果之人呢？一个有智慧的人应该知道，“证果”只是一个假名而已，事实并没有真正的果可证。须陀洹初果人也是一样，“证初果”、“证须陀洹果”只是假名而已，甚至“初果”、“须陀洹”也只是假名，无有真实的初果可证。

已证得初果须陀洹的人，在他的智慧里很清楚地知道:“没有一个真实的证果者。”他知道“证果者”是他的五蕴，是他的意识觉知心。可是他也很清楚知道，自已的五蕴、意识心都是无常之法，都是有生有灭之法，所以没有一个真实的证果者，也找不到一个真实的须陀洹人，这是一个初果人现量观察的结果。

有人每以意识觉知心于定中一念不生之境界，谓为四果解脱境界，谓为涅槃，谓已证阿罗汉果，这只是错会而已。已证须陀洹之初果人不会生起一念，故意说："我已证得须陀洹果。"因为他确实了知，没有一个真实的证果者。然有时为了说法度众生，则方便说言："有果可证，有初果、二果、三果、四果可证。"这只是方便而说，若不能方便说法，则度众生将会更为困难。

在末法时期，佛弟子要证得须陀洹实在不容易，即使有许多人在弘传阿含经典之法，修习四念处法者也是很多，然要断我见仍是极为困难。断我见即是初果，但是若不能确认意识觉知心之虚妄，则不能断意识觉知心的我，则不名证初果。意识心是所生之法，不管是意识粗心、意识细心，都仍是意识之境界，意识心不论如何修行，永远是意识心，不会变成真心如来藏。若有人执以意识细心名为真心如来藏，则能证得真心如来藏者又是哪个心。难道会是意识粗心吗？无论意识细心、意识粗心，都是同一个意识心，永远不会变成真心如来藏。

若有人仍执意识心之种种境界以为是真心者，即不得名为入流，未断以意识心为我之我见故。入流者不入色、声、香、味、触、法，所以才名为入流。

"须菩提，于意云何？斯陀含能作是念：'我得斯陀含果'不？"须菩提言："不也，世尊。何以故？斯陀含名一往来，而实无往来，是名斯陀含。"

斯陀含是梵语，此云一往来，一往天上，一来人间，便了生死，出三界，证阿罗汉果。

斯陀含已见性，入法性流，性流无相，亦无往来之相可得，故云实无往来。

大乘斯陀含者，目观诸境，心内只有一生灭，无第二生灭，故名一往来；前念妄起，后念即止，前念有着，后念即离，故实无往来。

不但无为法无往来之相，在有为法来说，亦无往来之相。"往"——试研究这个往字，未往无往，已往亦无往，当往时一半往，一半不往，何来有一个往的相可得？"来"——未来无来，已来亦无来，正来时半来半不来，何曾有来的相？有为法尚且无往来相可得，何况无为法呢。

凡夫本无往来之相可得，只为妄想分别，执着说有往来，何曾有一往来之法可得？譬如由大屿山往香港，是色身有往来，心没有往来，凡夫尚且心

无往来，何况圣人，所以斯陀含不作是念，我得斯陀含果。

虽无往来之相可得，无相而有名，是名斯陀含。

须陀洹若欲证得斯陀含果，必须薄贪、嗔、痴，始能进入二果斯陀含。有贪、嗔、痴者是意识心，薄贪、嗔、痴者也是意识心。以斯陀含人的智慧是不会起念说："我证得斯陀含果。"意识觉知心之虚妄不实，是斯陀含人所能现前观察的，是故斯陀含人如实了知，没有一个真实的斯陀含。因为他了知自己的意识心不真实，所以自己不是斯陀含，若有说自己证得斯陀含果，也只是方便而说，这正是斯陀含的智慧。

斯陀含又名一往来，证得斯陀含后，还要一次人天往返才能入无余涅槃，如此的往来是谁在往来？若说是斯陀含的五蕴，此五蕴并没有往返；若说是意识觉知心往来，此心也没有往来，因为一世一世的意识都不同，是故意识何有往来？没有一个斯陀含的五蕴、意识心是真实而能人天往来的。

"须菩提，于意云何？阿那含能作是念：'我得阿那含果'不？"

小乘四果称为阿罗汉，此云杀贼，把见思烦恼贼杀尽，故名杀贼；又名应供，应受人天供养；又称为无生，不再受生死轮回。

阿罗汉只见生死空而住于空，名为偏空，大乘佛法，真空不空，真空不空就是妙有，小乘真空而无妙有，所以阿罗汉只证得偏空，偏空即着空。

世尊问须菩提，阿罗汉会否生起一个心，谓自己得阿罗汉道。

有人常说："一切法空。"他们所说的"一切法空"，是不承认有第一因如来藏能生出一切法的"断灭空"。就像否定如来藏而说"缘起性空"，这样的"缘起性空"，本质上和"断灭空"并无两样。如此无量的缘起，那么又要以何心来修无生忍、无生法忍呢？执"缘起性空"为究竟的修行人何不于此多作思维呢？

须陀洹、斯陀含的智慧都如实了知，没有一个真实的须陀洹、斯陀含。二果人从自己的五蕴中，完全找不到一个真实的斯陀含；但是他在了知自己的五蕴十八界虚幻不实当中，犹不堕于断灭空。因为他相信佛语，相信有一个涅槃本际，这就是真心如来藏。相较于否定如来藏而说"一切法空"、"缘起性空"者，斯陀含人才算是"如所教住"的佛弟子；即使他还没有像菩萨一样，亲证此真心如来藏，他却相信佛语，相信自己也有一个如来藏，是他未来入无余涅槃之本际。

须菩提言："不也，世尊。何以故？阿那含名为不来，而实无不来，是名

阿那含。”

梵语阿那含，汉语译作不还，亦名出欲，以欲习永尽，决定不来欲界受胞胎。既不来欲界，便在阿那含天修行，阿那含天是四禅天之一。

阿那含已入性流，性流中无不来之相可得，故云实无不来；虽无不来之相可得，惟无相而有名，故名阿那含。

佛所宣说之经典是佛弟子修学上的最重要依靠，是学佛修行最重要的依止，若不能相信经典上之佛语，难道是要相信凡夫位的自己吗？若是如此，则所谓的“学佛”，不应道理；名不副实，那就已经失去学佛之意义了。如此又能凭借什么来改变凡夫之本质呢？

如同须陀洹、斯陀含一样，阿那含也不会起念说自己已证得阿那含果，因为没有一个真实的阿那含果可证，也没有一个真实的证果者。证果是五蕴去证，是意识觉知心去证，可是五蕴、意识心无常不实、有生有灭，故找不出一个真实的证阿那含者，也无阿那含果可证。此但有假名，方便说而已。

初果须陀洹断三缚结后，必须薄贪、嗔、痴始能进入二果；二果斯陀含必须进断五下分结，始能入三果；三果阿那含要再进断五上分结烦恼，始能进入四果阿罗汉。这段过程之修行都要靠意识觉知心去修，阿那含也未证如来藏，而如来藏也不会修行；又意识觉知心无常不实，是故意识心并不是真实的证果者。阿那含依于如此智慧，故不会起念说：“我得阿那含果。”

“不来”，又名“不还”，是不再来欲界受生的意思。“来去”，是意识心才有来去，如来藏不会生起一念说：“我要来、我要去！”只有意识心才有出有入，有来有去，然阿那含的意识心会有来去吗？不会的！阿那含的智慧清楚地知道，意识心不真实，有生有灭，如此何有来去可言？是故阿那含不会起念说：“我得阿那含果。”因为没有一个真实的证果者。阿那含也不会说：“我是不来。”阿那含了知无有真实的“不来者”。

何故佛在《金刚经》里宣说这些解脱道的法？因为大乘菩萨第一义谛之妙法，本即涵盖二乘声闻、缘觉解脱道之法。是故欲从《金刚经》悟入法界实相如来藏心，必须修学二乘解脱道的法，如实了知五蕴、十二处、十八界之虚妄性，不认五蕴、十二处、十八界为真，不认意识觉知心为真为常，真正舍离觉知心的我之执着。如此才不会在五蕴、十二处、十八界等一切法的相上去寻找真心如来藏，这正是《金刚经》所说“不可以身相见如来”之原因。若有人不能相信意识心之虚妄，不信佛在经典上之教示，则于修行必无帮助。五蕴、十二处、十八界皆是所生之法，所生之法必有灭，有生有灭的法就不是真心如来藏。意识心也是如此，是十八界的法，是属于六识所摄。所以意识心之境界永远都是意识，不可能是真心，希望佛弟子能深切了知。

“须菩提，于意云何？阿罗汉能作是念，‘我得阿罗汉道’不？”须菩提言：“不也，世尊。

圣人无我、无相、无得、无念，然后才证圣果，所以证圣果的人，绝不会说自己得果，若阿罗汉起心动念，谓有我得阿罗汉果，便是着相，着相即有为，有为就是凡夫，就不能证圣果，故须菩提言：“不也，世尊。”

“阿罗汉”是声闻乘解脱道四种果中的第四果，译名杀贼，指杀烦恼贼之意；又译名应供，是指当受人天供养之意；又译为不生，是指永入无余涅槃，不再受生三界而轮回生死之意。阿罗汉又名应真或是真人。“真人”一词过去常为其他宗教所引用，甚至亦有在墓碑刻上“××真人”，但愿是“名实相符”！要证得四果阿罗汉并不是易事，虽然就菩萨来说，阿罗汉仍不能了知菩萨所证般若智慧之境界，仍是愚人；若就解脱道而言，阿罗汉是人天应供之圣人。供养到阿罗汉，所得福报是无量报，所以不可轻视阿罗汉之修证。杀烦恼贼，是要有智慧才行，至少要有解脱道的智慧。

有人明心一段时间之后，烦恼习气犹重，这可能其明心是因为机缘好，蒙善知识之相助而得明心，然自我参究的功课不足，是故智慧不能现起。相较于声闻阿罗汉在解脱道上之修证，能杀掉烦恼贼，其中差别，可谓：“天壤之别。”明心者若空有般若智慧，却不能转依真心体性而努力修行，不能依此智慧修除烦恼习气，则只名“乾慧”，有何功德受用可言呢？

阿罗汉之法道的确不容易修证，莫说阿罗汉道，即使末法时期的初果修证，都是极难可得，这是一切佛弟子必须共同面对、省思之处。只有如实依照经典之教导去修学，才有可能得到果位之修证。“法随法行”不是很多修学者耳熟能详、朗朗上口的一句话吗？何以做不到呢？何故不能“依教奉行”呢？有一句话说：“成功不一定有道理，但是失败一定有原因。”佛法智慧的证得必定有道理，烦恼习气之不能修除，也必定有原因。努力依教奉行，才是修行成功的最佳保证。

阿罗汉如实了知三界一切万法之虚幻，了知自己的五蕴、十二处、十八界无常不实，有生有灭，能够现前观察了知。阿罗汉也如实了知，所谓阿罗汉果，实无果可证，也无有一个真实的证果者；证果者乃是意识觉知心去证，而意识心却是有生有灭，毫无真实，是故无有真实的证果者。阿罗汉了知此一事实，具此智慧，是故阿罗汉不会生起一念说：“我证得阿罗汉道。”阿罗汉的智慧确实是如此明白，没有一个真正的证果者，也没有一个真实的阿罗汉果可证；唯是杀掉了烦恼贼，假名证得阿罗汉果而已。若有说法度众生所需，则方便说有阿罗汉果可证，有已断烦恼之阿罗汉，然只是方便说法而已，实无真正的证果者。

何以故？实无有法名阿罗汉。

阿罗汉名为杀贼，有烦恼才有所杀，无烦恼时，又杀个什么东西？

阿罗汉又称为无生，有生死，才有了生死之法，若无生死，哪里有了生死之法可得而名阿罗汉（无生）呢？若实无了生死之法可得，则实实在在无有一法名阿罗汉。

如人发梦，醒来时，实无梦可得，亦实无梦可醒，若有梦，便有醒，但醒来时无梦，既无梦，便不能说有梦醒之法可得。

《金刚经》最让人迷惑、百思不解的地方，就是文字表面看起来好像都“自相矛盾”；佛明明说了很多阿罗汉的名相，也度了很多的阿罗汉，却又在这部经里说：“实无有法名阿罗汉。”真叫人“丈二金刚，摸不着头绪”。也有人心生莫大误会，以为把别人的话否定了，就是真心的境界；用这种方法去解释禅宗公案，然后就自以为悟，也如此教人开悟。其实这只是一种错会而已，并不真实。

又有人误以为灭相的境界就是真如，欲求以灭一切相之方式来解释真心如来藏之境界，名为“灭相真如”。可是事实上并没有这种法存在，这种“灭相真如”只是虚妄想象出来的名词，不但不能亲证、体验真心如来藏之运作，也不能了知八识心王实际运作之情形。像以这种方式是永远无法证得第八识，又名如来藏，这个法界实相心。欲证如来藏心，就必须承认如来藏之存在，舍弃原有错误之知见，去亲近真悟之善知识修学，始有证悟之因缘。一切佛弟子若欲求证悟法界实相如来藏心，都必须信受大乘了义经典。不可以否定，乃至毁谤，反而应该大力护持；并努力护持善知识弘扬宗门正法，亲近修学、如法而求，才有具足因缘之可能。

不能具备正确之解脱道知见者，也是永无证得阿罗汉道之可能；莫说证得阿罗汉道，即便是初果须陀洹都难有可能。阿罗汉的声闻智慧，于自己之五蕴、十二处、十八界得现前观察其虚妄性，所以阿罗汉明白了知没有一个真实的法去证得阿罗汉道。五蕴不真实，不能说五蕴是阿罗汉；意识觉知心不真实，不能说是真正的阿罗汉；十八界不真实，不能说十八界有一真实之阿罗汉。是故说："实无有法名阿罗汉。"

如来藏也不会证得阿罗汉，如来藏是无为性，是离见闻觉知，他又如何能证阿罗汉果？阿罗汉虽不证如来藏，若以其声闻智慧，亦了知："实无有法名阿罗汉。"若阿罗汉起了念说"我得阿罗汉道"，则他就落入十八界之中。就是执着有一真实觉知心的我，执有一真实的人，执有一真实的众生、寿者。若是如此，则堕入十八界虚妄法之中。

世尊，若阿罗汉作是念：'我得阿罗汉道'，即着我、人、众生、寿者。

若阿罗汉作是念，我得阿罗汉道，便是依真起妄——着我得阿罗汉道的我相，执我是圣人的人相，有能得所得的妄心生起，是为众生相，执着自己得阿罗汉道是寿者相，即为着我人众生寿者四相。

世尊，佛说我得无诤三昧，人中最为第一，是第一离欲阿罗汉。

此乃须菩提以自己证明之文。

须菩提解空第一，不与人相诤，得无诤三昧，别人嫌他坐，他便立，别人嫌他立，他便坐，别人嫌他坐立，他便行，绝不与人相诤，故佛说须菩提得无诤三昧。一切罗汉都证无诤三昧，却是一切罗汉都见有三昧可证，惟须菩提不见有无诤三昧可得，故须菩提是阿罗汉人中，得无诤三昧最为第一。

一切罗汉均离欲，惟是一切罗汉都见有欲可离，但是须菩提不见有欲可离，是故一切离欲罗汉人之中，须菩提是第一离欲阿罗汉。

"无诤三昧"不只是禅定，而是智慧。就解脱道而言，阿罗汉了达五蕴、十二处、十八界等一切法空无自性，都是所生之法；既是所生之法，则必有灭，是无常不实之法，如是则不执着有真实的我、人、众生、寿者。由于有此智慧，故能随顺众生，不恼众生，不令众生心生烦恼，和众生无有诤；此种智慧，名为无诤三昧。

我不作是念：‘我是离欲阿罗汉’。

心不动念，则我、法二空，我空无我，法空，无欲可离，既无我亦无欲可离，云何能作念，我是离欲阿罗汉。

世尊，我若作是念：‘我得阿罗汉道’，

若作是念，我得阿罗汉道，是为有我而得阿罗汉道，有我则有生死，阿罗汉是无生，若有我，无生变为有生，是故须菩提不作是念，我得阿罗汉道。

世尊则不说须菩提是乐阿兰那行者！以须菩提实无所行，而名须菩提，是乐阿兰那行。”

阿兰那行就是无诤行，亦称为无怨行、寂静行。须菩提若见有阿罗汉道可得，便有诤——有我、有得，有我、有得，便与人相诤，有诤便不是无诤行者——然须菩提实实在在不与人相诤，亦实实在在不见有无诤行可得，所以世尊赞叹须菩提是乐阿兰那行。

在阿兰那修行若能获得智慧，自然更乐于阿兰那行；尤其是声闻阿罗汉更乐于寂静处，在阿兰那修行。须菩提也是一样，在解脱道的修行上已是阿罗汉果之修证，于五蕴、十八界之现观已如实了知其虚妄性；因此能够渐次修行，断除种种烦恼之现行而证得阿罗汉果。须菩提从修行至证得阿罗汉果，都是在阿兰那寂静处所修，故名为乐阿兰那行者。

以须菩提阿罗汉之智慧来看，何谓阿兰那修行？阿兰那行对须菩提而言，实际上并没有真实的阿兰那行，何来有阿兰那行呢？阿兰那的修行无非就是五蕴、无非是意识心，然意识心毫无真实；这是须菩提在阿兰那修行、现观所得的智慧。此即是说“阿兰那行”只是假名而已，方便说为“阿兰那行”，并无真实的“阿兰那行”，是故说:“须菩提实无所行”。

又须菩提真是一个“乐阿兰那行者”吗？有一个真实的“乐阿兰那行者”吗？就须菩提而言，在须菩提的智慧里，完全没有一个且也找不到一个真实的“阿兰那行者须菩提”。须菩提确实如是了知自己，佛也如实了知须菩提“实无所行”之智慧，故称须菩提是乐阿兰那行。

有人以“空明觉知心”或“寂而常照之能觉能观之心”为常住之真心，可是此心并不是真心，而是意识觉知心。修行是意识心在修行，阿兰那行也是意识心在修阿兰那行。身为阿罗汉的须菩提，如实了知“空明觉知心”、“寂而常照之能觉能观之心”是意识心，是虚妄不实之法，是故绝不去认意识心为常住之真心。凡是以“空明觉知”的意识心为常住真心之人，绝对没有须菩提之智慧，绝不可能证得阿罗汉果。莫说证得阿罗汉果，即便是证得须陀洹初果也毫无可能，因为这个人的意识心永远舍不了，所以他不会证得阿罗汉果。

意识心永远是意识心，不可能变为真心，也不可能修成真心；即使百千万劫的修行，也没有人能把意识心修成真心。每一生每一世的意识心都不相同，因为每一期生死舍报时，意识必定会断。下一世受生时，又会生出新的意识，这个新的意识心要有如来藏、意根及新的有根身为俱有依才能出生。所以意识是有生有灭之法，有生有灭的法是不可能变成真心的。阿罗汉要入无余涅槃，必须舍掉十八界，意识摄属于六识之一，也必须舍掉。阿罗汉如实了知意识心之虚妄，阿罗汉相信佛语，相信入无余涅槃之后，还是有一个涅槃本际，就是真心如来藏，所以入无余涅槃并非断灭。执意识心为常住真心的人，在临命终并不能令意识心保持不断，他并不能做主，这是他不能改变之事实。我们学佛修行，何不相信佛语呢？何不相信佛在经典上之教导呢？难道相信自己凡夫之境界，比相信佛语来得可靠吗？违背经典的修行，真的能安心吗？

评 析

释迦牟尼有个叫般特的徒弟，他生性愚钝，佛祖让五百名罗汉天天轮流教他，可是般特仍然不开窍。佛祖把他叫到面前，逐字逐句地教他一首偈：“守口摄意身莫犯，如是行者得度世。”

佛祖说：“你不要认为这首偈稀疏平常，你只要认真学会这一首偈，就已经是不容易了！”于是般特翻来覆去地就学这一偈，终于领悟了其中的意思。过了一段时间，佛祖派他去给附近的女尼讲经说法。

那些女尼早就听说这个愚笨的人了，所以心中都不服气，她们想：这样的愚笨之人也会讲经说法？虽然心里是这样想，但是她们表面上仍然用应有的礼节对他。

般特惭愧而谦虚地对众僧尼说道：“我生来愚钝，在佛祖身边只学得一偈，现在给大家讲述，希望静听。”接着便念偈：“守口摄意身莫犯，如是行者得度世。”

话音刚落，众女尼便哄笑："居然只会一首启蒙偈，我们早就倒背如流了，还用你来讲解？"

般特不动声色，从容讲下去，说得头头是道，新意迭出。一首普通的偈，说出了无限深邃的佛理。

众女尼听得如痴如醉，不禁感叹道："一首启蒙偈，居然可以理解到这种程度，实在是高人一等啊！"于是对他肃然起敬。

虽然般特只学会了一偈，可他学得精通并懂得运用，于是一偈也得道了。

学了再多的知识，如果没有精通或不懂得运用，等于没学会。所以，学习知识不在于多少，而在于是否真正学会了，在于是否能学以致用。

悟通了一个事理就悟通了世间所有事理

世间许多事看起来非常复杂神秘，其实道理却很简单。真正参悟一个事理并不容易，其过程是艰辛复杂的，但当真正悟通了一个事理后，就悟通了世间所有事理。因为世间的事理就是这样：一通则会百通。

有个叫智通的和尚，三更半夜里突然高声大叫道："我大悟了，我大悟了……"惊醒了众多僧人，禅师也被惊醒了。

众人一起来到那个僧人房里，禅师问道："你悟到什么了？居然在这里大声叫嚷，说来听听！"

众人以为他悟到什么高深的禅旨。没想到他一本正经地说道："我日思夜想，终于悟出了——尼姑原来是女人做的。"

他的话惹来了一场哄堂大笑，"这也算大悟？"

禅师惊异地看着这个和尚说："是的，你真的悟道了！"

智通和尚立刻说道："师父，现

在我不得不告辞，我要下山云游去了。”

众僧又吃了一惊，这个和尚实在太傲慢了，悟到了“尼姑是女人做的”，本来就没有什么稀奇的，可是他居然以此要求下山云游，实在是太目中无人了。

可是禅师却不是这样想的，他认为这个和尚确是到了下山云游的时候了，于是不再挽留他，提着斗笠，率领众僧，送他出寺。到了寺门外，智通和尚接过斗笠，大步而去，再也没有任何留恋。

众僧向禅师问道:“他真的悟道了吗?”

禅师感叹道:“这个和尚实在是前途无量啊！连‘尼姑是女人做的’都参透了，还有什么禅道悟不出来呢?‘尼姑原来是女人做的’，这个道理众人皆知，可是有谁能从中悟到佛理呢?这句话从智通和尚的嘴里说出来，却蕴含着另一种特殊的意义——世间的事理，一通百通。”

第十品　庄严净土分[①]

①庄严净土分：上言四果无可得，此云圣果亦无可得，若是有所得，皆是住相。凡夫之所疑，必以为四果既无所得，何有四果之名称？圣果若无所得，何以能获无生法忍？这都是凡夫住相之病。要知圣贤之名称，皆是假名。全是假有为法，显无为法，所以般若处处破执，惟恐凡夫贪着有为法也。所谓庄严净土者，并非凡夫目中所见的色相庄严（如修庙一般，以为金碧辉煌，即谓之庄严）。实是说的非相法身，无形真土，无形质可取，无色相可观的法性庄严也。

佛告须菩提："于意云何？如来昔在然灯佛[①]所，于法有所得不？""不也，世尊。如来在然灯佛所，于法实无所得。""须菩提，于意云何？菩萨庄严佛土不？""不也，世尊。何以故？庄严佛土者，即非庄严，是名庄严。""是故须菩提，诸菩萨摩诃萨，应如是生清净心，不应住色生心，不应住声香味触法生心，应无所住[②]而生其心[③]。须菩提，譬如有人，身如须弥山王[④]，于意云何？是身为大不？"须菩提言："甚大，世尊。何以故？佛说非身[⑤]，是名大身。"

经文注释

①然灯佛：因初生时，身边有光如灯，故又名定光，为如来佛授记之师。

②无所住：不住着在一处，凝滞不化也。

③心：盖此心，神明莫测，变化无穷，是真净土也。不清净，则逐境迁移，放逸莫检，便着六尘，而多所住矣。

④须弥山王：须弥山，高广三百三十六万里，为众山之王。不过用他来譬如人身之大，大作一假设之词，如七宝满三千大千之类。

⑤非身：法身也，就是如如不动之真心。傅颂曰，有形终不大，无相始为真，也就是此意。

译文

佛告诉须菩提："你的意思怎么样？如来以前在然灯佛的教化所在，对于无上正等正觉法，有所证得吗？""世尊，如来在然灯佛那里，对于无上正等正觉法，那是虚幻中的事，什么也没有，实在没有任何所得。""须菩提，你的意思怎么样？菩萨用布施、持戒、忍辱、精进、禅定、般若等六度万行来庄严佛土吗？" "没有，世尊。" "为什么呢？""因为菩萨庄严佛土，如同虚幻中的事，本来没有佛土待庄严，只是名叫做庄严。""所以，须菩提，诸大菩萨，知道一切相都是虚幻的，应当如是生无上正等正觉的清净心，不应当住在物质现象上，而想要生无上正等正觉心，一旦住在物质现象上，那是凡夫的虚妄心，不应当住在声音、香气、滋味、细滑、记忆等现象上而生起凡夫的虚妄心，应当无所住，无上正等正觉心自然现象。无所住不是什么事都不做，也不是什么事都不想，如果什么事都不做如同无色界天人而已，如果什么事都不想，如同无想天人而已，如果心念寂然不动，不像木石那样无知，也只是如同非想非非想天人而已，都还是住在我相人相众生相寿者相的虚妄境界上。应无所

住，并不妨碍起心动念，不妨碍行住坐卧。比如镜子，笑脸来照显笑脸，恶脸来照显恶脸，镜子不留笑脸也不排拒恶脸。无物所照时，自然不留一物，杂乱现象对镜时，也自然不排拒杂乱相，镜子如如不动，不因为杂乱现象而使镜子失去本来的清净。更重要的是，镜子从来没有不照物，无物所照时就是照到空境，那也正是妄想境。因此，当知无上正等正觉心不住虚幻境，住相是虚妄相，不住相时，虚幻相本来没有生灭，和不生不灭的无上正等正觉心没有两样。须菩根，比如有人，他的身体如众山之王的须弥山那样，高广三百三十六万里，你的意思如何？像这样的身体，大不大？”须菩提说：“很大，世尊。”“为什么呢？佛说那是虚幻身，只是名叫做大身，事实上这世界上没有那么高大身体的人。应无所住而生其心，也如同这个道理，是虚幻中的事，如果执取应无所住可以生无上正等正觉心，又落在我相人相众生相寿者相。应当连无住也不住。”

详解

佛告须菩提：“于意云何？如来昔在然灯佛所，于法有所得不？”“不也，世尊。如来在然灯佛所，于法实无所得。”

般若为大小二乘所共，小乘以般若断惑证真，大乘以般若得法修行。前文讲小乘圣人，得果而无得果之心，此文讲诸佛得法而无得法之心。

何谓法？性净之理，名之为法，性即自性，自性清净之真理，就是宇宙间的真理，宇宙间之真理，迷时是生死，悟时是涅槃，迷，是众生，悟，是诸佛。“法”若以教下来解释，名为轨物生解，任持自性，“是法住法位，世间相常住”，“有佛无佛，性相常住”，法是众生本具，法华经喻之为衣里明珠，得此珠可以成佛、可以度众生。

如来在古释迦佛发菩提心后，经三大阿僧祇劫修行：第一个阿僧祇劫值遇尸弃如来，授记：“汝当得作佛”；第二个阿僧只劫，值遇然灯佛，授记：“汝于来世，当得作佛”；第三个阿僧祇劫，值遇迦叶佛，授记补处作佛。

可知释迦佛是在然灯佛所得法，是故然灯古佛，为释迦佛授记之师，然世尊于然灯佛所得法之时，有得法之心否？若有得法之心，就是于法有所得，若无得法之心，便是于法无所得。

有得就是有心，有心不称为得，无得就是无心，无心方可以得。譬如虚空，你是有得虚空否？当然是无得，惟是人人都得虚空，未有一人不得空虚者，此乃无得而得虚空，亦未有一人自谓我得虚空，若有得，就是有能得的我，所得的虚空，究竟你是如何得虚空？

无所得的虚空，无能得的我，每个人都得虚空，是无得而得。

又例如金钱，可以尽力工作而求得，是有得而得，临命终时，一丝毫也带不走，所以有得而得，实是不得。

无得即无心，无心则合道，所以无得才名之为得法；有得即有心，有心就是妄想，不实在，所以有得，不名为得，因此佛问须菩提，如来于然灯佛所，于法有所得否？

然灯古佛对大众说法时，大众以有所得心而听法，有所得心，与法不相应，所以大众不得法，惟有释迦如来，以无所得心听法，无所得心即空心，心空则得法，有所得心是有心，有心有生有灭、有能有所，生灭心、能所心，即是妄心，妄心云何得法，惟有能所心灭、所得心尽，就是无所得心，无所得心就是真心，真心不生不灭、无名无相，就是般若，无所得心于法当然无所得，故云：“于法实无所得”。

如来因然灯佛开示，见自性清净，本无尘劳，寂而常照，于法何曾有所得、何曾有能得、又何曾有不得，是为无得而得，与清净之法相应，是真得法。

所以我们修行，应以无心为道，以无布施之心相而布施、无持戒之心相而持戒、无修禅定之心相而修禅定，说法，无说法之心可得，出家，无出家之心可得，诵经，无诵经之心可得，一切无心，即与法相应，名为无得而得，得如来无上之法。

然则，凡夫如何从受持金刚经求法呢？

法就是自性清净的佛性，人人本有，那佛性又在什么地方呢？

譬喻一座山，山中有金矿，但山本身不知有金矿，金矿亦不知有山，因为山与金矿都是无性的；众生知道山中有金矿，要破山取金。山喻“人我”，矿喻无明烦恼，金喻佛性，若想见佛性，先要除人我之山，人我山空，便见到无明烦恼矿，矿中有金，表无明之侧是佛性，佛性是无始，无明亦无始，所以有矿即有金，有金亦即有矿，见金时，亦同时见到矿。

众生若想除无明，一定先要除人我相，人我相空，便见到无明，亦见到佛性，若不除人我山，见不到无明矿，又如何能去掉无明，众生不能断无明，皆因被人我相盖覆了无明，若能见到无明，亦能同时见到佛性，故云:“无明宝性即佛性”，所以金刚经一开始，不讲断烦恼，先讲除人我相，破了人我相，便见到无明之矿、佛性之宝，那时便是觉悟，悟后重修，以开悟后之智慧炼无明矿，无明矿遇炼即烂，佛性宝越炼越清净。

古人修行不简单，六祖在五祖处得法后，十五年隐猎人队中，南泉在马祖处得法后，住在南泉三十年，所以历代祖师得法后，必定是水边林下，保养圣胎，把无始无明，炼得干干净净，然后才出来度众生。

在经典上说，世尊在往昔行菩萨道时，曾值遇然灯佛示现于世，其时的世尊为七地菩萨。在亲近然灯佛修学中，蒙然灯佛为之授记云:“是后九十一劫，名曰贤劫，当得作佛，号释迦牟尼。”是故释迦世尊是在贤劫证得无上菩提。

“法”，是指佛法。就现在的佛弟子来说，我们所学的佛法是二千多年前释迦世尊于四十九年中所宣说，后来结集成经典，这就是我们所修学的佛法。但是这些佛法的本质，就像医药一样，是为对治众生的心病而开出来的药方。众生的心病就是无明妄想所生之烦恼习气，由于这些种种的烦恼习气，遂令众生于三界六道中轮转生死，难有出期。佛法只是药方而已，并没有所谓真实的佛法可得。我们所学的种种佛法，本质上也只是宣说出来的语言，以及在经典上之文字而已。然语言是声尘，经典是色尘，都不是常住、真实的法，因为声音说出来就马上消失，经典上的文字也不是真实不坏的东西，经不起风吹、雨打、火烧，终归会坏灭。语言、文字的佛法并不是真实不坏的法，是故佛弟子并没有真实的佛法可得。

“须菩提，于意云何？菩萨庄严佛土不？”“不也，世尊。何以故？庄严佛土者，即非庄严，是名庄严。”

得法之时，明自本心，见自本性，本心内含有恒河沙称性功德：有智慧、禅定、六度万行等，无量功德本自具足，此乃性德，虽然具足，但还要运用，要练习，所谓庄严者，于清净心中练习禅定、智慧等功德，以禅定、智慧等功德，庄严清净心，亦称为修道。

得法后，必须从性起修，修定修慧，庄严佛性，定与佛性相合，能千百亿化身，应以何身得度，即现何身而度之，慧与佛性相合，能说一切法，应以何法得度，即说何法而度之。所以菩萨必定先要见佛性，然后从佛性修定修慧，以定慧庄严佛性，现种种身，说种种法，佛性就是佛土，佛土亦是心土，庄严佛性者，亦即是庄严佛土。

是故释迦佛得法后修六度万行，庄严清净心，究竟是有庄严抑或是无庄严？因此世尊问须菩提：“菩萨有庄严佛土之心否？”

须菩提明白到，得法是无得而得，是以无心得法，是故庄严也是无心，所以云：“不也，世尊。”

庄严佛土者，不见有庄严而庄严，若见有庄严而庄严，即有庄严之心可得，有能庄严，所庄严，是有为法，不见有庄严之心可得，是无为法，与般若相应。

庄严佛土，依六祖解释，有三种庄严：1. 庄严世间佛土：如筑塔建寺、印经、布施供养三宝等。

2. 庄严见佛土：见者，知见，知见要正，正知正见，见一切众生是未来佛，普行恭敬，是为庄严见佛土。

3. 庄严心佛土。

明心见性后，从自性修定修慧，以定慧庄严自性，定慧是能庄严，自性是所庄严，然定与慧等功德是自性本具，以自性定慧庄严自性，无能庄严，以自性出生定慧庄严自性，无所庄严。无能庄严、无所庄严，即非庄严，是名真庄严。

例如用黄金塑佛像，以佛像庄严黄金，但佛像本来就是黄金，故无能庄严，黄金亦即是佛像，故无所庄严，若离佛像以外有黄金，便有能庄严，若离黄金以外有佛像，便有所庄严，惟是离黄金无佛像，离佛像亦无黄金，黄金就是佛像，佛像就是黄金，是故佛像不是能庄严，黄金亦不是所庄严，无能庄严、无所庄严，即非庄严，是名真庄严。

菩萨修行亦复如是，从性起修六度万行，庄严佛性，六度也是佛性，无能庄严，佛性也是六度，无所庄严，名非庄严，是谓真庄严。

何以非庄严是名真庄严呢？例如凡夫喜欢以衣裳饰物庄严身体，衣裳不是身体，衣裳为能庄严；身体不是衣裳，身体为所庄严；有能庄严、所庄严，靠不住，若遇到贼人，所有衣裳饰物尽被夺去，那时便没有庄严，所以有能庄严所庄严，是假庄严，不名庄严，真庄严者，如如来俱生三十二相，庄岩身体，三十二相就是身体，身体就是三十二相，离身体无三十二相，离三十二相无身体，无能庄严、无所庄严，即非庄严，是谓真庄严。

凡夫未见性，不是从性起修，例如修福，是世间痴福，福尽归无，更何况以贪瞋痴的染污心修福，还增贪瞋痴；修慧，是世间假聪明，终会失掉。若从清净的自性修福，自性的福不会尽，从性修慧即般若，亦永远不会灭，是真庄严，所以菩萨悟道后，从性起修万行，庄严自性，一庄严，永远庄严，万行庄严圆满，成报身佛。

有人说："一句佛号，即是理体，即是实相。持念一句阿弥陀佛名号就是念实相，就可以乘佛的愿力而完全领受阿弥陀佛之功德，因此而成佛。"事实上，只有真正证悟的人才可以说："一句佛号，概括事理。"对一个尚未证悟的人来说，他是无法了解"一句佛号，概括事理"之真实意义。"佛号不是佛，佛字也不是佛。"佛号若是佛的话，称念一句佛号，就应该从口中跑出一尊佛来，若佛字是佛的话，那在纸上写一个佛字，纸上就应该出现一尊佛。可是任何修学净土宗持名念佛的人都不曾在称念佛号当中跑出一尊阿弥陀佛来，也不曾在写"阿弥陀佛"四个字时出现一尊阿弥陀佛来，可见佛号、"佛"字都不是真实的法。就像佛号或"佛"字都不是真实的法，那么即使我们把佛四十九年所说之经典全部学会、吸收、亲证了，这些佛法也是不真实的法。因为说出来的法，不等于是法界实相；经典上的文字，也不等于实相。是故说"如来在然灯佛所，于法实无所得"，若有所得，亦只是假名而说罢了。从

另一层面而言，真心如来藏无始劫来本自存在，并非由妄心修变而成真心，若是修得的必终归坏失，因有得必有失，是相对而生灭法故。然有所得的心是意识心，真心是无所得的心，如《心经》云："以无所得故"。

又，明心只是找出本来即存在的真心如来藏，并非真正有得，只是方便说得而已。又因如来藏本具一切法之种子，成佛只是把本具之一切法的种子（种子即功能差别）完全显发而已，这些功德并非由外而得，是故说"于法实无所得"。

一般人人喜欢用衣服、饰品、金、银、珠宝等来打扮自己，让自己更漂亮，更有自信，这就是"庄严"。俗语说："佛要金装，人要衣装。"佛像若是用金塑造，或是贴金箔纸，看起来就是比较庄严；人当然也是一样，需要衣服、各种珠宝饰品等来衬托，才会好看，如此庄严自己，可是这些只是有形物质上之庄严而已。

外相上需要庄严，心灵上更必须庄严。"相由心生"就是指这个意思。"有没有念书"会影响一个人的气质；"有没有修行"也会影响一个人的气质；"修行有没有智慧"也会影响一个佛弟子的气质。许多佛弟子都是慈眉善眼，心地都很善良，就会表现在面相上。有人因为气质非凡，常被人家说他"修得很好"，因为从外相来看，人家都是这样觉得。至于"修得如何好"，别人可能不见得了解。这证明："气质是修来的，是由修行的功德智慧庄严出来。"所以古人所说的"相由心生"，确实是符合佛法的道理。

"是故须菩提！诸菩萨摩诃萨，应如是生清净心，

欲想庄严佛土，先清净其心，只有清净心方可庄严，从烦恼心修行，只会增加烦恼。

从自性流出，不离自性，是名清净心，若不从自性流出，会被六尘所染，不名清净心，从自性流出，一定不会染六尘，譬喻日放光明，光明不离日，光明照世间而不着世间，若着世间便离开日。从自性而修万行，万行不离自性，所以万行不染尘劳烦恼，是故无能所心，即是清净心。

诸菩萨摩诃萨，欲想庄严，先求见清净心，从清净心修清净行，清净行庄严清净心，能庄严是清净，所庄严亦清净，如水合水，如空合空，不见有庄严相可得，即非庄严，是名庄严，如是方能尽行诸佛无量道法。

如何生清净心呢？

不应住色生心，

见色而不起分别，是谓见色离色，就是不住色生心，是生什么心呢？是智慧心、是清净心，可以庄严，若见色着色，是住色生染污心，名为惑，便是妄想心，妄心不可以庄严。

见色住色，是迷人，见色而离色，是悟人。

不应住声香味触法生心，

闻声而离声，赞我不喜，谤我不瞋，是清净心二，若闻声而住声生分别心，是为妄念。香味触法亦如是，不应住香味触法而生妄想心，应不住声香味触法而生清净心。

应无所住而生其心。

应不住六尘、六识，不住十八界，不住欲界、色界、无色界，不住生死、涅槃，无住而住，不与万法为侣，所谓万丈光中独露身，便是清净心。譬如莲花出淤泥而不染污泥，日月行空而不住空，照万物而不住万物；菩萨心，在尘而不染尘，在欲而离欲，在世而出世，布施时，不住布施相而生其清净心；修禅定，不住禅定相而生其清净心，忍辱，不住忍辱相而生其清净心，菩萨应一切法不住，而生其清净心，清净心，就是法身佛。

须菩提，譬如有人，身如须弥山王，于意云何？是身为大不？”须菩提言：“甚大，世尊。何以故？佛说非身，是名大身。”

得法是见道，万行庄严是修道，修至功德圆满，成报身佛是为证道。

报身佛有多大呢？三界之内，以须弥山王为最大，高八万四千由旬，是故文中以须尔山王来譬喻报身佛，但报身功德离相，离相功德与法身相等，故经云：“报与法等。”所以佛说非身，是名大身。

纵观上来之文：然灯佛所——大乘见道，得法。

庄严佛土即非庄严——大乘修道，庄严法身。

身如须弥山王——大乘佛果证报身佛。

大乘见、修、证，三法不离般若。

菩萨由于具有般若智慧，虽行六度万行，却无所住，不住于色尘，不住于声、香、味、触、法等尘境生心。菩萨的意识觉知心，已转依如来藏之清净体性，随缘而应，无有所住，而生种种六度万行之心。又菩萨由具此般若智慧，意识心亦应该无所住而生六度万行种种心。

“须弥山”，是佛教经典上所说的一座山名，为一个小世界中央的高山。以此须弥山为此小世界之中心，四周有八山、八海围绕着，有一日轮，如此形成一个小世界。这个小世界还包括欲界、色界、无色界等二十八天，是三千大千世界中的一个小世界而已。

须弥，是巴利文，又名为苏迷卢山、须弥卢山，译为妙高山、好光山、妙光山。须弥山，本为古印度神话中所说的一个山名，一般人并不曾见过，佛法以此山名用于形容一个小世界的中心，亦名为须弥山。一般地球众生并不易见到须弥山，这是由于众生之业如此。

须弥山究竟有多高大，吾人实在不得而知，这也是我们应该惭愧的地方。既然经论上所说之须弥山是山王，那大概也没有比它还高大的山了，对我们来说，那已是够大。但是如果一个人的身体像须弥山那么大，那还真可说是世界上最大的“大人”了。

可是即使须弥山是如此大，却还是有限量。若以这么大的身相来看，那真是大身，但是这种大身是住于身相而分别出来的，这就是住于色尘相而分别，是凡夫众生的心量而已。事实上须弥山是如何而有？那是众生的共业所成就的，是所生的法。既是有生之法，则必有灭，那又有何真实的须弥山王呢？人之色身也是如此，即使大如须弥山王，却也仍是有生有灭、无常不坚、虚幻不实的法！像这样的大身，又如何是有一个真实的大身呢？佛在此还是不忘演说妙法，世尊是为了与会的大众而作种种譬喻，以此来宣说无上妙法，我们也是要在此用心。

须菩提真的很有智慧，在他的智慧里，哪有什么大身，小身？没有所谓的大小啊！这无常生灭的法有什么大小可言，这个色身不管是大如须弥山王之天人身，小如细菌、蚂蚁，都只是四大假合之身而已，四大假合之身何有大小可言？

四大就是地、水、火、风。这四大要能造身，必需要有如来藏之大种性种性才行，若没有如来藏，是不可能把四大造成色法的。色身也好，山河大地也好，都是由如来藏所造，若没有如来藏造色，四大是不会自动聚合成色法的。若没有如来藏，四大所成的色身就不会由小长大，但是不论大身或小身，不都

是无常生灭之法吗？有生有灭之法，就没有真实的大身或小身。

“非身”，就是没有真实的色身。如来藏也没有真实的色身，如来藏无形相，又是空性，何有真实之色身可言？如来藏既然没有真实色身可言，又何有大身、小身呢？所以说是“非身”。“非身”指如来藏，他才是真正“大身”。一切众生身才有大小可言，小如细菌大如天身（多少由旬）。但这些色身都是如来藏所造、所执持，若离如来藏便无大小色身，故说言：如来藏才是真正之“大身”。

又色身唯是四大假合，地、水、火、风四大要集聚为色身，必须有如来藏来利用四大造色，才有色身。是故色身只是所生的法，是会灭的法；有生有灭的法绝对不会是真实的色身，但是假有而已。假有之身，即是“非身”，假有之色身，永远不可能成为真实的色身。所以假有之身，亦即是“非身”。

证得如来藏后，不认取、不执着假有的色身，有了这样的智慧，这样来说色身，才能名为“大身”，大身是指自性法身。只有以这无相的智慧来看待，才能说是“大身”。须菩提有了这个无相的智慧，所以才会回答：“佛说非身，是名大身。”须菩提的般若智慧，众生是不是也有呢？众生要立志向须菩提看齐，更应该努力修学《金刚经》，早一点证得法界实相如来藏心，就能慢慢具备须菩提的无相智慧，成为有智慧的人。

有佛弟子不信大乘经典乃真佛说，不但不信，甚至毁谤、否定大乘经典，否定大乘菩萨正法，否定菩萨藏。菩萨藏就是如来藏，否定菩萨藏的罪过极重，是无间地狱之罪，难道自己一点都不信佛语吗？难道对于地狱之苦一点都不畏惧？难道佛示现人间只为说声闻法，不说成佛之大乘法吗？如果是这样的话，那还需要佛来示现吗？不是只要阿罗汉来人间说法就好了吗？如果否定大乘经典，那一定会否定《金刚经》，只是令人不得不为这些佛弟子感到忧心而已。

评析

李广将军射虎的故事很多读者应该听说过。李广是中国历史上少有的一个很运滞的人，在边境屡立战功，威镇边关，匈奴人对他的大名闻之色变，尊称他为“飞将军”。可是李将军的运气不好，武帝每次封侯封王都轮不到他。

别的同僚没有他的功勋大，可是拜相的拜相，封侯的封侯，偏偏就是没有他的份，他只能是干瞪眼。

所以历来叹息运气不好的人都是以李广自喻，王勃写《滕王阁序》时就有“冯唐易老，李广难封”的名句，以他的事例比喻人生无常，感叹苍天之弄人。

话说有一次李广夜巡军营，在月色掩映之下，他看见在晚风吹动的草丛中有一只老虎蹲伏在那里。

他左手弯弓，右手搭箭，瞄准老虎奋力一射，只听到“嗖”一声，老虎应声中箭，一动不动了。

当时由于夜寂林深，李广没有马上过去拿走死虎。

第二天一早，李广喜滋滋地带上几个士兵，打算把老虎抬回军营为众将士加个菜，再喝上几杯，给将士们增加一点“虎威”，让将士们好有气力杀匈奴！岂料李广走上前去一看，这哪是老虎，原来是一块大石头，昨夜那支箭射入石头内足有几寸深。

士兵们觉得不可思议，石头亦能够射入？于是请李将军在昨夜射箭的那个地方又射了几箭，结果没有一箭射入石头，众士兵见状啧啧称奇。

为什么李将军在认为目标物是老虎的时候就可以把箭轻易射入石头，认为目标物是石头的时候就无法再射入了呢？这就印证了佛陀说的世界是由心所造的哲理。

李广认为目标物是老虎，那时的石头就是老虎，箭就能够射入；李广认为目标物是石头，那时的石头就是石头，箭就不能够射入。

目标物没有变，只是意识变了，箭的射出就会产生不同的结果。

可见箭能不能射入目标物，关键在于射手的意识，和目标物的硬度没有直接的关系。

其实世界上的万事万物也是一样，莫不如此，心能转物，心能移物，心能变物，心能成物，岂止是那区区的一块石头呢？

文字只是学习的工具，重要的是靠心去理解

我们的一生，是不断学习的一生，在学习的过程中，不要只注重文字的表述，文字只不过是一种工具而已，重要的是靠心去理解。只有这样，我们才能学有所成——掌握所学知识的实质。

有一次，慧能禅师在别人家借宿，中午休息的时候，忽然听见有人在念经。

慧能倾身仔细一听，感觉有些不对，于是起身来到那个念经的人身边说道："你常常诵读经文，是否了解其中的意思？"

那个人摇摇头说："有一些实在难懂！"

慧能就把刚才那个人朗读的部分，为他作了详细的解释："当我们在虚名浮誉的烟灰里老去，满头白发的时候，我们想要什么？当生命的火烬将熄，心跳与呼吸即将停止的时候，什么是我们最后的期盼？当坟墓里的身体腐烂成骸，尘归尘，土归土，生命成为毫无知觉的虚空之后，我们在哪里？"

一时间，天清地明，那个人混沌顿开，似乎隐约能看见生命的曙光了。

接着，那个人问慧能佛经上几个字的解释，慧能大笑说道："我不认识字，你就直接问我意思吧！"

那个人听了他的话感觉到十分吃惊，说道："你连字都不认识，怎么能够了解意思呢？怎么能够理解佛理呢？"

慧能笑着说："诸佛的玄妙义理，和文字没有关系。文字只是工具，理解靠的是心，是悟性，而不是文字。骑马的时候，不一定必须要有缰绳，那是给那些初学者准备的，一旦入门，就可以摆脱缰绳，到想去的地方自由驰骋。"

那个人终于有所领悟。

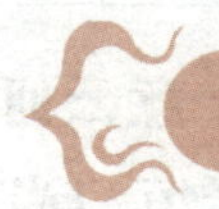

第十一品　无为福胜分①

分名解说

①无为福胜分：凡以有为法布施，所得福报，是有尽的。若以无为法布施，所得福报，是无量无边的。无为有为，是对待法。无为不离有为，离开有为而无为不显。有为实在无为，真无为就是有为不住。所以大菩萨不住无为，不尽有为，方显无为福胜。什么是不住无为呢？凡菩萨观一切有为法，如梦幻泡影，如露如电。修无为法，闻法后回智向悲，不肯安住无为，发大悲心而度世，悲智双方运用，以六度法摄化众生。虽说是度无量无边众生，可是不存能度所度的心，这就是不住无为，而行菩萨道也。什么是不尽有为呢？凡菩萨破尽了尘沙惑，虽说是观众生无量无边，但是不存难度的心，不存疲倦厌烦的心。和光同俗化身千百万亿，常行度众生之事，众生无尽，愿力也无尽，这就是不尽有为，而行菩萨道也。总之是有为而不住有为，无为而实无不为的意思。菩萨能行无为之功用，所以说无为之理，福德无量无边也。

经文

“须菩提，如恒河①中所有沙数，如是沙等恒河，于意云何？是诸恒河沙，宁为多不？”须菩提言：“甚多，世尊，但诸恒河尚多无数，何况其沙。”“须菩提，我今实言告汝：若有善男子、善女人，以七宝满尔所恒河沙数三千大千世界，以用布施，得福多不？”须菩提言：“甚多，世尊。”佛告须菩提：“若善男子、善女人，于此经中，乃至受持四句偈等，为他人说，而此福德胜前福德。”

经文注释

①恒河：是译名，印度语为殑伽，从西土阿耨达池流出，回流四千里，沙细如面。佛多在此处说法，故取以为喻。如同须弥山王比喻之类。

译文

“须菩提，就如恒河中有无数沙粒，每一粒沙再做一条恒河。你想想，恒河中所有的沙粒加起来多不多？”须菩提说：“很多，世尊。”“只算恒河，尚且多得无法计算，更何况河中的沙粒呢！须菩提，我现在实话告诉你：如果有善男善女用可填满你所住的像恒河沙粒那样多的三千大千世界的七宝来布施，他们所得到的福德多不多呢？”须菩提回答说：“很多，世尊。”佛告诉须菩提：“假如善男善女在这部《金刚经》里，不要说讲全部经文，甚至只领受执持四句偈语等，给他人解说，这样所获的福德，就比用那么多的七宝来布施所获福德要多。”

详解

“须菩提，如恒河中所有沙数，如是沙等恒河，于意云何？是诸恒河沙，宁为多不？”须菩提言：“甚多，世尊。但诸恒河尚多无数，何况其沙。”

此乃金刚经较量功德之文。

佛法讲有为及无为，世间法完全是有所作为，称有为法，有为则有人天的福报，或三恶道之罪报。法身无为，无为则无相，不堕诸数，所以谓："佛真法身，犹如虚空，无可表量。"

有为法有三相：生相、住相、灭相，有生住灭三相就是无常，无常是不实在，所以世间法如幻如化，虽有不实，不实就是无常，无常是苦，苦就是众生，佛愿一切众生离无常的苦，得真常之乐，因此讲般若经，若世间法看不破，就不会求真常般若之法，所以一定先要把世间法放下，是故世尊先请有为世间法，再讲无为法之功德，有为法在此段经文中讲得很清楚。

佛问须菩提，如一条恒河的沙，以一粒沙为一条恒河，所有恒河中的沙，共为多否？

须菩提答："甚多，世尊。但诸恒河尚多无数，何况其沙。"此是有为法，有数有量。

恒河沙又略称为恒沙；恒河沙数，是比喻数量极多。何故世尊常以恒河沙来比喻数量极多呢？依《大智度论》云："问曰：'如阎浮提中，种种大河亦有过恒河者，何故常言恒河沙等？'答曰：恒河沙多，余河不尔。复次，是恒河是佛生处、游行处，弟子现见，故以为喻。复次，诸人经书皆以恒河为福德吉河，若人中洗者，诸罪垢恶皆悉除尽，以人敬事此河，皆共识知，故以恒河沙为喻。复次余河名字屡转，此恒河世世不转，以是故以恒河沙为喻，不取余河。"

一条恒河沙的数量已经够多，何况是恒河沙数条的恒河中之沙数，那更是难以计数，可是恒河沙也是有限量啊！虽然是有限量，却也是甚多甚多。"邪师说法"也如恒河沙一般，自古以来一直都是如此。邪师并不是恶师，邪师只是知见偏邪而已，本来正法是中道实相之法，邪师却多以常见或断见之法教导众生。由于知见偏邪，不能令人获得功德正受，不能令人解脱，不能令人证悟，不能证悟，就不能成佛，所以若是知见偏邪，众生就毫无解脱生死之可能。

恒河沙数的众生受到恒河沙数之邪见所误导，实在可伤可痛。会有如此现象，只因众生福薄，只因正法力量太弱，只因邪师太多，只因大乘经典被邪师否定，只因大乘了义正法之弘传极为困难，众生所学到的偏邪知见太多太多，如恒河沙一般。

"须菩提，我今实言告汝：

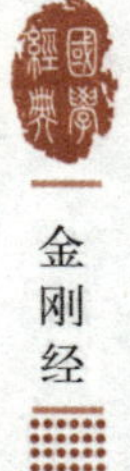

世尊云:“我不以世间法说，我以真实的法告诉汝。”

若有善男子、善女人，以七宝满尔所恒河沙数三千大千世界，以用布施，得福多不?”须菩提言:“甚多，世尊。”

假使有善男子或善女人，以胜妙的七宝，盛满了这些等于恒河中沙数的恒河中的沙，像这样多的世界来奉施如来应正等觉！须菩提，在你的意思怎样？这善男子或善女人，由这种奉施因缘，所生福聚算不算多呢？依世间的心理着想，奉施物是胜妙的七宝，奉施的量又那样的大，所奉施的人又是最胜的如来，由这种因缘所生的福聚，还可限量吗？所以须菩提的回答，说是很多。

有人曾说:“一万只蚂蚁的真如等同一个人的真如。”这就是邪见的一种。一切众生的真如都是独立的，不可能由两个合成一个，也不可能由多个合成一个。真如无有大小，只有持大身、小身之差别。这是众生个别的业所成，在三界六道中随业流转，随业而受种种不同之身。但是众生的真如绝对不能由二合为一，或由多合为一。若是如此，则一头牛死后，会分成多少真如去受生呢？又要如何分配呢？又原来牛的业种要如何分配？即使以恒河沙数的蚂蚁真如也不可能合为一个人的真如，更不可能合为一个天人的真如。如《心经》云:“不增不减”，真如心是不会有增减的，所谓:“在圣不增，在凡不减”。有增减的是妄心，妄心于烦恼，善恶业等会有增减。这就是第一义谛所要修学之知见，佛弟子千万不要学到错误之知见。一个知见错误，就可能失去正确的修学方向，所耽误的道业就可能影响多生多劫，何况是如恒河沙数之邪见呢？

一条恒河的沙就已经够多了，恒河沙数条恒河中的沙数量自然甚多，难以计数。众生也是一样，甚多甚多，佛说无量无边之众生，但是能学佛的众生并不多，在无量众生当中只是占极少数，所以要能够信佛、拜佛、学佛，真的很不容易。能信佛、学佛不容易，要学到正法知见更不容易，这是一切佛弟子所面临的切身问题。

本来修学净土宗，念佛修行求往生西方应该是比较单纯的选择，但是长久以来净土宗之弘传和修学也面临诸多问题，并不是想象中那么容易。譬如有很多人一直强调要一心持念阿弥陀佛名号，对这一句名号要专，不要杂修杂行。其所谓的“杂修杂行”是指一切圣道之修学，以及六度万行。

不同的布施，有不同的福德，经典上说:“一切布施中，法布施为最。”法布施所获福德最大，但我们不能只挑这个来做，只行法布施，而是要平等施。有的人不会布施，所以福德不够；若只会行财布施，则福德是有限量的。所以要努力修学佛法，有了般若智慧，以智慧来行法布施，所获之福德才会广大。布施不能专挑法布施，要平等施。

佛弟子有没有能力行法布施，是佛弟子的一个大问题。要有能力行法布施，一定要有正知见，这是起码的条件。法布施的福德很大，是这个法要正确才有真正的功德、福德。偏邪知见的法布施、常见法的布施、断见法的布施，不但毫无功德、福德，反而是大罪过，未来所受苦报无量无边，这是佛弟子行法布施时所必须认真面对的。法宝比金、银、琉璃、玻璃、玛瑙、赤珠、珊瑚、珍珠等七宝重要，法宝布施是要正确的法宝，并不是错误或偏邪的法，错误偏邪的法就不是宝，既不是宝，就不应拿来布施。

对佛弟子来说，要明白，甚至通达《金刚经》之全部法义，真的很困难，所以要为人解说《金刚经》之法义，并不容易。若是为人解说此经的一章一句，乃至于四句偈之法义，就比较有可能。若有此机会，一定要如理作意为人详细解说。因为这是一种法布施，而且是了义法之布施，此种布施之功德很大很大。

佛告须菩提：“若善男子、善女人，于此经中，乃至受持四句偈等，为他人说，而此福德胜前福德。”

以法施于人，胜过财施。财施有尽，法施无穷，财施有相，法施无形，财施有为，有增有减，法施乃无为法，无增无减。受持一四句偈，能空四相，见自己的本来面目，就是清净法身佛，从清净心起修六度万行，庄严法身，功德庄严圆满，就是报身佛，法报和合，就是应身佛，三身佛都是从受持一四句偈的功德而来，所以受持一四句偈，其福德胜于前者。

《金刚经》是宣说法界实相第一义谛的经典，若能努力修学这部经，必能获得正确的般若知见；有了正确的般若知见，于学佛修行之方向才会正确，才能往正确之方向参究，如此就会有证得法界实相如来藏心之机会。然此事并不容易，自古以来一直就是很困难，所以禅门祖师说道："难如登天！" 佛弟子欲于《金刚经》得证悟，应该寻觅善知识，亲近修学，如法而求，欲求证悟，始有可能。有太多佛弟子走错路，悟错了，错把意识觉知心的境界误以为是真心如来藏。意识心的境界还是意识心，不管如何修行，意识心永远都不可能变成真心如来藏。若有人坚执意识心为常不坏真心，此人即是堕于常见，和常见外道并无轩轾。常见之法并不是正法，不能令人解脱，更不是大乘的开悟。因为无法和经典互相印证，是故非是正法，而是邪法。

以意识觉知心为常住不坏之真心，必定不能和《金刚经》相印证，不能印证《金刚经》者，绝对不是真心如来藏，因为《金刚经》所说的法界实相心是如来藏，不是意识觉知心。若有人所悟者，是能和《金刚经》相印证之如来藏，必能获得此经之般若智慧，了解此经之章句。这样的人就应该为人解说《金刚经》之法义，则福德无量无边。即使还未证悟，却具有正确之知见，若能以此正确知见，为人解说此经之四句偈，其福德胜于前面所说布施之福德。因为《金刚经》是了义经典，是宣说第一义谛之般若经典。般若既是诸佛之母，则为人解说此经四句偈之福德，大于前述布施之福德，也是合理的。

若有人以错悟之常见外道法为人解说，不但丝毫无有福德，反而罪过无量。说对了，功德就很大；若说错误的法，罪过也是很大，此事本是相对的。虽然法布施是我们必须努力做的事，但是还是要很小心。知见一定要正确，要符合经典之法义，如此的法布施才是真正的成就大功德。常见外道之法极为普遍，佛弟子一定要小心拣择才好。

评析

有位女施主家境很富裕，无论其财富、地位、能力、权力，还是漂亮的外表，都没有人能够比得上她，但她却还是郁郁寡欢，连个谈心的人也没有。于是她就去请教无德禅师，询问如何才能具有魅力以及赢得别人的喜爱。

无德禅师告诉她："你能随时随地和各种人合作，并具有和佛一样的慈悲胸怀，讲些禅话，听些禅音，做些禅事，用些禅心，那你就能成为有魅力的人。"

女施主听后，发问："禅话怎么讲呢？"

无德禅师回答:"禅话，就是说欢喜的话，说真实的话，说谦虚的话，说利人的话。"

女施主又问:"请问禅音怎么听呢?"

无德禅师回答:"禅音就是化一切音声为微妙的音声，把辱骂的音声转为慈悲的音声，把毁谤的声音转为帮助的音声，哭声闹声，粗声丑声，你都能不介意，那就是禅音了。"

女施主再问:"那请问禅事怎么做呢?"

无德禅师回答:"禅事就是布施的事，慈善的事，服务的事，合乎佛法的事。"

女施主更进一步问:"禅心是怎么用呢?"

无德禅师回答:"禅心就是包容一切的心，普利一切的心。"

女施主听了之后，一改从前的骄气，在人前不再夸耀自己的财富，不再自恃自我的美丽，对人总谦恭有礼，对眷属尤能体恤关怀，不久就被夸为"最具魅力的施主"了!

禅不只是理论，更是生活。生活里有禅，就会力量无穷，就会在人前受尊敬，到哪里都显得高贵，人生就会变得越来越快乐。

给别人多些宽容和理解就会少些猜疑和怨恨

"如果有人打了你的左脸，你应该把右脸也伸过来给他。"这不是退让和怯懦，也不是思想愚固，而是人性中的宽容与理解。如果在生活中，我们都能够给别人多一点宽容，多一点理解和尊重，那么，世界上就会少一些猜疑和怨恨，人与人之间会相处得更好。

唐朝开元年间，有位梦窗禅师，他德高望重，并且还做了国师。

有一次，他搭船渡河，渡船刚要离岸，远处来了一位骑马佩刀的将军，大声喊道:"等一等，等一等，载我过去。"他一边说，一边把马拴在岸边，拿了鞭子朝小船走来。

船上的人纷纷说道:"船已经开了，不能回头了，干脆让他等下一班船吧。"船夫也大声喊道:"请等下一班船吧。"将军非常失望，急得在水边团团转。

这时，坐在船头的梦窗禅师对船夫说道:"船家，这船离岸还没有多远，你就行个方便，掉过船头载他过河吧。"船家一看，是位气度不凡的出家师傅

开口求情，就把船开了回去，让那位将军上了船。

将军上了船后，就四处寻找座位，无奈座位已满。这时，他看到了坐在船头的梦窗禅师，于是拿起鞭子就打，嘴里还粗野地骂道：“老和尚，快走开！没看见你大爷上船了吗？快把座位让给我！”没想到，这一鞭正好打在梦窗禅师的头上，鲜血顺着他的脸颊汩汩地留了下来。禅师一言不发，把座位让给了那位将军。

看到这一切，大家心里既害怕将军的蛮横，又为禅师抱不平，人们纷纷窃语：这将军真是忘恩负义，禅师请求船夫回去载他，他不仅抢了禅师的位子，还打人家。从大家的议论声中，将军明白了一切，他心里非常惭愧，懊恼不已，但身为将军，他又不好意思认错。

不一会儿，船到了对岸，大家都下了船。梦窗禅师默默地走到了水边，洗掉了脸上的血污。此时，那位将军再也忍受不住了，他走上前，跪在禅师面前，忏悔道：“禅师，我真对不住您。”

谁知，梦窗禅师不仅没有生气，反而心平气和地说：“不要紧，出门在外，难免心情不好。”

第十二品　尊重正教分[1]

分名解说

①尊重正教分：教者，如来之教法也。如来住世八十年，说法四十九年，五时说教。初时说华严大乘，二时说小乘四谛法，三时说楞严，四时说般若，五时说法华。今云正教者，即说般若时之正教也。尊重正教者，即云诸佛菩萨，皆从此经出。末法众生闻此大法甚难，说者听者，皆须十分尊重般若妙法。所谓无量甚深微妙法，百千万劫难遭遇也。

经文

“复次，须菩提，随[1]说是经，乃至四句偈等，当知此处[2]，一切世间、天、人、阿修罗[3]，皆应供养，如佛塔庙，何况有人尽能受持读诵[4]。须菩提，当知是人成就最上第一希有之法，若是经典所在之处，则为有佛，若尊重弟子。”

经文注释

①随：随其所在之处也。

②当知此处：谓此心也。

③天、人、阿修罗：天，四天之类。人，世间之人。阿修罗，非天，非人，好战斗鬼神之一种。

④读诵：对文曰读，背文曰诵。读诵就是口熟其文心解其义也。

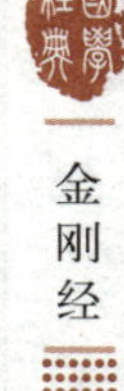

译文

接着，佛又说："须菩提，如人们随时随地解说这部《金刚经》，甚而至于仅只念诵四句偈语等，应当知道这个地方，所有一切的人和阿修罗，都应当像供养佛塔庙宇一样供养这个地方。何况有人能诵读并领受修持这部经！须菩提，应当知道，此人成就了最高的、第一的、最罕见的佛法。如果有这部经典所在的地方，就是有佛的地方，就是有佛最尊贵的弟子的地方。"

详解

"复次，须菩提，随说是经，乃至四句偈等，当知此处，一切世间、天、人、阿修罗，皆应供养，如佛塔庙，

"随"即随顺，随顺其理、随顺其义、其解、其行，是故能解能行般若，才称为随顺。能解能行般若的法师代表佛，法华经云："当知此人，则如来使，如来所遣，行如来事。"世间天人，均要恭敬供养能解能行般若之法师。

"如佛塔庙"者，塔供佛舍利，庙供佛像，此善男子善女人能说能解能行般若，般若在心，即此身内有如来法身舍利，犹如佛塔，心内有如来法身，犹如佛庙。

四句偈是四个句子所组成的诗偈，譬如："一切有为法，如梦幻泡影，如露亦如电，应作如是观。"这就是《金刚经》里的四句偈。世间，是指三界世间；"天"有二十八天，这二十八天的众生名为天；"人"是指地球人间之人，阿修罗则分布于五道当中，生性暴躁且喜诤胜。如理地宣讲、解说《金刚经》之全部法义，或者只是为人解说此经的四句偈语，一切的人、天、阿修罗都应供养、护持，如佛的塔庙。佛塔一般是供奉佛舍利之处，佛庙即是佛寺。供养、护持佛之塔庙，功德和在佛世供养佛，并无轩轾。为人解说

《金刚经》的全部法义，乃至一章一句，其功德也是如同供养佛之塔庙一般。

何况有人尽能受持读诵。须菩提，当知是人成就最上第一希有之法，

何况有人尽能受持读诵，当知是人，圆满最上第一稀有之佛法，就是摩诃般若波罗蜜多，从摩诃般若波罗蜜多，护大般涅槃。

佛法不离三德秘藏：法身德、般若德、解脱德，三德名为大般涅槃。“最上”是法身德，“第一”是般若德，“稀有”是解脱德。如来所证，不外是三德秘藏，三德也是常寂光净土，法身是常，般若是光，解脱就是寂。

为人解说《金刚经》之法义，就像佛宣说一样，给了众生一次受熏之机会。一次的闻熏，就种下一次了义正法之种子，累积了一分善根福德。一人受熏，一人受益；若有广大数量之众生能够听闻、熏习，就有众多人种下般若正法的种子；这些正法种子都能带到未来世去，成就众生未来证悟之因缘，此即是成就最上第一稀有之法。最上即是无上，是指如来藏是法界之实相，是一切万法之根源，一切万法都是由如来藏所出生，不离如来藏而有。如来藏正是宇宙一切万法之第一因，除了如来藏之外，没有超过如来藏者。除了如来藏之外，无有别余心体可作为一切法出生之根源，是故说名“无上”、“最上”。

此如来藏法界实相之法，不但是最上、无上之法，而且是第一稀有之法。众生自无始劫来，由于无明烦恼故，不知不证自己身中本具之法界实相如来藏心。是故于五蕴、十二入、十八界等一切万法，生起颠倒、妄想、分别、攀缘，乃至贪着这一切虚幻不实之境界。因此，于三界六道轮回生死，无有出期。对众生而言，法界实相第一义谛之法，即是第一稀有之法，是众生解脱生死之希望，是一切众生打破无明妄想之药方，是众生获得智慧第一稀有之法。若就说法而言，也是成就第一稀有之功德、智慧，成就最上第一稀有之法。

若是经典所在之处，则为有佛，若尊重弟子。”

自心诵得此经，自心解得经义，自心体会无着无相之理，所在之处，常修佛行，念念无有间歇，即自心是佛，故言所在之处，则为有佛。

经典是法宝，含实相的妙理，得法名为佛宝，佛、法和合，出生功德，名为僧宝，佛在世时，所有弟子都是佛法和合的僧宝，均为天人所尊重。

若是般若经典所在之处，有人尽能受持，其心是佛、是法、是僧，大乘三宝，常住世间。

法宝之所在，即如同有佛宝在，亦如同有受尊重之僧宝在。《金刚经》所在之处，如同佛在，即是有佛，亦如同有极受尊重的佛弟子在一般。如须菩提就是极受尊重的佛弟子，因为他有深妙的第一义谛智慧，他也成就最上第一稀有之法，所以是“尊重弟子”。因为《金刚经》是了义经典，是宣说第一义谛之经典，是般若经典，般若是三世诸佛之母，是故经在如佛在，即为有佛。很多人都说，持诵《金刚经》之功德很大，但是要真正了解《金刚经》之功德，必须等到证悟之后，才会慢慢了知。从《金刚经》证悟，虽然只是般若总相智，但是它却是往后修一切增上慧学之根本。进入了这个“不二门”之后，才算是真正修行的开始；在进入不二门之前，都只是资粮位而已，唯是修集一切福德资粮。在这个阶段所修的六度万行，都是外门修，这个资粮位就需要无量劫的修行，不是那么容易的。一切佛弟子必须深切了知此部经对一切众生来说，是无比的重要。

评析

有一天，奕尚禅师从禅定中起来时，外面刚好传来阵阵悠扬钟声，禅师特别专注地竖起心耳聆听，待钟声一停，他忍不住召唤侍者询问：“早晨敲钟的人是谁？”

侍者回答道：“是一个新来参学的沙弥。”

于是奕尚禅师就让侍者将这沙弥叫来，问道：“你今天早晨是以什么样的心情在敲钟呢？”

沙弥不知禅师为什么要这么问他，他回答道：“没有什么特别心情，只为敲钟而敲钟而已。”

奕尚禅师道：“不见得吧？你在敲钟时，心里一定念着些什么！因为我今

天听到的钟声，是非常高贵响亮的声音，那是只有正心诚意的人，才会敲出这种声音。”

沙弥想了又想，然后说道：“报告禅师！其实也没有刻意念着，只是我尚未出家参学时，家师时常告诫我，敲钟的时候，应该要想到钟即是佛，必须要虔诚，只有敬钟如佛，才配去敲钟。”

奕尚禅师听了非常满意，再三提醒道：“往后处理事务时，都要保有今天早上敲钟的禅心，你将来必定会有所作为。”

这位沙弥从此养成了恭谨的习惯，不但敲钟，做任何事，动任何念，一直记着奕尚禅师的开示，保持着敲钟的禅心，终于大彻大悟。

他就是后来有名的悟由禅师。

禅心是专心致志，是心无杂念。凡事都应带有几分禅心，即使再小的事也应如此。带着几分禅心去做事，终会有大悟、有大得。

只有心无杂念才能拥有一颗真正的平常心

每个人都有一颗平常心，但很少有人能体会到真正的平常心，所以平常心是很难得的。一个人只有心无杂念，把功名利禄看破，才能拥有一颗真正的平常心。

有个信徒问慧海禅师：“您是有名的禅师，可有什么与众不同的地方？”

慧海禅师答道：“有。”

信徒问道：“是什么呢？”

慧海禅师答道：“我感觉饿的时候就吃饭，感觉疲倦的时候就睡觉。”

“这算什么与众不同的地方，每个人都是这样的，有什么区别呢？”

慧海禅师答道：“当然是不一样的！”

“为什么不一样呢？”信徒问道。

慧海禅师说道：“他们吃饭时总是想着别的事情，不专心吃饭；他们睡觉时也总是做梦，睡不安稳。而我吃饭就是吃饭，什么也不想；我睡觉的时候从来不做梦，所以睡得安稳。这就是我与众不同的地方。”

慧海禅师继续说道："世人很难做到一心一用，他们在利害得失中穿梭，囿于浮华的宠辱，产生了'种种思量'和'千般妄想'。他们在生命的表层停留不前，这是他们生命中最大的障碍，他们因此而迷失了自己，丧失了'平常心'。要知道，只有将心灵融入世界，用心去感受生命，才能找到生命的真谛。"

只有心无外物才能让人无所察觉

只要你有心迹存在，无论隐藏得有多深，别人都可以探察到。要不想被别人探察到心迹，只有一个办法——做到心无外物。

三藏法师自诩神通广大，他来到慧忠禅师面前，想与他验证一下。

慧忠谦和地问："早就听说你能够看透人的心迹，不知是不是真的？"

三藏法师答道："只是些小伎俩而已！"

慧忠禅师于是想了一件事，问道："请看老僧现在身在何处？"

三藏法师运用神通，查看了一番，答道："高山仰止，小河流水。"

慧忠禅师微笑着点头，将心念一转，又问："请看老僧现在身在何处？"

三藏法师又运用神通，查看了一番，笑着说："禅师怎么去和山中猴子玩耍了？"

"果然了得！"慧忠禅师面露嘉许之色，称赞过后，随即将风行雨散的心念收起，反观内照，进入禅定的境界，无我相、无人相、无世界相、无动静相，这才笑吟吟地问："请看老僧如今在什么地方？"

三藏法师神通过处，只见青空无云、水潭无月、人间无踪、明镜无影。

三藏法师使尽了浑身解数，天上地下彻照，全不见慧忠心迹，一时惘然不知所措。

慧忠禅师缓缓出定，含着笑对三藏说："阁下有通心之神力，能知道他人一切去处，好极！好极！可是却不能探察我的心迹，你知道这是为什么吗？"

三藏摇摇头，满脸迷惑。

慧忠禅师笑着说："因为我没有心迹，既然没有，你怎么能够探察到？"

第十三品　如法受持分①

分名解说

①如法受持分：法者，般若之妙法也。凡经律论三种俱是教法。如法受持就是说的依法而修。先由多闻而求解，由解而行，由行而证。推而广之，有八万四千法门，对治众生八万四千烦恼，因病施药，种种皆对治法门。譬如众生淫怒痴之病，就用戒定慧治伏之。五根五力，四正勤，四神足，七菩提分，八圣道分，三十七道品，无一不是修行人的妙法。今言受持的意思，是专指受持般若妙法。因为受持般若，诸法皆具足也。前边说的法身非相，重重破执，已于一相无相分中，将般若的妙理，逐细显出，至此群疑顿释，言至理极，所以空生领悟旨义，请诘经名。

经文

尔时，须菩提白佛言："世尊，当何名此经，我等云何奉持？"佛告须菩提："是经名为《金刚般若波罗蜜》，以是名字，汝当奉持。所以者何？须菩提，佛说般若波罗蜜，即非般若波罗蜜，是名般若波罗蜜。须菩提，于意云何？如来有所说法不？"须菩提白佛言："世尊，如来无所说。""须菩提，于意云何？三千大千世界所有微

尘是为多不？”须菩提言：“甚多，世尊。”“须菩提，诸微尘，如来说非微尘，是名微尘。如来说：世界，非世界，是名世界。须菩提，于意云何？可以三十二相①见如来不？”“不也，世尊。不可以三十二相得见如来。何以故？如来说：三十二相，即是非相，是名三十二相。”“须菩提，若有善男子、善女人，以恒河沙等身命布施；若复有人，于此经中，乃至受持四句偈等，为他人说，其福甚多。”

经文注释

①三十二相：如来具容貌相好十二种，身体相好十种，手足相好十种。以三十二种净行，修成三十二种相好。此三十二相，都是应身相。应相可见，法相则不可见。三十二相名称如下：（一）足安平相，（二）千辐轮相，（三）手指纤长相，（四）手足柔软相，（五）手足缦网相，（六）足跟满足相，（七）足趺高好相，（八）造字如鹿王相，（九）手过膝相，（十）马阴藏相，（十一）身纵广相，（十二）毛孔生青色相，（十三）身毛上靡相，（十四）身金色相，（十五）身光面各一丈相，（十六）皮肤细滑相，（十七）七处平满相，（十八）两腋满相，（十九）身如狮子相，（二十）身端直相，（二一）肩圆满相，（二二）四十齿相，（二三）齿白齐密相，（二四）四牙白净相，（二五）颊车如狮子相，（二六）咽中津液得上味相，（二七）广长舌相，（二八）梵音深远相，（二九）眼色如金精相，（三十）眼睫如牛王相，（三一）眉间白毫相，（三二）顶成肉髻相。

译文

这时，须菩提恭敬地对佛说：“世尊，当如何称呼此经，我们要如何奉行实践？”佛告诉须菩提：“这部经典名为《金刚般若波罗蜜》。用这个名字为经题，你们应当奉行实践。为什么要这样呢？须菩提，佛说般若波罗蜜，为令一切有情依‘应无所住而生其心’的智能，远离色声香味触法所引起的种种贪欲烦恼，而到达不生不灭境界，是一种修行法门，不是玄谈空理。其心要是‘若见诸相非相刚见如来’，宇宙人生无一真实，令你离苦得乐的般若波罗蜜也是虚幻不实在的般若波罗蜜，非法非非法。须菩提，你的意思怎么样？

如来有所说法吗?”须菩提对佛说:“世尊,如来没有说。”“须菩提,你的意思怎么样?三千大千世界所有微尘,是多不多?”须菩提说:“很多,世尊。”“须菩提,这么多的微尘,如来说,是虚幻的微尘,只是名叫做微尘。如来说世界,是虚幻的世界,只是名叫做世界。须菩提,你的意思怎么样?可以佛色身的三十二种好相见无所从来亦无所去的如来吗?”“不可以,世尊。”“为什么呢?须菩提。”“如来说佛色身的三十二种好相,就是虚幻相,只是名叫做三十二相。若见诸相非相,当知虚幻相虽然有生灭变化,实际上本来就没有生灭,和不生不灭,无所从来亦无所去的如来并没有两样。那么,你眼睛所看到的,耳朵所听到的,鼻子所嗅到的,舌头所尝到的,身体所碰触到的;心里所想到的,无不是虚幻相,无不是无所从来亦无所去的如来。”“须菩提,如果有善男子善女人,像恒河沙数那样多次的以身命来布施。如果另外有人以此经中的道理,甚至只实践四句偈语,并解说给别人听,他的福德甚多于以身命布施。”

详解

尔时,须菩提白佛言:“世尊,当何名此经,我等云何奉持?”

能断金刚,在解释本经题目时,已说了两义,就是喻能断智慧及所断疑惑。现在还有一义,比如金刚神手中拿的金刚杵。金刚杵的形式,是两端大,中间细。这两端就是显大乘菩萨的因果:因地从初发心,要缘广大境发广大心,到了果地,成佛时转识成智,平等普照一切诸法。在菩萨因地,果地,都很广大,比如金刚杵两端都很大。但菩萨从初发心以后,中间要经过资粮、加行、通达、修习的四位,乃到究竟的果位。入通达位时,又有真见道、相见道,真见道就是根本无分别智证实相真如,是一相无相的;这无相无分别智,就是无二无二分的清净般若智。所以以金刚杵最细的中部,正喻这独特无二的智慧。本经所取的金刚义,也正在这独特无二的真见道。这真见道能断我、法二执,烦恼、所知二障,所以名为能断金刚。由能断的金刚般若慧

为功用，就能到究竟彼岸，所以将此法门名为能断金刚般若波罗蜜多。须菩提听佛说完了受持此法门的功德，他就又请白佛言：世尊！此法门叫什么名字？我应当怎样奉持呢？

每一部经宣讲时或宣讲后，弟子都会请问佛：“当何名此经？我等云何奉持？”《金刚经》也不例外，我们在阅读经典前，就可以从这部经名字了解这部经之重点，也可以从参与法会听法者以谁为上首，就可以知道这部经是何种经典。

佛告须菩提：“是经名为《金刚般若波罗蜜》，

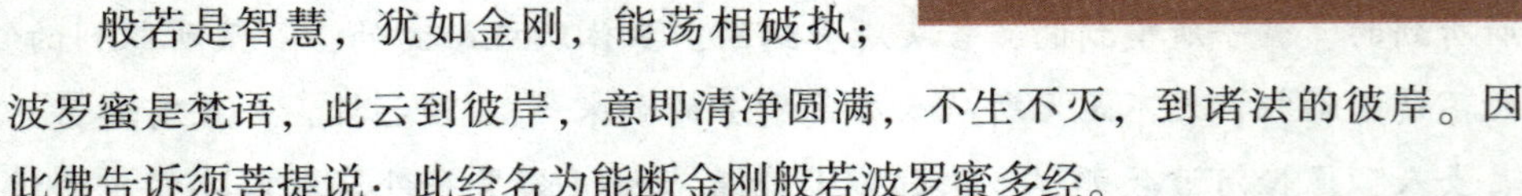

般若是智慧，犹如金刚，能荡相破执；波罗蜜是梵语，此云到彼岸，意即清净圆满，不生不灭，到诸法的彼岸。因此佛告诉须菩提说：此经名为能断金刚般若波罗蜜多经。

如来藏本来即存在，本来即自住于涅槃之境界，本来是自住于解脱之境界，是涅槃之彼岸。“波罗蜜”意指到彼岸，即是到解脱之彼岸。因为已亲证了法界实相如来藏心，所以有般若智慧，了知解脱彼岸之境界。了解这个道理之后，就要以证得这个如来藏为目标而努力修学，亲证之后了知如来藏的体性，就具有般若总相智慧。般若总相智慧只是一个总相，只是基础而已。有了总相智慧，才能修学较细的别相，得到别相智。别相智是后得无分别智，总相智是根本无分别智。证得总相智之后，才能逐渐修学别相智、道种智、一切种智，这些都叫后得无分别智。如此依照道之次第循序修学，直到究竟圆满一切种智之修证，要如此受持奉行。

佛说般若波罗蜜，这个名相是佛说出来的。是否有一个真实的般若波罗蜜呢？没有！事实上，般若波罗蜜只是意识心所证的一个境界，意识心证了这个境界，就是获得般若波罗蜜，但并没有一个真实的般若波罗蜜的法存在。“金刚”是在形容如来藏具有金刚不坏之体性，证得如来藏这个心体的人，在他安住这个如来藏无生境界不退转时，即得般若波罗蜜。这种般若波罗蜜，即名金刚般若波罗蜜，但并不是有一个真实的般若波罗蜜的法。若意识心有了这种智慧，才叫做般若波罗蜜。

以是名字，汝当奉持。

金刚般若波罗蜜，只是一个名字，不是法，顾名思义，便可得法。顾这个名，解名中之义，得般若之法，所以云:“以是名字，汝常奉持。”——这样的名字，你应当奉持。

求法不是在名字中求，在义上求，以是名字，汝当奉持——奉其名而持其义。所以诵经若不思维，不能解第一义，应该从文字般若，观照其义，是为观照般若，由观照般若而解其义，到了涅槃彼岸，就是实相般若，就是波罗蜜。

证得般若波罗蜜之菩萨了知，所谓证得般若波罗蜜，只是假名而已。菩萨若以如来藏的立场来看，如来藏根本就不会修行，也不证得般若波罗蜜。因为如来藏是无为性，无作无念，离见闻觉知，不能分别六尘境界，是故如来藏自无始劫以来，一直都不曾修行，也不会修行。会修行的是意识心，是意识心在听闻、思维、修行、证果，是故智慧之修证是意识心，不是如来藏。又意识心透过闻、思、修，最后找到了如来藏，了知如来藏真实体性，如此能忍于如来藏的无生境界，名为“入无生忍”。这样才算获得般若波罗蜜，是意识心证得、获得，然而并没有真实的般若波罗蜜可得。有许多佛弟子一天到晚修观想，以为这样可以观想真心，以为这个意识心观想的境界可以变成真心如来藏。然观想真心，必须先找到、证得真心如来藏之所在，才能去作观想，若事先都未曾证得真心如来藏，又如何知道真心之所在而去作观想呢?任何的观想，不管所观想之境界是如何，所有观想之境界都不离自己的内相分；又内相分是如来藏所变现，那只是虚妄不实的尘境而已，并不是真心如来藏之心体。

所以者何?须菩提，佛说般若波罗蜜，即非般若波罗蜜，是名般若波罗蜜。

此乃归根得旨之文。

佛说般若波罗蜜，是文字般若，从文字般若起观照般若，照见万法皆空，般若亦空，故云:“即非般若波罗蜜”；般若空时，见到诸法的实相，就是实相般若波罗蜜，故云:“是名般若波罗蜜”，三般若次第而来。

因为这般若波罗蜜多，在如来说为非般若波罗蜜多，这才是如来所说的般若波罗蜜多。般若波罗蜜多，这本是因缘和合，假立名言，无定相可取可得，所以如来说这种波罗蜜多，是非波罗蜜多。既无定相可取，可得，就是无相实相，证这无相实相的，就是根本无分别智，这才是如来所说的般若波罗蜜多。

一切观想所得的境界，都是虚妄的境界。不管是圣境也好，恶境也好，都非真实，不可执着而以为真实，否则即成一种虚妄想而已。有人学佛修行，并不依照佛所宣说之经典修学，成天只是打坐修观想，冀望借着观想的境界来获得解脱，证得智慧，如此名为虚妄想者。如此虚妄修观想者，永远无有解脱之时，也无有证悟之时。不能依止经典上之教语，即不能具有正确之般若知见；知见都不能正确建立，则修学之方向就不可能正确，必会偏离。如此何有证得真心如来藏之可能？何有获得般若智慧之可能？不信受佛之经典、不依佛之经典修学而只是打坐修观想者，无论所观想境界是如何，都不离内相分，都在六尘境内。如此何有证得般若波罗蜜之可能？一切喜于修观想者，是否愿意于此多作深思呢？

须菩提，于意云何？如来有所说法不？”

般若不但空一切法，般若亦自空，所以般若波罗蜜义，法空心亦空，如来证般若时，一切法空，佛心亦空，故佛问须菩提：“如来有所说法否？”若有心则有法，便是有所说，惟是如来法空心亦空，那么如来有所说法吗？

阅读过《金刚经》的一切佛弟子，都曾经有过疑惑，如来明明说法四十九年，却还问须菩提说：“如来有所说法不？”明明如来说法四十九年，须菩提难道会不知道吗？何故须菩提却还要回答世尊说：“如来无所说。”这到底是什么意思呢？我们千万不可说：“世尊说话颠颠倒倒！”也不可以说：“须菩提违背事实！”因为如来不可能“说话颠倒”，须菩提也不可能“违背事实”，他们都是有智慧者，他们所说的都是事实。佛弟子应该相信佛语才对，应该要参究其中的道理，这样才是修学《金刚经》的正确态度，要相信佛在此所说是深妙法。对于佛在经典中所说的话，众生只有相信，不可怀疑，只有众生错，不会是佛错。

须菩提白佛言：“世尊，如来无所说。”

须菩提回答说：不能。没有微少的法，可为如来说。因为佛说一切法，为破一切相，正显无分别所显无相实相真实，所以如来说的一切法，毕竟无可说，所以说无有少法如来可说。达摩祖师初见梁武帝时，武帝告诉祖师说：我曾广作造寺、饭僧、印经、供佛等种种功德。达摩祖师说：这不过是人天小果有漏之因，并无功德。武帝问他说：那么什么是无漏功德呢？祖师回答说："净智妙圆，体自空寂，如是功德不向世求。"此文所说般若功德，就是这净智妙圆，体自空寂的意义。

须菩提直心而答，如来心空无所说，如来法空无所得，一切心、法俱空，始终无所说，所以佛临入涅槃时，文殊请佛再转法轮，佛问文殊："汝曾见我转法轮耶？吾成佛至今四十九年，未曾说着一字。"

如来心空、法空，无所得心即无所说矣。

"须菩提，于意云何？三千大千世界所有微尘是为多不？"须菩提言："甚多，世尊。"

佛告须菩提，汝既已知如来心空，无所说，一切法空，就是般若，那么大千世界的微尘空时，还可说多否？

须菩提初不解佛意，未见微尘性空，所以答言甚多。

犹如梦中见有黄金、有山有水、有饮有食，醒来后，别人问："黄金多否？"此人答言黄金甚多，山水甚美，饮食可口，当知此人，犹未梦醒，尚说梦中话。

须菩提亦复如是，若解般若，一切法空，大千微尘亦空，则不应答言甚多。

一般人要看懂经典，尤其是大乘了义法之经典，并不容易。这些了义经典是要证悟之后，慢慢才能看懂。初悟者或慧力不足者都不容易看懂，更不可能从其中整理出正确的般若知见。

阅读《金刚经》也是一样，一般未悟之佛弟子并不容易看懂，也无法从经典上整理出正确的般若知见，这正是修学大乘了义法倍极困难的地方。要修学正确的般若知见，最重要的还是去寻找善知识比较要紧，很多人于善知识常视而不见，屡屡错过机缘，实在是莫大的损失，令人惋惜。

微尘本即不可数，微尘仍是四大假合之物，而地、水、火、风四大元素亦是不可计数。三千大千世界的微尘当然很多，佛会再次问这个问题，是为了宣说深妙法而作比喻。

成就佛道要修的法很多，这些法名为佛菩提道，要完成佛菩提道之修证，必须经过三大阿僧祇劫之修学。阿僧祇即是无量数之意，要三大无量数劫的修行，才能成就佛道；既然说是无量数。在这个漫长的过程当中，证悟前都是外门修而已，要等到悟后才是内门修。“内门修”，是说在般若智慧的导引下，去修六度、八万细行。因为有般若智慧，所修之六度就有波罗蜜，始名为行六度波罗蜜。而“外门修”，是指证悟前还未具有般若智慧，所修的六度万行，就是外门修。由于缺少般若智慧之引导，悟前修六度者不能到彼岸，即是没有般若波罗蜜，是故也没有布施、持戒、忍辱、精进、禅定等波罗蜜。这当中的差别极大，是故佛弟子当发愿求证悟，这也正是佛要宣说《金刚经》之原因。

“须菩提，诸微尘，如来说非微尘，是名微尘。如来说：世界，非世界，是名世界。

世界属果报，无果报不成世界，娑婆世界是五浊的果报，是由众生过去种种妄念所成，凡夫的妄念，多如微尘，由妄念的微尘作种种业，结成今世妄念的果报，善妄念微尘造天的世界，恶妄念微尘造地狱世界，亦善亦恶的妄念微尘造人的世界，好胜微尘造阿修罗的世界，以瞋恨的微尘布施，造龙的世界，所以大千世界的果报，都是由妄念微尘造成。

以般若观照之，妄念微尘来无所从，去无所至，微尘性空——善妄念、恶妄念、憍慢等妄念微尘，一切空空如也，妄念微尘空，即非微尘。

妄念空，是为无念，无念则清净，妄念微尘转为清净微尘，故如来说非微尘，是名清净微尘，所以如来在微尘里转大法轮。

微尘空，世界亦空，世界空，“即非世界”；微尘清净，世界亦清静，故如来说非世界，是名清净世界，是故如来于十方诸国土，无刹不现身。

“非”者，空也，世界空，是名世界，世界不空，不名世界。

大乘了义经典所必须修学的法、所要亲证的智慧，多如微尘，深不可测，却有人以凡夫之心量妄求佛智，而不能相信大乘经典之了义正法，又以菩萨自居。如此之学佛修行，又如何有机会进入唯识种智之大智慧海中呢？难！难！难！譬如“龙象蹴踏，非驴所堪”。凡夫行菩萨行亦复如是，无有势力令众生入于正法。努力弘传邪见之结果，唯是误导众生和自己一起走入三恶道之深坑而已，何有利益可言？

微尘是色法，山河大地是色法，都是由众生的如来藏所造，是众生之共

业所成。一颗石头是色法，但石头不真实，可以碎坏为微尘；一个茶杯是色法，但茶杯不真实，茶杯破了就不名茶杯；山河大地是色法，可是山河大地并不真实，劫坏时，山河大地亦复不存。即使山河大地碎为微尘，此诸微尘亦不真实，微尘实由四大所成，地、水、火、风四大所成之微尘何有真实可言？所以说“诸微尘，如来说非微尘，是名微尘”。

布施可分为外财布施和内财布施。以身命来布施，即是内财布施。身是色身的一部分，如脑髓、眼珠、耳朵、手臂、内脏……就等于舍命布施了。佛在成佛之前最后百劫修相好，其所布施者，主要还是内财布施。内财布施并非众生都有能力去做，所以并不鼓励凡夫众生去行内财布施；至少也要八地以上之菩萨才比较有能力，是故不要勉强行内财布施。至于身体器官捐赠，牵涉许多问题，需要在一定条件下而为；尤其是在临命终，更要特别小心谨慎，而且亲人也不要擅自为临命终的亲人作决定。

须菩提，于意云何？可以三十二相见如来不？”“不也，世尊。不可以三十二相得见如来。何以故？如来说：三十二相，即是非相，是名三十二相。”

须菩提满以为，世间的因果就是微尘世界，以般若观之，一切皆空，生死大梦醒，得证实相，但出世间法，如来以三十二相，应现人间，说法度众生，可不应空。

然以般若观照，不论世间或出世间法，均是平等，皆应空却，才可证实相，实相是诸法的实相，无世出世间两个。

佛问须菩提，可否以三十二相见法身如来，须菩提猛然醒悟，答言：“不也，世尊。三十二相是佛的应身，应身的三十二相不空，不能见法身如来。”

应身是由法身所现，所谓从本垂迹，因迹见本，本，是法身佛，法身本来就是佛，无有成与不成，迹，是应身佛，若以般若时计，应身佛是在四十年前，在菩提树下成等正觉，今日世尊从法身起应身，应身佛有三十二相，见到三十二相，是否就是见到法身如来呢？

须菩提认为法身无相，应身有相，所以云不应以三十二相，见法身如来。

着相迷性，不能见法身如来，相空，离相见性，即见法身如来。

三十二相从缘而起，依他而生，所以三十二相无有自性，故云："即非三十二相"，若不着三十二相，三十二相空，证实相般若，即见法身如来，法身无相而现三十二相，所以"是名三十二相"。

"须菩提，若有善男子、善女人，以恒河沙等身命布施。若复有人，于此经中，乃至受持四句偈等，为他人说，其福甚多。"

凡夫未空五蕴，虽以五蕴之身命来布施，有能施所施之妄心，只可得人天福，不能了生死，更何况成佛。菩萨空五蕴，不见五蕴，不见身命，无能所之妄心，以智慧布施，是无相施，得涅槃果。

若有人受持此经，照见五蕴皆空，实相现前，见法身如来，从实相起修，成报身佛，从报而起应，成应身佛。

受持此经乃至一四句偈，三身如来便已具足，自证三身如来，又教人证三身如来，法、报、应，三身如来是无漏福，胜过以恒河沙等身命布施的有漏人天福。

评 析

中国古代有一个大辩士、名家学派创始人名叫公孙龙（约公元前 320 ~ 前 250 年），他提出了一个很有趣的命题叫做"白马非马"，在当时的学术界引起了一场大辩论。

对于一般人来说"白马是马"是一个常识问题，就如同说"我是人"一样无需争辩，可是经公孙龙"白马非马"这么一说，问题就变得复杂起来，怎么"白马不是马"呢？孔子有一位六世孙叫做孔穿，是当时的一个大名人，为了驳倒公孙龙的理论，专程去找公孙龙辩论，结果被驳得无言以对，败下阵来。

辩论场所是选在赵国平原君的家里。

看来孔穿很会选择场所，在一个富豪的家里辩论，那里的环境好，可以使思路清晰、增强胜算。

双方施礼之后，孔穿首先发难，对公孙龙说："一直以来我听说先生的德义高尚，早就愿为弟子，但是不能认同先生您'白马非马'的学说！请您放弃这个说法，我就拜您为师，愿做您的弟子。"

"白马非马"是公孙龙的成名作，要他放弃倒不如杀了他，他若是肯放弃，那就不是公孙龙了。只见公孙龙不慌不忙地回答孔穿说："先生的话错了，我之所以出名，是由于'白马非马'的学说罢了。您现在要我放弃它，我就再没有什么可以教您的了。"接着公孙龙又批评孔穿的求学态度："想拜别人为师的人，总是因为自己的知识和学问不如别人吧？现在您要我放弃自己的学说，这是您先来教我，然后再拜我为师。这是错误的。"

公孙龙不愧为一位大辩士，几句话就令孔穿处于被动状态，不知如何应对。在教训过孔穿之后，他又宣传起自己的理论，引经据典地说："这个'白马非马'的说法，也是您的先祖孔子所认同的。孔子尚且认同它，您能不认同吗？"

于是公孙龙向孔穿讲述一件孔子往昔的轶事："当年楚王曾经带上珍贵的'繁弱弓'和'亡归箭'去云梦猎场打猎，不知何故把弓箭弄丢了。

随从们请求楚王派人去寻找。

楚王说：'不用找了。楚国的人丢失了弓箭，也是楚国的人拾了去，又何必寻找呢？'仲尼听到了这件事后说：'楚王的仁义还没有到家。应该说是人丢失了弓箭，也是人拾了去就是了，何必要说楚国呢？'"

公孙龙说完这件轶事之后接着说："照这样看来，仲尼是把'楚人'和'人'区别开来的。人们认可仲尼把'楚人'和'人'区别开来，却不认可我把'白马'与'马'区别开来，这是错误的。"

最后，公孙龙做"结案陈词"，严肃地对孔穿说："先生您遵奉儒家的学说，却反对先师的观点；希望跟我学习，却叫我先放弃所教的东西。这样做即使有一百个我这样的人，也无法做你的老师啊！"

公孙龙的一番话，说得孔穿无言以对。

其实“白马非马”这个有趣的命题，本来是战国时期稷下一个名叫儿说的人最先提出的，后来经公孙龙的发扬光大，演变成了一种学说。至于它的本意原来是想表达什么，后人已经无从查考。

公孙龙是在诡辩吗？怎么能说白马不是马呢？其实他不是诡辩，是别人没有明白他想表达的意思罢了。“白马非马”这个命题重在对“非”字的理解。这个“非”字不能解作“不是”，而应解作“不同于”或“不等于”。它想表达的有两层意思：其一，是说白马不等于马，白马只是属于马类之中的其中一种，不是马的全部，并不是说白马不是马，也不是说白马不属于马。

如果白马等于马，那么骑马就必然是骑白马了。凡是“等于”的东西都是两位一体，同义而异名，换言之即是概念相同而名称不同，两者是可以互相调换着来说的，就像我们说佛祖就是世尊，世尊即是佛祖的道理一样，两者可以画等号。

其二，是说白马的“白”表达色（颜色）的概念，“马”表达形（形体）的概念，色与形是两个不同的概念，前者是表达毛色，后者是表达属种，两者不能够混为一谈。

如果色与形只是同义而异名，表达的是同一个概念，两者之间没有任何分别，那么有人骑白马岂不是等于骑黑马？公孙龙的理论是属于现在形式逻辑的内容，中国古代没有逻辑学，人们不容易弄得明白，再加上文言文有一字多义的特点，才引发了当时的一场大辩论。

若想改变命运先要改变心态

想改变自己的命运固然是件好事，但不可只追求表面形式上的改变，应该先要改变自己的心态。只有改变了自己的心态，才能真正地改变自己的命运，否则只能是越改命运越坏。

众所周知，兔子是世界上最温顺的动物，它只吃青草，谁也不伤害。可是，它却被很多动物伤害：狐狸、狼、老虎……这太不公平了！有一天，兔子就向佛诉苦，它不想再做兔子了，希望佛改变一下它的命运。

佛很仁慈，马上答应了兔子的要求："好吧你想变成什么？"

兔子说："变成一只鸟，在天上自由地飞来飞去，那些狐狸呀狼呀虎呀就再也抓不着我了。"

佛把兔子变成了鸟。没过几天，鸟又来诉苦："仁慈的佛呀，我再也不想做鸟了！我们在天上飞，天上的老鹰能抓住我；我们在树上筑巢，树上的毒蛇能咬死我们。这样的日子实在是太难过了！"

佛问鸟："你想怎么样呢？"

鸟说："我想变成大海里的一条鱼，海里没有老鹰，没有毒蛇，我们才能安心地过日子。"

佛又把鸟变成了鱼。可是，鱼的处境似乎更糟，因为大海里到处都有"大鱼吃小鱼，小鱼吃虾米"的斗争。

过了几天，鱼又要求佛把它变成人。鱼说："人是万物之灵，他们住在坚固的钢筋水泥屋子里，使用着各种先进的武器装备，任什么凶猛的动物也不能伤害他们。相反，那些在山林里威风十足的狮虎，全被他们关在笼子里，供他们观赏取乐，那些蛇呀鹰呀，都成了他们餐桌上的美味……"

佛把鱼变成了人，心想，这下你该满意了吧！可是，过了不久，人照样来向佛诉苦："太可怕了！到处都在流血，到处都是尸体，到处都是废墟……我们再也没法活了！"原来人类发生了战争，数以万计的士兵在互相残杀，无数的平民流离失所，死于饥饿和寒冷。

佛问人："你到底想怎么样呢？"

人说："我想到另一个世界去，你把我变成佛吧！"

佛没有答应人的这个要求，他说："如果你改变不了心态，你永远成不了佛。"

第十四品　离相寂灭分[1]

分名解说

①离相寂灭分：离相者，离一切幻相也。世间一切相，皆是幻化之相。凡夫不知此幻相虚而不实，所以执着取舍，处处为虚妄相所惑。妄境时时熏妄心，真性为外尘相所遮蔽，终日为环境所转，因起惑而造业，因造业而受苦，长劫轮回，无有休息。若能离相，不为相所惑，则无执着取舍矣！既无执着取舍，尘相空矣！内心不出，外尘不入，则动静不生矣！动静不生则寂矣。所云寂灭者，初伏尘外，次尽内根，根尘双脱，先破人我，更进一层，又破法我，觉所觉之相亦离，再进一层，俱空不生，空所空之相亦亡，生灭灭已，寂灭现前矣。

又忍有六义：（一）力忍，不忘嗔，但不报也。（二）忘忍，雅量容物，处辱如无也。（三）反忍，反己自责，不尤人也。（四）观忍，外人内身，皆达如梦也。（五）喜忍，喜其能成我之忍力也。（六）慈忍，怜彼加辱者愚痴，而发愿度之也。

经文

尔时，须菩提闻说是经，深解[1]义趣[2]，涕泪悲泣，而白佛言：“希有，世尊。佛说如是甚深经典，我从昔来所得慧眼[3]，未曾得闻

如是之经。世尊，若复有人得闻是经，信心清净，则生实相，当知是人，成就第一希有功德。世尊，是实相者，即是非相，是故如来说名实相。世尊，我今得闻如是经典，信解[4]受持不足为难，若当来世，后五百岁，其有众生，得闻是经，信解受持，是人则为第一希有。

何以故？此人无我相、人相、众生相、寿者相。所以者何？我相即是非相，人相、众生相、寿者相即是非相。何以故？离一切诸相，则名诸佛。"佛告须菩提："如是！如是[5]！若复有人得闻是经，不惊[6]、不怖[7]、不畏[8]，当知是人甚为希有。何以故？须菩提，如来说第一波罗蜜，即非第一波罗蜜，是名第一波罗蜜。须菩提，忍辱[9]波罗蜜，如来说非忍辱波罗蜜，是名忍辱波罗蜜。何以故？须菩提，如我昔[10]为歌利王[11]割截身体，我于尔时，无我相，无人相，无众生相；无寿者相。何以故？

"我于往昔节节支解时，若有我相、人相、众生相、寿者相，应生嗔恨。须菩提，又念过去于五百世[12]作忍辱仙人[13]，于尔所世，无我相、无人相、无众生相、无寿者相。是故须菩提，菩萨应离一切相，发阿耨多罗三藐三菩提心，不应住色生心，不应住声香味触法生心，应生无所住心。若心有住，则为非住。是故佛说：'菩萨心不应住色布施。'须菩提，菩萨为利益一切众生，应如是布施。如来说：一切诸相，即是非相。又说：一切众生，即非众生。须菩提，如来是真语者、实语者、如语者、不诳语者、不异语者。须菩提，如来所得法，此法无实无虚。须菩提，若菩萨心住于法而行布施，如人入暗，即无所见。若菩萨心不住法而行布施，如人有目，日光明照，见种种色。须菩提，当来之世，若有善男子、善女人，能于此经受持读诵，即为如来以佛智慧，悉知是人，悉见是人，皆得成就无量无边功德。"

①深解：心中大悟的意思。

②义趣：就是义理旨趣。

③慧眼：圣人之心有七窍，一闻千悟，此智慧眼也。

④信解：心无所疑，了然领悟也。

⑤如是：所言深合佛理，即可之意也。

⑥惊：骇其言之过也。

⑦怖：恐其道之高也。

⑧畏：怯其行之难也。

⑨忍辱：内心含容谓之忍，外境横逆谓之辱。忍辱有三种。（一）生忍。（此是分别心忍受。即人对我，虽无礼相加，我要忍受。）（二）法忍。（菩萨行一切度生事，不生疲倦厌烦也。）（三）无生法忍。（不见生忍，不见法忍，忍知不生不灭的真法性）

⑩昔：指前生而言。

⑪歌利王：是梵语，意思就是极恶之君。

⑫五百世：就是五百生。

⑬忍辱仙人：就是如来佛，在前五百生，成仙的时候，一个仙人的名号。

译文

这时，须菩提听佛演说此经，深切明了此中义理，悲伤地流下眼泪，而对佛说："希有，世尊。佛说如是甚深经典，自从我证得照见一切众生根性的慧眼以来，没有听说过像这样的经典。世尊，如果有人能够听到这部经，信心清净，就发现了无上正等正觉心的真实现象，当知这种人成就了第一希有功德。世尊，无上正等正觉心的真实现象，就是没有任何什么相的虚幻相，所以如来说，只是名叫做实相。世尊，我现在能够听到这样的经典，信解实践，并不为难。如果将来第五个五百年开始的末法时期，有众生能够听到此经，就信解实践，这种人就是第一希有。"

"为什么呢？""这种人无我相、人相、众生相、寿者相。""为什么这样

说呢？我相就是虚幻相，人相、众生相、寿者相，就是虚幻相。为什么呢？既然我、人、众生、寿者相是虚幻相，离一切诸相就名叫做诸佛。”佛告诉须菩提：“就是如此，就是如此。如果有人能够听到此经，不惊讶我、人、众生、寿者相原来是虚幻相，不恐怖无上正等正觉原来也是梦幻境界，不畏惧无上正等正觉法不可取不可说，当知这种人很希有。”“为什么呢？”“须菩提，如来所说最希有无上的般若波罗蜜，就是虚幻的第一波罗蜜，只是名叫做第一波罗蜜。须菩提，以实践忍辱之行，到达不生不灭境界，如来说是虚幻的忍辱波罗蜜，只是名叫做忍辱波罗蜜。”“为什么呢？”“须菩提，在实践履行当中，如果有我、人、众生、寿者相，就不能名叫忍辱波罗蜜。”“为什么呢？”“比如以前，歌利王为试验我有没有嗔恨心，而割宰我的身体，我在那个时候，没有我相，没有人相，没有众生相，没有寿者相。为什么呢？因为我的眼睛耳朵四肢，被歌利王一一支解时如果有我相、人相、众生相、寿者相，应当会生起嗔恨心，那么就不可能在我发誓：‘如果我没有起嗔恨心，让身体复元如故’时，身体就真的复元如故了。须菩提，又念过去，五百生作忍辱仙人，在那些时候，我没有我相，没有人相，没有众生相，没有寿者相。所以，须菩提，菩萨应当离一切相。发无上正等正觉心，不应当住物质现象上生起妄想心，比如眼睛看见可爱的色相，心知可爱，但不要生起贪爱喜欢，看见不可爱的色相，心知不可爱，但不要生起厌恶情绪。向来，我们身区清净环境，便想多待一会儿，这已经生起贪爱欢喜心，如果处在污秽环境，行动自然快捷，巴不得赶快离开，这已经生起厌恶心。当我们看到俊男美女，习惯性地多看他一眼，诸君，这是欲心！当我们和面目可憎的人在一块时，厌恶之情油然而生，这也是欲心在作祟，没有欲心不会有厌恶之情绪。还有，我们见钱眼开，见宝物便想要拥有，布施时心生不舍，都已经生妄想心，住物质现象上，处在凡夫境界，无上正等正觉心本来如如不动，你自己背离迷失，失却了菩提。不

应当住在声音、香气、滋味、细滑、思想记忆等现象上生起妄想心，比如耳朵听到悦耳的声音，心知声音悦耳，但不要生起贪爱喜欢，听到聒噪声音；心知聒噪，但不要生起厌恶情绪。悠扬的音乐令人情绪波动，所谓陶醉，已经堕在妄想境，如果听到刺耳的声音，心烦不安，都已经失却无上正等正觉心。平日最常面临的是听到动心的异性声音，你如果觉得好听，想多听他一句话，当心，你可能已经堕入欲心，如你觉得某人说话令人厌恶，不必有厌恶的情绪产生，你如果心生厌恶，所发露的无上正等正觉心本来如如不动，在这个时候，你自己背离迷失，失却了菩提。又比如鼻子闻到香气，心知好闻，但不要生起贪爱喜欢，闻到臭味，心知臭味，但不要生起厌恶情绪。假使我们闻到异性体味，食物香气，心生喜欢，即时已经落在妄想境界，如果闻到恶臭心生厌恶，也一样已经住心妄想境界。又比如舌头尝到美味，心知可尝美味，但不要生起贪爱喜欢，多吃它一口，吃到不可口的食物，心知不可尝，但不要心生厌恶。又比如身体碰触细滑，心知细滑但不要生起贪爱喜欢，碰触粗劣心知粗劣，但不要生起厌恶心。又比如心里想起美丽的往事，心知追忆往事，但不生起贪爱喜欢，想到不堪回首的往事，心知不善，但不要心生厌烦。乱想往事很容易迷失，修道难，几乎都是迷失在乱想中，所以要修习禅定，不要染着色声香味触法而生妄想心，应当远离种种贪欲，不贪爱色声香味触法，现前一念清净心，也不染着清净味，便是应无所住的无上正等正觉心。如果心有住相，以为应无所住是住在一种无所住的境界，那就不是安住无上正等正觉心。所谓‘住’如同住房子的‘住’，见闻觉知便被约束在房中如井底之蛙。比如眼睛若凝住俊男美女，秀色可餐，心意识便被色欲所困，俊男美女外的事物视而不见，听而不闻，触而不觉，识而不知，刹那间堕入痴迷无明中，常人迷而不知返，欲念炽盛，歌颂人间真善美，下焉者邪淫无所不用其极，上焉者诗歌文章，美术图腾，音乐舞蹈。修行人不怕念起，只怕觉迟，俊男美女固然赏心悦目，不必秀色可餐，乱想淫欲，无非是循业发现的色相，俊男美女非俊男美女，则显无上正等正觉心，俊男美女外的大千世界朗然可见，也一样赏心悦目，心包太虚，无一不是如来。又比如往事回忆：儿时嬉戏、欢笑同学、初恋滋味、颠倒爱情、求不得苦、恩怨仇恨、名望利益等等，胡思乱想，刹那间忘记正在听课，正在和亲友交谈，正在和客人接洽商务，面对着师长、亲友、客户，彼所言说断断续续，视而不见，听而不闻，触而不觉，识而不知，散乱无明，整日如此，经年如此，

终身如此，累世如此。修行人不怕念起，只怕觉迟，如果念念分明，往事如梦如幻，历历所现皆是等正觉心。但如果以为不住色，不住声香味触法，却住在不住相的清净境界，也如同住房子的住，清净境界外的事物视而不见，听而不闻，触而不觉，视而不见，已经昧却'应无所住心'。所以佛说：'菩萨心不应应住色布施，同样的道理，如果菩萨心住色行布施，布施外的事物视而不见，听而不闻，触而不觉，识而不知，昧却无上正等正觉心，很难断除饮食、男女淫欲、睡眠、嗔恨、愚痴等种种烦恼。因为私心作祟，慈济众生的事业，做起来也就倍感困难，但有菩萨心而无菩萨行，福德智能两欠缺，没有种种大能力，泥菩萨过江，自身都难保，须菩提，菩萨为利益一切众生，不只是不执着所施物、施者、受者，应当无所住而行布施，所谓不住色行布施，不住声香味触法而行布施，念念分明，行住坐卧都不昧却无上正等正觉。如来说一切现象就是虚幻相，若见诸相非相则见如来，又说一切有情众生就是虚幻的众生，若见众生非众生则见如来，诸君，若见如来即发无上正等正觉心，你放眼不见一切诸相吧，不见一切众生吗？任何一相都是如来相，任何一众生都是如来，此时不悟，等待何时？须菩提，如来是说真诚话，说实在话，说如实如理的话，不说诳骗话，不说怪异话的。须菩提，如来所证得的无上正等正觉法，此法没有真实，也没有虚妄。须菩提，如果菩萨的心住于无上正等正觉法，染着法相而行布施，如人走入黑暗中，什么也看不见；如果菩萨的心里不住无上正等正觉法而行布施，好比人有眼睛，日光明照，可以看到种种的色相。须菩提，未来世，如果有善男子善女人能够实践应无所住而生其心，于行住坐卧当中修行，远离种种贪爱染着，令无上正等正觉心须臾不昧，教化众生也以布施无上正等正觉法，令一切有情同沾法喜，速证无上正等正觉，而且每天诵读经文不令忘失，以便于为人解说。如来以佛的智能，清楚地知道这种人，清楚地看见这种人，都可成就无量无边的功德。"

详解

尔时，须菩提闻说是经，深详解趣，涕泪悲泣，而白佛言："希有，世尊。佛说如是甚深经典，我从昔来所得慧眼，未曾得闻如是之经。

此乃须菩提悟道之文。

须菩提闻说此经名般若波罗蜜，即非般若波罗蜜，是名般若波罗蜜，乃悟闻法之心空，是故如来问有所说法否，即答如来无所说，又闻微尘非微尘，世界非世界，即悟世间法自性空，更闻三十二相即非三十二相，了悟出世间法亦自性空，如是尽觉一切法自性空，大悟诸法的真实相，远离一切虚妄相，深详解趣，涕泪悲泣。

须菩提是一位罗汉，未得菩萨无生法忍，未见法身，所以上不求佛道，下不化众生。

声闻人只是断了烦恼障，未断所知障，是故我执已破，但法执未除，今日在般若会上，得闻金刚般若波罗蜜经，深解第一义谛之理，不但空了我执，法执亦空，法空见法身，亦见诸法的实相，故云深详解趣。

须菩提深悟般若经义之所趣，趣于诸法实相，远离虚妄相，恨闻太迟——阿含十二年已过，方广八年亦已过，般若二十年才解般若之义——所以流泪，叹佛稀有，既自得实相之义，又令他人得解，是故稀有。

须菩提是阿罗汉，于五百弟子中，解空第一，已曾勤奉多佛，岂得不闻如是深法。岂于释迦牟尼佛所始言闻之？

须菩提于往昔所得，乃声闻慧眼，只见我空，未见诸法空，未悟第一义实相之理，即与不闻等，至今方悟大乘第一义谛之道，故言昔来未曾得闻如是深经，悲昔未悟，故涕泪悲泣。

须菩提因悟道而涕泪悲泣，我们在生死轮回中，尚未悟道，又不知应怎么说！须菩提会如此涕泪直流，伤悲哭泣是正常、也是应该；有人于善知识处得法之后，生起大慢心，多有人谓："只不过如此！"以为善知识没教他什

么，若有如此之人，可谓堕入“狂禅”。如此之人于未来世修学正法，必多障碍；若以世间之人情义理而言，真可以“得来容易，心生轻贱”来形容。若有进一步毁谤者，那就更不应该了，因为善知识的智慧得来不易，那是无量劫勤苦修行，付出多少血泪所得来的修证。如今由于善知识的慈悲，轻易传授，乃是人之福运。

只有佛法才能令人解脱生死，不受轮回之苦，尤其是大乘菩萨了义正法，更是无上深妙，能够广泛利益无量众生。譬如《金刚经》即是宣说无上甚深之法界实相般若经典，若是助印此经，如同书写、信受此经之法义，亦即是受持；读诵此经，利人利己，加上如法为人解说，都是殊胜之法布施。

然而多年来，大乘了义经典地位岌岌可危，因有佛门弘法者公然否定为“非佛说”故。再者，大乘了义宗门正法之实质，已被众多错悟之修行者所说之邪见混淆，在众口铄金之下，大乘菩萨法之根本几为诸多邪见所湮没。如此邪法之布施，非但毫无功德可言，亦令众生所求解脱遥遥无期。此诸重罪，绝非任何以邪见误人之修行者所堪承担，一切以邪见误导众生之弘法者，应该及时修正，速谋补救才好。

世尊，若复有人得闻是经，信心清净，则生实相，当知是人，成就第一希有功德。

这段文是须菩提证道之后，借别人来说明自己的境界。须菩提云：“若有人闻到般若经，信心清净。”何谓信心清净，不见有一法可当情，就是心清净，从清净信心得见诸法的实相、微尘的实相、世界的实相、三十二相的实相，得见如来法身，故云即生实相。

“当知是人，成就第一希有功德。”这句话是须菩提的悟境，意谓见实相后，从实相般若流出诸佛功德：三身、四智、五眼、六通、四无所畏、十八不共法等所有一切佛的功德。

佛有五眼：一者佛眼、二者法眼、三者慧眼、四者天眼、五者肉眼。智慧眼目称为“慧眼”，智慧分为三种，即是声闻菩提、缘觉菩提、诸佛菩提。欲求佛菩提之修证，必须以亲证法界实相如来藏心为首要目标，有了般若总相智慧，才可以依此总相智为基础，再进一步修学别相智、道种智、一切种智。《金刚经》所要宣说的是般若总相智，对须菩提而言，都已是如此稀有难得之甚深经典，何况为数众多的末法众生呢？有智慧者，应该要视为珍宝才对。

世尊，是实相者，即是非相，是故如来说名实相。

诸法的实相，非有非无、非生非灭、不垢不净、不增不减、非一非二、无生死相、无涅槃相、不可破、不可坏，是故如来说名为实相。

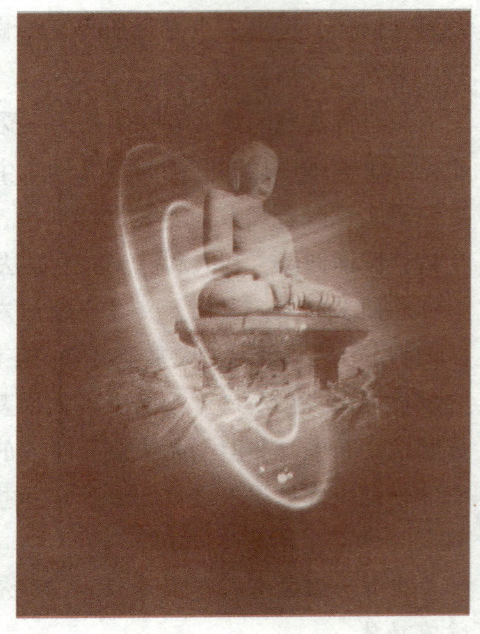

“实相”是指法界真实相貌，这就是指如来藏，如来藏是一切众生本来即有，每一众生都有各自之如来藏，此如来藏自无始劫来，一直跟着众生在三界六道受生死轮回。众生在生生世世中的五蕴，即是由其自己的如来藏所出生。然众生之五蕴是有生有灭之法，是无常不实之法；可是其出生五蕴之如来藏，却是永不坏灭，体性如金刚，由此能含藏一切的种子。众生每一世所造善、恶、无记之种子，都会含藏在这个性如金刚的如来藏心体。当每一生舍报之时，随着业种势力之差别，而去受异熟果报，在三界六道去受生，并生出不同的五蕴。如来藏即是此五蕴、十二入、十八界等万法出生之根源，是此五蕴、十二入、十八界一切诸法的真实相貌，名为“诸法实相”。

世尊，我今得闻如是经典，信解受持不足为难，若当来世，后五百岁，其有众生，得闻是经，信解受持，是人则为第一希有。

须菩提谓，我现在从佛亲闻般若，佛以加持三昧力加庇于我，令我能信、能解、能行、能说般若，在后五百岁的斗诤坚固时，若有众生闻经生信，进而能解能行能持般若，是人如火里红莲，最为第一稀有。

若有人对于《金刚经》产生清净信心，就能够生出实相之智慧。佛弟子虽然为数众多，各各因缘千差万别，并不是人人都能对《金刚经》生出清净信心，这种现象是不分出家、在家，自古以来即是普遍存在。二千多年前的法华会上，即有五千阿罗汉闻此深妙之法而心生惊怖，退出法会。这种场面是何等的震撼，这显示大乘菩萨深妙法非同小可，绝非小根小气之人所能承担，若非善根深厚之人，是很难承担无上之法的。正如前面所说，这需要无量劫中在无量佛所种诸善根才有可能相应，至于能生实相智慧，则必是善根深厚之人啰！能生实相智慧的人，即是已经亲证此实相如来藏心后，获得般若智慧者。

何以故？此人无我相、人相、众生相、寿者相。

为什么呢？此人离四相：无我相故，不受生死，无四大假合的人相，亦无八万四千尘劳烦恼的众生相，更无长寿短寿的寿者相。

所以者何？我相即是非相，人相、众生相、寿者相即是非相。

何以他能无我相，因为我相本来就是空，人相众生相寿者相亦本来是空，空，就是“非相”。

何以故？离一切诸相，则名诸佛。”

为什么呢？诸佛世尊，是离于一切想的。这就是即一切法而离一切法想。因为地离地想，水、火、风、离水、火、风想，乃至以离想亦离想，无一可取；因为无一可取，所以般若无分别智当下就现前了。

佛告须菩提：“如是！如是！若复有人得闻是经，不惊、不怖、不畏，当知是人甚为希有。

此乃如来印可须菩提之文。

我相乃无始劫以来便有，若人依此经修行得力，忽见无我的境界现前，不敢直下承当，便惊恐起来，于是我相又重现出来，所以修行不易达无我的境界，无我则到彼岸，有我仍是此岸，若见无我的境界，直下承当，不惊不怖不畏，则见法身如来，可惜很多人在此情况下都会惊恐起来，若有良师在旁，给他常头一棒，前后际断，便能直下承当。

无我的境界是如何呢？虚空粉碎，无东西南北之空间性；大地平沈，无过去现在未来之时间性；迥脱根尘，灵光独耀，我空、身空、世界空、一切法空，当此之时，若能不惊、不怖、不畏，直下承当，是为初见道。

直下承当不是易事，古人云：“临崖撒手，直下承当。”就是无我，“绝后再苏，欺君不得。”就是无我之后的境界。惟有无我相的人，才能临崖撒手，才会不惊不怖不畏，是故世尊说，当知是人甚为稀有。

何以故？须菩提，如来说第一波罗蜜，即非第一波罗蜜，是谓第一波罗蜜。

无论布施或持戒等，若不能度到彼岸则不称为第一，惟有能到彼岸者才称为第一波罗蜜。在生死海中，有人以布施波罗蜜到彼岸，是故以布施波罗蜜为第一，但有些人不是以布施波罗蜜到彼岸，故不以布施为第一波罗蜜，他们是以戒波罗蜜到彼岸，是故以戒波罗蜜为第一。

波罗蜜有十种：布施、持戒、忍辱、精进、禅定、般若、方便、愿、力、智，众生无论证那一法均能到彼岸，所以第一波罗蜜，不一定是那一法，能到彼岸的便是第一，到了彼岸后，万法皆空，一法都不可立，即非第一波罗蜜。无相而有名，是谓第一波罗蜜。

如来所说的“忍辱波罗蜜”，是要具备般若智慧，以此智慧来看待，这样才名叫忍辱波罗蜜。忍辱行是要依止如来藏之体性来修，才算是真正的忍辱行。有的人常说他在修“忍辱行”，其实在悟前所修之忍辱，只是外门修。外门修忍辱者，只是忍辱而没有波罗蜜。若有人信受此书，努力修学，信受持行，乃至护持，必能修集广大福德，种下未来证悟之因缘。众生需要正法之甘露，为了众生之利益，正法必须大力弘传，尤其正确的般若知见。

须菩提，忍辱波罗蜜，如来说非忍辱波罗蜜，是名忍辱波罗蜜。

须菩提疑，佛在娑婆世界修行，究竟以哪一法到彼岸。

佛在娑婆世界，以忍辱波罗蜜悟道，因为娑婆世界，诸恶充满，非忍辱不行。忍是指心，是忍自己的瞋心不起，忍自己的烦恼不生，忍则无妄想、不作业、无烦恼，完全是忍自己，不忍则起瞋心，入生死。辱是指境，境是有生有灭，有生灭即不实在，即是空，若无辱境，何来忍心。

若不见有能忍之心——忍心不可得；不见有所辱之境——辱境不可得；心境俱空，无忍无辱，即非忍辱波罗蜜。

心境俱空，不见有忍辱可得，证忍辱的实相，是名忍辱波罗蜜。

何以故？须菩提，如我昔为歌利王割截身体，我于尔时，无我相、无人相、无众生相、无寿者相。

世尊举一事例证明。

世尊有一生在南天竺出家为婆罗门，有一天，在林中习定，恰巧歌利王带同大臣宫女等来游玩，疲极午睡，宫女采花林中，见到仙人，立即顶礼，仙人便向她们说法。歌利王醒来时不见宫女，入林中寻至仙人处，见众宫女

围绕听法，王问他修何法，仙人云："我以无瞋为戒。"王以剑割其耳朵试之，看他会否起瞋心，但仙人面不改容，其心如如不动，大臣实时劝谏："此人是大菩萨，不应伤害。"王再割其鼻、手及足试之，仙人仍如如不动，不起瞋心，此时四大天王下沙石以惩罚歌利王，王即向仙人求忏悔，仙人云："我无瞋，汝不用向我求忏悔。"王问有何证明彼无瞋，仙人实时发愿云："若我实无瞋心，愿我身体平复如故。"实时仙人身体平复如故，皆因福德智慧淳厚所致。王再忏悔，仙人云："汝今日以无明剑割我身体，若我成佛，当以般若剑断汝烦恼。"歌利王就是后来的憍陈如尊者。世尊被割身体时，不见有我被割，不见有王来割的人相，不见有一念分别心起的众生相，不见自己性命被损害的寿者相，四相空，法身现前，内，守着法身；外，空却色身，所以当时释迦佛不觉得痛苦，无痛苦则无瞋心。

何以故？我于往昔节节支解时，若有我相、人相、众生相、寿者相，应生嗔恨。

若当时世尊见有我被割，见有人来割，要爱惜自己的寿命，便会起瞋心。歌利王是梵语。此云无道极恶君也。

一说如来因中，曾为国王，常行十善，利益苍生，国人歌赞此王。

故云歌利王，求无上菩提，修忍辱行。

尔时天帝释化作旃陀罗，乞王身肉，即割施，殊无嗔恼。

今有二说，于理俱通。

歌利王是憍陈如之前世，憍陈如是佛成佛之时最先度化之弟子。在《大般涅槃经》等曾说及释迦世尊在往昔行菩萨行时，为了度歌利王而让其割截身体。

这是往昔世尊为菩萨时，为歌利王割截身体之事，可是一般佛弟子现在不可学之。

有无相般若智慧的人，他可以转依自己身中的实相心体——如来藏而安住。意识觉知心安住于这个境界中，然其意识心却了知此心是虚妄不实之法。

因此意识心即具般若智慧，是故无我相、无人相、无众生相、无寿者相，故能够面对一切境界之考验，于境界得自在。

须菩提，又念过去于五百世作忍辱仙人，于尔所世，无我相、无人相、无众生相、无寿者相。

可能有些人起怀疑，仙人在林中习定，怎么一下子能空四相，世尊解释：在歌利王以前，已做了五百世的忍辱仙人，证得无生法忍，所以四相不生。

是故须菩提，菩萨应离一切相，发阿耨多罗三藐三菩提心，

着相起惑，烦恼生，离相见性，菩提现前，因是之故，在娑婆世界的菩萨，欲想发菩提心，应离一切相。

不应住色生心，不应住声香味触法生心，应生无所住心。若心有住，则为非住。

然则发菩提心应从什么地方下手呢？

眼见色，不应生心，着色生心是妄心，迷失菩提心，不着色而生心，是智慧心，又名菩提心，就是从这个地方下手。

又因声香味触法而生心，是为不清净之妄心，不因声香味触法而生心，是为清净心，清净心就是菩提心。

何谓无所住心？譬如日月行空不住空，照山河大地而不着山河大地，心亦如是，于六尘之境不住，不住有，亦不住空，是为无所住心。若心住有，即为非住于菩提心，若住于空，亦为非住于菩提心。

凡夫住有，二乘住无，两者皆非住于菩提心，故两者皆不发菩提心，若凡夫不住生死，二乘不住涅槃，心无所住，是为住于阿耨多罗三藐菩提心。

是故佛说：‘菩萨心不应住色布施。’

因是之故，佛说菩萨心布施时，不应住色，住色起我相——我布施；起人相——见有人来受施；起物相——见有可施之物。住于我、住于人、住于物，是为住色布施，又名为着相布施，得着相的果报，生在人天路上享福。菩萨上求佛道，下化众生，怎可以着相布施，享人天福，所以菩萨心不应住色布施，见色离色，不见有能施的我相、不见有受施的人相、不见有所施的

物相，人、我、物，三轮体空，才能与菩提心相应。

像这样的修行，那就不是苦行；所行的不是苦行，所以所成的果也不是苦果。

如古时有一位慧可禅师，以须还人夙债，自去被人杀死。但永嘉禅师的证道歌说：“了则业障本来空，不了还须偿宿债。”后来有人问虎岑禅师说：“慧可受了达摩的心印，难道他还不明了吗？为什么还要偿夙债呢？”虎岑神师说：“你不明本来空的理。”这人又问：“云何是本来空呢？”禅师答：“还业债是。”这都是因为不了达本来空，没有真空般若现前，所以还业债就着在还业债的事。若能了达本来空的理则真空般若现前，就是还业债而即非还业债了，如以虚空触虚空似的。所以佛法中要明般若正法，明了般若正法就有般若正解，有般若正解就有般若正见，有了般若正见，那么无论修什么行，都成大解脱行、大安乐行，能得到大安乐果。

须菩提，菩萨为利益一切众生，应如是布施。

菩萨为利益一切众生，应如是布施，“如是”者，离四相，菩萨离四相布施，其福德犹如虚空，遍满法界，遍到天上，可以度天上的众生，遍至地狱，可以度地狱的众生，遍至饿鬼，可以度饿鬼，遍到人间，可以利益人，遍至水，可以救水溺的人，遍到火，可以救火坑内的众生，所以云：“念彼观音力，火坑变成池。”就是观音菩萨的福德遍到火坑里。

菩萨以福德来利益一切众生，所以应如是离相布施。

如来说：一切诸相，即是非相。

凡夫迷佛性，六道轮回便有种种相，例如黄金，根本无一切相，但可以造佛菩萨罗汉相，又或可造碗碟等种种物相，若着了佛相菩萨相碗碟相，便迷失了黄金的本来面目，离佛相、离菩萨相、离碗碟相，便认识黄金的非相——黄金不是一切相，但黄金能造种种相。

真如随缘有六度万行，若着六道万行之相，便迷失真如佛性，离六度万行之相，即六度万行便见真如佛性，是故如来说一切相即是非相，一切相都不可着。

又如布施，布施是依他起性，有受施的人，能施的我，有施物，才能和合成布施，若只有我、人，而无施物，布施则不成，或只有我、物，而无人受施，布施亦不成，所以根本就没有布施的相存在，若着相，知道我在布施，便是所知障，障见佛性，布施相一空，便见非相的如来；持戒、忍辱等亦复如是。

我相亦是非相，四大和合才成我，四大未和合以前，那里有一个我，是故如来说一切相都是非相。一切相在什么地方？就是在眼前，眼前的一切相都可以空掉、可以非，觉一切和合相即是空相，即名为无上觉。

又说：一切众生，即非众生。

有妄想有生，无妄想无生，若离妄想即无众生可得。

众生只是一个假名，无有实体，众生就是贪瞋痴，贪何曾有实体，对物说贪，离物何来有贪，是故贪亦是一个假名，犹如水泡一样，起了又灭，只不过灭了又起，如是生生灭灭，相续无间断，是名为众生，离了贪的妄心，无妄想生起，即是无生，无生无灭也就无众生，那里有一个众生可得，是故如来说一切众生即非众生。

众生无生，实相现前；诸相非相，法身现前；只要离相，即见法身，禅和子一喝一棒，就是要人离相。

“如来说一切诸相即是非相，一切众生即非众生”。其实是金刚经的骨髓——众生无生便是佛，诸相非相即见如来。

须菩提，如来是真语者、实语者、如语者、不诳语者、不异语者。

上文所说的一切众生，即非终生，若离妄想即无众生可得。所以虽说种种法而无所说，虽闻种种法而无所闻，了解也无所了解，修行也无所修行。要是这样，佛现在所说的一切法，岂不是都成了空无利益的吗？佛知道须菩提有这样的疑，就先以佛的胜解来作保证，显佛所说的都是真实义而有所利益的。因为如来是证得一切智的，所有一切无不圆满，对于世间并无所希求，无须乎用虚诳语来欺骗世人。如来但如诸法真实的理而说法，为义利世人而说法，丝毫没有所求而说法的。所以说：如来是实语者、谛语者、如语者、不异语者。什么叫做实语、谛语呢？大凡佛所说法，都是不离世俗谛、胜义谛的。实语，就是依世俗谛，世间所见闻觉知的，就说是见闻觉知的，是如此就说是如此，是如彼就说是如彼，于一切事理都确实而说。谛语，也是依世俗谛而说的，于善法应修，于恶法应断，于清净果应证，所谓应修的修，应断的断，应证的证，从何因得何果，所说都是诚谛不妄的。什么如语，不异语呢？这是从胜义谛而说的。如语，是说一切法如实的真实性，此真实性、是一切言说思量分别所不能到的，其所以有文字的，但为显真实法性而说，即文字语言而无文字语言可得。不异语，就是能随顺不乖异于真如的言语，因为依名字言说，才能知道如何能随顺真如，如何能证得真如。如来依这四种语，为利益有情而说法，毫无可疑，是确实可信的。以下，举佛所证、所说、所思的法来说明。

须菩提，如来所得法，此法无实无虚。

法体空寂，无相可得，故无有实；空寂体中，具有恒河沙清净功德，用之不匮，故亦无虚。若语其有，无相可得，是为无实，欲言其无，用之不匮，是为无虚。故如来所得的法，不可以说有，亦不可以说无。

念佛，也是无实无虚，开始时是有念而念，后来是无念而念，无念而念比有念而念更好，有念而念是有心去念佛，是有实，念得马马虎虎，是有虚。无念而念是无实，念起来很相应，不觉得辛苦，是无虚；无实就是无为，不觉得有所作为，无为法功德广大，就是无虚。

“应无所住”是无实，而生其慈悲喜舍的清净心，就是无虚。

修行人所做的一切事，若能与无

实无虚相应，不久便得般若妙用。无实，即不可得心，无虚，就是做事恰当。

其实一切法都是无实无虚，性空缘起是无虚，缘起性空是无实，例如滴水成冰，冰是无实，但冰有作用，是故无虚。

须菩提，若菩萨心住于法而行布施，如人入暗，即无所见。

若菩萨着法住法，即是妄心，妄心就是无明，迷了真如，不见法身妙理，故云如人入暗，则无所见。既一切法都是真实，那么若内、若外、若心、若境，乃至若众生、若佛，都是无相无分别真如性；既都是真如性，那就平等一律了，为什么又有佛、菩萨、二乘、六凡？有究竟证的、有分证的、有全不证的种种差别不同呢？佛知道须菩提心中有这样的疑，就对须菩提说：譬如有人，入于黑暗的室中，就完全见不着什么。应当知道菩萨要是堕于事而行布施，也是同例。事，就是具体的事实，就是事事物物。当知这一一的事物，都是无量无数因缘关系在结合的交点上而现有这种假相，这个假相。世人就认为是具体的事实。实则他所认的事实，正是他所见的假相；而他不见的无量无数因缘，才是真相。而这无量无数的因缘，本尽虚空遍法界的，没有一定的空间和时间的分位。要是菩萨不明这法界缘起，空无定相的真理，将取境的心全堕于假相的事中，执有相可取可得。如堕于事而行布施，见有能施的人、受施的人、所施的物，有了这种见，就将菩萨的般若智慧光明完全埋没在无明黑暗中，不见真如性，也就如入暗室中都无所见一样的。但是士夫不见有真如，并不是真如有所阙少，只是为无明所覆。无明有两种：一、真实义无明，就是不明法界缘起一相无相的真实义，于自他一一物都执为是具体的；二、异熟果无明，就是不明随业所现的异熟果。既于理迷真实义，又于事迷异熟果，所以不见诸法真实性相。诸法性相常住如此，所谓不生不灭、不垢不净、不增不减，有佛证明也这样，没有佛证明也这样。就好像有人入暗室中就都无所见，要是有了光明就能见室中的种种色了。虽有明暗的不同，但于黑暗中不见的与光明中所见的都是一样，并不是暗中原没有这种种色，在光明中才生有这种种色的。

若菩萨心不住法而行布施，如人有目，日光明照，见种种色。

不住法便是智慧心，智慧光中，见智慧心内具有恒河沙称性功德，如日光明照，见种种色。所以佛告须菩提说："譬如明眼人，经过黑夜而到早晨日光出现的时候，见种种色。所见的这种种色，不是从无而生出来的，只是由光明而显现出来的。应当知道菩萨不堕在具体事中而行布施，也好像明眼的人，见种种色一样的。”这一段是显“明心见性”的理。“性”，是一切诸法真实性相，本来如此，丝毫不参加虚妄的，佛与众生是无二无别的，虽然无二无别，但在众生位，必须闻法、依法修行，才能成佛。成佛的第一步就是见性，而见性的功用就是明心。要知道，这并不是说心是一个物件，另用一明来明牠。所谓明心，就是将一向虚妄分别颠倒的无明心，转变成圆明的心，所谓转识成智；如将原来的暗室，转成明室似的。所以，并不是将眼前一切离去，别求见性；当知现前一切，当下就是真如性。要离却以见性，就成损减的妄执，这个心还是无明心，不能证见真如的性。所以要将这无明心转成般若的光明心，明了无修无证的真性，这才是真实修证。

须菩提，当来之世，若有善男子、善女人，能于此经受持读诵，即为如来以佛智慧，悉知是人，悉见是人，皆得成就无量无边功德。”

如来灭度后，当来之世，魔强法弱，邪师说法如恒河沙，正法难行，若有善男子善女人，受持此经，读诵在心，精进不忘，依义修行，离四相，则般若现前，是为开佛知见，得阿耨多罗三藐三菩提。阿耨多罗三藐三菩提者，诸法实相是，能出生一切佛功德，故云：“皆得成就无量无边功德”，惟佛乃知。

悉知者，佛以三智尽知，悉见者，佛以五眼尽见。

评析

从前，有一个学僧到法堂请示禅师道：“禅师！我常常打坐，时时念经，早起晚睡，心无杂念。我想，在您座下没有一个人比我更用功了，可为什么我还是无法开悟？”

禅师拿了一个葫芦、一块盐，交给学僧说：“你去将葫芦装满水，再把盐倒进去，使它立刻溶化，你就会开悟了！”

学僧遵照指示去做，没多久，他跑回来说道：“我把盐块装进葫芦，可它老不化；葫芦口太小了，伸进筷子也搅不动。我还是无法

开悟。”

禅师拿过葫芦倒掉了一些水，然后只摇晃几下，盐块就溶化了。禅师慈祥地说道：“一天到晚用功，不留一些平常心，就如同装满水的葫芦，摇不动，搅不得，如何化盐，又如何开悟？”

学僧不解地问：“难道不用功可以开悟吗？”

禅师仍耐心地解释说：“修行如弹琴，弦太紧会崩断，弦太松不出声音。时刻保持着平常心，才是悟道之本。”

学僧终于领悟了其中的道理。

无论是参禅悟道还是做其他事情，仅凭勤奋用功往往收效不大，之所以会出现这种情况，最主要的原因是忘却了平常心。所以，在日常生活和工作中，我们应该以平常心待人接物，只有这样，我们才会处理好各种事情。

一切顺其自然才能够更好地生存和发展

随遇而安，不是玩世不恭和自暴自弃，而是人生中的一种洒脱和成熟。无论你走到哪里，只有适应你周围的环境，一切顺其自然，才能够更好地生存。

三伏天，禅院的草地枯黄了一大片。

“快撒点草种子吧！好难看啊！”小和尚说。

“等天凉了。”师父挥挥手，“随时！”

中秋，师父买了一包草籽，叫小和尚去播种。

秋风起，草籽边撒边飘。“不好了！好多种子都被吹飞了。”小和尚喊。

“没关系，吹走的多半是空的，撒下去了也发不了芽。”师父说，“随性！”

撒完种子，跟着就飞来几只小鸟啄食。“要命了！种子都被鸟吃了！”小和尚急得直跳脚。

“没关系，种子多，吃不完！”师父说，“随遇！”

半夜一阵骤雨，小和尚早晨冲进禅房：“师父！这下真的完了！好多草籽被雨冲走了!”

“冲到哪儿，就在哪儿发芽吧!”师父说，“随缘!”

一个星期过去了。原本光秃的地面，居然长出许多青翠草茵。一些原来没播种的角落，也泛出了绿意。

小和尚高兴得直拍手。

师父点头:“随喜!”

第十五品　持经功德分①

分名解说

①持经功德分：前分说的忍辱舍身，皆是破我执。我执破后，更须悟般若之理，非徒忍辱舍身也。若只知忍辱舍身，而不能受持经典，还是识情用事，于真性并无相与。若能忍辱舍身，又能受持经典，悟澈二执之非，二我俱遣，则所得法性之功德，即不可思议矣。

经文

“须菩提，若有善男子、善女人，初日分①以恒河沙等身布施，中日分②复以恒河沙等身布施，后日分③亦以恒河沙等身布施，如是无量百千万亿劫以身布施，若复有人，闻此经典，信心不逆，其福胜彼，何况书写、受持、读诵、为人解说。须菩提，以要言之，是经有不可思议、不可称量、无边功德。如来为发大乘者说，为发最上乘者④说。若有人能受持读诵，广为人说，如来悉知是人，悉见是人，皆得成就不可量、不可称、无有边、不可思议功德。如是人等，则为荷担⑤如来阿耨多罗三藐三菩提。

“何以故？须菩提，若乐小法者，着我见、人见、众生见、寿者见，则于此经，不能听受、读诵、为人解说。须菩提，在在处处，若有此经，一切世间、天、人、阿修罗，所应供养；当知此处则为是塔，皆应恭敬，作礼围绕，以诸华香而散其处。”

经文注释

①初日分：晨。

②中日分：午。

③后日分：晚。

④最上乘者：独了生死，不度众生，谓之小乘。缘觉之人，半为人，半为己，谓之中乘。菩萨普度一切，谓之大乘。最上乘者，兼菩萨而载度之佛乘也。

⑤荷担：背负为荷，在肩为担。言无上菩提，至重难任。一旦道由人宏，毅然以身承任，所以成就大功德也。

译文

“须菩提，如果有善男子、善女人，早上以和恒河沙数目相等的次数做身命布施，中午以和恒河沙数目相等的次数做身命布施，下午也以和恒河沙数目相等的次数做身命布施，像这样经过无量百千万亿无法计算的岁月，不断的都以身命布施。但如果另外有人，听到此经，信心不动摇，他的福德就胜过无数次以身命布施的人，更何况书写、实践、读诵，为他人解释说明。须菩提，简要地说，此经有不可思议，不可称量，无边的功德，如来为发心，学大乘佛法的人说，为发心学最上乘佛法的人说。如果有人能够实践、读诵，并广为他人解释说明，如来清楚地知道这种人，清楚地看见这种人，都会成就不可量不可称，没有边际不可思议的功德。像这种人，就是承担如来无上正等正觉的人。”

“为什么呢？须菩提，如果喜欢咒术、祈福消灾、算命风水、喜欢双修采

补住空乐境界，喜欢长生不老，守住灵明觉知，信以为有道、有真常，等等小法的人，不知道咒术、祈福消灾、算命风水、长生不老等等只是增长我见，所悟方术、所悟境界只是增长人见，但守灵明觉知，住空东境界只是染着众生见，信以为有道可修、有真常可证，只是增长寿者见。有这种知见的人，对于此经就不能听受读诵为他人解说。须菩提，无论什么地方，如果有此经典在，一切世间，天、人、阿修罗，都应该供养，应当知道这地方就是塔庙，都应该恭敬作礼围绕，以种种花香散布其处。”

详解

“须菩提，若有善男子、善女人，初日分以恒河沙等身布施，中日分复以恒河沙等身布施，后日分亦以恒河沙等身布施，如是无量百千万亿劫以身布施；

此叹持经功德。

色身随业而起，无有自性，犹如波浪依风而起，亦无自性。大海是一个，但是波浪有无量无数，早上有千千万万的波浪起灭，中午亦有千千万万的波浪起灭，下午亦有千千万万的波浪起灭，如是百千万亿劫，虚妄的波浪有无量之多，惟是多虚不如一实——不如一个大海。

善男子善女人亦复如是，佛性海只有一个，迷佛性海转为识海，由识海变为烦恼海，由烦恼海变为业海，由业海变为苦海，从苦海受无量无边业报身，如是从迷积迷，无量无边，多虚不如一实，一实者，诸法实相是。

善男子善女人，未听闻受持般若经，不了一切法空，见五蕴有身有命，虽以身命布施，有能施的我相，所施的五蕴寿者相，心有能所，便是妄心，未能离开众生知见，得人天虚妄福，终于会尽，只有法身无为，不堕诸数。

若复有人，闻此经典，信心不逆，其福胜彼，

“信心不逆”者，空四相，无住而生心，是为不逆般若。

若有人闻金刚经，见到自己的法身慧命而生实信，信心不逆般若，成就十信位的功德，十信位的功德是无漏福，胜以虚妄色身布施的有漏福，故云：“其福胜彼”。

大乘了义经典功德会如此之大，是因为它是宣说法界实相第一义谛之法，就像《金刚经》一样，所宣说者都是中道实相之般若妙法。若有人能于此经

努力听闻、受持、修学，能够学到正确的了义法知见，则在生生世世熏习、修学、受持、读诵当中，不断地累积善根福德，未来即有证悟法界实相如来藏心之机会。只要有一个人因缘具足，得能悟入，则于未来必将成就一尊佛。由于一尊佛所度化之国土极为广大，所度之众生无量无边；这样的功德是如何之广大，不可思议、不可称量，一切有智慧的人当能体会一二。由此可知，此经之功德确实是无量无边。

何况书写、受持、读诵、为人解说。

信心是属个人，书写流通是为大众。为人解说般若须具三个条件：1. 大忍力，2. 智慧力，3. 方便力。为人解说般若，其功德更大。

如来是为发起大乘无上菩提心之人而宣说此部经，大乘即是最上乘，即是一佛乘，如来是为发起无上正等菩提之人而说。要成就无上正等正觉，必须先去亲证那人人本具之法界实相——于证悟之后，转依此心之体性继续修学，在漫长的佛菩提道修学当中，修除一切之烦恼障种子和所知障随眠，才能究竟成就佛地果位。

须菩提，以要言之，是经有不可思议、不可称量、无边功德。

般若经功德，讲之不尽，以要言之，无量功德不离佛心，所谓无不从此法界流，无不还归此法界，法界就是心，万法不离一心。

佛心的功德，过心境界，是故不可以用心来思，过语言境界，是故亦不可以用口来议，心无形相，故不可以称其轻重、不可以量其长短，心无边际，功德亦无边际，所以云："不可思议、不可称量、无边功德。"

心地功德如是无量无边，谁人可以听受呢？自古以来能够以自力自行阅读经论，禅宗典籍而悟入者，为数极少极少。大多数人都需要善知识之摄受、帮助，乃至机锋引导，始有悟入之因缘。古代禅门证悟之祖师，多有穷极一生数十年始得悟入，然仍是少数。有许多人入于丛林，穷极一生努力参究，犹无入处，是故禅门之证悟甚为困难。

若有人能于亲证此金刚心后，并转依此心体性而进修佛菩提道，此属自利；如能更进一步于受持中，如法广为人说，令人发起菩提心而求证大乘菩提果，此即利他。如此无量劫自利利他，必定可成就不可称量、不可思议的无边功德而成佛。

如来为发大乘者说，为发最上乘者说。

大乘者，智慧广大，建立一切法，上求佛道，下化众生，故名大乘。最上乘者，不见有垢法可厌，亦不见有净法可求，不见有涅槃可证，亦不见有众生可度，不作度众生之心，亦不作不度众生之心。名为无生忍，又名一切智，亦名最上乘，即一佛乘也。

只有大乘菩萨才能荷担如来家业，因为菩萨才能成就如来无上正等菩提，一切二乘声闻，缘觉之人都不能承担如是重责大任。因为二乘之人不能了知法界实相之深妙法，不具此菩萨胜妙智慧。若无有般若智慧，则无势力，无有智慧之威德力者，如何荷担如来家业呢？

若有人能受持读诵，广为人说，如来悉知是人，悉见是人，皆得成就不可量、不可称、无有边、不可思议功德。

若有人能受、能持、能读、能诵心地功德，更能广为人说，令听者明白佛心功德，再转而为其他人说，令其他人亦明白如来心地功德，如来以佛眼悉见，以一切智悉知，其人功德，不可量、不可称、无有边际、不可思议。

有经云："大念见大佛，小念见小佛。""大念"不是指大声持念阿弥陀佛名号，"小念"也不是指小声念阿弥陀佛名号。"大念"是指发无上菩提之心，"小念"则是指乐求小法，乐求二乘声闻、缘觉菩提，有许多净土宗的弘法者都错解此句经义了。大念之人才有可能荷担如来家业，小念之二乘人往往执着有真实的我、人、众生、寿者，执此见解，离《金刚经》深妙之法义甚远。如此很难于此经听闻信受，乃至读诵，为人解说，未具无上深妙法界实相之智慧故。正如法华会上，退席之五千阿罗汉，由闻所未闻之菩萨深妙第一义谛之法，心生惊怖，如此当然无有能力荷担如来家业。

如是人等，则为荷担如来阿耨多罗三藐三菩提。

像这样的人，就等同佛慧，对于如来成就无上正等正觉的家业，就能一力承担，也就是以如来的功德而为他自己的功德了。

"何以故？须菩提，若乐小法者，着我见、人见、众生见、寿者见，则于此经，不能听受、读诵、为人解说。

修行用功，不论修何法门，心地空空如也，不见有一法可当情，这样才对，六祖云："菩提本无树，明镜亦非台，本来无一物，何处惹尘埃。"

念佛，不见有念佛之法可当情，是名念佛。持咒，不见有持咒之法可当情，是名持咒。拜佛，不见有拜佛之法可当情，是名拜佛。所谓："不见一法即如来，方得名为观自在"，若有一法当情，便有所碍。

凡夫见有生死之法可得，是故不能了生死，二乘人见有涅槃之法可得，所以不能闻一佛乘，惟有菩萨，上求佛道而无佛道可求，下化众生而不见有众生可化，外不见有山河大地，内不见有自己，古德云："上无片瓦可盖头，下无立锥之地。"不见有一丝毫小法可得，心内无物，心空及第归，若见有一丝毫小法可得，便乐于此一法，便生爱着，法眼有翳，不能见诸法的实相，是故若乐一丝毫小法者，则于此经不能听受读诵，自己尚且不了解，更何况能为人解说。

须菩提，在在处处，若有此经，一切世间、天、人、阿修罗，所应供养；当知此处则为是塔，皆应恭敬，作礼围绕，以诸华香而散其处。"

佛又告须菩提说：要有某个地方，听了这个金刚般若经，这个地方，应当为世间一切天、人、阿修罗这些有情所供养礼拜，恭敬奉承的，如同佛灵庙一样的。

经在之处如同佛在，因经典是由佛所宣说故，是成就佛道所必依止之法宝故。又经典所在处所，既为一切世间天、人、阿修罗所应供养，则必有护法神守护，是故一切经典都必须置于清净处，不可随意放置。

塔庙是供奉佛舍利或佛像之地方，此处如同佛在；若能恭敬作礼围绕，则福德无量。为表示对佛世尊之恭敬、景仰，应以种种华、香庄严其处。

有诸多佛弟子不知如何修集福德，也有极为努力精进者，不但没有获得应有的福德，反而造了恶业。譬如否定如来藏而说"一切法空"，以断灭之法解释中观，以"断灭空"来解说《金刚经》，如此解说此经之法义，有许多人不知其中之严重性，因此当然谈不上修集福德可言，还是依佛之教导而奉行，最为稳当可靠。

评析

佛陀在世的时候，有一位弟子叫周利槃陀伽，非常愚笨，教他一首偈颂，念了前句忘后句，念了后句忘前句。没有办法，佛陀问他会什么，他说会扫地，佛陀就叫他扫地的时候念“拂尘扫垢”。他念久后心想，外面脏了，要用扫把去扫；心里脏了，要怎样清扫呢？突然之间，周利槃陀伽就开悟了。

一个秋天的傍晚，鼎州禅师和一个小沙弥在庭院里散步，突然刮起一阵瑟瑟秋风，树上的叶子纷纷扬扬地飘落下来。禅师弯下腰，将树叶一片片地捡起来，放在口袋里。一旁的小沙弥说道：“师父，不要捡了，反正明天一大早，我们都会打扫的。”

鼎州禅师一边继续蹲下来捡落叶，一边不以为然地说道：“咱们每一天都在打扫，难道地上就一定会干净吗？我多捡一片落叶，就会使地上多一分干净啊！”

小沙弥不服气地回答道：“师父，落叶那么多，您前面捡，它后面又落下来，您怎么捡得完呢？”

鼎州禅师边捡边说道：“落叶不光是在地上，还在我们的心里呀！地上的落叶捡不干净，但心上的落叶，终有捡完的时候。”

小沙弥听后，终于懂得禅师为什么总是那么平静和慈祥了。

我们不但应该经常打扫尘埃，更应该经常打扫自己的心灵——只有将自己心里的枯叶一片一片地捡起，才会保持内心的洁净。

一个人的身心在锤炼下才会日益强壮

大饼是擀出来的，钢铁是炼出来的，人才是锤炼出来的。所以，当有鞭子向我们挥来时，躲闪不是明智之举，我们应该把头抬得高，把背脊挺得更直，练就一身硬功夫，以后就不会有怕鞭抽之苦了。

寒冬腊月，有一个名叫“滴水”的和尚去天龙寺拜见仪山禅师。外面下着很大的雪，可是仪山禅师却不让他进门。那个和尚就在门外一直跪着，这一跪就是三天。

仪山的弟子看他可怜，纷纷为他求情，可是仪山说：“我这里不是收容所，不收留那些没有住处的人！”弟子们没有办法，只好纷纷走开。

到了第四天的时候，那个和尚身上皴裂的地方开始流血，他一次次地倒下又重新起来，但他依然跪在那里，雷打不动。仪山命令弟子："谁也不准开门，否则就将他逐出门外！"

七天过后，那个和尚支撑不住，倒了下去。仪山出来试了一下他的鼻息，尚且有一丝呼吸，于是便下令将他扶了进去。滴水终于进了仪山门下参学。

有一天，滴水和尚向仪山禅师问道："无字与般若有什么分别？"

话刚说完，仪山一拳打过来，大吼："这个问题岂是你能问的？滚出去！"

滴水被仪山的拳头打得头晕目眩，耳朵里只有仪山的吼声，忽然间，滴水想通了：有与无都是自己的肤浅意识，你看我有，我看我无。

还有一次，滴水感冒了，正在用纸擦鼻涕的时候，被仪山看到了，他大声喝道："你的鼻子比别人的血汗珍贵？你这不是在糟蹋白纸吗？"滴水不敢再擦了。

很多人都难以忍受仪山的冷峻，可是滴水说："人间有三种出家人，下等僧利用师门的影响力，发扬光大自己；中等僧欣赏家师的慈悲，步步追随；上等僧在师父的锤炼下可以日益强壮，最终能找到自己的天空。"

第十六品　能净业障分[1]

分名解说

①能净业障分：业障者，或是前业，或是现业，皆可障蔽真性。前业就是宿世之业，宿世之业，不可以数计。因为无始劫来，所造之业，皆纳入在八识田中，遇缘即发，果熟即生，六道转还，无有休止，和合妄生，和合妄死，生灭无已，都是这不可思议的业力，所牵引也。经云：众生之业，若有体相，尽虚空界不能容受。这就是说，众生之业，本属虚妄，只因众生不了唯心，所以既造虚妄之因，即受虚妄之苦。所谓了得业障本来空，未了须当还夙债也。所谓现业者，即此五浊恶世，众生公共所造之还债台也。若有众生受持读诵此经，深知一切幻相，皆是唯心所现，五蕴本空，六尘非有，不为物转，而能转物，则不受此虚妄之苦。虽然欲了唯心，必须深通般若。若能深入般若，了诸法空，则一切虚妄净尽，故曰惟般若能净业障。

经文

“复次，须菩提。若善男子、善女人，受持读诵此经，若为人轻贱[1]，是人先世罪业，应堕恶道，以今世人轻贱故，先世罪业则为消灭，当得阿耨多罗三藐三菩提。须菩提！我念过去无量阿僧祇[2]劫，于然灯佛前，得值[3]八百四千万亿那由他[4]诸佛，悉皆供养承事，无空过者，若复有人，于后末世，能受持读诵此经，所得功德，于我所供养诸佛功德，百分不及一，千万亿分乃至算数譬喻所不能及。须菩提，若善男子、善女人，于后末世，有受持读诵此

经，所得功德，我若具说[⑤]者，或有人闻，心则狂乱，狐疑不信。须菩提，当知是经义不可思议，果报亦不可思议。”

经文注释

①轻贱：轻贱之事甚多，或行嫉妒，或生忌嫌，或怀恨而加诽谤，或倚势而加欺凌，甚至刀杖瓦石，拳脚相加，都是轻贱。

②阿僧衹：译成汉语，为无央数。

③值：遇的意思。

④那由他：译成汉语，为一万万。

⑤具说：就是详言。

译文

“再说，须菩提，若有修五戒十善的善男善女，能够受持诵读此经，如还被别人轻视作践，这就是由于前世做下了罪业，应该现世遭受恶报。因为现世被人轻视作贱，那么前世的罪业就抵消了，就可修成至高无上，大彻大悟大智慧。须菩提，我回忆过去也曾受过无数的劫，在然灯佛之前，我得逢过无数的佛，我全都恭敬地奉养，侍候，没有空过一佛。如果再有人在后世能够受持、诵读此经，所得功德，和我在前于三大阿僧衹供养八百四千万亿那由他那么多的佛的功德相比，还不及我的百分之一、千分之一、万分之一、亿分之一，甚至都不能用数字来譬喻。须菩提，倘若善男善女在后世能受持、读诵此经，那他的功德，如我说出有多大。也许有人听了，会心意狂乱，狐疑不信。须菩提，应当知道此《金刚经》的义理是不可思议的，受持、诵读此经所得的善报也是不可思议的。”

详解

“复次，须菩提。若善男子、善女人，受持读诵此经，若为人轻贱，是人先世罪业，应堕恶道，以今世人轻贱故，先世罪业则为消灭，当得阿耨多罗三藐三菩提。

此乃金刚经能净业障之文。

“一切业障海，皆从妄想生，若欲忏悔者，端坐念实相。”业障无性，若未见般若，不知业障本空无性，便要还宿债，所谓“了知业障本来空，未了应须还宿债。”故知惟有般若，才能消除业障。

业由妄心而造，妄心空，便不会继续造业，以前所造的业本来是依止妄心的，妄心空了，前业无所依止，则业空，所以心空即业空，心有即业有，故云:“罪从心起将心忏，心若空时罪亦亡，心亡罪灭两俱空，是则名为真忏悔。”是故般若能净业障。

从前是妄心造罪，妄心盖覆真心，但真心没有失去，现在以清净心受持读诵般若，般若心生，妄想心灭，罪空苦尽，涅槃妙心现前，当来定得阿耨多罗三藐三菩提。

佛言持经之人，本来应得一切天人恭敬供养，但因前生有重业障故，今生虽得受持诸佛甚深经典，仍被人轻贱，惟以受持经典故，心无恼恨，无所计较，念念常行般若波罗蜜行，无有退转，以能如是修行，得无量劫以至今生，所有极恶罪障，并能消灭。

又约理而言，先世即是前念妄心，今世即是后念觉心，以后念觉心轻贱前念妄心，妄不得住，故云先世罪业，即为消灭，妄念既灭，罪业不成，即得菩提也。

一个人要能修集一点善根，真的很不容易，从此生随缘为人说法当中，就可以深深体会，要启发一个人的善根真的很不容易。读诵《金刚经》本应该为人所尊重才对，何故却反遭人轻贱？原来过去生并不是一个会受持读诵

《金刚经》的人啊！由于过去生都是崇尚表相，着于六尘相，今生因为善知识的助缘，启发了善根种子，所以受持读诵此经。但是别人不但不能置信，反而轻贱于此人，因为过去生的种子根本不相应啊！本来过去世因邪见，着于六尘相而造了许多罪业，这些罪业的果报，是要堕入三恶道受无量苦，却由于今世读诵《金刚经》而被人轻贱的缘故，过去世所造的罪业遂得以消灭。此人能依《金刚经》之教导，虽被轻贱，却不生人我相，常修般若波罗蜜，故重罪轻受，乃至消灭，可见此经功德力极为广大，不可思议。

"须菩提！我念过去无量阿僧祇劫，于然灯佛前，得值八百四千万亿那由他诸佛，悉皆供养承事，无空过者，若复有人，于后末世，能受持读诵此经，所得功德，于我所供养诸佛功德，百分不及一，千万亿分乃至算数譬喻所不能及。

释迦如来遇然灯佛后，证无生法忍，无我人众生寿者四相，在未遇然灯佛以前，未证无生法忍，仍有我人众生寿者四相，常以有所得心供佛，有能供的我，所供的佛，只能得有漏的福，漏落生死，是故释迦虽然曾值八百四千万亿那由他诸佛，诸佛都不与他授记，惟有于然灯佛所，证得无生法忍，以无所得心供佛，得无漏福，不会漏落生死，故然灯佛才与释迦授菩提之记。

若有人在末法时代，对于此经典，能领受忆持，于文读诵，于义通利，并且还广为他人宣说开示，如所明的理起作意而能修行的。佛说自己以先所作的福聚，同这人持此经的福聚比较起来，还没有此福聚的百分之一，像这样渐渐分析，还没有千分之一，若百千分之一、若俱胝百千分、若俱胝那庾多百千分、若数分——世间数目可数的、若计分——已越过世间数目但还可计度分别、若算分——世间心理可推算的、若喻分——可以世间此喻得知的如恒河沙数等、若极细分，如现代所谓原子电子。佛说自己以前的福聚，连分析这样极细，都不能及。

这可说是一种"重报轻受"，由此可见受持读诵《金刚经》之功德力是多么广大、不可思议。光是受持读诵就有这么大的功德力，何况是有能力为人解说？何况是得以悟入？何况是悟后大力为人宣说？我们应该去用心思维、体会。证悟之

后，若能安住不退转，依此如来藏之清净体性而修，未来必定能够成就无上正等菩提之佛地果位。

若有人一生大力弘扬诸种邪见之法，所造之罪业亦复如是，应堕恶道。

学佛修行的确要有长远心，绝对没有便宜之事。就像释迦世尊在值遇然灯佛之前，就已值遇无量数诸佛，奉事供养，种诸善根了。佛菩提道之修学是一步一脚印，脚踏实地去修集智慧，没有便宜事，也没有快捷方式，这正是佛菩提道修行应有的心理准备。

有部分净土宗之佛弟子畏惧于佛菩提圣道之修学，产生成佛之虚妄想，欲以持念一句阿弥陀佛名号取代一切圣道之修学，虚妄想像如此可乘佛愿力而完全领受阿弥陀佛之功德成为自己之功德，因此而成佛；然这只是虚妄想而已，事实上是毫无可能。

像这样的说法，不仅违背净土三经之真实法义，亦且违背佛于《金刚经》此处之教示。即使释迦世尊往昔无量劫在然灯佛前，都要值遇八百四千万亿那由他诸佛，悉皆供养承事，无空过者；值此今日末法时期之佛弟子，怎可虚妄想像别有快捷方式，取代佛菩提圣道之修学而成佛呢？

须菩提，若善男子、善女人，于后末世，有受持读诵此经，所得功德，我若具说者，或有人闻，心则狂乱，狐疑不信。

般若功德，能成佛作祖、续佛慧命、为诸佛所护念、为天龙八部所护持、能灭无量劫罪、得无漏的福，般若功德，叹莫能穷，若如来具足而说，或有人听闻后，心则狂乱，狐疑不信，故如来只能略说其功德。

狐疑者，或信或不信。末法之世，魔强法弱，是非人我多，或有人不知如来正法常住不灭，不相信有人能于此经明心见性，若不相信而生毁谤，便坠地狱，故如来不欲具足而说。

持念一句阿弥陀佛名号，并不可能取代一切佛菩提圣道之修学而成佛。持念这一句佛号往生西方之后，还是要跟随阿弥陀佛及观音、势至二大菩萨修学，证得法界实相；如此渐次往上提升，努力修学佛菩提圣道，始有究竟成佛之可能。是故如此错误主张“持念一句佛号到底即可成佛”者，必定于净土三经之法义有所误解，因此而有不切实际之想法。如此想法实属不正确，为免耽误广大净土宗之同修故，应该尽速修正此种主张才好，始为智者。

在最后末法之世，要能受持读诵此经，的确很难，都要无量劫在无量佛所种诸善根才有可能，这绝不是善根福德微薄之人所能做到。像这些善根福德这么广大，都不及受持读诵《金刚经》之功德，那么持念一句佛号又怎么能取代受持读诵此经之功德呢？

《金刚经》唯是宣说般若总相智之经典，即有如是不可思议之功德；若于第三转法轮所宣说之唯识种智之经典，其功德更是有过之而无不及。

受持读诵《金刚经》之功德如此之大，是必须建立在明白此经所宣说之第一义谛知见，了解所说法之内涵，如此信受奉持才有大功德。有极多佛弟子喜于研读《金刚经》，却以“闻、思”之方式去臆测此经之法义，遂以“断灭空”之见解来解释这部经；如此而受持读诵《金刚经》，即使经历百千万劫，于自己亦是毫无功德可言。《金刚经》所说之法界实相如来藏，虽名为“空”，然实“不空”，是真实有，性如金刚，能持一切业种。虽其自性是空性，非是断灭之“空”，非是空无所有之“空”，这才是《金刚经》之真实法义。在了解这些法义之后，如此受持、读诵此经，才是真正佛于此处所说之功德。即使尚未证入，如此受持、读诵亦有无量无边之大功德。

须菩提，当知是经义不可思议，果报亦不可思议。”

众生心量多为狭劣，于大乘了义经典常有狐疑不信者，于佛所宣说深妙之法，心生惊怖，凡此皆因善根福德浅薄所致。然亦有善根深厚之人，是菩萨种性，早已发起无上菩提之心，于第一义谛胜妙之法，深信不疑。此皆是累劫于诸佛所种诸善根而来，非是一朝一夕所能获得。相信佛语，依教奉行，是我们应该坚持之理念。义即义理，这部般若经所说的义理——一切法不生，般若不生；一切法无相，般若亦无相；一切法无尽，般若无尽；一切法无住，般若亦无住；一切法无我，般若无我。一切法性空，般若性空——此经义理不可思议，从理起行，行是因，果是菩提，菩提具足无量功德，报是大般涅槃，常乐我净。是故略而言之，般若经义不可思议，果报亦不可思议。

法界实相如来藏之密意，不可明说，此乃由于众生闻之不信，反生毁谤故。毁谤菩萨藏者当堕地狱，其后果极为严重，是故佛于经典皆是隐覆密意而说第一义谛之法？犹如《金刚经》一般，亦是隐覆密意而说。再者，禅门祖师公案亦处处显示：“不可明说密意。”其害甚大故。

佛弟子应该寻觅善知识长年亲近修学，聆听教诲，依教奉行。真善知识所说法义？知见？必能契符如《金刚经》之大乘了义经典，乃至四阿含之经典皆得以印证无疑；如此相信善知识之教导，将来必有证悟之因缘。若得证悟，必可印证《金刚经》，于此经之深妙法义当能心领神会，此时则知是经不可思议。

悟后若能安住不退转者，必可渐次修习增上慧学，于别相智、道种智、一切种智深入修习；又于历缘对境中，修除烦恼障之种子。如此于解脱道及佛菩提道之智慧，必能日益增长，如此始知果报不可思议。

评析

一个年轻人自认为对“空”的意义理解得很透彻，于是对众人夸下海口：走遍天下，也没人能够难倒他。

确实，这个年轻人的确天资过人，在与他人论禅时，从未遇到敌手，这使得他在当地小有名气。因此，这位年轻人每经过一座禅林，当地禅师都会以特别的礼仪接待他，这就更使得这位年轻人目中无人，心高气傲了。其实，也不能怪他自大，他能一口气把《大品般若》里的“二十空”讲述十来个小时之久，这样的本事非一般人可以拥有。

因此，人们建议年轻人去结交一位在当时最有名望的坐禅大师。

刚在那位大师对面坐下，年轻人便按捺不住，不住地夸耀自己的悟境之高：“心、佛与众生，是三重皆空——现象的真性是空；无悟无迷，无凡无圣，无施无受！”

那位大师嘴衔一支烟管，静静地听着。其间请年轻人喝茶水，又请年轻人享用水果。但一心卖弄的年轻人将茶水和水果都推到了一边，依旧坐在那里口若悬河地说个不停……

就在这时，大师忽然举起烟管，狠狠地敲了一下年轻人的脑壳。

年轻人愤怒了，气势汹汹地站了起来，看上去像一只好斗的公鸡。

大师看了看年轻人，微笑着说：“既然一切皆空，试问怒从何来？”

那些自高自大的人，往往把心思都放在卖弄才华或者朝自己的脸上贴金上了。因此，他们是无法深刻地领悟到人生的真谛的。即便他们一时名声在外、风光无限，但他们终究会露出破绽的。

茶杯只有低于茶壶才能被注入香茗

茶杯只有低于茶壶，才能被注入香茗。只有谦虚才能使才智增值，而自负则使才智贬值。做人做事也是这样，很多时候必须放低姿态，才能够得到我们想要的东西。

有一个对自己的老师深感失望的年轻人千里迢迢来到法门寺，对住持释圆和尚说："我一心一意要学习丹青，但至今没找到一位令我满意的老师，许多人都是徒有虚名，有些人的画技还不如我。"

释圆听了淡淡一笑："老僧虽然不懂丹青，但也颇爱收集一些名家精品。既然施主画技不比那些名家逊色，就烦请施主为老僧留下一幅墨宝吧。"

年轻人问："画什么呢？"

释圆说："老僧最大的嗜好就是品茗，尤其喜欢那些造型古朴典雅的茶具，施主可否为我画一幅茶杯与茶壶？"

年轻人爽快地答应了，他铺开宣纸，只寥寥数笔，一个倾斜的水壶和一只造型典雅的茶杯就画成了。只见那水壶嘴正徐徐流出一道茶水来，注入杯中。

年轻人得意地问："这幅画您满意吗？"

释圆微微一笑，摇了摇头："你画得是不错，只是将茶壶和茶杯的位置弄颠倒了，应该是茶杯在上，茶壶在下啊！"

年轻人听了笑道："大师为何如此糊涂，哪有茶杯往茶壶里注水的？"

释圆说："原来你懂得这个道理啊，你渴望自己的杯子里注入那些丹青高手的香茗，但你总把自己的杯子放得比茶壶还高，香茗怎么能注入你的杯子呢？涧谷把自己放低，才能得到一脉清泉，人只有把自己放低，才能吸纳别人的智慧和经验。"

年轻人幡然醒悟。

第十七品　究竟无我分①

①究竟无我分：须菩提于住降之意，粗尘已遣，细惑难融。至是复申前请，欲得住降究竟的道理，所以佛全以己身上事示之，使知人空法空，究竟无我也。

尔时，须菩提白佛言：“世尊，善男子、善女人，发阿耨多罗三藐三菩提心，云何应住？云何降伏其心？”佛告须菩提：“善男子、善女人，发阿耨多罗三藐三菩提心者，当生如是心，我应灭度一切众生。灭度一切众生已，而无有一众生实灭度者。

何以故？须菩提，若菩萨有我相、人相、众生相、寿者相，则非菩萨。

所以者何？须菩提，实无有法发阿耨多罗三藐三菩提心者。”“须菩提，于意云何？如来于然灯佛所，有法得阿耨多罗三藐三菩提不？”“不也，世尊。如我解佛所说义，佛于然灯佛所，无有法得

阿耨多罗三藐三菩提。”佛言：“如是如是。须菩提，实无有法如来得阿耨多罗三藐三菩提。须菩提，若有法如来得阿耨多罗三藐三菩提者，然灯佛则不与我授记：汝于来世，当得作佛，号释迦牟尼。以实无有法得阿耨多罗三藐三菩提，是故然灯佛与我授记，作是言：‘汝于来世，当得作佛，号释迦牟尼①。’何以故？如来者，即诸法如义。若有人言：‘如来得阿耨多罗三藐三菩提。’须菩提，实无有法，佛得阿耨多罗三藐三菩提。须菩提，如来所得阿耨多罗三藐三菩提，于是中无实无虚。是故如来说：一切法皆是佛法。须菩提，所言一切法者，即非一切法，是故名一切法。须菩提，譬如人身长大。”须菩提言：“世尊，如来说：人身长大，则为非大身，是名大身。”“须菩提，菩萨亦如是。若作是言：‘我当灭度无量众生’，则不名菩萨。”

“何以故？”“须菩提，实无有法名为菩萨。是故佛说：‘一切法无我、无人、无众生、无寿者。’须菩提，若菩萨作是言，‘我当庄严佛土’，是不名菩萨。”

“何以故？”如来说：“庄严佛土者，即非庄严，是名庄严。须菩提，若菩萨通达无我法者，如来说名真是菩萨。”

经文注释

①释迦牟尼：释迦，是梵语，汉语意思是能仁。牟尼，是梵语，汉语意思是寂默。

译文

这时，须菩提又对佛说：“世尊，善男子善女人发现无上正等正觉心，了知无我相、人相、众生相、寿者相，不再执取邪知邪见的禁戒和外道修持法门，对世尊所说正法深信不疑，淡薄种种贪欲、嗔心、愚痴，自然发露了上求佛果，下化众生的菩提心，到此时节，应当如何安住菩提心？如何降伏修道难，度众更难的畏惧心理？”佛告诉须菩提：“善男子善女人，发露上求佛果

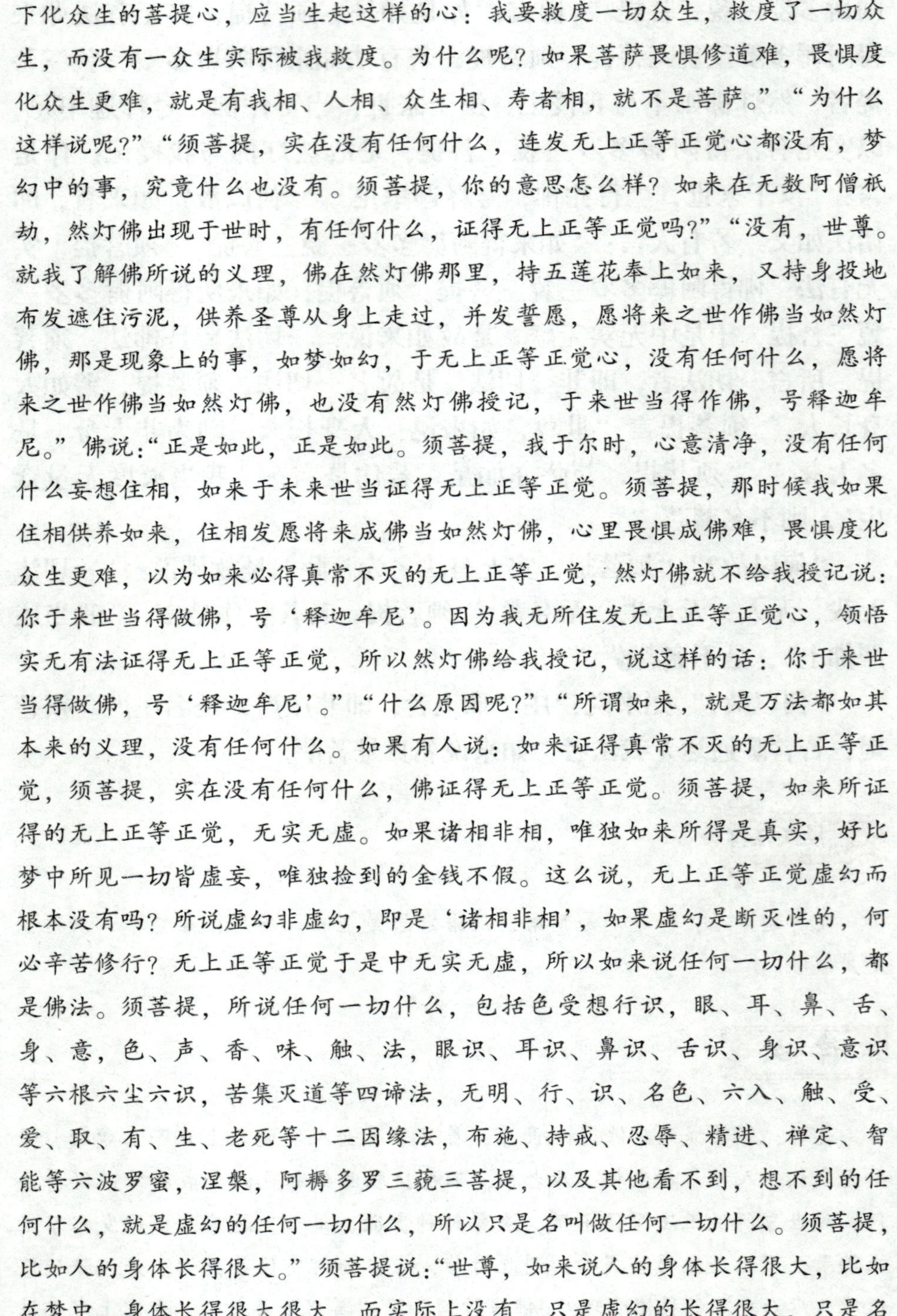

下化众生的菩提心，应当生起这样的心：我要救度一切众生，救度了一切众生，而没有一众生实际被我救度。为什么呢？如果菩萨畏惧修道难，畏惧度化众生更难，就是有我相、人相、众生相、寿者相，就不是菩萨。”“为什么这样说呢？”“须菩提，实在没有任何什么，连发无上正等正觉心都没有，梦幻中的事，究竟什么也没有。须菩提，你的意思怎么样？如来在无数阿僧祇劫，然灯佛出现于世时，有任何什么，证得无上正等正觉吗？”“没有，世尊。就我了解佛所说的义理，佛在然灯佛那里，持五莲花奉上如来，又持身投地布发遮住污泥，供养圣尊从身上走过，并发誓愿，愿将来之世作佛当如然灯佛，那是现象上的事，如梦如幻，于无上正等正觉心，没有任何什么，愿将来之世作佛当如然灯佛，也没有然灯佛授记，于来世当得作佛，号释迦牟尼。”佛说：“正是如此，正是如此。须菩提，我于尔时，心意清净，没有任何什么妄想住相，如来于未来世当证得无上正等正觉。须菩提，那时候我如果住相供养如来，住相发愿将来成佛当如然灯佛，心里畏惧成佛难，畏惧度化众生更难，以为如来必得真常不灭的无上正等正觉，然灯佛就不给我授记说：你于来世当得做佛，号‘释迦牟尼’。因为我无所住发无上正等正觉心，领悟实无有法证得无上正等正觉，所以然灯佛给我授记，说这样的话：你于来世当得做佛，号‘释迦牟尼’。”“什么原因呢？”“所谓如来，就是万法都如其本来的义理，没有任何什么。如果有人说：如来证得真常不灭的无上正等正觉，须菩提，实在没有任何什么，佛证得无上正等正觉。须菩提，如来所证得的无上正等正觉，无实无虚。如果诸相非相，唯独如来所得是真实，好比梦中所见一切皆虚妄，唯独捡到的金钱不假。这么说，无上正等正觉虚幻而根本没有吗？所说虚幻非虚幻，即是‘诸相非相’，如果虚幻是断灭性的，何必辛苦修行？无上正等正觉于是中无实无虚，所以如来说任何一切什么，都是佛法。须菩提，所说任何一切什么，包括色受想行识，眼、耳、鼻、舌、身、意，色、声、香、味、触、法，眼识、耳识、鼻识、舌识、身识、意识等六根六尘六识，苦集灭道等四谛法，无明、行、识、名色、六入、触、受、爱、取、有、生、老死等十二因缘法，布施、持戒、忍辱、精进、禅定、智能等六波罗蜜，涅槃，阿耨多罗三藐三菩提，以及其他看不到，想不到的任何什么，就是虚幻的任何一切什么，所以只是名叫做任何一切什么。须菩提，比如人的身体长得很大。”须菩提说：“世尊，如来说人的身体长得很大，比如在梦中，身体长得很大很大，而实际上没有，只是虚幻的长得很大，只是名叫做大身。”“须菩提，菩萨也是如此，如果他这样说：我应当救度无量众生。那么，他就不能名叫做菩萨。”“为什么呢？”“须菩提，实在没有任何什么，微尘都没有，哪有众生可灭度？菩萨要开悟，破迷发现无上正等正觉心，彻底领悟诸相非相，没有任何一法，才名为菩萨，所以佛说任何一切什么，没有我、没有人、没有众生、没有寿者。须菩提，如果菩萨这样说：‘我难行能行，我难证能证，难度能度，我当以种种功德和智能来建设未来的佛土，’他就不能名叫做菩萨。”“为什么呢？”“如来说庄严佛土，就是虚幻的庄严，只是名叫做庄严。须菩提，如果菩萨通达没有我没有任何一切什么，即知成佛不难，度化众生也不难，如来说他真的是名叫做菩萨。”

详解

尔时，须菩提白佛言：“世尊，善男子、善女人，发阿耨多罗三藐三菩提心，云何应住？云何降伏其心？”

金刚经至此，已说了半卷，世尊再继续讲下半卷，有讲者认为金刚经说至此已讲毕，下半卷只是重讲，依我本人愚见，佛在世时，弟子非常有智慧，所以不须佛重讲，那么下半卷又是什么。

须菩提闻说金刚经义不可思议，果报亦不可思议，欲想一切众生皆发菩提心，故请问如来：“善男子善女人发无上正等正觉心，云何应住？云何降伏其心？”

发菩提心，不是说说便算，必须要实践，例如赵州老人，四十年但看个“无”字，不杂用心，住于菩提，降服无始劫以来妄想习气，而大彻大悟。只要念念住菩提，即能念念降服其心，所谓“道也者，不可须臾离，可离非道”，是故一时不在，如同死人，大似行尸走肉，那得称善男子善女人。

下文佛告须菩提，发菩提心者，应灭度一切妄想众生，当灭度时，不见有一众生实灭度者，若见有灭，菩萨即有我相，又有我能灭度的人相，又见有数数灭度的众生相，又见有相续灭度的寿者相，有四相在，着相迷性，不见菩提，即非菩萨，若无四相，离相见性，即住菩提，是为菩萨。所以离四相就是发菩提心，此外，实无有法发菩提心者。

所以上半卷所述之降服其心，是降服我执之心，下半卷所说的，乃降服其法执之心，菩萨若依法而生爱，是为菩萨顶堕。

众生之意识心多是住于六尘境，在六尘境上去攀缘、分别、妄想、贪着，却不知色、声、香、味、触、法等六尘境相皆是虚妄不实者。如此错误之安住，则无有解脱生死之可能。

已发菩提心之善男子、善女人，不应住着于六尘境相而用功，若于六尘境相贪着、用功，则永无证得无上菩提之可能。欲于佛菩提道获得究竟正觉，必须先以证得法界实相如来藏心体为首要目标，如是方得继续往佛菩提之微细智慧深入修证。然意识乃意根缘法尘而由如来藏流注意识种子而生，显然意识心是所生法，是生灭心。若是错会此心，误以意识心为真心，依此生灭之意识又如何能修证无生法忍呢？则又何有任何别余之心得修无生法忍呢？譬如六祖坛经云："不识本心，学法无益。"本心者即是指法界实相如来藏心，一切之佛法都是围绕着此心体而说。因为这个如来藏心体，性如金刚，永不坏灭，能持一切种子，是故又名种子识。这一切法之种子遇缘现行，是故出生五蕴、十二入、十八界等万法。

佛告须菩提："善男子、善女人，发阿耨多罗三藐三菩提心者，当生如是心，我应灭度一切众生。灭度一切众生已，而无有一众生实灭度者。

此乃降心之文。

其实此品可分五阶段来说：1. 发心菩提；2. 降心菩提；3. 明心菩提；4. 出到菩提；5. 无上菩提，即成佛之时。

此文与上半卷又有不同之处，上半卷所说的妄想众生，介绍得很清楚：若卵生、若胎生、若湿生、若化生、若有色、若无色、若有想、若无想、若非有想非无想。下半卷讲的，只要是烦恼妄想的众生就要度，不需要分析是什么类的众生，故云灭度一切众生。

为什么不说清楚呢？妄想即生即灭，根本就看不清楚是什么妄想，若妄想实时起实时度，无量的妄想可以一时消灭，故云："灭度一切众生"。一切众生一时度，不是慢慢度，妄想灭了之后，度个什么？妄想未起，你不必去度，以般若观照之即可，妄想一起，实时度。

妄想即起即度，你不知道它是什么妄想，是贪、是瞋、还是痴？因为它

还未完全成熟现出来，你已经把它度去了，即生即度，所以不同上来卵生胎生等妄想，这些是妄想生起以后的境界，属于贼后兴兵，古人云："不怕妄起，只怕觉迟。"念一起就觉，觉速灭速，二事相宜，不要待妄想成熟后才去慢慢灭，是故此文乃降心菩提。

何以故？须菩提，若菩萨有我相、人相、众生相、寿者相，则非菩萨。

若菩萨见有能度众生的心便是我相，见有众生可度是人相，见有涅槃可求是众生相（众生乐求涅槃，厌恶生死，是谓众生相），见有涅槃可证是寿者相，有了四相，无边烦恼亦起，便不能度众生，故不是菩萨。

何以无四相便是菩萨呢？发了菩提心后才可以称为菩萨，但是实实在在无有一法发菩提心，一切法空，就是菩提，空中哪里有一法可发菩提心？我人众生寿者四相空，菩提心现，是故四相空就是菩提，不是离了四相之外，另有一法可以发菩提心。例如杀戒，不杀生就是持戒，不是离了不杀生之外另有杀戒，故实实在在无有一法发菩提心。

所以者何？须菩提，实无有法发阿耨多罗三藐三菩提心者。"

若云以慈悲喜舍发菩提心，菩提心内本来就具有慈悲喜舍，焉能以慈悲喜舍发菩提心？若以慈悲喜舍发菩提心，慈悲喜舍便在菩提之上；若云以六波罗蜜发菩提心，菩提心内本来亦具足六波罗蜜，又焉能以六波罗蜜来发菩提心？若以六波罗蜜发菩提心，六波罗蜜即在菩提之上，菩提便不能称为无上菩提，既是无上菩提，焉能有一法在菩提之上，可发菩提心？

然则如何发菩提心呢？布施空就能发菩提心，戒律空、忍辱空、禅定空、智慧空、念佛法门空、慈悲喜舍空，不见有一法可得，就是发菩提心。

以如来藏为一切万法出生之第一因，这样的佛法才是我们应该修学之正法。发无上正等菩提心之善男子、善女人，应住于此实相心体，转依其体性而修，如是而住，如此方是佛弟子所应安住之处。

佛弟子证得法界实相如来藏之后，即具般若总相智慧，原本住于六尘境之意识心，便得转依如来藏之清净体性而修，如此即不再于六尘境上分别、妄想、执着。发菩提心之善男子、善女人，应如是降伏其心。在前面须菩提已问过此事，何故于此重提呢？

譬如《华严经》云："无一众生而不具有如来智慧，但以妄想、颠倒、执着而不证得，若离妄想，一切智、自然智、无碍智则得现前。"这就是说一切众生皆本具如来藏心体，此心体为法界实相心，一切诸佛皆需证得此心，始能修至佛地果位；然众生由于执着妄想之缘故，不能证得此心。若不证此如来藏心，则意识心必住于虚妄不实之六尘境，如是则不能降伏此意识心，唯有如来藏真心才是众生意识心转依修行之对象，应住于此诸法实相之境界而修学。

灭度又名涅槃、圆寂，意指灭分段生死及变易生死。涅槃可分为四种涅槃：一者本来自性清净涅槃、二者有余依涅槃、三者无余依涅槃、四者无住处涅槃。有余依、无余依二种涅槃是为二乘声闻、缘觉之涅槃；无住处涅槃则为佛地之涅槃，于生死、涅槃皆不住，又名大般涅槃。

发菩提心即是发阿耨多罗三藐三菩提心，即是发起证得无上正等正觉之心，即是发起成就佛地果位之心，即是发起成佛之心。在大乘经典中，我们常见到，佛要众生发菩提心，这个菩提心并不是单指声闻菩提，或缘觉菩提，而是大乘菩提。大乘菩提即是诸佛菩提，又名无上菩提，而大乘菩提已涵盖二乘声闻、缘觉菩提。一切修学大乘佛菩提道的人，都必须发起阿耨多罗三藐三菩提心，因为那是未来漫长修学佛菩提道之原动力。然并没有一个真实的法，名叫“发阿耨多罗三藐三菩提心”；发阿耨多罗三藐三菩提心者是意识觉知心所发，而意识觉知心并不是真实的法。意识心是六识之一，亦是十八界之一，摄属于十八界之法；十八界是如来藏所生之法，五蕴、十二入、十八界等都是如来藏所生之法，都是有为法。一切有为法都如梦幻泡影，有生有灭，无常不实；发起阿耨多罗三藐三菩提心之意识心，即是有为法。即使如此，并没有一个真实的“发菩提心”之法存在，因发菩提心之意识并不真实，而是有生有灭、无常之法。

“须菩提，于意云何？如来于然灯佛所，有法得阿耨多罗三藐三菩提不？”

须菩提想着，若无有少法名为发趣菩萨乘者，那不是没有菩萨吗？既没有菩萨，又哪有菩萨所修的行呢？既没有行可修，又怎能证果呢？他既有了这种疑，佛就告诉他说：须菩提！在你的意思怎样？如来曾经在然灯佛前，颇有微少的法，是证阿耨多罗三藐三菩提的吗？须菩提听佛这样一问，当时就被提醒，所以他白佛言：世尊！如我了解佛所说的意义，如来因地中在然灯佛所，没有微少的法是能证阿耨多罗三藐三菩提的。

这里说的是明心菩提，一切法空，就是明心，无法可得，便得菩提。

“不也，世尊。如我解佛所说义，佛于然灯佛所，无有法得阿耨多罗三藐三菩提。”佛言：“如是如是。须菩提，实无有法如来得阿耨多罗三藐三菩提。

须菩提，若有法如来得阿耨多罗三藐三菩提者，然灯佛则不与我授记：汝于来世，当得作佛，号释迦牟尼。

这段文很重要，得菩提与否，只是一线之差，差之毫厘，失之千里。有法，不得菩提，无法，即无得，就是得菩提，有法则有得，不见菩提，所以世尊再详细的解释其义理。

有法即有心，有心即未能空心，心不空，如何明心？有法亦即法不空，法不空如何得法？既不明心又不得法，然灯佛又怎么能为释迦授记？

佛于然灯佛所，无一法可得，是谓明心菩提，明心就是菩萨，故然灯佛与释迦如来授记，若当时世尊有戒法、定法、慧法、六波罗蜜之法可得，是为法执，着了法执，以为有法可得而得菩提，然灯佛则不与世尊授成佛之记。

所以我们不能执任何一法，例如念佛，念至无我相、人相、众生相、寿者相，四相空，便得阿耨多罗三藐三菩提。

一切众生之如来藏都具足一切种子，然众生之如来藏含藏众多染污之种子，即一切贪、瞋、痴、慢、疑、恶见之染污种子，这些烦恼障之种子，以及成佛所知障随眠必须断除之后，才是究竟证得佛地果位。是故并没有一个真实之佛法让一个人成佛，这所谓的“佛法”只是工具而已。

所谓成佛，所谓证得无上正等菩提，是指除尽了烦恼障种子和所知障随眠，如此二障除尽之后，如来藏所含藏之种子究竟清净，此即是佛地真如，又名无垢识。如此过程，名为证得无上正等菩提，即是佛地智慧之果位。然修行是五蕴在修行、是意识心在修行，证得无上菩提者，是意识心所证。可是修行的五蕴、意识心是无常不实之法，是如来藏所生；既是所生之法，必会有灭，如此并无一个真实的证果者。

以实无有法得阿耨多罗三藐三菩提，是故然灯佛与我授记，作是言：‘汝于来世，当得作佛，号释迦牟尼。’

一切法空，实实在在无有一丝毫小法可得，而得阿耨多罗三藐三菩提，是故，然灯佛与释迦如来授记。

授记，是如来金口所说，将来必定成佛，授记时的名号，成佛时决定不会改变。

有一句话说：“佛法在世间，不离世间觉。”有很多人把这句话解释为：“佛法在我们所生活的世间（指器世间），要在这个世间里去觉悟。”但这样的解释并不正确。事实上这里所说的“世间”，是指五蕴世间，并不是指器世间；

虽然器世间跟佛法有着密切的关系，但是要真正觉悟佛法，则必须在每个人的五蕴世间去觉悟。

修学佛法必须先建立正确知见，若没有正确之知见，则学佛修行必失去正确方向。方向错了，再如何努力，都不会有好的修证，是故八正道中，正见才会摆在第一位。受持读诵，乃至修学《金刚经》，也必须先建立正确的般若知见，把法界实相之基本知见学好之后，才有可能在福德因缘具足之时，悟入此经所要呈现之般若智慧境界。

何以故？如来者，即诸法如义。

此乃出到菩提，谓出离生死的此岸，到涅槃的彼岸。

义即理之意，“诸法如义”，即诸法的真理是也。

一切法从缘而生，缘生性空，是故一切法皆是空，万法一如，是诸法的空义，亦即诸法的如义。布施空、忍辱空、般若空、三十二相空、微尘空、世界空、万法归空，此空与彼空一如，无二无别，古时空与现在空亦一如，就是诸法的如义。

如来者，是诸法的空义，有一法不空，不能称为如来，一切法空才称为如来。

如来者，是诸法的无生义，一切法无生，从无生而来，来成正觉，无生亦是诸法的如义。

如来者，是诸法无灭义，一切法无灭就是如，从无灭而来，来成正觉。

如来者，是诸法无相义，从无相而来，来成正觉，是名如来。

如泛指空、无生、无灭、无相、无来、无去等，有相、有生灭去来，不是如，无相、无生灭去来，一切法空，此空与彼空无二无别，便是一如，一如，是打成一片之意；到了彼岸，万法皆如，烦恼即菩提，一切法都是佛法。

是故诸法如，到彼岸，诸法不如，是此岸，所以这一品古人名为：“出到菩提。”

若有人言：‘如来得阿耨多罗三藐三菩提。’

说到这里，有些人会有点疑问：不错，释迦佛发菩提心时，“无有法”而发菩提心，亦无有法而得菩提，因为菩提是诸法的如义，一切法空便见诸法的真如，但是如来成佛时，可能有法可得，故云：“若有人言，如来得阿耨多罗三藐三菩提”，有些人认为如来坐道场成等正觉时，有菩提之法可得。

须菩提，实无有法，佛得阿耨多罗三藐三菩提。

佛坐道场，亦无有法能得阿耨多罗三藐三菩提，“我始坐道场，不得一切法，空拳诳小儿，诱导于一切。”一切法空，才能得菩提，法空即心空，心空即明心，若法不空，心不明，不能得菩提，故云：“实无有法，佛得阿耨多罗三藐三菩提”。

须菩提，如来所得阿耨多罗三藐三菩提，于是中无实无虚。

所得心空，法体空寂，是为无实；寂灭体中，一切智具足，万行俱备，恒河沙功德用之不尽，是为无虚。

菩提无有一法可得，是为无实，惟是从菩提流出三身、四智、五眼、六通，是为无虚，例如摩尼珠，其体清净是无实，而能流出一切宝即无虚。

因此佛告诉须菩提：须菩提！如来现前等所证法，或所说法，或所思法，这都是非谛非妄的，所以如来说一切法都是佛法。佛所证的法，不是凡夫思量分别心所能证的，所以名非谛；但佛也不是不证此法，所以名非妄：佛所说的法，不是如言说所取的，所以名非谛；但依所说的法，依教明理、如理修习、也可证得，所以名非妄。佛所思的法，不是凡夫思量心所能思量的，所以名非谛；但后得智变相缘真，楷量法相，能随顺法性而通达于法性，所以名非妄。

是故如来说：一切法皆是佛法。

一切法从因缘生，是故一切法性空，是谓无实；一切法由种种因缘和合而生，假名有，是谓无虚；未曾有一法不是从缘而生，故一切法都是佛法。

因为非谛非妄，所以如来说一切法，就能证、能说、能思功能上说，都是佛法，唯佛才能证得。如法华经上说：“诸法实相，唯佛与佛乃能究尽。”

“青青翠竹，皆是真如。”青青翠竹从种种缘而生起，其性本空，所以是真如，“郁郁黄花，无非般若。”黄花也是从缘而起，也是性空，是故黄花无虚无实，无虚无实就是般若，是故如来说一切法皆是佛法。

须菩提！所言一切法者，即非一切法，是故名一切法。

世尊为免世人误会：既然一切法是佛法，那么世间法、求名求利的法，也是佛法。是故世尊解释：若能“即非”世间法，便是佛法。“即非”，就是不分别、不执着、一切法空、离一切相，便是佛法。

悟道之人，观世界如幻如化，无有一法不幻化者，是为“即非一切法”，所以悟道之人，水月道场，空花佛事，降服镜里的魔军，成就梦中正觉，游戏人间，观一切法都是幻化，所以一切法即非一切法；一切法空，不分别、不执着、离一切相、见一切性，是名一切法。

须菩提，譬如人身长大。”须菩提言：“世尊，如来说：人身长大，则为非大身，是名大身。”

人身长大，是缘起，当体即空，无长大之相可得，长大即非长大，非长大是无限量，周遍法界，就是法身，法身才是大身。若能一切法即非一切法，便见法身如来。

色身有对待，因短而说长，因小而说大，是故有长有大，法身无对待，是故非长非大，能够离色身之长大相，即见到非长非大的法身，是名大身，所谓幻化空身即法身，这就是佛法。

“须菩提，菩萨亦如是。若作是言：‘我当灭度无量众生’，则不名菩萨。”

菩萨亦如是，应了知一切法都是幻化，度众生亦是幻化，云何有我人等相？所谓“诸法从本来，常自寂灭相”，寂灭，就是度众生，众生有生灭，生灭灭已，寂灭现前，就是度众生。证寂灭，才是真正度众生，生灭不能度众生，因为众生是生灭，我们也是生灭，生灭焉能度生灭，只有生灭灭已，寂灭现前，才能度众生。惟是寂灭体中，无众生相、无我相、无涅槃相，我亦寂灭、众生亦寂灭、灭度亦寂灭，是故菩萨不应作是念，我当灭度无量众生。

若菩萨作是念，我当灭度无量众生，认为有众生、有我、有灭度，着了我相、众生相、灭度相，迷失自己的佛性，迷性则烦恼起，有烦恼只可以称为众生，不可以称为菩萨。

“何以故？”“须菩提！实无有法名为菩萨。

一切法空，菩萨法亦空，是故实无有法可得名为菩萨。

身体就是佛法所说的色身，这个色身即是五蕴中的色蕴；色身是由地、水、火、风四大所成，是由每个人的如来藏集合地、水、火、风这四大元素而造出色身来。色身终究会坏，人终究要死，人死则色身必坏灭；是故色身是无常之法，无常不实之法，就没有真实的大身小身可言。若说色身有大小，应只是说法之方便而已，并不是有真正的大小身。

如来藏无有形相，所以若就如来藏而言，并没有大身小身之事；如来藏是空性，犹如虚空，却不是空无所有，但并没有大小身可说，因此如来藏才是真正的大身，是故佛说“非大身，是名大身”。每一个佛弟子都要努力修学，去证得佛法最重要的无相智慧，但这不是指意识心住于一念不生中而说无相，或要意识心不去分别而谓为无相、离相；应该以法界实相如来藏之根本来看待，以此智慧而说“大身”。

是故佛说：‘一切法无我、无人、无众生、无寿者。’

一切法空，空中无我、人、众生、寿者。

须菩提！若菩萨作是言，‘我当庄严佛土’，是不名菩萨。”

若菩萨不领会般若的真义，而作是言“我当筑塔、建庙、印经、布施供养等庄严佛土。”有能庄严的宝塔等，所庄严的佛土，心有能所，心不清净，是虚妄心，不是菩提心，故不名菩萨。

有智慧的菩萨并不是不能说：“我当灭度一切众生。”当他为众生说法时，菩萨还是会说：“我当灭度一切众生。”但那只是方便说而已。众生若说：“我当灭度一切众生。”他可能就有我相、人相、众生相、寿者相，着于有一个真实的我、人、众生、寿者。可是菩萨若跟众生一样，着于我相、人相、众生相、寿者相，而说言：“我当灭度无量众生”，则不名为真正的菩萨。

有智慧的菩萨了知，其实并没有一个真实的我可灭度无量众生，也没有所谓真实的众生可灭度。我、众生都是五蕴所成，非是真实有一个常住不坏的五蕴，一切之五蕴都是所生之法，终会有坏灭之时。是故所谓的我、众生都不真实，人、寿者也不是真实之法。

又事实上并没有一个真实的法可名为菩萨，菩萨是由五蕴去当、去做，是由意识觉知心去当菩萨，而五蕴、意识心并不真实，是由众生自己的如来藏所生。是故并没有一个真实的法名为菩萨，所说菩萨之名，只是方便施设之假名，实无有法名为菩萨。

“何以故？”如来说：“庄严佛土者，即非庄严，是名庄严。

佛土就是心土，心土中有慈悲喜舍、有戒定慧、有六度万行，以心土中的慈悲喜舍、六度万行，庄严心土，无能庄严，无所庄严，即非庄严，是名真庄严。

犹如大海，起无量的波浪，庄严大海，大海是海水，波浪也是海水，哪里有能庄严？海水一体，哪里有所庄严？实是大海庄严大海，无能庄严、无所庄严。

无能所庄严，即非庄严，是自性庄严，是名真庄严。

须菩提，若菩萨通达无我法者，如来说名真是菩萨。”

通达，即了解之义，菩萨要通达一切法无我——布施无我，不见有布施相，是名真布施；说法无我，不见有说法之相，无法可说，是名真说法；忍辱，不见有忍辱的我，即非忍辱，是名真忍辱；不见有微尘的我，微尘即非微尘，是名清净微尘。烦恼无我，烦恼空，涅槃无我，证大般涅槃；众生无我，众生得度；诸佛无我，诸佛成佛。

若布施有我，是众生布施，说法有我，是众生说法，忍辱有我，是众生忍辱。菩萨忍辱，不见有忍辱的我，亦不见有辱可忍，若菩萨通达一切法无我，如来说名真是菩萨。

“无我”是什么？无我就是无为法，有我，是有为法，无为就是法身，法身无我而无不我，法身无法而能生一切法，法身无为而无不为，法法无我，法法亦是我，未有一法不是自己，古人云：“天地与我同根，万物与我一体。”无我，所以天地与我同根，无我，所以万物与我一体，是故佛法不是消极，是积极。

佛所说之一切法，事实上并没有真实的我可得，也没有真实的人可得，没有真实的众生、寿者可得；因为所谓的我、人、众生、寿者都是五蕴所成，都是假名而已，并不是常住真实之法。所说之一切法都不离法界实相如来藏，是如来藏所生，而如来藏本是空性，是故无有我、人、众生、寿者可得。

菩萨若着有一个真实的我，要庄严佛土，即是没有庄严；菩萨要具有这样的智慧，才算是庄严佛土。庄严只是假名而已，并没有一个真实的庄严之法，因为庄严也是一切诸法中的一法而已，何有真实可言？

如来藏是一切万法出生的第一因，五蕴、十二入、十八界等一切诸法不能离于如来藏而有。如来藏是常住不坏的真心，意识觉知心并不是真心，意识心之任何相貌都仍是意识心。又意识心是如来藏所生，摄属十八界中的六识界；意识既是十八界之法，即是无常不实之法，所以不可能有一个真实意识心的我。

这样的无我之法，菩萨必须了知、通达，如此才具无我之智慧；菩萨具备了无我的智慧，才算是真的菩萨。又菩萨亦应了知，如来藏本身也没有一个真实的我存在，因为如来藏自性空，又何来存在一个真实的我呢？菩萨如此通达无我法，始名真菩萨。

评析

有个人为南阳慧中国师做了三千年侍者，慧中国师看他一直任劳任怨，忠心耿耿，所以想要对他有所报答，帮助他早日开悟。

有一天，慧中国师像往常一样喊道："侍者！"

侍者听到国师叫他，以为慧中国师有什么事要他帮忙，于是立刻回答道："国师！要我做什么事吗？"

国师听到他这样的回答感到无可奈何，说道："没什么事要你做的！"

过了一会儿，国师又喊道："侍者！"

侍者又是和第一次一样的回答。

慧中国师又回答他道："没什么事要你做！"

这样反复了几次以后，慧中国师喊道："佛祖！佛祖！"

侍者听到慧中国师这样喊，感到非常不解，于是问道："国师，您在叫谁呀？"

国师看他愚笨，万般无奈地启示他道："我叫的就是你呀！"

侍者仍然不明白地说道："国师，我不是佛祖，而是你的侍者呀！你糊涂了吗？"

慧中国师看他如此不可教化，便说道："不是我不想提拔你，实在是你太辜负我了呀!"

侍者回答道:"国师！不管到什么时候，我永远都不会辜负你，我永远是你最忠实的侍者，任何时候都不会改变!"

慧中国师道:"还说不辜负我，事实上你已经辜负我了，我的良苦用心你完全不明白。你为什么只承认自己是侍者，而不承认自己是佛祖呢？其实，佛祖与众生并没有区别，众生之所以为众生，就是因为众生不承认自己是佛祖。实在是太遗憾了!"

很多人只知道依附、服从别人，常常忽视了自己的存在，从而失去了真正的自己。不要看轻自己，要知道自己的价值所在，并去实现这些价值。

我们自身的价值源于对自己的认识

正确地认识自己的价值，是成功者必备的一个重要因素。而在实际生活中，我们往往会过低或过高地判断了自己的价值。要正确地认识自己的价值，就要对自己有一个客观的了解。只有正确认识自己的价值，我们才能够实现自己的价值。

有一天，一位禅师为了启发他们的徒弟，给他的徒弟一块石头，叫他去蔬菜市场，并且试着卖掉它。

这块石头很大，很好看，但师父说:"不要卖掉它，只是试着卖掉它。注意观察，多问一些人然后告诉我在蔬菜市场它能卖多少钱。"

徒弟去了蔬菜市场。在菜市场，许多人看着石头想：它可以作为很好的小摆件，我们的孩子可以玩，或者我们可以把这当做称菜用的秤砣。于是他们出了价，但只不过几个小硬币。徒弟回来后说:"它最多只能卖到几个硬币。"

师父说:"现在你去黄金市场，问问那儿的人。但是不要卖掉它，只问问价。"

从黄金市场回来，徒弟很高兴，说:"这些人太棒了，他们乐意出到1000

元钱。”

师父说:“现在你去珠宝商那儿，但不要卖掉它。”

徒弟去了珠宝商那儿。他简直不敢相信，他们竟然乐意出五万元钱。但他不愿意卖，他们就继续抬高价格……他们出到 10 万元。但是他说:“我不打算卖掉它。”他们说:“我们出 20 万元、30 万元，或者你要多少就多少，只要你卖!”他说:“我不能卖，我只是问问价。”他不能不相信:“这些人疯了!”他自己觉得蔬菜市场的价已经足够了。

他回来了，师父拿回石头说:“我们不打算卖了它，现在你应该明白了，这主要是想培养和锻炼你充分认识自我价值的能力和对事物的理解力。如果你只是生活在蔬菜市场，那么你只有那个市场的理解力，你就永远不会认识更高的价值。”

第十八品 一体同观分①

分名解说

①一体同观分：此言心，佛，与众生，是三无差别也。离众生无佛，离佛无众生，离心也无众生，也无佛。众生心中皆有佛性，而往还六道，随业所转。佛之性海中，本有众生，而包罗万有，随缘不变。名虽有凡圣，其体则一也。其差别之处，是在众生随业迁流，而遗失本体，佛不为业转，而了悟真心。其转与不转之细微处，是真妄心为之枢纽也。悟则全相成性，即妄处见真。迷则全性成相，即真处起妄。真妄同时，不一不异。所谓一体同观者，即云众生本有之佛性，与佛原来无二无别，佛知众生为同体，因同体而起大悲也。

“须菩提，于意云何？如来有肉眼不？”

“如是，世尊，如来有肉眼。”

“须菩提，于意云何？如来有天眼不？”

“如是，世尊，如来有天眼。”

“须菩提，于意云何？如来有慧眼不？”

“如是，世尊，如来有慧眼。”

“须菩提，于意云何？如来有法眼不？”

“如是，世尊，如来有法眼。”

“须菩提，于意云何？如来有佛眼不？”

“如是，世尊，如来有佛眼。”①

“须菩提，于意云何？恒河中所有沙，佛说是沙不？”

“如是，世尊，如来说是沙。”

“须菩提，于意云何？如一恒河中所有沙，有如是等恒河②，是诸恒河所有沙数，佛世界③如是，宁为多不？”

“甚多，世尊。”

佛告须菩提：“尔所国土中，所有众生，若干种心，如来悉知。何以故？如来说：诸心皆为非心④，是名为心。所以者何？须菩提，过去心⑤不可得⑥，现在心⑦不可得，未来心⑧不可得。”

经文注释

①佛眼：经中所说，肉、天、慧、法、佛五眼，总是性中明觉。凡见众生形色具足为肉眼，色身自有肉眼。凡见大千世界慧性普照，光摄大千为天眼。凡见自性般若，返观内照，智烛常明为慧眼。凡见诸法皆空，了诸法空，洞彻世界为法眼。凡放大光明，破诸幽暗，真性常昭，上自诸天，下至九幽，毫无障碍为佛眼。大凡众生，皆具此五眼，与佛无二。因四相六尘遮蔽，只有肉团眼一件而已。儒书云，圣人之心有七窍，即是五眼之谓也。

②恒河：以一沙比一河，比尽其沙，则河之多，已为无量。复以无量恒河，以比世界，一沙比一世界，每一世界各有三千大千之数。则世界复成无量无边。

③佛世界：三千大千内，必有一佛设化，故谓之曰佛世界。

④非心：人之心体，本来虚净，一切妄念，由喜、怒、哀、乐、爱、恶、悲、恐中生，皆非本然之心，故谓之非心。

⑤过去心：思念前事为过去心。

⑥不可得：就是本来无有的意思。

金刚经

⑦现在心：思念今事为现在心。

⑧未来心：思念后事为未来心。

译文

“须菩提，你的意思怎么样？如来有看见一切物质现象的肉眼吗？”

“是的，世尊，如来有看见一切物质现象的肉眼。”

“须菩提，你的意思怎么样？如来有看见一切众生心事的天眼吗？”

“是的，世尊，如来有看见一切众生心事的天眼。”

“须菩提，你的意思怎么样？如来有照见一切众生根性的慧眼吗？”

“是的，世尊，如来有照见一切众生根性的慧眼。”

“须菩提，你的意思怎么样？如来有照见一切实际现象的法眼吗？”

“是的，世尊，如来有照见一切实际现象的法眼。”

“须菩提，你的意思怎么样？如来有无事不知，无事不见，无事不闻，闻见互用无碍的佛眼吗？”

“是的，世尊，如来有无事不知，无事不见，无事不闻，闻见互用无碍的佛眼。”

“须菩提，你的意思怎么样？恒河中所有沙子，佛说它是沙子吗？”

“是的，世尊，如来说它是沙子。”

“须菩提，你的意思怎么样？如一恒河中的所有沙子，有像沙子那么多的恒河，又像那么多恒河所有沙数那么多的佛世界，你说它多不多呢？”

“很多，世尊。”

佛告诉须菩提：“像那么多国土中的所有众生有很多种心，如来具有肉眼、天眼、慧眼、法眼、佛眼，很清楚地知道他们的种种心。为什么呢？如来说一切众生种种心都是虚妄心，只是循业所起的一种意识作用，但是众生染着五欲，错谬地以为意识作用为己心。

“为什么这样说呢？须菩提，过去心了不可得，现在心了不可得，未来心了不可得，只是眼耳鼻舌身意对色声香味触法所产生的意识现象，相继不断使我们错谬的以为己心。”

详解

“须菩提，于意云何？如来有肉眼不？”

“如是，世尊，如来有肉眼。”

意轮、身轮、语轮、名为三轮，这是佛果的三业，都是度众生的大用。意业、能观察众生的根机；身业、能现神通，令众生生起恭敬；语业、能教诫说法，断众生的疑。这三业能摧能转，应用无穷，所以叫作轮。今明意轮见知。

须菩提听了佛说无有少法名为菩萨、无有少法名为如来，他就疑惑：若毕竟无有少法可见可知，那么还是实有法如来不见呢，还是实无有法如来不见呢？若实有法如来不见，那就同盲人一样了，若实无法如来就毕竟无所见，那么佛果上意轮的正遍知、五眼——肉限、天眼、慧眼、法眼、佛眼就应当没有。佛知道须菩提有这样的疑惑，就告诉他说：在你的意思怎样？如来同所余的一切如来，现在都有肉眼天眼等吗？肉眼见俗谛事相境，就是人同动物等依眼根所发的眼识。肉眼不同，所见的境也不同，如江河中的水，人见他是水，饿鬼看见是脓血。佛随人类等众生所有的眼识，所见的境，都能看见。

佛有五眼，众生没有具足五眼；五眼是指肉眼、天眼、慧眼、法眼、佛眼。有众生只有肉眼，有众生有天眼，亦有肉眼。譬如地球人类大多数只有肉眼；譬如色界天人有肉眼，也有天眼，然其眼根是由微细物质所成，非如地球人类眼根粗糙，却都是由四大所成。肉眼、天眼都属于色法；慧眼、法眼则是心法。

就功能来说，能见色的器官，谓之眼；但见并不只是肉眼见、天眼见，还有心眼见。心眼，是指意识心之智慧；慧眼、法眼、佛眼都属于心眼。心眼所见者是见解、见地，而肉眼、天眼则是见色或见众生心。慧眼、法眼、佛眼都是因智慧而有；慧又有三乘智慧，是故三乘之慧眼有所不同。

如来具有五眼，其他一切众生皆不具足五眼。由五眼可以知道众生定、慧之差别，也可以了知众生必须修学佛法；修证佛菩提才可能具足五眼，也只有一切诸佛才具备此五眼。有部分行者常以“开悟成佛”、“见性成佛”自居，或默默接受“相似佛位”之称号；然开悟成佛、见性成佛都是形同佛地果位之修证，可是佛弟子并没有佛地果位之修证，哪里可以自称“开悟成佛”、“见性成佛”，或接受这样的称呼呢？如果自认开悟即是成佛者，那么请问如此说者是否具有五眼？真的具有天眼、慧眼、法眼、佛眼吗？有智慧的佛弟子应该可以依此五眼来检视此人是否具有佛地之功德。

“须菩提，于意云何？如来有天眼不？”

“如是，世尊，如来有天眼。”

天眼，也见俗谛事相境，但与肉眼不同。肉眼是碍非通，如有墙壁障碍，就不能见墙那边的境；天眼是通非碍，是不为墙壁等所障碍的。但这天眼有报得的，有修得的，如天人的眼就是报得的，由修禅定而得的就是修得的。但罗汉同菩萨的天眼还是有限，只有佛的天眼真是通灵无碍的，能见天人所见的，乃至十方世界为天人所不能见的也都能见。

天眼是色法，若是地球人类具有天眼，其眼是五根身之眼根，故是色法。色界天人由于色身是由极微细之四大所成，其眼根亦由极微细四大所成，因此能见肉眼所不能见者。肉眼只见色法表面，不见里面；只见粗物，不见细质；只见近处，不见远处；只见明处，不见暗处。天眼则不论表里、粗细、远近、明暗都能看见，是故天眼之功德极为广大，非是一般地球人类所有。

天眼有修得、有报得。因修而得之天眼者，譬如在地球人间修习四禅八定，依于禅定而在肉眼上获得清净眼，是为修得之天眼。若是出生于欲界、色界诸天者，其在彼诸色界天之异熟果报，本来即会自得此清净眼，是为生得或是报得之天眼。如来四禅八定具足，出入无碍，是故具有天眼；然同是具有天眼，佛之天眼无远弗届，巨细靡遗，非是色界天人所能及。此乃因佛有漏尽通，又有慧眼、法眼、佛眼，是故佛之天眼非是一般色界天人所能相比。

“须菩提，于意云何？如来有慧眼不？”

“如是，世尊，如来有慧眼。”

慧眼是二乘人所具，法身如来亦有慧眼，见声闻缘觉的境界，教化二乘人回小向大；二乘人亦以慧眼修行，见法身如来。慧眼，就是二空无分别般若，能见真谛的理。这般若智慧，虽三乘圣果都有，但二乘只有生空般若；菩萨虽有二空般若而未充足；惟佛才有究竟的二空般若慧眼。

智慧因三乘菩提之不同，可分为三种，即是声闻慧、缘觉慧、大乘菩萨般若慧。声闻、缘觉之智慧是属于解脱道之智慧，名为声闻菩提、缘觉菩提；大乘菩萨之智慧是佛菩提道之智慧，名为诸佛菩提。

智慧能观照诸法皆空无自性，故名为眼，是为二乘声闻、缘觉之慧眼；大乘菩萨般若智慧所观照者，是以法界实相如来藏心为第一因而观照诸法实相之空理，如此般若智慧即是大乘菩萨之慧眼。

“须菩提，于意云何？如来有法眼不？”

“如是，世尊，如来有法眼。”

法眼是菩萨所具，法身如来亦有法眼，以法眼见菩萨的境界，教化菩萨；菩萨亦以法眼修行，见法身如来。

法眼能见即俗即真、即事即理、诸法中道实相。如见到此法是空无自性，同时就能见到是因缘所生，缘起之缘，是遍于法界的；自已既通达这种法了，又能为众生说这种法。这法眼，惟有佛同菩萨才有，菩萨虽有而不是究竟，惟佛的法眼才是究竟。

菩萨由于无量劫中外门修六度万行，至于六住位；为能证得法界实相如来藏心，进入七住位，是故努力修暖、顶、忍、世第一等四种加行。于四加行修学圆满，双证能取，所取二法空理，便能证得声闻解脱道之初果；然菩萨不以此修证为满足，发愿上求佛道，下化众生，遂寻觅证悟之善知识亲近修学。譬如由善知识教导，令其受持读诵《金刚经》，为其解说大乘菩萨第一义谛之知见。又于善知识处努力奉侍护持，修集护持正法之大福德；又在善知识之多年摄受下，修除性障烦恼，于善知识之教导具足信心，最后便有机会在善知识引导帮助下，悟入无生之理，亲证其本来自性清净之涅槃心——如来藏。若于如来藏本来无生之境界得能安住不退转，便具般若总相智慧，得般若慧而后渐渐通达人无我、法无我等诸法，故名“法眼”。

法有二义：一是法界自体、二是轨则，都名为法。在经典上所说，常以“法”来表示诸法实相，即是以如来藏心体为中心之一切有为、无为法。法也是一种轨则，依于如来藏为运作主体之因果律，一切因缘果报皆依如来藏而运行。

“法眼”，是观察诸法实相法道之能力。由于法可分为三乘之法，是故法眼亦可分为三乘法之法眼，有声闻法之法眼、缘觉法之法眼、大乘菩萨法之法眼。声闻人之法眼得见四圣谛之法，缘觉人之法眼能现观十二缘起法。大乘菩萨之法眼者，能现观诸法实相无生之法，初地以上菩萨即具此法眼。

如来一定有法眼，如来了达诸法实相究竟圆满，已证一切种子之智慧，究竟圆满，成就佛地果位。是故如来于法无所不知，无所不晓，是如来之法眼。如来之法眼，为一切菩萨与二乘声闻、缘觉之法眼所不及。

“须菩提，于意云何？如来有佛眼不？”

“如是，世尊，如来有佛眼。”

法身具有佛眼，见十方三世佛，三世佛亦以佛眼见法身如来。

佛眼，就是一切种智，亦曰一切智智。惟佛才有佛眼，菩萨还没有一切种智，所以没有佛眼。这佛眼与前四眼是不同的，前面所说的四种眼，都是有分限的，所见的境也是各各不同的；佛眼于每一刹那心中，都能具足前四眼的见，对于前四眼所见的境、无不照了，于一念心中、于一一事都能见到即俗即真即中。如来问须菩提，如来有没有五眼，须菩提回答说：如是，世尊。如来等现有肉眼乃至有佛眼。因为如来具有如上的五眼，所以说见具足。

若依华严经解释，肉眼能见山河大地一切色，天眼见一切心，慧眼见一切众生根机，法眼见诸法实相，佛眼见如来十力、四无所畏、慈悲喜舍。

傅大士另有一偈释五眼“天眼通非碍”，天眼不舍有障碍，山河石壁也不能遮障天眼；“肉眼碍非通”，薄如一张纸，也可以遮障肉眼，若凡夫修至六根清净，亦可得天眼；“法眼惟观俗”，俗谛指因果，不论是善恶的因果、有漏的因果、无漏的因果，都是俗谛，法眼能观世间、出世间的因果；“慧眼直缘空”，慧眼只观空，空即真谛；“佛眼如千日，照异体还同”，佛眼如千日放光明，照一切四圣六凡，惟是只有一个体，一体多用；圆明法界内，无处不含容，十法界内的众生，佛眼无一不见，故云“无处不含容”。

六祖于五眼亦有经文注释：一切众生皆具五眼，但以迷心，不能出现，离却迷心则五眼开明。念念修般若波罗蜜，初除迷心，是肉眼；见一切众生皆有佛性，起怜悯心，是天眼；烦恼不生是慧眼；观一切法，离一切执，是法眼；细惑永尽，圆明遍照，是为佛眼。

六祖的五眼经文注释，与我本人所说的五菩提，有相近的地方：初除迷心，是发菩提心；见一切众生皆有佛性即离四相，是降心菩提；烦恼不生，是明心菩提；着法心除，法法到彼岸，是出到菩提；细惑永尽，圆明遍照，

是无上菩提。

“佛眼”，是指佛陀究竟具备肉眼、天眼、慧眼、法眼，圆满证得一切种智所得。前四种眼是别说，若四眼至于佛，则名佛眼。佛的肉眼，即是佛眼；佛的天眼，也是佛眼；佛的慧眼、法眼亦是佛眼。简言之，佛所能照了诸法实相义理之眼，都名为佛眼；因为佛已觉悟、照了一切法性，唯佛独有，故名佛眼。

佛眼所见所知，无有界限，皆能眼见，皆能了知。譬如一般人看远处，则是远处，佛看远处犹如近处；一般人见暗是暗，佛眼所见，一切皆明。佛眼可说是无处不见，无事不见，无事不知，无事不闻，一切皆能知能见。有一神教信众常谓其教主是“先知”，若就佛的佛眼来看，完全是不能和佛相比的。

“须菩提，于意云何？恒河中所有沙，佛说是沙不？”

“如是，世尊，如来说是沙。”

佛示同人法，以肉眼见恒河之沙为沙。佛告须菩提说：你的意思怎样？乃至恒河中所有的沙，如来说是不是沙呢？须菩提回答说：如是，如来说是沙。

“须菩提，于意云何？如一恒河中所有沙，有如是等恒河，是诸恒河所有沙数，佛世界如是，宁为多不？”“甚多，世尊。”

佛以天眼，能见恒河沙数的佛国土。

佛告须菩提：“尔所国土中，所有众生，若干种心，如来悉知。

众生是从妄想心而生，是故众生也是虚妄，但妄不识妄，众生不识妄心，若众生识知妄心，众生当下就能离妄见真，真心者，佛心是也。

如来有五眼，所有国土中，每一众生种种心，如来悉知，无量众生无量种种心，如来亦悉知，譬如大海种种波浪，大海悉知。

何以故？如来说：诸心皆为非心，是名为心。

如来又知种种心皆为非心，犹如大海千涛万浪，惟是波浪不知波浪即非波浪，只有大海知道波浪即非波浪，是故如来说识得诸心非心，是名真心，是名佛心。

如何识得诸心非心，名为佛心呢？本生心地观经云：“如佛所说，唯将心法为三界主，心法本源不染尘秽，云何心法染贪瞋痴，于三世法，谁说唯心？过去心已灭，未来心未至，现在心不住，诸法之外，相不可得，诸法之内，

性不可得，诸法中间，都不可得，心法本来，无有形相，心法本来无有住处，一切诸佛尚不可见心，何况余人得见心法。”

佛说：“把心法作为三界主人翁，此话对否？”心的本源是清净，不染六尘垢秽，不染贪瞋痴烦恼，无贪，欲界空，无瞋，色界空，无痴，无色界空；若识得心，三界都空，三界既空，心又怎可以是三界之主？

过去、现在、未来三世的法，有人说是唯心，过去心已灭，现在心无住，未来心未生，怎可以说三世诸法唯心？诸法之外，相不可得，内，性不可得，中间亦不可得，心的本源，无有形相，亦无住处，一切诸佛尚不见心，何况余人得见心法。

心不动，就是真心，真心无相、无形、无住处，如何能见？心动，才见到妄想心，所谓：“眼若不睡，诸梦自除，心若不异，万法一如。”

所以者何？须菩提，过去心不可得，现在心不可得，未来心不可得。”

“过去心不可得”者，前念妄起，瞥然已过，若追寻之，无有处所，了不可得，了不可得就是真心，但是真心亦无相，亦了不可得，若谓可得，真心却又成为妄心。

既然过去心不可得，便应该没有冤家，为什么还有怨？因为我们还未达到“不可得”；既然过去心不可得，一切罪都不可得，为什么还有罪？因为还未达到“不可得”，所以还有罪，若果了达过去心不可得，罪亦不可得，一切罪实时灭，但是我们仍然是“有所得”，所以罪亦有所得。所谓“了知业障本来空，未了应须还宿债”，了达“不可得”，业障空，未了达“不可得”，必须还宿债。

“现在心不可得”者，现在妄心无相，所以不可得，识得现在心非心，是名真心，但真心亦了不可得，若谓现在真心可得，真亦变成妄。

现在心亦不住，住则可得，不住则不可得，犹如流水不停，流水不可得，现在心刹那不住，刹那时都不可得。傅大士云：“依他一念起，俱为妄所行，便分六十二，九百乱纵横。”我们的一念心，一刹那间有九百生灭，如何可得？生灭快得很，如何可以得到它？一弹指间有九十个刹那，一刹那有九百个生灭，“过去灭无灭，未来生不生，常作如是观，真妄坦然平。”所以觅现在心了不可得，例如芭蕉，层层剥去，最后芭蕉树亦不可得；心亦如是，好像现在有一个心——善心、恶心、种种心——以般若波罗蜜观之，最后，觅心了不可得，所以云：“现在心不可得。”

未来的妄心亦是无相，亦了不可得，试寻一下明天的心，明天准备做什么？诵法华经？诵法华经的心在哪里？试观一下，观得清清楚楚；或者又观一下明天过堂的心、明早上殿的心，观之亦是不可得。

了此三心皆不可得，是名为佛心。

我们未曾识得自己的心，心在何处？不知道！在外？在中间？在内？不晓得！所以我们不识得心，心有多大？心从何处来？灭往何处去？都不知道。凡夫样样事情都聪明，惟是对自己的心不聪明，既不知道心的来处、去处，又云何识得心，所以下文云："如来者，无所从来，亦无所去，故名如来。"

心是从无所来而来，从无所去而去，虽云是无所来而来，但是我们一定要见到无所来而来，才可以说"心是无所来而来"，若我们未见到心是无所来而来，又如何说心是无所来而来。

心是无所去而去，但必定要见到无所去而去之后，才可以说心是无所去而去。

有些人不明白，以为心有来处，心那里有来处，不要觅心的来处，觅心无所来而来，这样用功才对；心没有去处，无所去而去，无所去而去就是心的去处，所以我们要识得心，若不识得心，永远不能成佛，识得心，当下见法身佛，古人云"若人识得心，大地无寸土，三界无别法，唯是一心作。"所以我们要认识自己的心——知诸心皆为非心，是名为佛心——把贪瞋痴的烦恼妄想心空掉，把是非人我的妄心空掉，非心之心，是名为佛心。

妄心灭，非心之心，是为真心，究竟是一还是二？

其实妄心当下就是真心，凡夫不明白，以为有一妄一真，其实即妄即真，即波浪就是水，不需要待波浪灭才见水，波浪当下就是水。

上来说："诸心皆为非心，是名为心"，波浪灭了才见水，妄心灭后才是真心；现在说："过去心不可得，现在心不可得，未来心不可得"，波浪当体就是水，不需要待波浪灭才见水，不需要待妄心灭才见真心，三心不可得，三心当下就是佛心，然佛心亦不可得，即妄即真，皆不可得。

所以修行不难，识得妄心非心，是名为佛心；三心不可得，即见法身如来。

识得心以后又如何，从心起修。

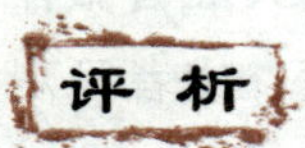

有一次，一个学僧请示峻极禅师说："禅师，请问怎样才是修行行善的人啊？"

峻极禅师回答说："担枷带锁者。"

学僧又问："那么，什么是邪恶为非的人啊？"

峻极禅师回答说："修禅入定者。"

学僧疑惑地说："学僧根机愚昧，禅师的开示，颠倒难明，恳求禅师还是用简明易晓的言辞开示吧！"

峻极禅师说："所谓恶者，恶不从善。善者，善不从恶。"

学僧如堕五里雾中，仍然十分茫然。

过了良久，峻极禅师问学僧说："你懂了吗？"

学僧回答说："还是不懂啊。"

峻极禅师说："行恶者无善念，行善者无恶心，所以说善恶如浮云，无所生也无所灭。"

学僧言下领悟了其中的禅理。

行善是枷锁，作恶名禅定，这不怪禅师颠倒，在真理上讲，作福行善，一味执着人天福报，难道不是被枷锁囚住了吗？作恶为非，虽然要恶道流转，但本性仍是如此。

如果助人求取回报就会玷污一份善念

帮助别人应该是诚心诚意的，积德行善应该是不求回报的。如果我们帮助别人，是怀有一定的目的的，那么，就会玷污这份善念，使我们的帮助失去意义和价值。

诚拙禅师在圆觉寺弘法时，每次讲经，听众都会挤得水泄不通，于是，有人提议建一座宽敞一些的讲堂。

有一位信徒送50两黄金给诚拙禅师，让他用来修建讲堂。诚拙禅师收下钱后，就忙别的事去了，信徒对禅师的态度非常不满——要知道，50两黄金可不是一笔小数目，而诚拙禅师拿到这笔钱，竟连一个"谢"字也没有。于是，信徒就紧跟在诚拙的后面，提醒道："师父！我那袋子里装的可是50两黄

金啊。"

诚拙禅师漫不经心地应道:"你已经说过了，我也知道了。"

诚拙禅师并没有停下脚步，信徒不由提高嗓门喊道:"喂！师父！我捐的50两黄金，可不是一个小数目呀！你难道连个谢字都不肯讲吗?"

诚拙禅师便停下来，对那位信徒说道:"你怎么这样唠叨呢?你捐钱给佛祖，为什么要我跟你说谢谢?你决定布施是你的功德，如果你要将功德当成一种买卖，我就代替佛祖'谢谢'你，请你把这声'谢谢'带回去吧，从此，你与佛祖'银货两讫'了!"

第十九品　法界通分分①

分名解说

①法界通分分：法界者，十法界也。通化者，慧充法界，通入化境也。前分说的三心不可得，既是说心不可得，则福亦不必修矣！此又恐人误解，所以告以无福之福，无得之得之妙理。盖无福之福，虽有布施，而忘布施。无得之得，虽有能所，而忘能所也。凡住相布施，皆是有为之功用，不住相布施，即是无为之功用。有为之福，终有了日，无为之福，永无尽时。一是妄心所行之处，一是真心见性之处。上八分言七宝布施，不如见性为妙。十一分言七宝布施，不如持经为胜。此言七宝布施，不如离相为最胜。盖住相为有漏之因，究不能得无漏之果也。般若之最深处，即云福德无实性，于无我法中，通达无碍，明了真空实际，则通化法界，无量无边矣。

经文

“须菩提，于意云何？若有人满三千大千世界七宝以用布施，是人以是因缘，得福多不？”“如是，世尊，此人以是因缘，得福甚多。”“须菩提，若福德有实，如来不说得福德多；以福德无①故，如来说得福德多。”

经文注释

①福德无：福德无者，心量如空，故得福无量也。

译文

“须菩提，我问你，倘若有人用装满三千大千世界的七宝用来布施，那么此人因为布施的因缘所修得的福德多不多?”“是很多，世尊。此人因布施的因缘所得的福德是很多。”“须菩提，假如福德有一个实体的话，如来便不可以说福德多了，因它没有实体，无可形容，如来才说他获得的福德多。”

详解

“须菩提，于意云何?若有人满三千大千世界七宝以用布施，是人以是因缘，得福多不?”“如是，世尊，此人以是因缘，得福甚多。”

福报即使再多，也不能解脱生死，智慧才能解脱生死；因为智慧才能断烦恼，福报并不能断烦恼。布施修福报，这是最基本的资粮，如果没有福报，要学道就很困难，是故六度当中，布施排第一。布施才有福德结善知识之缘，布施的因果道理很深，唯有佛乃能究竟；布施之功德虽然不可思议，还是要每个人在行布施的当中去体会。

有情才能成佛，因为有情才有如来藏，就是八识心王的第八识。无情之物，譬如石头、木头即是无情，没有第八识，故不能成佛。如果石头有第八识如来藏的话，那么把一块石头劈成两半，那这个石头的如来藏要怎么分?如来藏是一个独立不可分割的本体，不能一分为二。如果如来藏能一分为二或一分为多个如来藏的话，那可能就会因果错乱；因为这个如来藏所含藏之善、恶、非善非恶之种子，就不知道要如何分配了。又所分出来的有情命运

应该相同才对，但事实上这个世界上并没有两个人命运完全相同；因为一个如来藏是不可能分割，而每个人如来藏中所含藏之业种也完全不同的缘故。若是能够分割之物质，就会有生有灭，而如来藏不可以分割，因此祂的体性是不生不灭。

“若有人”，这个人就是识得心的人，了知三心不可得，亦了知“诸心非心，是名为心”。

若有人以满三千大千世界七宝布施，布施为因，七宝为缘，“因缘所生法，我说即是空。”以因缘布施，空福有多大？东方虚空不可思量，南西北方虚空不可思量，是故此人得福甚多，遍满虚空。

“因缘所生法，我说即是假。”假者，幻化假有之意，此假有之福，可以入俗利生，可以长寿，可以说法，可以修菩萨行、生净土、生天，一一都是幻化，把这幻化的福，回向法界有情，皆共成佛道。既是假有的福，亦就是无定的福，可以求长寿、求聪明，若是实福，不会变，假有的福，如幻如化，可以自利，亦可以普利一切，故云：“以此因缘，得福甚多”。

“因缘所生法，我说即是中。”中者，不落两边：非有非无、非生非灭、非来非去、非出非入，是诸法的实相，是故实相的福不生不灭、不来不去，惟佛与佛，乃能究尽诸法的实相，实相的福，不可计量，故云：“此人以是因缘，得福甚多。”

须菩提谓，此人以是因缘布施，因缘即空，其福犹如虚空，因缘即假，其福幻化，所求如意，因缘即中，见诸法的真相，以实相福，成就佛因佛果，故云得福甚多。

梁昭明太子立此科为“法界通化分”，十法界都能通达教化，从文字上看，摸不着头脑，但文义内诠法界通化。

昭明太子是梁武帝的儿子，他见老年人读诵金刚经有困难，便把经文分科，使他们容易读诵，他的分科到现在一千多年，依然被采用，可知道他的分科合情合理，合乎佛意，龙天拥护，是故流传到现在，历代开悟的祖师，也沿用其分科。

曾经有人说:"一万只蚂蚁的真如，等同于一个人的真如。"这样的说法不正确，对如来藏之知见有所错解；如来藏不可能一分为多，也不可能由多合而为一。如来藏是本来即有，而且是独立的；此心体是金刚性，不是生出来的法，也不是制造出来的法，是故也不会坏灭，所以说“不生不灭”。建立正确的诸法实相知见，才能正确地修学大乘佛法，才不会失去方向而走错路；佛弟子走错路者为数极多，实在可惜。

学佛不可随顺自己的习气而修，不可凭自己的喜好来解释经典，那样会走错路。应该依正确知见去修，才会有所要的果；也就是说因要对，才会有所要的智慧修证。修福报也是一样，即使有人以充满三千大千世界之七种珍宝用来布施，所获之福德这么多，也抵不过生死；因为福德再怎么广大，也无法真正用来断烦恼。只有智慧才能断烦恼，获得解脱，智慧是佛弟子最重要的修证目标。因为无论是解脱果或佛菩提果，都要靠智慧才能达到目标，尤其是《金刚经》所说的般若智慧。

有智慧之人了知：福德是有为法，修布施、供养所得福德都是无常不实，有生有灭之法；不管有多大，终究是无常坏灭之法，必有散尽之时。由于福德是无常之法，无有真实，是故会有多有少之别，是故如来才说福德多。若福德是真实之法，则不存在有多少之问题，既是真实不变，则不会有变多变少之问题，真实之法不变易的缘故。又若无般若正智，则会住相布施，此成有漏因，得福虽多，仍是有限量，故不可谓多；若有般若正智，即会不住相布施，此是无漏因，以了达福德无实性，则福德不可限量，将来必可速证无上菩提故。

有的人喜欢拜财神，求发财，却不知去修布施得福报，如此求财，并不如法。即使每天去供养祂，祂把别人的钱先拨给你，假公济私，这也只能短暂留在你手中，此笔钱还是要物归原主。若没有福报的因，钱财终究是存不住，这就是一般人所谓的“有财无库”；钱是赚到了，却存不住，很多人都有这种经验。

常有人喜欢到鬼神庙求鬼神，希望能帮助他中乐透彩，或其他彩券，甚至连发愿都不会。有时还发愿说:"只要你帮我中六合彩，我就帮你盖一间庙。"鬼神确实帮他中了一万块，但是一万块怎么盖庙呢？但是一万块也是中啊！像这种愿不清楚、具体、可行、合理，那就很麻烦啰！

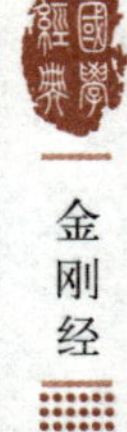

“须菩提，若福德有实，如来不说得福德多；以福德无故，如来说得福德多。”

布施的福本来很大，若以“可得心”布施而求富贵，那么便是定实了的富贵福，但是没有智慧、辩才，也没有长寿的福；若求长寿，便是定实了的长寿福，然而没有智慧、财富，定实了的福不称为多福，是故如来不说得福德多。

“以福德无故，如来说得福德多。”以不可得心行布施，其福无相，无相福遍满虚空，无相福亦是无定实的福，可以得富贵、智慧、长寿、辩才等等，是故如来说得福德多。

若了知三心不可得，无我，便不会求富贵、求生天、求长寿，应无所求而求，所以福德无定实，周遍法界，利益众生，是故如来说得福德多。

布施修福报的道理很深，同样的布施，有智慧和没智慧之布施，其结果有天壤之别。有智之人即使小布施，都是大福报；无智之人即使以大量之七宝用以布施，其所得福报尚不及于前者，是故布施要有智慧。

若以如来藏的空性而言，如来藏并无所谓的福德之法可言，完全找不出福德之法，何况是有真实福德呢？福德是一个人的五蕴所拥有，是意识心所拥有；然五蕴、意识心都属于十八界之法，是无常法。无常法所拥有之福德，又怎么会是常住真实呢？福德就是不真实，是故会有多有少，是故如来才说“福德多”。

清清楚楚、明明白白而能分别之心是意识心；处处做主之心为意根，又名末那，自无始劫来，众生之末那一直都在做主。这意识、意根二识是十八界的法，在诸多经典都有明确宣说；可是却有部分佛弟子于诸经言佛语，视而不见，执以“清清楚楚、明明白白、处处做主”之妄心为常住真心，以此心为其所悟之真心。然妄心顾名思义，即是虚妄不实之心，何故不信佛而坚执自己凡夫臆测之心量呢？一切有觉有观之意识等心都是虚妄心，都是无常不实之法，是三界之法；而如来藏真心，不即是三界法，亦不离三界法，祂离见闻觉知，不分别六尘。一切的修行都是用意识心，更是要以意识心去寻觅真心如来藏之所在；意识心不管如何修，都不可能变成真心。佛弟子一定要建立这种知见，如此修学才不会走偏。

评析

释迦牟尼自小从婆罗门学者学习文学、哲学、天文学等，知识广博，又学了武术，世间许多现象（如饥渴困乏，在烈日下耕田的农人，绳牵鞭打、口喘汗流、拖着犁头耕地的牛），促使他思索着如何解脱世间苦痛的问题，于是有了出家的念头。

他父亲为他娶了邻国的王女为妃，生了一个儿子。但他还是在一个夜晚走出城门，进入森林，剃去须发，成为修道者，从而舍弃了王位。他先后寻访三名学者学道，不能满足要求，尝够了艰苦辛酸，坚持六年之久，结果徒劳无功，方才悟到苦行是无益的。

他于是到尼连禅河里去沐浴，洗去了六年积垢，随后受了一个牧女供养的牛奶，恢复了气力。一天，他走到一棵毕钵罗树下，铺上吉祥草，向着东方盘腿而坐，发誓说："我今如不证到天上大觉，宁可让此身粉碎，终不起此座。"

终于在一个夜里，他战胜了最后的烦恼魔障，获得了彻底觉悟而成了佛陀，毕钵罗树也得了菩提树之名。"菩提"是"觉悟"的意思。

悟的魅力在于长久的追寻和执着的思索后，蓦然感受到宇宙和生命的永恒、和谐的意义，从内心的纠缠中获得解脱。

要想叩开成功之门最重要的是耐心和毅力

别人的苛责和刁难虽然会令人感到不舒服，可是，如果你肯用耐心去化解，用毅力去稀释，用理智去包容，它也许就是你走向成功的垫脚石。

一个年轻人收到了一家大型公司的面试通知。面试那天，年轻人精心地梳洗打扮了一番，又换了一条新领带，以祝福自己好运。上午十点钟，他走进了公司人力资源部。

等秘书小姐向经理通报后，年轻人静了静心，提着手提包来到经理办公室门前，轻轻地敲了两下门。

"请进。"屋里传出经理的声音。

"经理先生，您好！"年轻人慢慢地推开门。

"抱歉，你能再敲一次门吗？"端坐在沙发转椅上的经理悠闲地注视着年轻人，表情有些冷淡。

经理先生的话虽令年轻人有些疑惑，但他并未多想，关上门，重新敲了两下，然后推门走进去。

“不，这次没有第一次好，你能再来一次吗？”经理示意他出去重来。

年轻人重新敲门，又一次踏进房间。

“先生，这样可以吗？”

“这样说话不好——”

年轻人又一次走进去：“见到您很高兴，经理先生。”

“请别这样。”经理依然淡淡地说道，“还得再来一次。”

年轻人又作了一次尝试：“抱歉，打扰您工作了。”

“这回差不多了，如果你能再来一次会更好，你能再试一次吗？”

当年轻人第十次退出来时，他内心的喜悦和憧憬已消失殆尽，开始有些恼火。他心想，进门打招呼哪有这么多讲究？这哪是招聘面试呀，分明是在刁难戏弄人。

年轻人生气地转身离开，可刚走几步又停了下来。心想：不行，我不能就这样逃开，即使公司不打算录用我，也得听到他们当面对我说。

于是，年轻人稍稍地舒了一口气，第十一次敲响了门。这次，他得到的不是难堪，而是热烈欢迎的掌声。年轻人没有想到，第十一次敲门，叩开的竟是一扇成功之门。

原来，公司此次是打算招聘一名市场调查员。一名优秀的市场调查员不仅要具备相关的学识，更要具备耐心和毅力等心理素质。这十一次敲门和问候就是考查一个人心理素质的考题。

要实现自己的梦想重要的是做而不是想

每个人都有自己的梦想，有的人实现了梦想，而有的人的梦想却变成了空想。其实，光有梦想是不够的，重要的是要付诸行动，否则梦想就只能是空想。要实现自己的梦想，重要的是做而不是想。

有两个年轻人，一个叫张三，一个叫李四，他们一同搭船到异国闯天下。

他们下了码头后，看着海上的豪华游艇从面前缓缓而过，两人都非常羡慕。

张三对李四说：“如果有一天我也能拥有这么一艘船，那该有多好。”

李四也点头表示同意，并说："有朝一日，我也一定会拥有这么一艘船！"

吃午饭的时间到了，他们都觉得肚子有些饿了，两人四处看了看，发现有一个快餐车旁围了好多人，生意似乎不错。

张三对李四说："我们不如也来做快餐的生意吧！"

李四说："嗯，这主意似乎是不错，可是你看旁边的咖啡厅生意也很好，不如再看看吧！"俩人没有统一意见，于是就此各奔东西了。

握手言别后，张三马上选择了一个不错的地点，把所有的钱投资做快餐。他不断努力，经过八年的用心经营，已经拥有了很多家快餐连锁店，积累了一大笔钱财，他为自己买了一艘游艇，实现了他自己的梦想。

这一天，张三驾着游艇出去游玩，发现了一个衣衫褴褛的男子从远处走了过来，那人竟然是当年与他一起来闯天下的李四。

张三惊讶地问李四："这八年你都在做些什么？"

李四回答说："八年间，我一直在为别人打零工，并每时每刻都在想自己到底该做什么呢？"

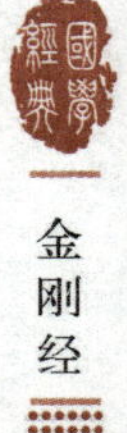

第二十品　离色离相分[1]

分名解说

①离色离相分：经文云诸相非相，言之不啻再三。至此言离色离相，与前文更深一层矣。前云诸相非相，是令人破相分。自究竟无我一段之后，是破见分也。相分属色，见分属心。此心即是能推测事理之妄心也。此妄心不能降伏，时时缘六尘缘影，即为法尘留碍。须菩提已得人空之慧，知三十二相非相，明得法身边事矣。明得非相，破相也。明得见相非真，破见也。人法俱空，色心齐弃，即悟非空非色，非一非异之理。盖色心二法，相待而有，离之不可，即之亦不可。若云离相，则色身未尝不是法身。若云即相，则说法者不是色身。真正法身不可以即相见，亦不可以离相见，即相见，谓之住相。离相见，谓之断灭。若即相而不住相，离相不落断灭，于相中悟其非相，于色中悟其非色，则真知离相离色之妙理矣！

经文

“须菩提，于意云何？佛可以具足[1]色身[2]见不?”“不也，世尊，如来不应以具足色身见。何以故？如来说：具足色身，即非具足色身，是名具足色身。”“须菩提，于意云何？如来可以具足诸相[3]见不?”“不也，世尊，如来不应以具足诸相见。何以故？如来说：诸相具足，即非具足，是名诸相具足。”

经文注释

①具足：圆满成就，毫无欠亏之意。

②色身：三十二相。

③具足诸相：变化神通，不止三十二相也。

译文

“须菩提，你再想想，可以凭佛的圆满肉身来见到佛吗？”“不可以，世尊。不能以有相来见到如来。为什么呢？因为如来所说的肉身，若依真谛来说即是非肉身，只是叫其肉身。”

“须菩提，你再想想，如来可凭各种完美的身相来认识吗？”“不可以，世尊。如来不应当凭各种完美身相来认识。”

“什么缘故？”“您所说的各种完美身相，即非具有各种完美身相，只不过是一个假名而已。”

详解

“须菩提，于意云何？佛可以具足色身见不？”“不也，世尊，如来不应以具足色身见。何以故？如来说：具足色身，即非具足色身，是名具足色身。”

上来无相福与法身和合，能现种种身，名为具足一切色身，俗称应身，或称化身（随类化身）。具足色身是应化身，应化身不是法身佛，法身无身，以法为身，清净犹如虚空，不能以有形相之色身，作为无相的法身佛，是故如来不应以具足色身见。

色身空，即见法身，法身空寂，无色无身，即非具足色身，非具足色身的法身随缘而现一切色身，是名具足色身。

色与相都是法身所现，色的体就是法身，色空就能见法身，心经云“色即是空。”即色见法身，“空即是色。”法身又能现一切色。法身本来无相，若法身不能现色，谁人能见佛？华严经云：“佛以法为身，清净如虚空。”凡夫肉眼见不到，惟有慧眼见色空，则见法身如来。

如来从法身现一切色，所以不应着色相。譬如明镜，明镜是像的体，明镜本来无像，但能现一切像；若想认识明镜，见像的时候，即像忘像，便能见到明镜；若即像执像，便永远见不到明镜。

此段文是根据前文而来，前文谓无定实的福，周遍法界，能拔法界众生苦，能与法界众生乐，皆由福无定实故，是故应以何身得度者，即现何身而为说法，在天上可以现天王身，在人间亦可以现身，在龙王中现龙王身，甚至可以在幽冥界中现阎王身，可以在畜生道中现狮王身、鹿王身，无定实的福，可以具足现一切色身，若是有定实的福，现了男子身，不能现女子身，现了女子身，又不能现男子身。如来无定实的福，应以童男身得度即现童男身，应以童女身得度即现童女身，应以长者身得度即现长者身，是谓具足一切色身。

如来能以具足真实的色身而称为如来吗？不可能呀！一切众生之五蕴都不是真实，是有生有灭的法。色身是摄属于五蕴，色身亦是不真实；一切众生的色身都必因死亡而坏灭，这是一切人都不能改变的事实。即使权倾一时之秦始王，欲求不死之药，终不可得。

佛的色身也是一样，有生也有灭，不能真实具足不坏灭之色身，是故佛的色身不能算是真实的如来。法身佛才是真实的如来，佛的法身，又名无垢识、佛地真如，才是真实的如来。佛的色身和众生一样，是由四大所成；既是地、水、火、风四大所成之色身，则无有真实不坏之理。是故佛之色身并不等于真实的如来，不应从色身相上去见如来，否则永远没有真见如来的一天。从色身上欲求见如来，实不可得，何况仅凭研究佛学又如何得见如来呢？

一天到晚打坐修定或是一生只从事佛学研究的人很难见如来，因为修学方法不对，很难真正和《金刚经》相应。即使他们喜欢《金刚经》，也是常以打坐时一念不生之觉知心境界来解释《金刚经》，来说空法，可是这并不符合《金刚经》所说的般若空慧。《金刚经》所说之空法，是指以如来藏为法界实相心来说空法，因为如来藏有其自性，祂的自性是空性，而如来藏之空性是真实有的空性，名为“空有性”。一般人所说的“一切法空”，多往往落于断灭空，以为是空无所有，如此所说之“一切法空”并不能印证《金刚经》。

在此部经里，佛用种种譬喻来解说诸法实相，句句都是中道了义之法。

“须菩提，于意云何？如来可以具足诸相见不？”“不也，世尊，如来不应以具足诸相见。何以故？如来说：诸相具足，即非具足，是名诸相具足。”

法身如来无相，所以不应以具足诸相见，具足诸相的是应身佛，应现人间则具足人相，应现龙王则具足龙王相，应现天上则具足天人相，应现鬼身则具足鬼王相，既然法身无相，又焉能以人或天等的具足相而谓见法身如来。

若着诸相，便有能见的我，及所见的相，有能见的见分，所见的相分，见、相二分就是业识，业识就是无明，有无明业识便不能见法身如来，只有无明分分破，业识分分空，才可以法身分分证。

何以故，如来说诸相具足，即非具足，是名诸相具足。

法身无相，即非具足三十二相；法身非相而能现三十二相，所以法身名为诸相具足。

阅读《金刚经》都会有一种很“玄”之感觉，但佛确实句句如实宣说诸法实相之道理，佛弟子千万不可依文详解才好，应该要依义不依语，去了解其中之道理。一切说法都不能离于实相而说，说法若是从自性智慧流露，必能源源不绝，因为一切法都是来自于自性本心如来藏。色身既是四大假合之法，即是虚幻不实而无常坏灭之法，便无有真实可言。“具足色身”要不离法界实相如来藏心而说，是故具足色身；又实无有真实色身可具足，故说“即非具足色身”。在这种不离法界实相下，说具足色身，即非具足色身，是名具足色身。

文中所说“诸相”是指三十二大人相，除佛之外，转轮圣王亦有三十二大丈夫相。三十二相是属于修福而有，由最后百劫修相好而得，是故佛具有三十二大人相；这种相好之修集，颇不简单，是在百劫中布施一切内财而有。内财是指头、目、脑髓、四肢、内脏，乃至身命，如此在百劫的生生世世中布施修集而来。

转轮圣王也具有三十二大人相，可见不能从三十二相之有无来判断是否为佛。三十二相是佛最后百劫修福德而得，福德并不真实，是故三十二相也不是真实之法，因为凡所有相，皆是虚妄。一切的法相都不离六尘，都属于六尘相；三十二大人相也是如此，都不离六尘境。然一切六尘境都不真实，都是如来藏所生之法；佛的三十二相也是如此，是佛地真如所变现，由佛之众德圆满所成就。可是三十二大人相毕竟是修来的，既是修来的福德相，就无常住不坏可言，所以不可以三十二相见如来。见如来是指见法身佛，因祂无形无相，故不可以具足诸相而见之。

同样一句话，证悟的禅师说就对，还没悟的人说就不对。就像说“一切法空”，已悟的人说它就对，未悟的人说之就是错。因为未悟之前，可能就会误以为一切法断灭空，没有法界第一因存在，也不承认有第一因的如来藏存在，这样来说“一切法空”就会错。

另一种人说“一切法空”也是不对，虽然他承认有如来藏为第一因，相信这样的知见，却还没亲证如来藏心，这样也不能算是真正地明白“一切法空”这一句话；是故即使他承认有第一因如来藏之存在，也仍算不懂。这就是即使知见正确，若未亲证，那也是“数他人珍宝”而已，不是自己的；必须自己亲自体验，证明此种事实，那才算是自己的修证或智慧呀。

阅读《金刚经》也是一样，要真正了解世尊所说每一章句之内涵，在建立了正确知见后，还要去亲自证明这些法；亲自体验之后，才能说：“原来佛说得没错，我现在也亲证了。”如此才不会一直在“数他珍宝”，才可以真正地“狮子吼”。譬如了知佛说“诸相具足”之意思，“诸相具足”只是说法所方便施设之名相而已；事实上并不存在真实的“诸相具足”之事，即是“非具足”，这样才算了知“诸相具足”之意义。修学佛法，一定要遵守“四依法”之教语；在此，“依义不依语”就是很重要的一点。

评析

佛祖闲坐在花园的井边向下望去，看到无数生前作恶多端的人正因自己的邪恶而饱受地狱之火的煎熬。这时，一个江洋大盗透过地狱之火看到慈悲的佛祖，立刻向佛祖高声呼救。佛祖以他睿智的目光看到此盗生前虽然杀人越货，无恶不作，但是，有一次他走路正要踩到一只小蜘蛛时，却突生恻隐之心，移开脚步使其得以存活，成了一生中罕见的善业。佛祖决定用那个小蜘蛛的力量来救他脱离苦海。

一根蜘蛛丝从井口垂了下去，那个大盗发现了，并立刻抓住游丝向上爬去。没想到其他备受煎熬的恶人们看到了也蜂拥上来抓住了游丝，任凭大盗怎么恶声大骂，他们仍然拼命地向上爬。大盗怕游丝不堪重负，毁了自己脱离苦海的唯一希望，便抽刀将身下的游丝砍断，结果，本来攀很多人都安然无恙的蜘蛛丝却突然崩断，大盗也因抛弃了心中最后的一点怜悯，而重新跌入万劫不复的地狱。

很小的善，可以拯救众多的生命；很小的恶，可以毁了一个人最大的希望。有时善恶只在一念之间，有时善恶只为一事而彻底改变。

自私是一种心理贫穷，会使美好变成邪恶

自私会扭曲人的心理，造成心理贫穷。心理越贫穷就越自私，一个人太过自私，最终会毁灭自己。其实，我们每个人都很富有，我们应该和他人分享而不是独占。

从前，有两位很虔诚、很要好的教徒，决定一起到遥远的圣山朝圣。两人背上行囊，风尘仆仆地上路，发誓不达圣山朝拜，绝不返家。

两位教徒走啊走，走了两个多星期之后，遇见一位白发年长的圣者。

圣者看到这两位如此虔诚的教徒千里迢迢要前往圣山朝圣，就十分感动地告诉他们：“这里距离圣山还有十天的路程，但是很遗憾，我在这个十字路

口就要和你们分手了，而在分手前，我将达成你们一个愿望！你们当中一个人先许愿，他的愿望一定会马上实现；而第二个人则可以得到那愿望的两倍！”

此时，其中一个教徒心里一想：这太棒了，我已经知道我想要许什么愿，但我不要先讲，因为如果我先许愿，我就吃亏了，他就可以有双倍的礼物！

而另外一名教徒也思忖：我怎么可以先讲，让我的朋友获得加倍的礼物呢？

于是，两位教徒就开始客气起来：“你先讲！”“你比较年长，你先许愿吧！”“不，应该你先许愿！”两位教徒彼此推来推去。

一番推辞后，两人就开始不耐烦起来，气氛也变了：“你干吗？你先讲啊！”“为什么我先讲？我才不要呢！”

两人推到最后，其中一人生气了，大声说道：“喂，你真是个不识相、不知好歹的人啊，你再不许愿的话，我就把你的狗腿打断，把你掐死！”

另外一人一听，没有想到他的朋友居然变脸，竟然来恐吓自己！于是他想，你这么无情无义，我也不必对你太有情有义！我没办法得到的东西，你也休想得到！于是，这个教徒干脆把心一横，狠心地说道：“好，我先许愿！我希望——我的一只眼睛瞎掉！”

这位教徒的一只眼睛马上瞎掉了，而与他同行的好朋友两只眼睛都瞎掉了！

有时运用一点智慧就可以帮助别人

帮助别人，并不是非要出多少人力物力，有时只需要一点智慧。那些能够用自己的聪敏和睿智为别人分忧解难的人，会显得更加聪慧，特别令人尊重。

有一天，一休的一个信徒来向他哭诉自己债台高筑，已经到了山穷水尽必须自杀的地步，请一休务必要超度他。一休婉言劝解，并问他除死之外是否真的没有别的办法可想，信徒摇摇头说没有，因为他除了一个女儿之外，已经一无所有，于是一休建议他找一个乘龙快婿来帮他还债。信徒一听此言，近乎绝望地说：“师父啊！我的女儿只有八岁，怎能嫁人呢？”

“那你就把女儿嫁给我吧！”一休微笑着说。

信徒大惊失色道：“这……这怎么可以！你是我的师父，怎能做我的女

婿？”但是一休胸有成竹地挥挥手说：“没问题，让我做你的女婿，帮你还债，你快回去宣布此事吧！”

于是，一休要娶妻的消息立即轰动全城，到了迎亲那天，看热闹的人挤得门前水泄不通。一休抵达之后即在门口摆上桌子，上置文房四宝，然后他在桌前便写起字来了。一休著有《狂云集》，本来就是诗、歌、书法方面的才子，众人一见他优美的书法，忘情欣赏，争相购买，反而忘了原来要凑的是什么热闹。结果卖书画的钱积了好几箩筐。

一休问信徒：“这些钱够还债吗？”

信徒高兴得几乎流下泪来，连说：“够了，够了。”信徒频频向一休鞠躬，只差没跪下来表达自己的感激之情。

“好了，问题解决了，我这个女婿也不用做了，还是做你的师傅吧。”一休长袖一摆，飘然而去。

第二十一品 非说所说分①

分名解说

①非说所说分：非说者，就是如来实无有言说也。如来所说之法，不过为众生解黏去缚，究竟无有实法可说。若众生执着如来有言说，随语生解，即坠于语言文字障，故曰非说。所说者，即有处所，有处所，即落声尘。非说所说者，盖不可执着能说之身相，不可执着所说之声尘，能所两忘，虽说无有能说所说，不落有无两边也。佛之说法，无有定法可说，随众生根器大小，应机而说。应以何法得入，即以何法导之。所以真正说法者，无说无示，真正听法者，无闻无得。若悟此中妙理，即真入般若境矣。

须菩提，汝勿谓如来作是念:“我当有所说法。”莫作是念，何以故？若人言：如来有所说法，即为谤佛，不能解我所说故。须菩提，说法者，无法可说，是名说法。”

尔时，慧命①须菩提白佛言:“世尊，颇有众生，于未来世，闻说是法，生信心不?”佛言:“须菩提，彼非众生，非不众生。何以故？须菩提，众生众生者，如来说非众生，是名众生。”

①慧命：比喻以智慧为生命也。生命一口气不到就消灭了，慧命是永远不能消灭的。

译文

须菩提，你不要以为佛有这样的念头："我应当有所说法。""不要有这样的想法。""那为什么呢？""如有人说佛有所说法，那他就是在诽谤佛，就是不能理解佛法的缘故。须菩提，所谓说法，其实无法可说，只是说他在说法。"

这时，长老慧命须菩提问佛道："世尊，可有这样的众生，在您寂灭后，听见此经，他还生不生信心呢？"佛说："须菩提，那些众生，并非真正的众生，也非非众生。这是什么原因呢？须菩提，所谓众生，他之所以成为众生，也就是因为他们是非众生，只是叫他们为众生。"

详解

须菩提，汝勿谓如来作是念："我当有所说法。"莫作是念，何以故？若人言：如来有所说法，即为谤佛，不能解我所说故。

"作是念"即起心动念，起心动念则心有生灭，有无明才有生灭，如来破了无明，心无生灭，是故不会起心动念。心无生灭即无能所，无能所则不会作是念：我为能说，法是我所说，我有所说法。

凡夫说法，先动心念，是以生灭心说生灭法，凡夫以生灭心、能所心说法，所以认为如来亦以生灭心、能所心说法，故谓如来有所说法，即是谤佛，不了解如来说法之义。

佛有三身。法身佛是没有说法的，报身佛（他受用身）同化身佛都是有说法的。佛现报身是为地上菩萨说法的，现化身是为地前同凡夫二乘说法的。但这两种身都是依法身才显的，所以佛以无相之相为身轮。身轮既是无相，那么谁能说法呢？须菩提生起这样的疑惑，所以佛就告诉他说：你的意思怎样？如来颇作这样的念：我当有所说法吗？须菩提！你不应当作这样的观察。因为若说法身佛也有说法，就是毁谤法身如来，就是取虚妄分别相而不善取如来的真实相。

对于修学净土宗的学人也是如此，若有人毁谤大乘了义正法，弥陀世尊并不会接引，可见毁谤大乘正法的罪是多么严重。譬如《无量寿经》第十八

愿云:“设我得佛，十方众生，至心信乐，欲生我国，乃至十念，若不生者，不取正觉，唯除五逆、诽谤正法。”又同经云:“有众生生彼国者皆悉住于正定之聚。所以者何？彼佛国中，无诸邪聚，及不定聚。十方恒沙诸佛如来，皆共赞叹无量寿佛威神功德不可思议。诸有众生闻其名号，信心欢喜，乃至一念至心回向，愿生彼国，即得往生，住不退转，唯除五逆、诽谤正法。”

又譬如《观无量寿经》九品往生之经文，亦复宣说“不谤大乘”、不谤方等经典，否则阿弥陀佛并不接引。何故仍有部分学人于经言教语不能信受而名为学佛，而名为佛弟子呢？理不相应也。一切众生往生西方极乐世界后，都必须继续修学佛菩提道，始能成佛；佛菩提道即是大乘菩萨了义正法，即是大乘经典所宣说第一义谛妙法。若有人故意毁谤、否定大乘之法，弥陀世尊何有接引之理？阿弥陀佛虽然大慈大悲，欲接引众生往生彼国，但那是有条件的，从净土三经之法义已经明确如此显示：毁谤正法者，阿弥陀佛并不会接引。佛弟子还是要相信佛语比较好。

“莫作是念！何以故？若人言如来有所说法，即为谤佛，不能解我所说故。”——有人常以“缘起性空”之立场来解释此段经文之意思，以为说法的当下即归于灭，是故说:“如来有所说法，即是谤佛。”这样说并不是真正了解佛所说义，如来说法四十九年是事实，否则哪来我们现在所阅读的十二部经典呢？

说法者是五蕴在说法，然五蕴不真实，是所生之法，有生有灭，无有一个真实的说法者。又说法亦只是声尘而已，声尘是十八界的法，并不真实，是如来藏所生，有生则必有灭，是故没有真实的说法这件事。

“须菩提！汝勿谓如来作是念：我当有所说法”——有很多人阅读《金刚经》，对于此句产生迷惑，常会想:“明明如来说法四十九年，何以在这里说‘如来未曾说法’？佛讲话怎么如此互相矛盾？”很多人就这样心生毁谤，甚至公开宣称:“《金刚经》非是佛说，大乘经典非是佛说。”如此公开否定大乘一切经典，只承认四阿含等经，这是极大的误会，也是重大之过失。这是因为不能了解佛在大乘经典所说之法义所致，应该尽速停止这种行为，并忏悔修正，此之严重果报并不是任何人所能承受得起呀。

须菩提，说法者，无法可说，是名说法。”

如来以寂灭心契寂灭法，以无心得法，亦以无心说法，又何能以有心说法，若有心，只可以说生灭法，生灭法不是佛法，佛以无所得心证到寂灭法，又以无所得心说寂灭法，无所得心则无所说，“了见无心处，自然无法说”，所以无法可说，是名说法。

因为说的法本无可得，所以也无法可说；如以指指月，正显月不在指中，才能得月；若说月就在指中，那么不但不能见月，就是指也不知了。所以若是在名句文言相中以为有法可得，那就不明说法的义了；不如名句文言而生执着，能通达其中的理，如实的修行，就能证得离相真实法性，这才名为如来说法。此中是就无自他对待，无说听机缘相叩，无这样的说法，所以说法身佛不说法；其他的经中，也有说法身佛说法的，但那是据真实法性说。因为法性的理，遍一切处，不生不灭、不垢不净、不增不减，常时如是，头头上明、事事上显、无处不流露、无处不示现的，这就是说法，所以说法身佛也说法。

在诸多经典里，世尊都曾宣说毁谤大乘经典之业极重，那是地狱之罪，不是任何人所能承受。大乘菩萨之法甚深甚妙，佛亦如此多所开示；于此甚深甚妙、闻所未闻之法，要相信接受都很困难，何况是能解了所说之法义？何况是悟入每一种智慧境界？要能对大乘经典信受，能生信心，是要无量劫修集善根福德才有可能。是故很多人看不懂《金刚经》等大乘经典是正常，我们千万不可因为看不懂，就心生毁谤，这真的是大过失。

若就如来藏的立场来说，如来藏不会说法，如来藏所生之五蕴才会说法；如来藏体性是“如”，如来又如去，不会说法，亦不曾说法，自无始劫来一直都是如此。会说法的是如来藏所生之五蕴，如来藏又名“如来”，其实亦是“如去”；然众生不喜欢“去”之字眼，有所忌讳，是故不说“如去”，称为“如来”。若有人不了解佛所说的这层义理，说如来有所说法，即是谤佛。因为事实上如来不说法，不会说法，亦不曾说法，故说:“若人言如来有所说法，即是谤佛。”

诸法实相如来藏心体离言说相，因为如来藏不离于三界，亦非是在三界中，祂离诸觉观、言语道断，是故言说之相不是如来，不等于如来。又一切诸法不离如来藏而有，因为五蕴、十二入、十八界等一切诸法都是如来藏所生；凡一切所生之法皆不真实，是故无有真实之法可说。

虽无真实之法可说，却不得不强说，以众生有苦故；众生烦恼之苦必须以佛法来对治，始能断除烦恼，获得解脱，是故所谓的佛法乃是假名施设。宣说一切佛法，皆是随方解缚，对治众生之烦恼心病而宣说；若究其实，并无真实之佛法可说，这样的说法才名为说法。

佛弟子千万不要于此心生惊怖，听起来好像“绕口令”一般，很玄奥，很难理解；然法界实相确是如此，不可以因为一时不懂就轻易毁谤，应该深自忏悔才对。大乘第一义谛之法确实极为深妙，极难契入，然这不是两三年，或几世之事，这需要无量劫的修集善根福德才行。修学佛法必须要有长远心，每一位众生都有无量世，除了定性声闻人欲入无余涅槃外，人人皆有无量世，在无量世中都要修学。

尔时，慧命须菩提白佛言：“世尊，颇有众生，于未来世，闻说是法，生信心不？”

由“尔时慧命须菩提”起，至“是名众生”止，共有六十二个字的经文，不是由鸠摩罗什法师翻译，罗什法师所译的金刚经，根本就没有此段文，魏朝菩提流支所译的金刚经，则有此文。

唐长庆二年，长安庆善寺，有一位和尚名灵幽，突然暴亡，见有二使者带他见阎王，王问他在世间习何行业，他说：“我常诵金刚经。”阎王立即施座，并请他朗诵，于是灵幽法师把金刚经背诵出来，诵毕，阎王说：“你的经文少了一段，犹如串花线不续，真本现在濠州钟离寺石壁上。”

灵幽醒过来，把经过告知朝廷，朝廷于是下令把这段文加进罗什法师的译本内，罗什法师称须菩提为长老须菩提，流支则称须菩提为慧命须菩提。

凡夫色身，以寿为命，诸佛如来以法为身，法身以慧为命，须菩提解空第一，深解般若，般若就是法身慧命，故称慧命须菩提。

须菩提问：“可有众生于如来灭度之后，听闻如来上述的法身无法，能说一切法；法身无相，具足诸相；法身无身，具足一切色身，会否相信呢？”

须菩提听说依佛果不思议所显的三轮相用、即非三轮相用，只是真实法性，他就生起了疑惑：如平常以成佛为目标而修行，所以就能成佛。若佛果的三轮都没得，又无相可观，如何发心成佛呢？所以这种法是甚深难信的。

那时就白佛说：世尊！在当来世末法的后分后五百岁、正法将灭的时分转起的时候，颇有有情听说这种色类法后，能够深信不能呢？色类，即流传于世间的经典，这经就是色法的名句文、是能诠的，所以名色类。

“慧命”意指以智慧为寿命，若不能亲证人人本具之法身，则无法获得般若智慧。法身又名如来藏、又名如来、又名自性弥陀、又名自性本心、又名第八识、又名阿赖耶识、又名藏识、又名本来面目、又名心、又名所依识、又名种子识、又名非心心、又名无心相心、又名真如；若在佛地，名为无垢识，或名佛地真如。

法身是一切有情本来即具有之独立心体，祂不是生出来的法，是故也不会坏灭，说名“不生不灭”。法身之体性清净，亦是金刚性，永不坏灭，伴随众生之业于三界六道轮回生死。众生由于无明烦恼故，不能了知自我身中有一本来自性清净之涅槃本际——法身、如来藏，是故不知如来藏自住于无生之境界，不具此无生之智慧，称为无明众生。无明意指对此诸法实相如来藏不能明了，众生由于无明故，贪着六尘不实境界，于此六尘境界起颠倒妄想，是故轮回生死于三界中。

若人不具此无生之智慧，形同法身慧命尚未活过来，不能具有智慧之寿命。须菩提在佛弟子中智慧深利，以智慧为生命、寿命；然于广大众生而言，实无慧命可言，由无慧命故，名为众生。修学佛法，应以智慧之修证为目标，不是神通，更不是四禅八定；解脱是因智慧而得解脱，成佛是因智慧而成佛。四禅八定和神通都不能令众生得解脱，亦不能因之而成就佛地果位，是故智慧是修学佛法最重要之目标。

须菩提不愧是有深妙智慧的人，他早已知道未来世众生会有于此中道实相妙法不能生信之情形，是故特意请问世尊。就像现在末法之时，仍有诸多佛弟子于此如来所说深妙法不能信受，乃至心生毁谤、否定，如是之事实为今时正法可伤之处。护持此大乘第一义谛之正法，乃是一切佛弟子之责任。

此《金刚经》之正法，真实不虚，真是佛说，真是可证，不可心生疑惑，更不应该公然毁谤，乃至否定；若是毁谤、否定大乘了义经典者，过失无量无边，其果报不可承受。

众生是指一切有如来藏之有情生命，名为众生。一切有情大都具有五蕴，亦有不具足五蕴者，譬如无色界众生不具足五蕴，亦名为众生，皆各有自已之如来藏故。

佛言："须菩提！彼非众生，非不众生。

众生不是有，亦不是无，故不可以说众生是有，亦不可以说众生是无，如梦中境，不能说有，亦不能说无。众生如幻如化，不落有无，非有非无，就是中道。

众生是集合辞，是由单一有情集合众缘而生，名为众生；然每一有情五蕴都是由其本具之如来藏所生，此如来藏和五蕴之集合体名为众生。可是，所谓的众生，其实并无真实之众生可得。就如来藏而言，如来藏不名众生，如来藏无有形相，性如虚空，是空性心；如此空性之心并无众生可得，并不存在众生之法，是故说为"非众生"。

若就五蕴而言，众生之五蕴并不真实，是如来藏所生，是有生有灭，无常不坚之法，终究会坏灭，是故五蕴亦是"非众生"。然众生五蕴确实存在，只是非常住不坏之法，不可说无，是故亦不可说无众生；由此故说"彼非众生，非不众生"。不能说一定有真实之众生存在，也不可说完全没有众生存在，此正是中道实相之法义。

何以故？须菩提，众生众生者，如来说非众生，是名众生。"

众生本来无生，五蕴和合，假名众生，假名即是空，众生空，即非众生。

众生无生，从缘而生，从恶缘，有三恶道的众生生，从善缘，有三善道的众生生，从小乘的缘，有声闻缘觉的众生，从利他的缘，有大道心的众生，从慈悲喜舍的缘，有无上众生。众生无生，随缘而有一切众生生，是名众生。

阅读大乘了义经典，若没有人详细解说知见，的确很不容易明了。一般而言，要看懂经典，往往要先了知诸法实相之法义才容易明了。若是过去生未曾修学、熏习，乃至亲证，事实上是很难真正看懂经典。经典之法义需要善知识作正确之解说，才会容易明白；同样道理，若未能亲证法界实相，就很难贯通教理，是故讲经说法常有依文详解，或偏离真实法义之现象。譬如净土三经看似很容易，其实甚深甚妙，并不是长久以来部分佛弟子所弘传那样，解释成为都在说持念弥陀名号这个法门，而是有大乘深妙法在；可是有部分佛弟子却多所误解，实为可惜。

"何以故？须菩提！众生众生者，如来说非众生，是名众生。"——就像此段经文，若是依文详解，听闻者很难了解其真实法义，必须作详细解说，才能把知见正确地建立起来，如此才有他日亲证之可能。了解此经所说法义和知见后，也应该多为人解说，于己于人皆能利益。所谓众生说为众生者，并不存在有真实之众生；众生唯是假名施设之名相而已，是为了方便说法而施设之假名罢了，实无有真实的众生之法存在。这样了知众生之意涵，才假名为众生。若众生是有生，有生而生，就等于头上生头，无有了期。

法身如来无法而说一切法、无相而具足一切相、无身而具足一切色身，其道理就等于众生无生，随缘而有一切众生，云何言众生不会相信呢？也就是说，平常颠倒分别的众生，不容易闻此法而深信，所以佛所说的众生，是说的具戒、具德、具慧、闻了此法就能深信的众生。但这有情是离众生相，此法也是无法相的；无众生相所显的，就是真实法身，无法相所显的，就是真实法性。所以这具戒、具德、具慧的众生能深信此法，就是以真实法身深信真实法性，如以空合空、以水投水，又有什么不可以的呢。

评析

佛下山游说佛法，在一家店铺里看到一尊珍贵的释迦牟尼像，可店铺老板要价五千元，分文不能少，加上见佛如此钟爱它，便更加咬定原价不放。

佛回到寺里对众僧谈起此事，众僧问佛打算以多少钱买下它，佛说：“五百元足够了。”众僧唏嘘不已：“那怎么可能啊！”佛说：“天理犹存，当有办法，万丈红尘，芸芸众生，欲壑难填，则得不偿失啊！”

“怎样普度呢？”众僧不解地问。“让他忏悔。”佛笑着回答。

众僧更加疑惑不解了。佛说：“只管按我的吩咐去做就行了。”

佛让弟子们乔装打扮了一下。

第一个弟子下山去店铺里和老板砍价，弟子咬定四千五百元，未果回山。

第二天，第二个弟子下山去和老板砍价，咬定四千元不放，又未果回山。

就这样，直到最后一个弟子在第九天下山时所给的价已经低到了二百元。眼见着一个个买主一天天下去，一个比一个给得低，每天他都后悔不如以前一天的价格卖给前一个人了，老板怨责自己太贪欲。

第十天，佛亲自下山，说要出五百元买下它，老板高兴得不得了。即刻出手，高兴之余另赠佛龛台一具。佛得到了那尊铜像，谢绝了龛台，单掌作揖笑着说：“欲望无边，凡事有度，一切适可而止啊！”

贪欲是一种毒药，谁喝了都无药可救

贪欲会把人带向罪恶的深渊，让人失去理智。它可以使人相互摧残，相互欺诈，甚至使最好的朋友反目成仇。因此，在生活中，我们一定要克制自己的欲望，切记，一旦入“贪”，就会被其毒害。

一天傍晚，两个非常要好的朋友在林中散步。这时，有位僧人从林中惊慌失措地跑了出来，两人见状，便拉住那个僧人问道：“小和尚，你为什么如此惊慌，到底发生了什么事情？”

僧人忐忑不安地说：“我正在移植一棵小树，却忽然发现了一坛子黄金。”

两个人感到好笑，说：“这人真蠢，挖出了黄金还被吓得魂不附体，真是太好笑了。”然后，他们问道：“你是在哪里发现的，告诉我们吧，我们不害怕。”

僧人说：“还是不要去了，这东西会吃人的。”

两个人异口同声地说：“我们不怕，你就告诉我们黄金在哪里吧。”

僧人告诉了他们具体的地点，两个人跑进树林，果然在那个地方找到了黄金。好大的一坛子黄金！

其中一个人说：“我们要是现在把黄金运回去，不太安全，还是等天黑再往回运吧。这样吧，现在我留在这里看着，你先回去拿点饭菜来，我们在这里吃完饭，等半夜时再把黄金运回去。”

于是，另一个人就回去取饭菜去了。

留下的人心想：要是这些黄金都归我，那该多好呀！等他回来，我就一棒子把他打死，那么，这些黄金不就都归我了吗？

回去的那个人也在想：我回去先吃饱饭，然后在他的饭里下些毒药。他一死，黄金不就都归我了吗？

回去的人提着饭菜刚到树林里，就被另一个人从背后用木棒狠狠地打了一下，当场毙命了。然后，那个人拿起饭菜，狼吞虎咽地吃了起来。没过多久，他的肚子里就像火烧一样地疼，这才知道自己中毒了。临死前，他想起了僧人的话：僧人的话真是应验了，我当初怎么就没有明白呢？

合理地控制自己的欲望，才能够生活幸福

在人的一生中，要学会合理地控制自己的欲望，只有这样才能够生活幸福。而如果贪得无厌，陪伴自己的将只有痛苦，并且，贪欲与痛苦是成正比的。

从前，有个山民靠打柴为生，他长年累月地辛苦劳作，仍改变不了困顿局面。他自己也不记得曾在佛前烧了多少炷高香，祈求佛祖降临好运，帮他出苦海。

佛祖果然慈悲，有一天，山民无意中在山坳里挖出了一个百十来斤的金罗汉。转眼间他便过上了他从前做梦都无法梦到的生活，又是买房又是置地。而他的宾朋亲友一时间竟多出十几倍，从四面八方赶来向他祝贺。

可是这个山民只高兴了一阵，继而却犯起愁来，食不知味，睡不安稳。

"偌大的家产，就是贼偷，一时也不能偷个精光，看你愁得像个丧气鬼！"他老婆劝了几次都没有效果，不由得高声埋怨起来。

"你一个妇道人家怎能理解我的愁事呢，怕人偷只是原因之一啊！"山民叹了口气，说了半句便很懊恼地用双手抱住了头，又变成了一只闷葫芦。

"18 尊罗汉我只挖到一个，其他 17 个不知在什么地方？要是那 17 个罗汉一齐归我所有，那该有多好啊。"——这才是他犯愁的最大原因。

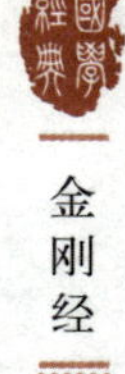

第二十二品　无法可得分[①]

分名解说

①无法可得分：般若妙法，本是自己家里物，本来无失，从何有得。但有所得，皆是执情未忘，能所未破也。前云得福德者，以布施之因，得福德之果，此还是相分边事。今云无得者，是云福德性，非福德果可比也。福德性实无相可见也。福德性既无相可见之法，即为无法可得。不但无法可得，即能得者亦无。相分是所得，见分是能得，能所尽破，即不见众生为所度，不见自身为能度。故云无量众生是我度者，实无众生得灭度者。

经文

须菩提白[①]佛言："世尊，佛得阿耨多罗三藐三菩提，为无所得耶？"佛言："如是，如是。须菩提，我于阿耨多罗三藐三菩提乃至无有少法可得，是名阿耨多罗三藐三菩提。"

经文注释

①白：说。

译文

须菩提问佛说："世尊，佛所得至高无上、大彻大悟大智慧，也就是什么也没得到吗?”佛回答道:“正是这样,正是这样!须菩提,我于阿耨多罗三藐三菩提,是无所得,(须菩提)一点法都没得到,只是说我成就了至高无上、大彻大悟大智慧。”

详解

须菩提白佛言:“世尊,佛得阿耨多罗三藐三菩提,为无所得耶?”佛言:“如是,如是。须菩提,我于阿耨多罗三藐三菩提乃至无有少法可得,是名阿耨多罗三藐三菩提”。

一切佛法之修证都是无所得,若是有所得,必非佛法之修证;佛地无上正等菩提之修证也是如此,是无所得。无所得之智慧修证,始名“证得”。证得果位唯是假名而已,实无有真实的菩提果可证;佛地无上菩提之证得,唯是除断一切烦恼障种子和所知障随眠。佛地无垢识已无此二障,如此假名为“得阿耨多罗三藐三菩提”,并无真实之无上菩提可得。证得无上菩提是佛之意识心所证,然意识心并不真实。即使佛之意识心也是所生之法,是佛之无垢识所出生,是故佛之意识心亦为虚幻不实之法;是故没有一个真实的无上菩提证得者,证得菩提是方便所说之假名而已。

有的人学佛没几年,看得几本书,就喜欢说自己有什么多高之境界,其实有境界即是有所得,不是佛法之智慧。没有境界的境界,才是法界实相如来藏心之境界,这种境界也是无所得的境界,在此《金刚经》也是如此宣说。若有人有任何境界,都应该先看看能否印证《金刚经》,这样做才有智慧。

一切观想、觉观之境界都是三界内之法,观想之境界只是内相分而已,内相分是由如来藏所变之境界,并不是真实;若有人执着自己所观想之境界为真,即是恶觉观。若执着观想之种种境界为真,则是有所得,以为自己真实获得此种境界。然观想之境界,只是如来藏所变现之内相分而已;内相分摄属于十八界中之法尘,是故并不真实,为无常虚幻之法。一切无常不实之法,无有少法可得,是故不应贪着。

譬如以观想方法修布施,并不可能成就布施之功德。因为观想自己行布施,唯是自己虚妄想像之内相分,如何能以虚妄想像之法真正利益他人呢?对方并不能真正领受到这种布施之利益呀。同样道理,若有人欲以观想之方式来成佛,则永远不可能因此观想而成佛,那只是此人的虚妄想像而已;虚妄想像之事不会变成真实，是故不应信受。若有人主张“观想可以成佛”，此绝不是佛法，唯是凡夫虚妄想像，名为“恶觉观”，不应相信，否则只会耽误自己之道业。

所得心尽，就是佛；无得，就是菩提。

古人云:“为学日益。”求世间学问要日日增加，越多越好。“为道日损。”求道要损烦恼、损妄想、损名利，外舍境、内舍心，拾无可舍，即得菩提。所以坐禅的人，不与万法为侣，妄想空、身空、心亦要空。

妙高峰禅师在天目山闭死关，曾说了一首偈:“手把青秧插满田，低头便见水中天。”若想见水中天，一定要低头才可以见到，“六根清净原是道，退步原来是向前。”插秧时，向后退一步，才插一把秧，退两步，插两把秧，直至退无可退时，满田秧都插好了。

所以修行求道，要退，不是向前，向前是所得心，“乃至无有少法可得”，直至退无可退，妄心灭处即菩提，就是证道之时，是名阿耨多罗三藐三菩提。

如来得菩提是无得而得，生灭心尽，不生灭心现前，就是菩提，故云：“我于阿耨多罗三藐三菩提，乃至无有少法可得。”若有丝毫少法可得，即有无明在，不名得菩提。

三相，就是八相中之三相。什么叫做八相呢？一、入胎，二、住胎，三、出胎，四、出家，五、成正觉，六、转法轮，七、度众生，八、入涅槃。前四种是未成佛以前的相，涅槃是终了的相，成正觉、转法轮、度众生，是成佛住世的相。此中就是明对于佛住世三相所起的疑，疑中又分三，今先明成正觉。

如果没有成正觉这事，那就也没有佛了。佛知须菩提有这疑，于是问须菩提说：在你的意思怎样，还有少许的法是如来应正等觉现前所证无上正等菩提的吗？须菩提白佛言：世尊！如我解佛所说义，没有少许法是如来应正等觉现前所证无上正等菩提的。于是佛印可须菩提所说的说如是如是。一切都是空的，所谓离一切相即一切法、没有一切法的相可得，这才名成无上正等菩提。

阿耨多罗三藐三菩提是指无上正等菩提，是佛所证得的无上智慧；一切诸佛皆证得此一无上菩提之果位，无有其上者，此智慧就是一切种子的智慧。

一切众生之如来藏皆具足一切种子，要成就佛道必须圆满修证这一切种子的智慧，十方诸佛皆是如此究竟成就一切种智。然要有一切种智之修证，必须先以亲证法界实相如来藏心为目标。因为证得法界实相如来藏心后，安住不退转，便能获得般若总相智；以此般若总相智为基础，才可进一步修学别相智、道种智、一切种智，最后究竟成佛。

由于成就佛道是以智慧为主，故必须在智慧上有此次第之修证。可是这并不表示要放弃六度、十度等其他修行；因为没有其他之修行，就不可能在智慧上有所修证，是故六度万行，乃至十度都必须修习。受持、读诵、修学《金刚经》即是为了从证得法界实相如来藏心而获得般若总相智，具有般若总相智后，才能继续修学更微细的其他种种智慧，是故《金刚经》的重要性不可言喻。然开悟并不即是成佛，有很多人都误会，以为“开悟即是成佛”，这是一种错会。从佛菩提道的次第来说，开悟只是七住位菩萨而已，不是佛地果位。佛地一切种智之修证，必须悟后，经过十住、十行、十回向、十地等觉位，一一次第修证，才有可能成就无上正等菩提，不是一悟即至佛地。有许多人于此多所误会，每生增上慢，其实是一种误会。

所谓证得无上正等菩提，唯是断尽一切烦恼障种子和所知障随眠，并无少许之法真实可得。证得佛地果位乃是假名而已，假名有无上正等菩提可证；若论实质，唯是除尽二障之无明。观想成佛的人不但不能凭借观想方式，除尽烦恼障之种子，更不可能除尽所知障随眠；因为观想只是虚妄想像，只是内相分而已。若欲除断所知障，则必先证得法界实相如来藏心，才能以所获得之般若总相智为基础，继续增长一切增上慧学。若还未亲证法界实相，则绝不可能除尽一切所知障，如此又如何凭借观想之方式而成就佛道呢？

佛世尊都说无有少法可得阿耨多罗三藐三菩提，可见佛是说实话，但绝不是以观想方式来说自己成佛，又说无有一法可得。若以此观想方式谓已成佛，唯是虚妄之想而已，乃因并未历经三大无量数劫除尽烦恼障种子和所知

障随眠故；然佛世尊已断尽此二种障，无垢识里已无此二障之无明。以佛之智慧现观，实无所得，如此始名为得阿耨多罗三藐三菩提。若未除尽二障之无明，则不得假名为阿耨多罗三藐三菩提，佛弟子应当谨慎才是。

评析

以前禅师们在说法的时候，常常会拿着一柄拂尘或棍子，棒喝随手，妙用无穷。雪峰义存禅师就是一位爱拿着拂尘和棍子说法的禅师。

有一天，一个徒弟对雪峰禅师说："师父，您讲法时总爱拿着拂尘、棍子，这样有点儿不像禅宗的心法。如果没有拂尘、棍子，您会怎么说法?"

雪峰禅师听到后，心中不禁有些生气：修行的时候，你都在注意些什么？执着于这些外在的细枝末节干什么？但禅师没有说话，只是照例缓缓竖起手中的拂尘。

徒弟一看，师父这是在无声地责备自己呢，于是不敢吱声，赶紧低着头走出去了。

雪峰见徒弟似有所悟，没再说什么，只微微点了点头。

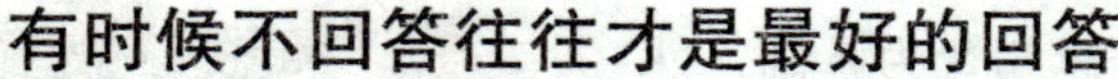

有时候不回答往往才是最好的回答

有时在回答某些问题时，无论是阿谀奉承还是实话实说都不妥，甚至还会招致祸害。这时，不妨找个借口避开这个棘手的问题，避而不答才是聪明之举。

有一天，老虎忽然心血来潮，想知道上帝让它主宰的是哪些动物种群。于是，老虎就向各地发出一纸盖有自己大印的通知，说要召见属下各个种群的代表。通知上写着大王要召开一个月的御前会议，会议开幕之日将举办一个盛大的宴会，宴会后还可观赏猴子大耍把戏。

老虎想要通过大摆这个排场，向它的部属们显示一下自己的威风。代表们到达后，老虎邀请大家进入它的王宫。那叫什么王宫！纯粹是一个藏尸间！里面尸臭弥漫，直冲大伙的鼻孔。

熊立即用掌捂住自己的鼻子，以此掩饰自己难看的脸色。它的这一举动立即引起了老虎的不悦，它一怒之下，把熊打发到魔鬼那里，彻底让熊丧了命。

猴子非常赞成老虎采取的这一严厉措施，作为一个十足的马屁精，它不但恭维老虎生气生得好，还夸赞老虎的爪子、尾巴，住的洞穴以及弥漫的臭味。说那尸臭既不是龙涎香，也不是花香，不过是一种大蒜味。岂料，猴子愚蠢的阿谀奉承也弄巧成拙，结果适得其反。它也遭到了老虎的惩处，得到了与熊同样的下场。

狐狸就站在老虎的身旁，于是老虎就问狐狸："喂，告诉我，你感觉这味道怎么样？你要实话实说。"

聪明的狐狸立即请求老虎原谅它，它说自己得了重感冒——今天自己的鼻子没有嗅觉。

最后，狐狸脱险了。

过于追求一些外在的东西就会被名缰利索绊住双脚

做人做事不可过于追求一些外在的东西，否则就会陷入名利的旋涡。名利是一种表面的东西，它虽能装饰一个人，但它并不能体现一个人的内在价值。若想在人生的道路上轻松地阔步前行，就不要被名缰利索绊住双脚。

在一片广袤的草原上，有一匹骏马将要作一次长途旅行，准备驰骋万里，登上昆仑的顶峰。

这匹骏马想：我需要换一副漂亮的马掌，脚上的旧掌踏出的声音实在难听。于是它用黄金打了一副新马掌，又大又厚，每一个有一斤多重。为了使脚步踏出动听的乐曲，马掌边缘上都缀上了一串小巧的银铃。

骏马换上金掌，但回头一看，破旧的鞍鞯上打着一块块补丁。于是它心想：身上的鞍鞯老远就能看见，脚下换了，背上也要更新才行。于是它请人用上等锦绣制成新的鞍鞯，用金丝串上珍珠盘成舞凤飞龙的图案，用雕花的白玉制成高大的鞍韂，上面刻着四个大字——马到成功。

骏马披上锦绣的鞍鞯，又想，这样大的举动，岂能仓促启程？于是它又挂上一副银光闪闪的马镫，又把犀牛皮制成的马甲披在前胸。

骏马前思后想，仿佛还缺点什么，就用丝线拧成一条五彩的缰绳。它左顾右盼，似乎还不够神气，又在脑门挂上一个斗大的红缨。

这一天，草原上召开了欢送会，三声炮响，骏马立刻踏上征程。可是它没有走多远就气喘吁吁，身上的东西压得它再也走不动。无数骏马呼啸着在他身边跑过，像骤雨，像海潮，像猛烈的暴风。

此时，骏马想：何必这样匆忙？还要好好准备！它一边想一边返回了舒适的马棚。

第二十三品　净心行善分①

分名解说

①净心行善分：此段文从无法可得而来。凡夫所行善业，皆是求福德之心。有此求福德之心，即是执着有为之善。稍有执着，皆是不净。今言净心者，无有能得所得之心，能所不住，故云净心。所云善行者，无有能行所行之行，能所不立，故云善行。总言净心行善者，即是所行之善亦忘，能行之心亦忘。发慈悲心，行利益事，外不执所度之心，内不执能度之心，不着四相，修一切善法，此之谓真正得菩提。

经文

复次，须菩提，是法平等①，无有高下，是名阿耨多罗三藐三菩提；以无我、无人、无众生、无寿者，修一切善法②，即得阿耨多罗三藐三菩提。须菩提，所言善法者，如来说即非善法，是名善法。

经文注释

①平等：平等是真性的体，修善是真性的用。盖真性原是满腔仁慈，修善是仁慈发现处，但不为浮尘所蔽，则云净月明，一片菩提矣。

②善法：凡如布施、持戒、忍辱、精进、禅定、智慧皆是明心见性的善法。依法修可虚我冥真，崇德履道，以造至觉之地。

译文

“再说，须菩提，任何人证得无上正等正觉都是一样的，没有先后，没有高低，没有大小，阿弥陀佛所证无上正等正觉和释迦牟尼佛所证无上正等正觉没有两样，未来弥勒佛所证无上正等正觉也不会有高下。因此，阿弥陀佛所宣说的无上正等正觉法和释迦牟尼佛所说不会有两样，未来弥勒佛也不会别有所说，三世一切诸佛所证都平等无有高下。还应当知道法身佛、报身佛、应身佛也是平等没有高下。应身佛释迦牟尼是虚幻身，圆满报身卢舍那佛一样是虚幻身，清净法身毗卢遮那佛也不真，三身都是虚幻身，若以为法身真常，便堕在寿者相中还未见如来；若以为报身佛优于应身佛便堕在众生相中，还未见如来；若以为应身佛释迦牟尼所说法门不如卢舍那佛，不如毗卢遮那佛，便堕在牢固的我相人相中，还未发现无上正等正觉心。诸君当知，无上正等正觉即是法身，离此法身别无应身释迦牟尼佛，若见诸相非相则见如来，释迦牟尼佛不异法身毗卢遮那佛；应身若劣于圆满报身，很显然报身尚未圆满，是故，应身释迦牟尼佛不宜报身卢舍那佛，毗卢遮那佛所示现无上正等正觉法不会优于释迦牟尼佛，释迦牟尼佛所说佛法也不会劣于卢舍那佛，为什么呢？说法者无法可说，岂有优劣？若人言说诸佛所说法有优劣，即为谤佛。不同程度的有情众生，循业发现不同佛身，法身、报身、应化身非一非异，无非都是梦幻中的知见，无上正等正觉没有高下，只是名叫做无上正等正觉。如果以没有我、没有人、没有众生、没有寿者相的智能，用来修习一切善法，就必定证得无上正等正觉。修一切善法，有八万四千法门，总要先跨出第一步，才能再走第二步，一直到证得无上正等正觉。第一步善法便是梵行清净，远离名闻利养、饮食知足、捐除睡眠、断除淫欲、断除嗔恨、断除愚痴。过去、现在、未来没有不修梵行而证得阿罗汉、大菩萨、佛，梵行是一切善法的基础。如果以为领悟无我无人无众生无寿者般若智，用来修习损人利己的双修法门，或咒术、气脉、算命风水，或世间文艺技巧，并不妨害菩萨行，事实上这些行为必定堕入五欲中，只能成就世间法，哪怕身心清净也只是凡夫境界，因为没有梵行清净之基础，无法做到应无所住而生其心的境界，所悟般若智便是偏空智，但能空谈玄妙而无般若行。上求佛果下化众生之菩萨行不切实际，最后变成空愿，不了了之。须菩提，所说善法，不舍世间规范，不怪异、没有秘密，不是不择手段达到目的的方便法，如来说这样的善法是虚幻的善法，只是名叫做善法。”

详解

“复次，须菩提，是法平等，无有高下，是名阿耨多罗三藐三菩提”。

“是法”指菩提法，佛与众生，同一菩提，在佛不会高，在凡不会低，古人讲“悟与佛齐。”故佛言:“是法平等，无有高下。”

菩提者，无有少法可得，故菩提是平等，若有一法在，便有高下之分，例如布施时，布施之法不空，便有高下多少之比较，不能称为平等。

什么是平等菩提？就是自性菩提，亦称为清净法身，在教下称为真性菩提。

凡夫本来具足清净法身，与佛相齐，只因迷而流转六道，故名众生，虽是迷了法身，但迷而不失，未曾失去法身，须假修行，而悟自己本有的法身佛，是故法身佛无有成与不成，只要你悟，悟则见性，是为真性菩提。

悟道之时，见菩提内人空法亦空，是故菩提无凡无圣，凡圣平等；无佛无众生，生佛平等；无染无净，染净平等；是谓平等法身佛，是名阿耨多罗三藐三菩提。

须菩提怀疑，一切法既平等无相可得，为什么又有如来转法轮这回事呢？其实佛说一切法为度一切生，若无一切生就不说一切法。如来所说的法，是不可说的平等法，而此法不是在言说中。在平常所说的五阴、十二处、十八界、四谛、十二因缘这种种的法，是此一刹那的法就不是彼一刹那的法，有这各各不同的相；如来无上正等菩提的法无不平等，就是一切法真实不动、常住其性的法。所以佛告须菩提说：是法平等，于其中间无不平等，故名无上正等菩提。

经云:“心、佛、众生，三无差别。”意指十方诸佛和众生都有各自的如来藏心，而各自的如来藏心体性，皆是平等无有差别。佛的如来藏已究竟清净，故名无垢识，又名佛地真如；其无垢识亦是从众生凡夫位渐次而修至佛地果位，是故佛之无垢识和在因地时之如来藏都是同一个心体。一切众生既然也有各自之如来藏心体，则亦可如十方诸佛一样修至佛地果位，故说“是法平等无有高下”。

以无我、无人、无众生、无寿者，修一切善法，即得阿耨多罗三藐三菩提。

只要把妄想空掉，乃至无有少法可得，即悟法身佛，法身清净，无我相、无人相、无八万四千尘劳烦恼的众生相、亦无寿者相，以无我人众生寿者四相之执，则离相见性，从性起修，修法身本具的慈悲喜舍、六波罗蜜等一切善法，从法身起修，修成无量功德圆满，修德有功，性德显现，成报身佛，是为："即得阿耨多罗三藐三菩提"，教下称圆净菩提。

诸法实相无有真实的我、人、众生、寿者，是故修学佛道要依此法界实相如来藏心之体性来修一切善法，才能证得阿耨多罗三藐三菩提。一切善法是指佛菩提道之一切法，由于证得如来藏之后，就转依自己如来藏之体性而修一切善法；故能除尽一切烦恼障种子和所知障随眠，证得无上正等正觉之果位。然此有一前提，即是要能先证得自己本具之如来藏心才有可能。当亲证法界实相心后，始能和所知障相应，始能渐次修学一切佛菩提道之善法而除尽所知障，因为除尽烦恼障种子和所知障随眠才能成佛。

"须菩提，所言善法者，如来说即非善法，是名善法。"

从性起修，修一切善法，不离自性，无相可得，故云"即非善法"，无相善法方能庄严法身，"是名善法"。

一切善法无不现量证明，一切善法无不妙觉。妙觉，就是没有能觉所觉的相可得。这个无相妙觉一切善法，就是如来所说法，没有定法相可取着。所以，善法，如来说为非善法；才是如来所说的善法。因为善不善一切法都是以真如为性，既以真如为性，所以一切法都是无自性，就是无上正等菩提现证妙觉善法。所以如来说名善法。但这善法，也没有善法相可取，所以又说为非善法；要是通达无善法的义，这才是明了如来所说的善法义。所以佛说了四十九年的法，自己说未曾说一字。这句话有两种的解释：要是从俗谛说，佛现所说的法就是三世诸佛所共宣说的，不是别有所说的。要是从第一义谛上说，佛说种种法，正是说的不可说的法，无分别智亲证无相真实的法，无语言文字可说；虽说了四十九年法，无一字说到的。所以转法轮、无转法轮相可得，这才是转法轮。

“所知障”是指一个人证得法界实相之后，渐渐生起于佛菩提道应如何修证之心；于佛菩提道之内涵无所知而障碍佛地果位之修证，名为所知障。此并非一般人所谓的“所知太多而成障碍”，而应是于成佛之道无所知而成障碍。

一切佛菩提道之善法皆是释迦世尊所宣说，然一切佛法皆非真实，无有真实的佛法可得。世尊四十九年中所宣说之佛法，无非是为对治众生种种烦恼而已。众生因为有贪、瞋、痴、慢、疑、恶见等种种烦恼而轮转生死于三界中，难有出期，是故世尊出兴于世为众生宣说种种佛法，是为对治众生之烦恼心病。

然此一切佛菩提善法并无自性，无有真实之体性，唯是应病予药而已。如来藏所生之一切诸法都无有真实，一切善法亦是无有真实，故说“非善法”；所谓善法唯是假名施设而已，佛弟子应当了知此一事实，如此始可名为“善法”。

评析

严寒的冬夜里，有个乞丐以颤抖的手去敲荣西禅师的庵室，潸然欲泣地说：“禅师！我的妻子与子女已经多日未进粒米，我尽其所能地想给他们温饱，始终不能办到，连日来的霜雪致使我的旧疾复发，现在我实在是精疲力竭了，如果再这样下去，妻小们都会饿死，禅师！请您帮助我们！”

荣西禅师很同情他，但身边既无钱财，又无食物，怎么帮助呢？想着想着，不得已只好拿出准备替佛像涂装用的金箔对乞丐说：“把这些金箔拿去换钱应急吧！”

当时，座下的许多弟子都以一种惊讶的表情看着荣西禅师的决定，不满

的情绪挂在脸上，并且抗议："老师！那些金箔是替佛装金的，您怎么可以轻易地送给别人呢？"

荣西禅师非常和悦地对弟子说："也许你们会对我的做法无法理解，可是我实在是为尊敬佛陀才这样做的。"

弟子们不服，口中喃喃："把佛陀圣像的金箔送人，这是尊敬佛陀吗？"

荣西禅师终于大声斥责弟子们说："佛陀修道，割肉喂鹰，舍身饲虎，在所不惜，佛陀是怎么对待众生的？你们能认识佛陀吗？"

弟子们到此时才明白荣西禅师的大慈悲，原来他的做法是真正与禅心相契合的啊。

付出自己的爱心就会得到真正的无价之宝

真正的无价之宝，不是价值连城的古董、钻石之类的东西，而是爱心与慈善。当我们给予那些正处于水深火热之中的人们及时的帮助时，我们就得到了无价之宝。

足利将军邀请著名的一休禅师到家里用茶，热情地拿出家里的所有珍稀古董，一件件地给一休禅师鉴赏，并不停地问一休禅师的看法。

一休禅师不在意地看了看，然后说："你这些古董虽好，但是都比不上我的三件无价之宝。"

将军一听，急忙问道："禅师原来也是行家啊，你的宝贝是哪三件呢？"

一休禅师答道："也没有什么稀奇的，我拥有的是盘古氏开天辟地所用的石块、历朝忠臣所用的饭碗，还有就是前代高僧用的万年拐杖。"

将军听了，惊叹不已，迫不及待地说："啊，这才是真正珍贵的东西！禅师你一个出家人也用不着它们，不如卖给我好了。"

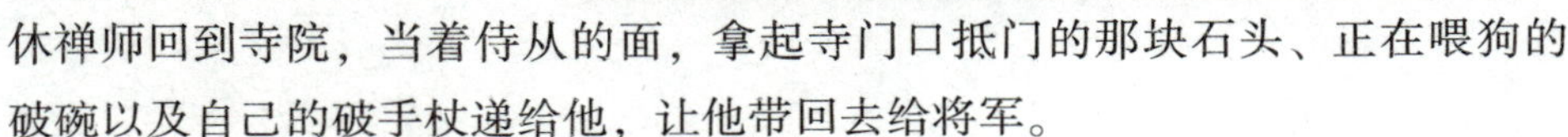

一休禅师爽快地答应了，但是补充道：“可是，每件没有一千两银子的话，我是不会卖的。”

将军急忙答道：“就这么说定了！禅师可不许反悔。”

为了防止夜长梦多，将军叫侍从立即带着银子跟随禅师回去取古董。一休禅师回到寺院，当着侍从的面，拿起寺门口抵门的那块石头、正在喂狗的破碗以及自己的破手杖递给他，让他带回去给将军。

侍从依言把三件东西呈给将军，又如实说明了它们的来处。

将军听后非常生气，便跑去找一休禅师理论道：“你身为禅师，我一心想待你友善，为什么要这样欺骗、戏弄我呢？难道你就不怕我治你的罪吗？”

一休禅师不愠不火，微笑着说道：“我没有欺骗将军啊。现在各地正在闹饥荒，很多人都饿死了。将军的三千两银子，我都拿去赈济灾民了，你救了那么多人的性命，难道不是得了无价之宝吗？”

一旦丧失了善良之心就等于自毁了前程

过河拆桥、卸磨杀驴者都是一些心胸狭窄、急功近利的人，这种人不会有什么好的下场，也不会有什么好的报应。一个人只有时刻怀揣着一颗善良、感恩的心，他才能生活得快乐，才能得到更多的东西。

一只经历坎坷的老猫在猫际社会中悟出了一系列如何成为猫上猫的哲理警训，经过它的策划与教诲，很多猫都出类拔萃，有所建树。

一只黑猫找到老猫，它想超过所有被老猫点拨过的猫。

老猫想了想说：“要想超过它们，除非你变成身披凤羽的猫王，只有这样你才能一统猫界，独自为尊。”

黑猫大悦，忙问：“如何才能身披凤羽成为猫王？”

老猫告诉它，只要向南山的凤凰仙子送上厚礼，凤凰仙子自然会赐它一身五彩缤纷的凤羽。

黑猫害怕老猫再把这个成为猫上猫的方法传授给别的猫，它两拳就将老猫打死了。

老猫临死时说："你会后悔的，只知道成功的方向是远远不够的。"

黑猫准备了999只老鼠，送到南山。只食五谷从不杀生的凤凰仙子大怒："我只收亲手耕耘而获的五谷！"她当即赐给黑猫一身象征奸诈险恶的鹰的羽毛，只给它留了只猫头。

此时黑猫十分后悔，它后悔没有留着老猫为自己成为猫王做更详细的指导。

凤凰仙子看出了黑猫的心思，她说："毁掉助你攀升的梯子，注定了你要从攀升中跌落。打死老猫的那一刻，你就已经自毁了前程。"

第二十四品　福智无比分[①]

分名解说

①福智无比分：福有两种，有世间福，有出世间福。世间福，从布施因缘而来。有何种因缘，即有何种福报，此谓之有为善。得有为善福，福尽还须堕落。出世间福，从观照般若而来。能深入般若，即有何等解脱自在，此谓之无尽福。福无尽，亦无堕落。智亦有二种：有世间智，有出世间智。世间智者，对于世间法一切明了，虽曰明了事理，而不舍尘相，还是事障。出世间智者，对于世法一切明了，能所双忘，尽除理障。今云福智无比者，是出世间之福智。所谓清净福，无漏智。非复从前的世间福，有漏智，所能比拟也。

经文

"须菩提，若三千大千世界中所有诸须弥山王，如是等七宝聚，有人持用布施；若人以此《般若波罗蜜经》，乃至四句偈等，受持、读诵、为他人说，于前福德百分不及一，百千万亿分，乃至算数[①]譬喻[②]所不能及。"

经文注释

①算数：数字。

②譬喻：打比方。

译文

“须菩提，假如三千大千世界中像所有的须弥山王这么多的七宝聚在一起，有人拿它用做布施。如有人对这部经，甚而至于只对四句偈说等，坚持接受，修持诵读，给他人讲解，那么前面作布施之人的福德，赶不上他的百分之一，百千万亿分之一，以至无法用数字来表达。”

详解

“须菩提，若三千大千世界中所有诸须弥山王，如是等七宝聚，有人持用布施；

须弥山高三百三十六万里，是山中之王；一三千大千世界有百亿须弥山王，故云“所有诸须弥山”。以七宝积聚，高满如诸须弥山王，持用布施，得福当然多，惟是有我布施，即有我来受福，是有漏福，福会尽。

上明修善法得证菩提，当知金刚般若之外没有善法，修善法就是受持般若波罗蜜经。所以世尊告诉须菩提云：假如三千大千世界中，所有诸须弥山王相等高大之七宝积聚，有人持用布施，其所得福德固属甚多。财布施和法布施之差别极大，从这部经佛之宣说，即可得知，尤其是大乘了义法之布施。福有两种：一者世间福，二者出世间福。世间福报多由财布施而来，而出世间福则多由法布施所得；法布施能令人修证智慧，获得解脱，是无量之福。财布施所得福报是有限量的世间福报，此世间福有享尽之时，是故不可靠；出世间福报则能带至未来生生世世，无有穷尽，是故两者之间，差别极为悬殊。经言“一切供养中，法供养为最”，即是此理。

世间之福毕竟有生有灭，并不是学佛修行最主要之目的，智慧才是学佛修行最重要之目标，而法布施始能令众生得到智慧。譬如无漏般若智慧之获得，就要修学大乘菩萨了义正法，布施此种大乘第一义谛之法，就能令众生获得智慧之修证。有了般若智慧，便可修得解脱，乃至成佛；解脱和成佛之福德无量无边，并不是世间福报所能相比。是故佛于此特别作开示，欲令众生于此经努力修学，受持读诵，如理作意为他人解说。因为对他人如法解说般若波罗蜜经，其福德不可限量。行者应当努力修学大乘了义正法，以获得般若智慧，再转为众生宣说，行此殊胜之法布施；不要只是执着、停留于财布施，获取世间之福。

若人以此《般若波罗蜜经》，乃至四句偈等，受持、读诵、为他人说，于前福德百分不及一，百千万亿分，乃至算数譬喻所不能及。”

读诵得福，受持得智慧，以福助慧，得见法身妙理，见性后复为他人说，令他人亦得见佛性，见性成佛的福常住无漏，无穷无尽，七宝布施的有漏福与之相比，百分不及一，乃至百千万亿、算数譬喻所不能及。

“若人以此般若波罗蜜经乃至四句偈等，受持读诵，为他人说，于前福德百分不及一，百千万亿分乃至算数譬喻所不能及。”弟子应该从世尊所举的这个譬喻当中，去体会它所代表，或隐含之深意，能够多于菩萨了义正法用心修学，如此始能为人解说。讲经说法之法布施功德很大，在此佛已明白开示，然这是要基于所说是正法为前提；若有人以外道偏邪之见行邪法之布施，则不但无有功德、福德可言，反而是大过失，耽误他人之道业故。这一正一反本是相对性的。然自古以来邪师说法有如恒河沙，野狐之禅可谓“漫山遍野”，佛弟子若欠缺善根福德，欲求听闻正法，实为甚难甚难。若能多发无上菩提之愿，广修布施，则较能具足因缘。

前面所说的那些因为布施而得到的福德，比起受持这部般若波罗蜜经，还有四句偈以及给他人解说这部经，所得到的福德，还不到百分之一，百千万亿分之一，甚至是算数譬喻都不能达到的无限大数目之一，那些持受这部经而得到的福德躲到了如此之地步！原因是七宝布施的是财施，是修福，持经自利利他是法施，是福慧双修，所以这种持经所得的福德，要远远胜于那些用七宝布施所得到的福德。

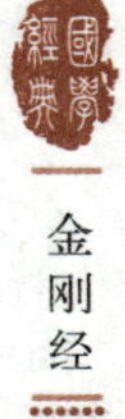

评析

诵读修持和讲解这部经的福德最大，胜过任何财物的布施千百万倍，不可比喻。

为什么呢？因为财物的布施只能是让一部分的众生得益，减少他们的饥寒之苦，并不能帮助所有众生，更不能解除众生最大的八苦。是哪八苦呢？就是生老病死之苦，爱别离之苦，怨憎会之苦，求不得之苦，五阴炽盛之苦……财物布施并不能解除众生这些痛苦，而这些痛苦正是众生最大的痛苦。诵读修持和讲解这部经则不然，它可以使自己和众生明白宇宙人生的真相，从根本上解除人生大苦，离苦得乐。这样说来，是不是诵读修持和讲解这部经的福德最大呢？试问还有哪种行为的福德比这样做更大呢？

有个财主有七个女儿，个个花容月貌。每当家里来了宾客，财主总要把女儿们叫出来展示一番。他最想听到的就是客人们的赞叹声，而实际上也确实这样。

有一天，来了个客人，财主照样让他看自己的女儿，然后问他："我的女儿们美吗？"

那个人说："这样吧，你将女儿披上盛装，去各地街上行走，如果每个人都说她们美，我就给你五百两黄金，只要有一个人说不美，你就输给我五百两黄金，您看怎么样呢？"

财主欣然同意了。于是，他带着女儿们在各地游走，每个人都说他的女儿们漂亮，眼看五百两黄金就要到手了，财主又带她们来见佛祖，得意洋洋地问："佛祖，您说我的女儿美吗？"

佛祖不屑地答道："不美！"

财主很不高兴，问："城里的每个人都说她们美，怎么就你一个人说不美呢？"

佛祖回答："世人看的是面容，而我看的是心灵。在我认为，身能不贪钱财，口能不说恶言，意能不起邪念，这样才是美！"

财主听了佛祖的话，灰溜溜地走了。当然，他也输了五百两黄金。其实，那个和他打赌的人正是佛祖的弟子，他知道佛祖是怎样看待美的，而到佛祖这里来是他为财主安排的最后一站。

第二十五品　化无所化分①

分名解说

①化无所化分：化者，以法度生也。无所化者，以平等心度平等众，外不见所度之众，内不见能度之我，作平等法界观，自他两忘之时也。此文从是法平等，无有高下而来。既云是法平等，无有高下，又何有众生可度也。若从理法界事法界比较而观，即悟平等度生之妙。在事法界观，实有众生可度，若无众生可度，则菩萨又何须行六度万行也。在理法界观，实无众生可度，若有众生可度，则菩萨即不能一体同观也。究竟众生何尝不是受菩萨所度，菩萨又何尝不是度众生。不过菩萨悟平等之理，知心，佛，与众生，是三者实无差别，故曰化无差别，故曰化无所化也。

经文

“须菩提，于意云何？汝等勿谓如来作是念：‘我当度众生。’须菩提，莫作是念。何以故？实无有众生如来度者。若有众生如来度者，如来则有我、人、众生、寿者。须菩提，如来说有我者，则非有我，而凡夫①之人以为有我。须菩提，凡夫者，如来说即非凡夫，是名凡夫。”

经文注释

①凡夫：凡夫俗子，普通人。

译文

“须菩提，你再想想，你们这些人不要说佛有这样的心念：我应当灭度众生。须菩提，不要有这样的想法。”“为什么呢？”“实际上并没有众生需要佛来灭度的。如说有，那么佛就有了自我、他人、众生、长寿者的相状。须菩提，佛说有我，即非有我，然而凡夫俗子却以为确实有我。须菩提，凡人，就是佛所说的非凡人，只不过名叫凡人。”

详解

“须菩提，于意云何？汝等勿谓如来作是念：‘我当度众生。’

如来说法，众生闻法后，自悟自度，非是如来能度众生。例如父亲只可教儿子吃饭，儿子自己食自己饱，父亲不能代食代饱。

如来得法成佛，成佛后“说法”度众生，不是佛“能”度众生，若佛能度众生，众生不用修行。

众生本具自性如来，所谓“本源自性天真佛”，但被五蕴盖覆，迷了自性，惟是迷而不失，众生未有失去自性，自性亦未离开众生，傅大士云“夜夜抱佛眠，朝朝还共起，起坐镇相随，语默同居正，丝毫不相离，如身影相似，欲识佛住处，只这语声是。”如来说法，众生的佛性闻法，自觉、自悟、自度。

要是没有成正觉就没有佛了，也没有转法轮，怎么又有度众生这回事呢？当时须菩提有这疑，佛就问须菩提说：在你的意思怎么样？如来能作这念，我当度脱一切有情吗？

如来到底有没有度众生呢？若说“有”，这里却对须菩提说“汝等勿谓如来作是念：我当度众生”；若说“没有”，明明如来说法四十九年，已度无量无数之众生。事实上许多佛弟子对此感到迷惑，不知其中之道理；然如来是

如实而说，未曾妄语，不诳众生，佛弟子应该深信佛语。

事实上，如来是“非有度众生、非无度众生”。如来的法身不会度众生，因为如来之法身和众生之如来藏一样，皆离见闻觉知，体性是如，不会说法，亦不会度众生。故说“汝等勿谓如来作是念：我当度众生”。然如来之五蕴、觉知心却说法四十九年，度了无量无数之众生，故说“非无度众生”；虽然如来说法四十九年，然说法之五蕴并不真实，是由如来之法身，又名无垢识所生，是故亦说“非有度众生”。

须菩提，莫作是念。

佛以须菩提为例，须菩提从佛闻法，自悟、自证，见思惑尽，证阿罗汉果，不是由佛给予。

何以故？实无有众生如来度者。若有众生如来度者，如来则有我、人、众生、寿者。

如来实实在在无度众生，是众生自性自度；佛说法，众生依法修行见性，见佛性后，是佛性度众生，不是如来度众生，若佛谓我能度众生，则有我相，如来是度众生之人，则有人相，有众生可度，则有众生相，度众生入涅槃，则有寿者相，着了四相，如来自迷了。

若就众生而言，一切众生皆由五蕴所成，既是五蕴之身，又有何真实之众生可说？五蕴是所生之法，每一众生之五蕴皆是由其如来藏所出生，所生之法必有灭；是故一切众生五蕴皆是虚幻不实，无常不坚之法，并非常住不坏，故说“实无有众生如来度者”。如来度众生唯是幻化之事，众生并不真实，唯是假名施设，是如来为方便说法所施设之假名而已。

如来是一切智者，在此经正以诸法实相之立场，宣说此第一义谛之深妙法。法界实相如来藏心是空性，无有真实之我、人、众生、寿者。如来藏所生之一切法，亦找不出一个真实的我、人、众生、寿者；是故如来的智慧里，实无有我、人、众生、寿者，故说“实无有众生如来度者”。如果有众生是如来所度者，则如来心中就有真实的我、真实的人、真实的众生、寿者。若是

如此，如来便已着有真实的我相、人相、众生相、寿者相，这样如来就不是有智慧的一切智者。所以我们必须在这里如实建立五蕴、十二入、十八界之知见，这样才能在修学上有正确的帮助。

凡夫之人多执五蕴之身为我，以为真实，或亦执意识觉知心为我，以为意识觉知心是真实，以为觉知心常住不灭，这就是凡夫之人。

须菩提，如来说有我者，则非有我，

既然如来无四相，为何佛经内，如来处处说我？如来所说的“我”是指：1. 法身真我，真我无我；2. 随世假我，假我亦无我。

事实上五蕴不真实，觉知心不真实，因为五蕴、觉知心都是十八界之法，都是如来藏所生。所生之法必不真实，必会坏灭，是故五蕴、觉知心皆是无常之法。无常之法又怎么可能是真实的我呢？如来为了说法方便，就自然随顺世间而说“我”，说“有我”。又如来说有我，其实是无有真实之我。因为如来之智慧明白了知一切法中无有真实的五蕴之我，也没有真实的意识觉知心之我；是故“如来说有我者，即非有我”。

而凡夫之人以为有我。

凡夫执四大为我，执五蕴和合为我，其实四大五蕴无我，凡夫之人，以为有我。自古以来有诸多执以意识觉知心之种种境界、相貌为真实心、为常不坏心者；无论是在外道或是佛弟子中，如是之人为数不少，名为常见外道，或名外道常见者。然意识觉知心无论是何种相貌、何种境界，都仍是意识觉知心，不可能是真心，也不可能修成真心；因为意识觉知心是所生之法，是由真心如来藏所生，是因众缘而出生，非是本来即有之心。在诸多经典，佛已明确宣说，不容怀疑，必须相信，是故不可执意识心之种种境界以为常住不坏之真心如来藏。

须菩提，凡夫者，如来说即非凡夫，是名凡夫。”

如来以佛眼观，凡夫不是真实，若是真实，则不能舍凡入圣，既能舍凡入圣，则凡夫即非凡夫。六祖云：“心有能所，即是凡夫，心无能所，即非凡夫；有人我者，即是凡夫，我人不生，即非凡夫；心有生灭，即是凡夫，心无生灭，即非凡夫。”若生灭心尽，大事已了，是名了事凡夫。

譬如有人执以“清清楚楚、明明白白、处处做主”之心为真心，为法界实相，此乃错会，非是真实，不能印证经典，是为“常见”。“清清楚楚、明明白白”之心者，实为意识心，摄属六识，为十八界之法，并非真心如来藏。又，“处处做主”之心者，乃是意根，又名末那，又称第七识，此心恒审思量故，所以处处做主；意根是所生之法，亦是十八界之法，也不是真心如来藏。因此之故，不应继续错执此意识、意根为真心。又不应以此常见之法加以弘传，教导众生，于己于众生皆无利益故。

以常见外道之法教人者，名为凡夫；虽说名凡夫，实则不是凡夫，因为实无有真实之凡夫可得。凡夫是由众生去当，然实无有真实之众生可得，既无真实之众生，则亦无有真实之凡夫。凡夫但有假名，无有真实，是故“凡夫者，如来说即非凡夫，如是方便假名为凡夫”，佛弟子应如是了知。

凡夫但随分位上假定的，实则没有凡夫的自体可得，所以如来说为非凡夫；只是为除颠倒分别，所以说名凡夫。要知度众生，但是度本空的众生，因为众生妄想颠倒、不自觉知，就是要断除他的妄想而显真实法性；所以度众生而无众生可度，这才名为度众生。

评析

佛陀从来没有度化过任何一个众生，这是他亲口说的，可是我们却知道他度化了无数的众生，遍及到天、地、人三界。

为什么他说没有度化众生呢？因为在佛陀的眼中，所谓的众生，其实并不是众生，是为了表达的需要而叫做众生；所谓的自己，其实并不是自己，是为了表达的需要而叫做自己。佛陀深知天地与我为一，万物与我同体，彼此没有任何分别。

这样说来，谁是众生？谁是我？我即是众生，众生即是我，谈何度化与不度化呢？所以佛陀说："须菩提！如来说有我者，则非有我，而凡夫之人以为有我。"佛陀释迦牟尼悟道不久，住在舍卫城郊外的给孤独精舍。拘萨罗国的国王波斯匿知道后，赶来拜访佛陀。

波斯匿王对眼前的年轻人自称证得最高的智慧，而且被世人顶礼恭称为"世尊"，感到非常迷惑，他忍不住问："世尊！听说您已证悟了最高的道，这是真的吗？"

"大王！是的，如果在这个世界上，有人可以说已经证悟最高的道，那个人就是我。"佛陀肯定地回答。

但是国王还是不肯相信眼前的白脸青年已经得道，他继续问："但是，世尊！在这个世界上，被人尊敬为师，有许多跟随的弟子，非常闻名的沙门和婆罗门也不少，像富兰那迦叶、末伽梨瞿舍罗、尼乾陀若提子等，都是修行有名望的老师。可是，当被问及是不是悟得最高的道，他们也不敢很肯定地回答。像您这么年轻，出家的日子很短，怎么敢说悟到最高的道呢？"

佛陀回答："大王！不要以为小的事物就轻视它。在这个世界上，有四种事物不可以因为小而轻视：不可以因为国王年纪小就予以轻视；不可以因为蛇小就予以轻视；不可以因为火小就予以轻视；不可以因为比丘年轻就予以轻视。"波斯匿王听了，很钦佩佛陀的智慧，进而聆听佛的教化，皈依了三十七岁的佛陀。

要养成重视细节的习惯，因为细节决定成败

一个人要养成重视细节的习惯，不要忽略一些不起眼的细节，因为有时正是这些细节决定着一个人的成败。一个微不足道的动作或许就会改变一个人的一生。

有一个年轻人刚从大学毕业，他到一家汽车公司应聘，一同应聘的几个人学历都比他高，在其他人面试时，他感到没有希望了。当他敲门走进董事长办公室时，发现门口地上有一张纸，便很自然地弯腰把它捡了起来，原来是一张废纸，于是这个年轻人就顺手把它扔进了垃圾篓。

董事长对这一切都看在眼里。年轻人刚说了一句话："我是来应聘的。"董事长就发出了邀请："很好，很好，你已经被我们录用了。"这个让他感到惊异

的决定，实际上源于他那个不经意的动作。

有一个推销保险的业务员也有相似的惊喜。

他多次拜访一家公司的总经理，而最终能够签单的原因仅仅是他在去总经理办公室的路上随手捡起了地上的一张废纸并扔进了垃圾桶。

总经理对他说："我观察了一个上午，看看哪个员工会把废纸捡起来，没有想到是你。"而在这次面见总经理之前，他还被"晾"了三个多小时，并且有多家同行也在竞争这个大客户。

谨慎和认真永远是成就工作的法宝

无论是应聘，还是做工作，都需要谨慎和认真的工作态度。谨慎和认真的工作态度不仅会为你带来更多的机会，也是成就工作的一大法宝。

某大型商场招聘一名收银员，经过筛选有三位小姐参加复试，复试由老板主持。

当第一位小姐走进老板的办公室时，老板拿出一张一百元的钞票，要这位小姐到楼下去给他买一包香烟。这位小姐觉得自己还没有被正式录用就被老板无端指使，将来的工作一定会有很多麻烦事，于是干脆地拒绝了老板的要求，气冲冲地离开了老板的办公室。

第二位小姐走进办公室后，老板也拿出了一张一百元的钞票，要她去买一包香烟。这位小姐很想给老板留下好印象，于是爽快地回答了。可是，当她到楼下买香烟时，却被告知这张一百元的钞票是假的，没办法，她只好用自己的一百元买了香烟，又把找来的零钱全部交给了老板，对假钞的事只字未提。

第三位小姐也同样被要求去买香烟。当她接过老板递过来的一百元钞票时并没有转身就走，而是仔细地看了看钞票，马上就发现这张钞票不大对劲儿，于是很客气地要求老板另外再给她一张钞票。老板微笑着拿回了那张一百元钞票。

最终，第三位小姐被录用了。

第二十六品　法身非相分[1]

分名解说

①法身非相分：法身者，遍满法界，无一处不是如来法身真体。如来法身，既遍满法界，即不能住相观如来，故曰非相。如来因凡夫执情太深，若直说法身非相，恐人难以信解。所以以前重重破执，至此尽情吐露。告须菩提曰：法身非相，则从前种种疑问，一时打破矣。

经　文

"须菩提！于意云何？可以三十二相观如来不?"须菩提言:"如是！如是！以三十二相观如来。"佛言:"须菩提！若以三十二相观如来者，转轮圣王[1]则是如来。"须菩提白佛言:"世尊！如我解佛所说义，不应以三十二相观如来。"尔时，世尊而说偈[2]言:"若以色见我，以音声求我，是人行邪道[3]，不能见如来。"

经文注释

①转轮圣王：即四大天王，管四大部洲善恶，正五九月照南方，二六十月照西方，三七十一月照北方，四八十二月照东方，如轮之转动，故名之。

②偈：发言成句也。

③邪道：即外道也。

译文

“须菩提，你再想想，能凭佛的三十二身相来认识佛的本性吗？”须菩提答：“是的，是的，能够凭佛的三十二身相来认识佛。”佛说：“须菩提，如果凭佛的三十二身相就能认识佛的本性，那么转轮圣王也就是佛了。”须菩提对佛说道：“世尊，按我对您所说的意思来理解，不应该通过三十二相来认识佛。”此时，释迦牟尼佛说了四句偈语：“若是以色来见我，以声音来求我，那些人是走了邪道，所以不能见如来。”

详解

“须菩提，于意云何？可以三十二相观如来不？”须菩提言：“如是！如是！以三十二相观如来。”佛言：“须菩提，若以三十二相观如来者，转轮圣王则是如来。”

世尊欲令须菩提彻底离色离相，故佛问须菩提，可以三十二相观如来否？

见属眼，观属心，眼见心观三十二相，世人着相，大多如是，故须菩提言，如是如是，以三十二相观如来。

佛言，那么转轮圣王、帝释天王，也有三十二相，则是如来，岂不是大错特错。

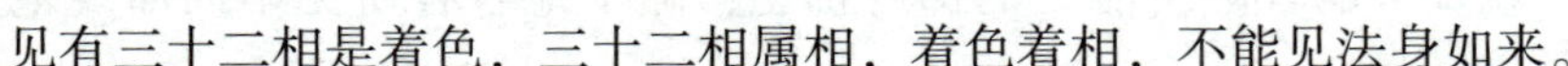

见有三十二相是着色，三十二相属相，着色着相，不能见法身如来。

此乃教训后代儿孙，修行时切莫着色着相，有些人用功得力时，见光见花，或见其他瑞相，便以为自己悟道，此乃修行相应的胜境，距离悟道还很远很远，不应着一切所见的色相，故禅宗大德云：“好事不如无。”

三身，就是法、报、化三身。法身有两种义：一、是以三身相对而明的法身，名为法性身，就是一切法离一切相的真实性。只这法性就是佛身，而此法性是遍一切法，一切众生平等，平等无二无别的；不过在一切众生位，完全没有显了，在二乘只显了一分，在菩萨位也不能究竟显了。凡夫就比如

盲人、完全不能见，二乘就比如一眼的人、见不明了，菩萨就比如隔雾观日、不能了了明知，所以能究竟了了明知而普遍显了一切法的真实性的，只有佛智才能证得；这是说的无为法性身。二、广义的法身。就是如来所证的、所思维的、所说的、所显得的、所生得的，这一切法，都是佛法，以这一切法为法身，就是一切无漏法的总聚。所以依三大阿僧祇劫广修妙行所成的福智二德报身和应化身，这些都是在这广义法身中所摄，所以广义的法身，可摄三身。乃至佛所说法，示现的教化同所教化中的一切天龙八部，都是佛的法身所等流出来的，故声名句文的经典也是从佛无漏法中平等流类的法，所以都是佛的等流身。此中还是取第一无为法性义来明法身。

报身也有两种：一、自受用身。就是在因地中，从初发心经三大阿僧祇劫所修的一切善法，辗转增胜、成最胜无漏的善法；到了因圆果满，成福慧具足的佛果，成四智菩提身。这只是佛自证的境界，就是等觉也不能见到。二、他受用身。他指少分证得法性身的菩萨——初地以上的菩萨。因为佛自受用身，他不能受用，所以佛施随他的方便，令他受用佛功德的法乐，现超过三界的身土；为初地菩萨、就现初地菩萨所能见的佛和国土，乃至为十地菩萨、就现十地菩萨所能见的佛身佛土，随十地各各所见不同而现他受用报身。

化身，有说应化身，有说变化身的，略称化身。此化身有三类：一、胜应身。是初住以上的菩萨同回小向大的阿罗汉见到的，就是在色究竟天所现的佛身，是世间最高大的身。二、劣应身。就是为人间所示现的化身。三、随类化身。就是随众生的类，各见不同，要是没有业障的人，就见有三十二相、八十种好的种种福德相；要是障重的人所见的，就没有福德相了；所以神见佛为神类身，鬼见佛为鬼类身。又华严经中说佛有十种身，其实都不出这法、报、化三身。佛在三身中，又说为二身；一、应身，二、真身。真身

中摄法性身，自受用身。应身，是应地上菩萨的他受用身和地前三贤菩萨、二乘圣者、世间六道众生而示现的身，有色身相好可见的。真身是与法性等同一味，是没有色身相好的，也没有彼此自他相的差别。

须菩提他想：佛为地前菩萨同六凡，现有三十二相、八十种好的应身，既有这种种相好，所以真身也应有种种的相好，为什么佛在前面说毕竟无种种相可取，名为如来呢？佛问须菩提："在你的意思怎么样？可以诸相具足观为如来不能呢？"须菩提回答说："如我了解佛所说义，不应以诸相具足观为如来。"佛说：须菩提！好啊！好啊！是这样的、是这样的。像你所说的，不应以诸相具足观于如来。须菩提！若以诸相具足观如来，那么转轮圣王也是诸相具足，应当也是如来；

须菩提白佛言："世尊，如我解佛所说义，不应以三十二相观如来。"尔时，世尊而说偈言：

须菩提闻佛如是说，实时改说不应以三十二相观如来。也就是说不应以诸相具足观于如来。应以诸法相非相的诸法实相，观于如来。

不着有便着无，是世人的常情，谁知执有执无，皆不能见法身如来，是故佛先破其："有见"而说偈言。

本来从表相来看一个人是最直接之方式，佛有三十二大人相，这种特别庄严的大丈夫相是最容易分辨；可是若只从三十二相来看是否为如来，则又不准确，而且没有把握。因为不只是佛有三十二相，转轮圣王亦有三十二大人相，是故不可光凭有无三十二相来判断是否为如来。另外一方面，其实鬼神、魔王也会变成如来之身相而假冒如来身份，因此光凭表面的三十二相来观看，并不能确定就是如来，这也是佛法教我们不可着相之原因。

"若以色见我，以音声求我，是人行邪道，不能见如来。"

偈中的我，指法身真我，可以作主宰，于一切法得大自在，不是指色身的我。

凡夫学道，一切都不应着，所谓应无所住而生其心，若心有住，即为非

住于菩提，若不住于菩提心，焉能见法身如来？凡夫欲见法身，最重要的是心无住，不住有亦不住无，有无俱不住，亦不起有见，不起无见，方可希冀。

若住于有，着色着声，都是妄想，以妄想心修行，如蒸沙做饭，枉用功夫，故云“是人行邪道，不能见如来”。

修行第一个条件，切莫着有，即此着有之心，能生种种烦恼，能作种种业，能受种种苦，生死轮回，无有了期。

现在的人，都是着色着声，歌舞场中，灯红酒绿，无始劫以来到现在，都是被色声所迷，若以般若观照，“色即是空，色性自空，非色灭空，空即是色，空性自色，非空灭色。”色空不二，即见如来。

色本无患，著者是患，我们应将着色着声之心放下，远离有见，不为一切物所累，如是修行，乃可希冀。

是知于相中观佛、声中求法，心有生灭，不悟如来意。

那么怎么才能见佛呢？应当观佛的无相法性，就是导师——佛的法身。然法性不是虚妄分别所能分别的，所以，虚妄分别中的众生所不能了知。必须先空虚妄分别，般若智才得现前，明了见佛的真实法身。

光凭表相，不能真正了解一个人；光凭有无三十二大人相，也不能决定即是如来。可是众生却是着于表相，着于表相所代表之意义，即是缺乏智慧；有无相般若智慧的人不着于相，即相而离相，因为他的智慧境界即是如此。佛弟子所追求的不只是有相的世间智慧，无相的出世智慧才是他们最重要的追求目标，这也是这部经的最重要法义。

众生所应见者，非是如来之色身，而正是如来之法身，以如来之法身始为真实之如来故；众生亦应见自己之真实法身，不应只见虚幻无常、有生有灭之色身。若众生努力修学，受持读诵此部经，则有机会亲证自己之法身，亦得见十方三世诸佛法身，如是而获得般若智慧，名为菩萨，不复名为众生。但愿人人早日成为菩萨，不当众生。

评 析

阿那律是一位精进的修道者。他专心诵读经文，时常通宵不睡觉。因为过度疲劳，所以眼睛瞎了。他虽然伤心，却不颓丧，反而更勤奋学习。

有一天，他的衣服破了一个洞，便自己动手缝补。后来线脱了，他又看不见，很是狼狈。佛陀知道阿那律的困难，便来到他的房中，替他取线穿针。

“是谁替我穿针呢？”阿那律问。

“是佛陀为你穿针。”佛陀一面回答，一面为他缝补破洞。

阿那律感动得流下泪来。

“同情别人，帮助别人，是我们应有的责任。”佛陀教训大家说。

佛陀以身作则，给大家一个好榜样。

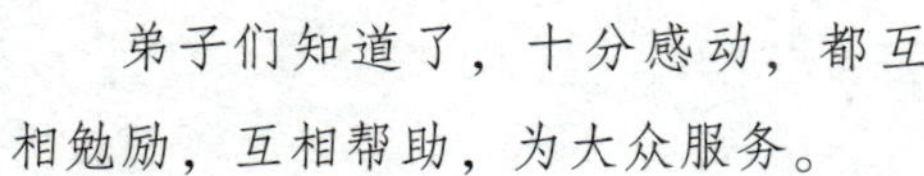

弟子们知道了，十分感动，都互相勉励，互相帮助，为大众服务。

助人为乐是给别人带来方便，同时自己也会活得快乐，因为帮助别人在很多时候可以体现自己的价值，体现自己生活的意义。

在很多时候帮助别人就是在帮助自己

人都是有良心和情感的，如果在别人需要帮助的时候你帮助了他，在你需要帮助的时候，别人也会伸出援助之手。所以说，在很多时候，帮助别人就是在帮助自己。

有一个年轻人出差时带回了一些玉米良种，但他摸不透这种子是否真的能高产，便在自家的田里试种了一小块地。结果到收获时，这块地里玉米的产量比往年翻了一番，年轻人高兴极了。

村民们都知道了这事，纷纷来到年轻人的家，要求购买他的玉米良种，可无论怎么跟他说，年轻人就是不答应出售这玉米种子。村民们见年轻人执

意不肯，只好作罢。

第二年春天，年轻人将自家的田里全都种上了这些玉米良种，等待着一个丰收季节的到来。

谁曾想事与愿违，这一年他家的玉米不但没有丰收，而且比过去普通玉米种子的产量还要低。年轻人百思不得其解，甚至怀疑是村民们没有得到玉米良种，暗中对他家的玉米动了手脚。

有一次，乡里的一个农业技术员来到这个村，听说了此事，并实地看了看，然后对年轻人说：“这是良种玉米接受了附近普通玉米的花粉所致，假如大家都种上了良种玉米，就不会出现这种结果。”

年轻人这才醒悟，感叹道：“帮人就是帮自己啊！”

第二十七品　无断无灭分[1]

分名解说

①无断无灭分：断者，常断之断也。执着世间法，不脱颠倒知见，故于断中计常，常中计断。以为之断，而般若法无尽无休，不得谓之断。以为之常，而般若法有随缘之用，不得谓之常。今云无断者，是云般若法，本非断非常，不可以断常之见计之也。灭者生灭之灭也。世间人不悟涅槃实际，因生言灭，因灭言生。以为灭，而般若法本无生，不得言灭。以为生，而般若法本无灭，不得言生。今云无灭者，是云般若法本不生不灭，不可以生灭之法论之也。

“须菩提，汝若作是念：‘如来不以具足相故，得阿耨多罗三藐三菩提。’须菩提，莫作是念，‘如来不以具足相故，得阿耨多罗三藐三菩提。’须菩提，汝若作是念：‘发阿耨多罗三藐三菩提心者，说诸法断灭[1]’。莫作是念，何以故？发阿耨多罗三藐三菩提心者，于法不说断灭相[2]。”

经文注释

①诸法断灭：即谓一切法皆不可用也。

②于法不说断灭相：即谓未悟时必须依佛法修行也。

译文

“须菩提，你如果这样想：‘以为如来说实无有众生如来度者；实无有法得无上正等正觉，如来就不辛勤修行，不断除种种欲贪，不修梵行，不修福德智能，不具足种种庄严相，而得以成就不生不灭的无上正等正觉。’须菩提，不要这样想：‘以为佛得无上正等正觉为无所得，是梦幻中的事，实际上没有任何所得，如来不修习一切善法，不证十力、四无所畏、四无碍智、十八不共法、三十二相、八十种随形好，不具足种种庄严相庄严佛土，而证得无上正等正觉。’须菩提，你如果这样想：‘发现无上正等正觉心原来没有我相，应无所住而生其心的法要也是非法，发无上正等正觉心的人，行为就放荡不拘，染着五欲美其名任运自在，拨无因果，说任何什么都是断灭的。’你千万不要这样想。为什么呢？发无上正等正觉心的人，如同捉米入锅煮饭，逐渐有饭香溢出来，终将煮成饭，用以供养三世一切佛、一切法、一切僧、一切众生，满足上求佛果下化众生的菩萨愿。如来说实无有法发现无上正等正觉心；实无有法救度一切众生；实无有法得无上正等正觉；所得无上正等正觉乃至无有少法可得；无上正等正觉没有我人众生寿者相，毕竟空，无上正等正觉无实无虚，这是在阐述众生与诸佛不二的清净心，本来无相无不相，如如不动，随顺众生的业力去发现。众生迷失在好利、好淫、好吃、好名、好睡、好痴中，昧却本来如如不动的自心，于是错谬地以为肉身是己身，妄想心是己心，或以为灵魂是己心，或以为唯识是心源，或以为是神是上帝所塑造，或以为自然生或以为因缘生，种种颠倒，受尽生老病死忧悲恼苦。有智能的人发觉病苦，想要离苦得乐，但找不到病源，无法对症下药，好比要吃饭的人找不到白米下锅煮饭，如来告诉我们病因，是染着贪嗔痴，昧却无上正等正觉心，若要对症下药，得把自心找出来，若要煮饭得用白米，捉错沙子，历经终生也煮不出饭来，不找到无上正等正觉心累世累劫也都无法出离生老病死苦。以妄想心当作自心来辛勤苦修，白忙辛苦所以才说诸法断灭相，如果发现无上正等正觉心，才知道如来是真语者实语者，无上正等正觉心无实无虚，自然不辞辛苦从修梵行入手，才知道如来是真语者是实语者，无上正等正觉心无实无虚，自然不辞辛苦从修梵行入手，断除一分烦恼便增长一分菩提，便救度一分众生，断尽种种欲贪烦恼，大行菩萨行，完成上求佛果下化众生的悲愿。发无上正等正觉心有三个步骤：第一步要了知世间苦，不错谬的以苦为乐，于是诚恳发愿要找到迷失的自心；第二步因为你发愿要找到自心，如同发心要买白米的人，当你在商店看到白米时，自然就把白米买回来了，当你发现无上正等正觉心时，自然认得，从此深信无我我所；不再执持邪知邪见不守外道种种禁戒，对佛法诚信不疑，渐渐断除种种欲贪，如鸟飞空如鱼得水；第三步身心自在尝到法味，自然普愿一切众生同沾法喜，满足度化众生之菩提愿。"

详解

"须菩提，汝若作是念：'如来不以具足相故，得阿耨多罗三藐三菩提。'

此文破空执。

凡夫不执有便执无，是故佛谓须菩提，莫如凡夫般作如是念"如来不以具足三十二相得阿耨菩提。"故说此文。

阿耨多罗三藐三菩提是最高无上之道，当然要具足相好才能得菩提，须菩提认为不需要具足三十二相证菩提，是着了无见，无见是断灭，法身非断灭，断灭不见法身，"色即是空"，这种见解才对，"若见诸相非相，即见如来"，若离色而见空，无色而有空，是断灭空，不能见法身。

所以佛谓须菩提，莫作如是见解，谓如来不需要具足三十二相庄严色身，就可以得菩提，佛是为免须菩提闻上来不能着色声之有，便转而着空。其实着空比着有更不堪，故经云“宁着有如须弥山，莫着空如芥子许。”着有之人，虽不能了生死，但还会修福，得人天果报，着空之人，福慧不修，连人天果报也失，更何况得出世三乘的圣果。

若如来不修三十二相，得菩提时，一个相好也无，一如平常的凡夫，哪又有谁尊重如来？

娑婆世界的人，以三十二相为最高圆满，所以如来在娑婆世界，以三十二相庄严成佛，在华藏世界，世尊则以微尘相海庄严报身成佛，是故如来是具足一切相好才得菩提。

虽然不可以从如来之色身相、三十二相而得见如来之真实法身，却也不可以说：“如来不以具足色身相、三十二相故而究竟证得无上正等正觉。”如来必须于百劫修相好中具足三十二大丈夫相，始能究竟证得佛地无上菩提。一切等觉菩萨若欲证得无上正等正觉，就必须具足三十二大人相，要在百劫中修得三十二相后，始能圆满佛地果位之修证；然圆满佛地果位修证最重要之原因，即是一切种智之修证，并非三十二相。成佛是因智慧而成佛，不是只因具足三十二相而成佛，因为三十二相不是成就无上正等正觉之根本原因。转轮圣王亦具足三十二相，然转轮圣王却不是佛，无有佛地一切种智之修证，亦未除尽一切烦恼障种子及所知障随眠；是故转轮圣王虽具足三十二大人相，却不能称为佛，无有佛地之种种功德。

须菩提，莫作是念，‘如来不以具足相故，得阿耨多罗三藐三菩提。’

须菩提，汝提醒世人莫作是见解，如来不以具足相好的色身而得菩提。

就是悟道的祖师，也有相好：六祖的掌纹有个佛字；马祖牛行虎视，舌长过鼻；五祖三十二相只欠七相；清凉国师有四十齿；虚云老和尚常年不流汗，身无垢秽。如来因中，三祇修福慧，百劫修相好，然后才得菩提。

所以修行，不能着有，亦不能着空，例如拜佛，不能着有拜佛之相，但完全不拜佛便是着空，拜佛而不执着拜佛，“色即是空”，才可以悟道，若执着不拜佛而可以悟道者，那么石头可以悟道，虚空亦可以悟道。

众生有时很奇怪，也很颠倒，你对他说“所谓福德，即非福德，是名福德”，他就执着说：“那就是把对方所说的话否定再否定，就是真心实相了。”他只是从表面文字上作这种虚妄想，并不了解如来说这一句话的真实意涵，就这样坚固执着，谓自己已懂得佛法。就像画虎者只画了老虎的表面皮毛而已，却不知画老虎之真正精髓所在；有诸多佛弟子亦复如是，学得一点禅师

作略、机锋之表相，便谓自己懂得佛法、懂得禅，却不知那完全是错会一场，何有真实之功德受用可言？

须菩提，汝若作是念：'发阿耨多罗三藐三菩提心者，说诸法断灭。'

凡夫修行，重知见，知见不正，不能发菩提心，知见正，一刹那间发菩提心，知见要与菩提心相应，菩提心性空，故一切法不恒住世间；菩提心从缘而起，故一切法不会断灭；如是诸法不常不断，故诫诸法断灭。

意思就是说：法执本来空，就说他是空，并不是将依他起法断灭说是空无的；原来如是就说他如是，本来有就说他是有，本来真就说他是真。众生一向不明真相，所以就有颠倒执着，以妄为真、以真为妄。本无有法若坏若断，而执着是有法若坏若断。

宗门密意不可明说，不可泄露；若是对不信之人泄露宗门密意，即是"亏损如来"，其后果极为严重，如此甚至可能导致宗门正法失传、消灭之地步；是故不可对人明说，或泄露密意，否则难以承受"亏损如来"之后果及罪业。宗门之法必须隐覆密意而说，要在众生因缘具足之后自行悟入，是故《金刚经》里世尊亦隐覆密意而说。

曾经有人数度要求于余为其明说，然余实无有立场，也不该如此做，彼人遂埋怨于余，谓余都不跟他说明白、讲清楚。求法应如法而求，依善知识之教导努力修学，努力护持，自然有因缘具足之时，绝不可非法而求，一切佛弟子皆应在修学上有此认识才对。

"须菩提！汝若作是念：发阿耨多罗三藐三菩提心者，说诸法断灭。莫作是念！何以故？发阿耨多罗三藐三菩提心者，于法不说断灭相。"

断灭外道皆说"一切法皆空"，不承认有第一因，不承认一切法的生起有其根本因存在，才会有一切法之出生。他们坚持一切万法都是缘生缘灭，终归断灭，却不知一切万法之所以生起，是因有法界实相如来藏心为根本第一因，在众缘具足下才能出生一切万法。五蕴、十二入、十八界等一切诸法都是如此由如来藏所生，一切众生皆是如此，无有例外。

佛弟子亦有执“一切法空”、“一切法断灭”者，彼等每谓“缘起性空”，却否定如来藏为一切法缘起之第一因而说“缘起性空”，如此即是断灭空；有诸多佛门内执此断灭空者，名为佛门断灭见者。如此佛门断灭见者为数不多，却非深信佛语者，佛在《金刚经》如是之教导“于法不说断灭相”，此诸佛弟子却不生信故。然佛弟子实应深信佛语，始可名为“佛弟子”，名为“学佛”，何故仍有末法佛弟子于此经文视而不信呢？

莫作是念，何以故？发阿耨多罗三藐三菩提心者，于法不说断灭相。”

菩提心内，具足恒河沙称性功德，用之不乏，取之不尽。六祖听五祖说金刚经，至：“应无所住而生其心”，大彻大悟，云：“何其自性本来具足（具足六度万行、三身四智五眼六通），何其自性能生万法。”

发菩提心后，从性起修，万行齐修，万德齐证，三十二相、八十种好、慈悲喜舍，庄严菩提心，是故发菩提心之人，于法不说断灭相。

学道之人，不应着有，亦不应着空，中道现前亦不应着，若着中道，便是法爱，应无住而住，住于菩提心。

以色见声求，落于常见，不以具足相得菩提，属于断见，断见是拨无因果，常见落于生死，故修行应离断常二见。

因此，现在当如其真实，真还真、妄还妄，所以佛又告须菩提说：诸有发趣菩萨乘者，终不施设少法若坏若断。既如其真实就不起颠倒，因不起颠倒，由颠倒所起的过失也就没有了。这正显佛果上因缘所生法：依三无量劫所修的无漏因圆满，所以成佛的圆满报身果，尽未来际、相续不断，所以报身名相续常。随众生机，现种种生而为救度，众生无尽、应化身也无尽，所以是无尽常。若观报、化身是有相，就执法身也有相，这就是起增益执；法身无相，就执报、化身应断灭，这就是损减执；这都是不如实相。若知法身是自性常、报身是相续常、化身是无尽常，就知报化不是断灭，而也不是无相法性身了。因为报化身，相续无尽的教化众生，所以法施的福德，也无穷无尽。

若无法界实相如来藏心作为一切法生起之第一因，而说“一切法空”、“缘起性空”必皆落于断灭空；如此无有如来藏为第一因之“缘起”，必将成为无止尽之缘起，则佛弟子又应以何心修证无生法忍呢？若无此如来藏实相心，又如何有未来佛地果位之无垢识呢？是故法界实相如来藏心存在之事实，不可怀疑，不可否定。此心是一切众生本具，独立而有，是不生不灭之心体，名为法界实相，又名如来藏；若修至佛地果位，则名为佛地真如，或名无垢识。

此如来藏心本来而有，性如金刚，永不坏灭，是故在一切法缘生缘灭当中，仍有不生不灭之如来藏存在。即使阿罗汉入无余涅槃，亦非断灭，亦有如来藏作为涅槃本际。此诸事实，佛已于诸经典明确宣说，何故不信呢？何故仍有部分末法佛弟子执为断灭空，而不能于此《金刚经》生信？

佛弟子既愿进入佛门，受三皈依，即应信受经典佛之教导，始为名副其实，始为智者；一切发起菩提心者，志求佛道，于法便不应违逆佛语而说断灭相。一切断灭空之言说，皆不可信，执一切法断灭空者将以何心修证无生法忍呢？以何心成为佛地无垢识呢？无有执断灭空者而能修证无生法忍，乃至成佛啊！

评析

有一天，佛陀乞食后刚刚用完午餐，一位商人走来请求佛陀为他除惑解疑，指点方向。佛陀将他带入一间静室中，十分耐心地听商人诉说自己的苦恼和疑惑。

商人诉说了很久，有对往事的追悔，也有对将来的担忧。最后，佛陀示意他停下来，问他：“你可吃过午餐？”商人点头说：“已吃过。”

佛陀又问：“炊具和餐具可都收拾得干净完好了？”商人忙说：“是啊，都已收拾得很完好了。”

接着商人急切地问佛陀："您怎么只问我不相关的事呢？请您给我的问题一个正确答案吧！"但是，佛陀却只对他微微一笑，说："你的问题你自己已经回答过了。"接着就让他离开了静室。

过了几天之后，那位商人终于醒悟了佛陀的道理，来向佛陀致谢。佛陀这才对他及众弟子说："谁若对昨天的事念念不忘，追悔烦恼，或者对明天的事忧愁妄想，他将成为一棵枯草！"

佛陀告诉我们，人只能生活在今天，也就是现在的时间中，谁都不可能退回"昨天"或进入"明天"。因为"昨天"是"存在过"的，不可及；"明天"仅是"可能存在"的，同样不可及。所以，最重要的是做好今天的事情。

无法挽回的是昨天，可以抓住的是今天

时光总是在不经意间悄悄溜走，如果你不抓住它，它永远不会停留。回首已过的岁月，我们可能已经浪费了许多光阴，为了不犯同样的错误，我们应该立刻行动起来，去做该做的事。

有一个中年人买了一幢豪华的别墅，此后，他每天下班回来，总看见有个人从他的花园里扛走一只箱子，装上卡车拉走。他还来不及叫喊，那人就走了。

这一天他决定开车去追。那辆卡车走得很慢，最后停在城郊的峡谷旁。

他下车后，发现陌生人把箱子卸下来扔进了山谷。山谷里已经堆满了箱子，规格式样都差不多。

他走过去问："刚才我看见您从我家扛走一只箱子，箱子里装的是什么？这一堆箱子又是干什么用的？"

那个陌生人打量了他一眼，微微一笑说："您家还有许多箱子要运走，您不知道？这些箱子都是您虚度的日子。"

"什么日子？"

"您虚度的日子。"

"我虚度的日子？"

"对。您白白浪费掉的时光、虚度的年华。您曾盼望美好的时光，但美好时光到来后，您又干了些什么呢？您过来瞧瞧，它们个个完美无缺，根本没有用过，不过现在……"

他走过来，顺手打开一个箱子，箱子里有一条暮秋时节的道路。他的未婚妻正在慢慢走着。

他打开第二个箱子，里面是一间病房。他弟弟躺在病床上在等他归去。

他打开第三个箱子，原来是他那所老房子。他那条忠实的狗卧在栅栏门口等他。它等了他两年，已经骨瘦如柴。

他感到心口被什么东西夹了一下，绞疼起来。陌生人像审判官一样，一动不动地站在一旁。

他说："先生，请您让我取回这三只箱子，我求求您，起码还给我三天吧。我有钱，您要多少都行。"

陌生人做了个根本不可能的手势，意思是说，太迟了，已经无法挽回。然后，陌生人和箱子一起消失了。

夜幕悄悄降临，把大地笼罩在黑暗之中。

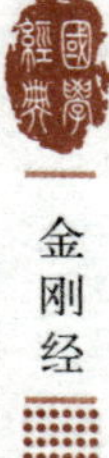

第二十八品　不受不贪分①

①不受不贪分：领纳在心为受。凡人对于外尘相，无论顺逆境，但有爱憎之心，皆谓之受。即云顺逆境一切不受，亦谓之受。但有生心动念之处，皆谓之受。若推寻受之根本，即是微细之我未忘。既通达无我法，无我则无受，能受之我已空，故曰不受。常恒不足为贪，贪求五欲之乐不休，谓之贪，贪求福德谓之贪，即贪求涅槃亦谓之贪。菩萨悟无我之后，不贪念五欲，不驰求福德，不趋向涅槃，故曰不贪。

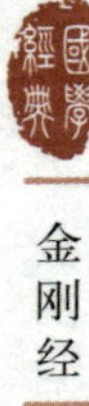

须菩提，若菩萨以满恒河沙等世界七宝布施；若复①有人知一切法无我，得成于忍，此菩萨胜前菩萨所得功德。须菩提，以诸菩萨不受福德故。须菩提白佛言：“世尊，云何菩萨不受福德？”“须菩提，菩萨所作福德，不应贪着，是故说不受福德。”

经文注释

①若复：加入，如果。

译文

“须菩提，假如菩萨用装满恒河的沙粒那么多的世界七宝用来布施；假如又有人懂得一切法都是无自我相状的，而得以生成无生法忍的境界。那么后者所得的功德要比前者的多。”“这是什么原因呢？”“因为诸位菩萨都不接受福德。”须菩提对佛说：“世尊，为什么菩萨不受福德？”“须菩提，菩萨所作福德就是要无形相，不执着，当然不应贪恋福德，所以说菩萨不受福德。”

详解

“须菩提，若菩萨以满恒河沙等世界七宝布施；

以下，说明法施的福德。

菩萨有四种：

1. 藏教菩萨——以生灭心修生灭六度，是谓事六度，此文中所说者是也。

2. 通教菩萨——以无生灭心修六度，是谓理六度。

3. 别教菩萨——万行齐修，是无量六度。

4. 圆教菩萨——事理圆融，一即一切，是无作六度。

此段文所说的，是初发心的众生，有幸远离断常二见，可是滞于事相修行，以生灭心修六波罗蜜，但全回向众生，所以亦称为菩萨。

持用七宝布施，有能持的我，所持用的七宝，布施于人，是有相布施，虽然全部回向众生，但以生灭心回向，依然属人天果报，不能到彼岸。

有人无我、法无我；无我的智慧，是一切佛弟子所应努力修证之目标。无我之智慧得令人解脱，乃至成佛，是故无我之智慧，其功德极大，非是一切财布施所获之福德所能比拟。菩萨若能了知一切法无我，而且不退转，能忍于一切法无生之境界，则能渐次修至解脱，乃至成就佛地果位，功德无量无边。

一切功德极为殊胜，不可思议，绝非任何广大之福德所能相比；福德有尽，功德则是无有穷尽，生生世世皆得受用。福德不等于功德，功德远胜于一切福德。有智慧才有功德，若无智慧，则一切布施唯有福德，无有功德；

因为有智慧才能到彼岸，始有波罗蜜。有智慧之布施，始有布施波罗蜜；有智慧才能内门修六度，若无智慧，唯是外门修六度。

若复有人知一切法无我，得成于忍，此菩萨胜前菩萨所得功德。

若另有一菩萨，布施时悟到一切法无我——一切法从因缘而生，因缘性空，空即无我；因缘即假，假亦无我；因缘即中，不生不灭，寂灭无我——忍可无我之理，得成无生法忍，证实相般若，行无相布施，是通教的菩萨。

理上功德，无相无为，胜过有相有为的事上功德，故云："此菩萨胜前菩萨所得功德。"

无我有三种的解释：一、就是二我执自性本空，说名无我。二、一切有为因缘生法，本来就没有能生的性，名为无我。三、一切法常住其真实性，不从因缘生，也不是遍计所执所能取的，名为无我。堪忍，就是说于此二无我、无我法中，获得堪忍，忍可于心。有初地菩萨所得的忍，有八地菩萨所得的忍，有以胜解所得的忍，有以念念相应所得的忍，有证得法性的忍。

这里佛意至为明显，福德不能解脱生死，智慧始能解脱生死，亦能成就无上正等正觉，是故佛弟子应当努力于无我的智慧修证。有的人只喜欢布施，一旦要他修学佛法，证得智慧，就马上摇头，退避三分，这就是不了解智慧的重要性。也有人一生就喜欢法会，以为做法会功德很大，事实上也是如此，但比起智慧之修证，那又相差很远；因为做法会求功德，形同住相法布施。既住于相，则有限量，是故应求无相之智慧。

在菩萨的智慧里，无有真实的福德可言，因为福德无有自性，无有真实的福德性，菩萨因此不受福德。然而凡夫之人却执有真实之福德可得，是故想尽办法贪求福德、执取福德，却不知福德本无自性，是无常法。

菩萨并非贪求福德而修布施，是为修证无上正等菩提、为利益众生而修布施；然菩萨了知实无有一真实之领受福德者，亦无有真实之福德可领受，菩萨依如是智慧而修福德。一切众生亦应效法菩萨"不受福德"之智慧而修布施、修福德；如是既有福德，又有功德，这正是一切众生应效法菩萨而努力修学佛法、获得智慧之原因。

须菩提，以诸菩萨不受福德故。"

菩萨无我，无我则无受，不但不受福，罪亦不受，罪福概不受，既不受人天福，则不受三善报，既不受一切罪，则不受三涂报，故菩萨不受六道轮回，出三界，获无漏之果。

福德对世间人而言，是人人爱，也不嫌多；对菩萨而言，菩萨于福德亦不嫌多，只是不贪着而已。何故菩萨不贪着一切福德呢？因为菩萨有般若智慧，此无我之般若智慧令菩萨清楚了知，福德乃是世间有为法，福德并无自性；既无福德性，又有何贪着之必要呢？

须菩提白佛言："世尊，云何菩萨不受福德？"

世人求福才修福，为何菩萨布施而不受福德呢？

"须菩提，菩萨所作福德，不应贪着，是故说不受福德。"

菩萨所作一切福德，不是为自己，是为利益一切众生，既是为利益一切众生，自己便不应贪着，若生贪着心，则不能利益别人。

贪着福德，早已不利人；起享受的妄想，菩萨便入生死，则不能出三界，云何能度人出三界，更难证无生法忍。

菩萨不贪不受，离有离无，如是修行，得成于忍。

一切福德皆不真实，是生灭法，有享尽之时，并不坚固，是故菩萨虽修福德，却不贪着。又菩萨了知福德是由五蕴所修，亦是五蕴领受，是自作自受，亦是异作异受。譬如此生之五蕴所修福德，或于下一世之五蕴去领受、受用，故说"异作异受"；若就意根而言，此生所修之福德，即是此生之意根所作；又来生仍由同一个意根去领受前生所修之福德，故名"自作自受"。然菩萨清楚了知，无论是意根或是五蕴，都是所生之法；既是所生之法，则必有灭。有生有灭之法又如何找出福德之修者、受者呢？实无有真实之修福德者，亦无真实之受者，菩萨如是了知，是故不贪着一切福德。

世间之人则不如是，执着一切福德以为真实；又每谓："我做了这么多好事，为什么还是倒霉？没有得到好报？"这是因为不能了知"因、缘、果报"之道理，不能了知修福报之因，必须有缘之配合，始能获得应有之果报。然一切所种福德之因，所应获有之福德皆不灭失，唯待众缘而已。菩萨于此道理，如实了知，是故不贪着一切福德。

菩萨依其智慧，虽说"不受福德"，却仍努力修集福德，这是为了无上正等正觉之修证所需。菩萨虽然努力修集福德，由于深切了知实无有福德性，是故于一切福德不会贪着。

菩萨虽不受福德，却方便假名为"受"；如是菩萨"不受福德"之智慧，众生皆应努力修学，由福德不能解脱生死而智慧始能解脱生死故。福德唯是福德，不能成为功德；有智慧之修行，始有功德可言。又无我的智慧远胜于世间一切福德，一切佛弟子修学佛法，应以智慧之修证视为最重要之目标，而不是世间一切福德。是故菩萨不受福德之无我智慧，佛弟子应努力修证。

评析

有一天，佛陀在竹林精舍的时候，忽然有一个人愤怒恶言地冲进精舍来。因为他同族的人，都出家到佛陀这里来，故使他大发嗔火。佛陀默默地听了他的无理胡骂之后，等他稍为安静时，对他说："你的家偶尔也有访客吧？"

那个人回答："当然有的，为什么问这些啊？"

佛陀问："那个时候，偶尔你也会款待客人吧？"

那个人说："那是当然的啊。"

佛陀问："假如那个时候，访客不接受你的款待，那么，那些菜肴应该归于谁呢？"

那个人回答："要是他不吃的话，那些菜肴只好再归于我！"

佛陀以慈眼盯着他一会儿，然后说："你今天在我的面前说很多坏话，但是我并不接受它，所以你的无理胡骂，那是归于你的！婆罗门呀，如果我被谩骂，而再以恶语相向时，就犹如主客一起用餐一样，因此我不接受这个菜肴！"

然后，佛陀说："对愤怒的人，以愤怒还之是一件不应该的事。对愤怒的人，不以愤怒还之的人将可得到两个胜利：知道他人的愤怒，而以正念镇静自己的人，不但能胜于自己，也能胜于他人。"

脾气暴躁的原因是因为心不够平静

很多人的脾气都不好，常常发怒，也因为脾气暴躁常常把事情办砸。脾气暴躁的原因不在于天性，而在于心性——心不够平静。如果一个人的心能够静下来，那他就没有什么坏脾气了。

有一位年轻的父亲严厉地责打孩子，惊动了正在里屋念经的他的母亲。

母亲把怒不可遏的儿子带到自己的屋里，指着木鱼说："下次你要打骂孩子之前，先来这里敲敲木鱼，我不要你念经，只要敲几下木鱼就可以了。你知道吗？你的脾气之所以暴躁，是因为你的心不够平静。"

不久，孩子又犯了错，气愤的父亲决定不惜打断一根棍子，也要严加惩戒。但是，他突然想起自己母亲的话，于是提着棍子走到母亲读经的地方。

"敲几下木鱼就可以了？"他实在不明白其中的禅理，但仍然拿起了那小小的木槌。

"喀！"木鱼发出清脆却又非常柔和的声音。平常母亲关着门念经，他只觉得木鱼的节奏十分清晰，却没想到敲打起来是这般响亮，但却一点也不刺耳。

这时，母亲说："看看木槌，在那硬硬的槌头上包着布；再看看木鱼，在那下面有着厚厚而柔软的锦垫，所以你敲它，不必用多大力气，便能发出深远而厚实的声音。"

父亲放下木棍走出去，把跪在地上的儿子扶了起来，拉到了沙发旁。

后来，他还买了一个木鱼放在办公室，门外的部属常听见里面偶尔发出两三声"喀喀"的音响。他们认为，这位最近大大改变暴躁脾气的主管，一定是因为学习了禅理的缘故。

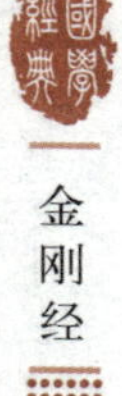

第二十九品　威仪寂净分[1]

①威仪寂净分：威仪者，即三十二相，八十种好，万德庄严之相也。寂静者，即无去无来，非动非静，寂然之体也。净名经云：不起灭尽定，而现诸威仪，当下即现化身菩萨。意思就是说。大菩萨体用不二，时时在定中，无有去来出入之迹也。夫菩萨尚有威仪之用，不失寂静之体，何况如来耶？如来则即威仪即寂静，即体即用，即用即体，随缘不变，不变随缘，无往而不自在也。此文从无我无受而来。既云无我无受，则如来现有去来坐卧，岂不是我相耶？既现有相之我，岂不是有受耶？此盖三身一异之见未忘，不明三身一体，尚未悟平等法身之理也。今云威仪寂静者，如来虽现威仪之相，不是寂静之体。即是寂静之体，而随现威仪之相。如来三身即一体，一即三，而三即一，故云威仪而寂静。

须菩提，若有人言：如来若来若去、若坐若卧，是人不解我所说义。何以故[1]？如来者，无所从来，亦无所去，故名如来。

经文注释

①何以故：即“以何故”，为什么。

译文

“须菩提，假如有人说如来是时来时去，似坐似卧，那么此人肯定没有理解我所说的佛法的义理。”“为什么呢?”“因为如来没从哪个地方来，也没有到哪里去，所以名为如来。”

详解

“须菩提，若有人言：如来若来若去、若坐若卧，是人不解我所说义。何以故？如来者，无所从来，亦无所去，故名如来。”

学经一定要前后理路贯通，但是理路最不容易贯通，惟是世尊一定是贯通了理路才为人说法，不会前后脱节，前文后理，必定有所关联。

上来不贪着果报，不受生死，放下三界，然后从行住坐卧四威仪中，识取根源去，所谓：“诸行无常，是生灭法，生灭灭已，寂灭现前”，得成于忍。

须知法身如来，是无来去坐卧之相，若有人言，法身有来去坐卧之相，是人不解如来说法之义。

法身无来相——“无所从来”，到人间不来而来，来成正觉。

法身无去相——“亦无所去”，无去而去，示现涅槃，普利群生。

留意“无所从”，我们念阿弥陀佛，阿弥陀佛这一句佛号是从哪一个地方来？大家不妨观一下，当观之时，观不到来处，但观到“无所从”，在“无所从”之中，凝住十分钟、半小时、一小时、甚至一天、多天，照顾“无所从”之境——无所从而从，从妄入真——妄想、烦恼，无所从来，妄想烦恼空，如是我相空、世界空、虚空空、山河大地空，“无所从”亦空。

即“无所从”就是功用，能够消灭情识，情识灭尽，就能悟道。

念楞严咒亦如是，看一看楞严咒每一字音从哪个地方来——“无所从”——半小时的无所从，一小时的无所从，世界空、妄想空、业障空、凡情执着亦空。

修行如何修？识取“无所从”，无所从而念佛、无所从而持咒、无所从而行路、无所从而坐禅、无所从而拜佛、无所从而布施、持戒、忍辱、精进，若有所从来，是外道法。

“无所从”，是从凡入圣的境界，是菩提路。

有许多人于此又产生迷惑了，明明如来每天去托，离开精舍，托钵之后也要回来，每天都有来去，怎么在这里会说没有来去呢？又如来四十九年到处说法，也是来来去去，这是众所皆知的事实，何故在此会说如来没有来去呢？又如来在精舍每天来来去去，怎么会说没有来去呢？即使在林间禅坐，也是要来来去去，何故此经说如来没有来去呢？

同样道理，如来每天要行、住、坐、卧，这是很平常的日常生活，一切的起居都不离行住坐卧；何故于此经说如来没有行住坐卧呢？如来并没有说错话，若就如来的五蕴而言，如来每天都有来去、有行住坐卧，如来的应化身每天本来即是不离行住坐卧，有来有去的。可是在这里，如来所要宣说的诸法实相的义理，就不能单方面只就如来之五蕴而言，还必须考虑到生出如来五蕴之无垢识；若就如来的法身——无垢识而言，如来确实是无有来去，亦无有行住坐卧的。这是修学、阅读此经之每一位同修所必须建立之知见，《金刚经》所要宣说之法义即是金刚般若波罗蜜，要具有此金刚般若波罗蜜，就必须亲证法界实相如来藏心。如来在此经所要宣说的妙法，当然也就是如来之法身了，这正是在此所说“如来”之意涵。

在此所说之“如来”，是指佛的法身，又名无垢识，又名佛地真如。佛地真如和众生之如来藏都不是所生之法，不是本来没有，然后被造出来或生出来，而是本来即已存在，一切众生皆本来具有。佛的无垢识也是从因地时的真如心，经历三大无量数劫渐次修来；由于在三大无量数劫中除尽了一切烦恼障种子和所知障随眠，是故改名为无垢识。然无垢识和因地真如心仍是同一心体，不是另有别余心体存在。

有福德的报化身同无相法身，既不是一，怎么可以说都是佛身呢？应知如来的应化身相，虽不断灭而是从因缘生、空无自性的，由性空所显的，就是真实法性；所以即化身性空，就是法身。所以佛又告须菩提说：若有人说，如来若去、若来、若住、若坐、若卧——去来是行，行、住、坐、卧，是四威仪——这人不了解我所说的如来义。不知如来的应化身，犹如水中月：有净水为因、月为缘、因缘具足，就有水中月现；因缘不具足，月就不现。又如镜中像：有净镜为因、面为缘、因缘具足，就有镜中像现；若不具足，像就不现。水中月、镜中像，都是无所从来的，如来也是这样。善根因缘具足就有如来现，不具足如来就不现；不应当执实有如来若去、若来、若住、若坐、若卧。要知道佛说如来者，就是一切法真实真如性假立的言语，是即相无相的；所以都无所去，无所从来，这才名为如来应正等觉。

般若经云："无生法无来无去，无生法即是佛；无灭法无来无去，无灭法即是佛。"是故法身如来无所从来，来无来相，法身亦无所去，去无去相。

所以悟道之人，借色身之假，修法身之真，如何借假修真呢？例如雪峰禅师悟道后，在寺内当饭头，与大众结缘修福；龙裤国师悟道后在大路边施茶；六祖碓米供众；都是悟到色身如幻，借如幻之色身，修无漏之福，而法身如如不动，无所从——无烧饭、施茶、碓米等事。

佛之无垢识由于具金刚性，永不坏灭，自无始劫以来一直都是"如"。此无垢识非是三界之法，不在三界之内，是故离见闻觉知，不会说法，不会度众生；亦不会起念说法，不会起念欲度众生。由此"如"之体性，是故说"如来者，无所从来，亦无所去，故名如来"。众生之如来藏也是一样，无有来亦无有去，无有若行、若住、若坐、若卧，因为众生之如来藏和如来之法身，都有同样之体性。众生若欲亲证本具之自心如来，就必须建立此诸般若正法之知见；若不具此诸正知见，则不能了解此经所说之法义。

评析

有一天，佛陀向一个沙门问："你知道一个人的生命有多长的时间吗？"

那个沙门恭恭敬敬地回答："几天的时间吧。"

佛陀听了，慢慢地说："你还不知道啊。"

佛陀又问另一个沙门："一个人的生命有多长时间？"

这个沙门想了想，说："一顿饭的时间。"

佛陀听了之后，仍缓缓地说："你也没有知道啊。"

佛陀又问另一个沙门："一个人的生命有多长时间？"

这个沙门不假思索地回答："一个呼吸之间而已。"

佛陀听了，笑着说："很好，你已经知道答案了。"

第三个沙门的回答可以说是很形象地向世人指出了人生无常的真理，人生在世，一生也只是非常短促的一瞬而已。人生无常，就好像是一朵盛开在枝头上的花儿，终归有一天会凋零入土：也许是一场暴风雨将它打落在地，也许是某个人的手摘走了它，也许是它已经开透了而终止落地……明白了人生无常的道理，我们每一个活着的人就要思索活着的意义，考虑怎样度过自己的一生。

外表的虚假强大只能逞一时之快

有一只山羊与那些跟他一样弱小的动物们生活在一起。平时它们都集体外出，走路都格外小心，就连吃草的时候也还得随时东张西望，提心吊胆地警惕着猛兽的侵袭。山羊觉得自己活得太委屈了，自己要是能像虎豹那样威风该多好。

有一次，山羊独自走到森林边上，忽然发现地上有一张虎皮，也不知是哪一位猎人丢下的。开始，山羊还有些害怕，不敢上前去捡这张虎皮，几经犹豫后，山羊壮了壮胆，拾起了虎皮。突然它灵机一动：要是我穿上这身虎皮，不也会很威风吗？谁会发现我是一只假虎呢？于是，山羊把虎皮披在自己身上，在森林里走着。

当山羊走到自己的住地的时候，那些和自己一样弱小的动物突然看到“老虎”来了，都吓得跑的跑、躲的躲，四处逃窜。山羊见此情景，心里觉得自己果然很了不起。现在，自己再也不用提心吊胆地过日子了，山羊一边这样想着，一边向一片草地走去。

山羊停在草地上，原来那些伙伴都不认识它了，一个个离它远远的。于是，披着虎皮的山羊自由自在地在草地上吃起草来。

正当山羊嚼着青草的时候，突然一只豺狼朝它走来。披着虎皮的山羊猛地吓得浑身颤抖起来，连那只已停下脚步迟疑不前的豺狼都有些莫名其妙。是豺狼已看出来这是一只假虎吗？显然还不是。只是羊自己清楚自己的底细，它一辈子都是豺狼虎豹的口中食，一见到这些猛兽就会胆战心惊，以至于它此刻根本就忘了自己还披着老虎皮。

最后，豺狼还是看穿了它，这只山羊成了豺狼的一顿美餐。

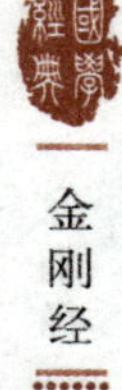

第三十品　一合理相分[1]

分名解说

①一合理相分：一则不异，异则不一。若云微尘非世界则异，若云微尘即世界则一；若云是一，则何有微尘世界之名；若云是异，则实无微尘世界之分。盖微尘聚即为世界，世界散即为微尘。说异不可，说一亦不可。说合不可，说非合亦不可。以合一则不能异，合异则不能一，此迷于一异者，皆不明平等法身之理也。所谓一异之相，皆众生知见，其实一异之相，皆是计名执取之病。盖此世界微尘，皆非实有也。若微尘是实有，即不能聚而成世界。若世界是实有，即不能散而为微尘。一微尘含五大性，世界亦含五大性。一微尘性即世界性，世界性即微尘性，非一非异。求其一异之相，了不可得。若云一合相非一合相者，皆是边见也，究竟法身真际，三身即一体，一体即三身。不但一合相不可见，即一合之理亦不可说。名相皆空，言语道断，平等平等，会归法身真际矣。

经文

“须菩提，若善男子、善女人，以三千大千世界碎为微尘，于意云何？是微尘众宁为多不？”“甚多，世尊，何以故？若是微尘众实有者，佛则不说是微尘众，所以者何？佛说：微尘众，即非微尘众，是名微尘众。世尊，如来所说三千大千世界，则非世界，是名世界。何以故？若世界实有，则是一合相[1]。如来说：‘一合相，则非一合相，是名一合相。’须菩提，一合相者，则是不可说，但凡夫之人贪着[2]其事[3]。”

经文注释

①一合相：真性融成、浑然粹然、无二无杂是为一合相。

②贪着：依恋也。

③事：即色中六根也。

译文

“须菩提，假如有善男善女把三千大千世界粉碎为微尘，你想一想，这么多的微尘，难道还不多吗？”须菩提回答说：“很多，世尊。”

“什么原因？”“如果真有那么多微尘，佛就不会说微尘少了。”

“那是什么道理呢？”“佛说微尘多，就是非微尘多，只是叫做微尘多，世尊。”“所以我说三千大千世界，也就是非世界，是称做世界。”

“这是为什么呢？”“如果真有世界的话，那么世界就不过是一个物质的集合体。我说的一个物质集合体，也即一个非物质集合体，只是叫做一个物质集合体。须菩提，所谓一个物质集合体的意思，是无法用言语理解的，可是凡人却硬要执着地去认识研究这个物质集合体。”

详解

“须菩提，若善男子、善女人，以三千大千世界碎为微尘，于意云何？是微尘众宁为多不？”“甚多，世尊。”

善男子善女人，于四威仪中，以般若观照，观照得力，照见世界空，碎为微尘，微尘为因，世界为果，一切世果，皆由妄念微尘所造，善妄念微尘造三善道的世界，恶妄念微尘造三恶道世界，“不动”的妄念，造四禅天及无色界天，五浊的妄念，造娑婆世界。

若碎大千世界，就可见到妄念微尘，亦可以知道这些妄念是善、是恶、还是不动。

坐禅的人，先空身体，当身体空时，无数的妄想立即涌现出来，但是般若的观照力，令妄想起得快亦灭得快，好像水泡一样，一冒上水面，立即又灭去。妄想微尘即生即灭，不能久住，若无般若的观照力，一个妄想起，可以令我们打一个小时、甚至打一天的妄想，以般若观照，妄念微尘随生随灭，根本就分不出究竟它们是什么妄念，是贪、是瞋、是痴、还是善，只知道它们生生灭灭，就是因为这些生生灭灭的妄念微尘，障蔽了我们的慧眼，不能见自己的清净佛性，若想见性，必定要一网打尽这些妄念微尘，妄念空，变为清净微尘，就是我们的清净心。

以般若力观三千大千世界，碎为微尘，佛问须菩提："是微尘众多否？"须菩提答言："甚多，世尊。"

佛说法最吸引人之处，就是善用种种譬喻，以善巧方便令众生容易了解佛所说义理。即使佛有如是智慧及善巧方便，也无法令每一位众生都能及时了知佛法深妙之义理。从此部经我们可以看出，佛不厌其烦地重复以种种譬喻来解说第一义谛之妙法；然众生不可有虚妄想，欲求轻易地解了佛之所说义理。众生必须不断地受持、读诵、书写，生生世世如此不断地闻熏，始有因缘具足而契入之时，这是每一位佛弟子在修学上应有的认知。

何以故？若是微尘众实有者，佛则不说是微尘众，

这是显法身无相，法身无二无别而应但这些应化身都同一法身性，如微尘是一而极微聚甚多，虽极微聚甚多而同一微尘性。化身是无量无数的，有百万亿阎浮提就有百万亿应化身。这些极微聚若是实有者，佛不应说为极微聚，妄想微尘虽然多，但不是实有，若是实有而不虚妄，佛则不说它们是微尘众，既然妄念不是实有，那么就是妄念如尘若沙的多，我们也不需要害怕。

佛凡所说法，一一皆从自性流出，皆不离自性而宣说，是故一切所说之法，皆是中道实相之妙法。证悟之禅师说法亦复如是，凡有所说，皆不离人人所具之本来面目而说种种深妙法，是故禅门中之佛弟子亦须在参学当中有此认知，方能于"祖师西来意"之问题上有个入处。

有诸多佛弟子往往不具大乘般若正法之知见，每每随顺自己之烦恼习气，以自己凡夫之心量去臆测佛在经典所宣说第一义谛之深妙法义，执己意以为佛意；殊不知自己已生极多错会，执持不舍。此诸错会者若唯个人自我执持，尤为事小；

若进一步广为人说，如是则毫无功德，反招来重大过失。事实上佛弟子有大愿心，勇于为众生说法，都值得赞叹和鼓励；然若有心为人说法，至少必须具有一些正知见，才较适合为人说法，否则宁愿只劝人皈依三宝、学佛、念佛。

所以者何？佛说：微尘众，即非微尘众，是名微尘众。

以般若观之，妄念微尘无自性，无自性故空，空故“即非微尘众”，妄念微尘空，转为清净微尘，故云：“是名微尘”。因为在假相位上观察，有微尘众，所以如来说为微尘众；但不是外道小乘执为实有的微尘众，所以名为非微尘众。

在知见不正确之情形下，不管是如何之精进，仍然属于“邪精进”而已；如此邪精进之佛法修学，毕竟不可能得到应有之修学利益。同样道理，若是不能真正了知诸法实相之义理，则必不能如实明白佛在此所说之法义。佛所说的“微尘众”，并没有真实之“微尘众”可得，因为在实相般若智慧之下确实无有真实之“微尘众”可言。然佛为说法而随顺世间说“微尘众”，虽是方便而说，毕竟无有真实之“微尘众”可得，故说“即非微尘众”。像这样才是佛所说“微尘众”之真正含义，我们必须在了解此种意涵下，受持读诵此经，如此方能得到利益。没有正确的般若知见，修学方向必会偏差，如此又如何得到修学之利益呢？

世尊！如来所说三千大千世界，则非世界，是名世界。

世界由妄念微尘合成，妄念微尘空，世界亦空，世界空，即非世界，念佛人若能空五浊世界，便见净土世界，五浊世界空，佛国土便现前，是名清净世界。即如如来说三千大千世界，也即非世界；因为如来所说的三千大千世界，不同凡夫、外道、小乘执为实有的世界。但从因缘所生的和合假相上，说名为三千大千世界。

三千大千世界即是一个佛国净土，娑婆世界正是一个三千大千世界，是释迦牟尼佛所度化之国土，此亦包括所有之器世间。然三千大千世界实是众生之共业所成就，由众生之如来藏所造出来；这种器世界唯是色法，是由地、水、火、风四大假合而成，并无真实之自性。一切所生出来的法，都无真实之自性，不能常住不灭。三千大千世界既由众生之如来藏所造，则必是有生有灭，无常不坚之法，故有成、住、坏、空等劫之变化。

何以故？若世界实有，则是一合相。

虽然世界是果报，亦不过合诸法而为一相，例如五蕴和合，故有众生世界；四大和合，故有人体世界；父慈子孝一合相，而建立父子世界；兄友弟恭一合相，故有兄弟世界；朋友互相信任，故有朋友世界；礼义廉耻五常三纲和合，故有人类世界；鸟雁鸳鸯蜂蚁蛇虫，各各和合，故有它们的世界。

所以，若世界是实有者，即是一合执。一合执，就是一合相。瑜伽论又称为总聚执，是我法执的总聚相，就是众多因缘法总和的一聚。这总聚，就是诸法所和合的一相，执这一相为实体，就是一合执。如人是四大五蕴的一合相，执这四大五蕴的一合相是有实体的，就成了我。乃至若执草、石、地球、日、月、有一实体，有独立自然性，是单一性的，都是一合执。

悲智和合，是佛的世界，乃至出家人六和合，是僧宝一合相。

如来说：'一合相，则非一合相，是名一合相。'

虽然和合一相，若见有和合相，即非和合，若不见有和合相，是名一合相。

例如人体，百骸四肢五脏六腑和合，但彼此不相知，不见有各别体，各各无成见，不见有百骸和合，即非和合，是名和合。

如来说一合相，以般若观之，法法皆空，物物无性，彼此忘我，自他无执，各无成见，如水乳合，即非一合，是名一合相。

六波罗蜜是菩萨一合相，惟是布施即非布施，乃至般若即非般若，六波罗蜜即非六波罗蜜，不见有和合可得，证菩萨无生法忍，是名一合的实相。

须菩提，一合相者，则是不可说，但凡夫之人贪着其事。"

一合相的理，就是诸法的寂灭相，本来不可以言宣，故云："则是不可说"，亦不可思，但凡夫之人，处处贪着事相，生种种分别，与法相歪，致令情生智隔，想变体殊，实际居在目前，翻作名相之境，涅槃变作生死，可悲可叹，所以佛教众生正知正见。如于五阴执有我法的实体，这是没有的；而五阴和合的假相，可以说是幻有的。这一合执，执我、执法，从本以来就是没有的。所以佛告须菩提说：这一合执，不可言说，不可戏论——如龟毛兔角本来是没有的，怎么可以说多长、多短、多轻、多重呢？然那些愚夫、异生，不达法性，在众缘和合的假相上强执这是我与法。

凡夫之人每于佛所说言句、名相，心生贪着；譬如如来说“一合相”，凡夫之人便执有真实之“一合相”可得；又不能了知“一合相”之真正内涵，不能明白“一合相”之实际义理，便执有真实之“一合相”法可得。若依如来所说“一合相”之义理，实无真实之“一合相”法可得，如此方可名为“一合相”；如来虽说“一合相”，其实唯是假名施设，是为说法方便。但不可错会，以为是断灭空，执为断灭相，然法界实相如来藏心是真实有，只是空性而已，千万不可执为断灭。

评析

佛陀在一部经书中说了如下一则寓言：

有个人在荒野中碰到一只老虎，于是拼命逃跑，老虎却紧追不舍。那人最后跑到一处悬崖边，两手攀着一根野藤，全身悬在半空中摇荡。

他抬头看看，只见那只老虎对他怒目相向，吼声阵阵。向下看去，深深的谷底也有一只老虎张着血盆大口在等着他。他不禁看得胆战心惊，更加拼命地抓住那根枯藤，盼着能有救星出现。

可是就在这个时候，他突然又发现有两只老鼠正在啃蚀自己抓着的枯藤，这下他真正陷入了绝望之中。

不抱任何生还希望的他留恋地打量着这个世界，却看到眼前的峭壁上生长着一株草莓。他伸出一只手，摘下一颗成熟的草莓放进口中：味道好美啊！这是他一生中吃过的最美味的食物！因此，感恩的泪水慢慢濡湿了他的双眼，他感到自己的身心获得了从未有过的解脱……

现实生活中，我们的压力太大了，在重压之下，我们常常找不到生活的乐趣。所以，我们应该学会在繁忙紧张的工作中寻找片刻的清闲，这样我们才会感受到平时生活中没有被发现的美好。

第三十一品 知见不生分[①]

分名解说

①知见不生分：真知无知，无所不知。真见无见，无所不见。凡夫不悟般若之理，不能降伏妄心。凡有知见，外不能离六尘，内不能离缘影，知见愈多，而尘劳愈甚。终日为知见所迷，不堕于能知障，即堕于所知障。不迷于所见之相分，即迷于能见之见分。妄境熏妄心。妄心取妄境，总是心外取法，于自己本性上加添障碍。所谓断除烦恼重增病，趋向真如亦是邪。若能直下不生知见，了明涅盘生死，皆如空花，则本源清净心体，当时圆明普照，故佛言我于菩提实无所得，恐人不信此理，故引五眼所见，五语所言，真实不虚以证明之。然所云知见者，亦非全无知见，若全无知见，即成断灭。所云不生者，不生邪知见也，非无正知见也。若深明般若之用，不离知见，善能分别诸法相，于第一义而不动，则即了悟本心，如是知，如是见，不生法相矣。

"须菩提，若人言：佛说我见、人见、众生见、寿者见。须菩提，于意云何？是人解我说义不？""不也，世尊，是人不解如来所说义。何以故？世尊说：我见、人见、众生见、寿者见，即非我见、人见、众生见、寿者见，是名我见、人见、众生见、寿者见。""须菩提，发阿耨多罗三藐三菩提心者，于一切法，应如是知，如是见[①]，如是信解，不生法相[②]。须菩提，所言法相者，如来说即非法相，是名法相。"

经文注释

①如是知、如是见：即无上菩提之真知真见也。

②不生法相：法者事也，相者形迹也。不生法相者，于事之有形迹、如我人众生寿者之见、皆不萌于心也。

译文

“须菩提，假如有人说佛说过自我、他人、众生、寿者的道理。那么你想一想，此人理解了我所说的佛的义理了没有？”“没有，世尊。此人没有理解佛所说的义理。”

“为什么呢？”“因为世尊您所说的自我、他人、众生、寿者的道理，也即非自我、他人、众生、寿者的道理，所以叫做自我、他人、众生、寿者的道理。”“须菩提，想要生成至高无上、大彻大悟大智慧的人，对一切佛法，都应当如此去认识，去理解，即不执着于佛法的相状。须菩提，我所讲的佛法相状，也即非佛法相状，只是称做佛法相状。”

详解

“须菩提，若人言：佛说我见、人见、众生见、寿者见。须菩提，于意云何？是人解我说义不？”“不也，世尊，是人不解如来所说义。

世人无正知见，无我中见我，无人而见人，无众生而见众生，无寿者而见寿者，以四见故，迷失正见，沉轮生死，不能自拔，故佛慈悲，说我见、人见、众生见、寿者见，以楔出楔，拔一切众生的我见、人见、众生见、寿者见，所以佛问须菩提，如来说四见，如来心内有四见否，须菩提答：“不也，世尊，若说有，是人不解如来所说义。

楞严经云："知见立知见，即无明本，知见无知见，斯即涅槃。"见而立见，是头上安头，就是无明本。

佛及众生都有见，惟是佛见而无见，众生见而有见，以有见便有无明。

有见即有相，有相便有执着，有着便有分别，有分别则起贪瞋痴烦恼，有贪瞋痴则造罪，一造罪便入生死受苦，以上种种，皆因见而有见，是故见而有见是无明本。

见而无见，无见，则无相，无相则无执着，无执着则无分别，无分别则无烦恼，无烦恼则不作业，无业即无生死，无生死就是涅槃，是故见而无见，斯即涅槃常乐我净。

三德就是断德、恩德、智德。若将无明烦恼，生死惑业，都完全断尽了，名为断德。佛从大愿智心中，尽未来际、救度众生，毕竟令入涅槃，名为恩德。常在大寂定中，常住大智慧中，名为智德。

前说一合我法执是空无所有，像这样就无所断的执，既无所断的怎么能成就佛果的断德呢？要知道所执我法虽没有，而能执的心是有的；必需要有对治道，断除习气，然后这能执心才没有了，所以佛果上能成就断德。须菩提既疑没有所执的我法，便佛果上没有断德，佛为断他的疑，所以佛又同他说：须菩提！若作是说："如来宣说我见等，在你的意思怎么样？这所说的是正语不是？须菩提回答说：'不是，不是。'像这样所说的，不是正语。"

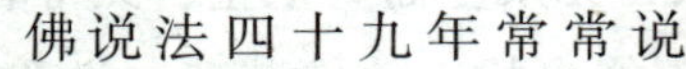

佛说法四十九年常常说"我、人、众生、寿者"，却在此经说："若菩萨有我相、人相、众生相、寿者相，即非菩萨。"又说："须菩提！如我昔为歌利王割截身体，我于尔时，无我相、无人相、无众生相、无寿者相。何以故？我于往昔节节支解时，若有我相、人相、众生相、寿者相，应生瞋恨。须菩提！又念过去，于五百世作忍辱仙人，于尔所世，无我相、无人相、无众生相、无寿者相。”

何故世尊常说“我、人、众生、寿者”，却又说“无我相、无人相、无众生相、无寿者相”呢？既说“我、人、众生、寿者”，即是有“我见、人见、众生见、寿者见”，何故反说“无我、无人、无众生、无寿者”呢？佛弟子常有此疑问。佛说“有我、有人、有众生、有寿者”，只是随顺世间，为说法方便而说“我、人、众生、寿者”，此唯是假名而已，并非有真实之“我、人、众生、寿者”。

何以故？世尊说：我见、人见、众生见、寿者见，即非我见、人见、众生见、寿者见，是名我见、人见、众生见、寿者见。”

世尊说我见、人见、众生见、寿者见，以般若观照之，我见不可得，不可得的我见，无我见相，当下是自己的佛性，是名真我见。

世尊说人见，以般若观照之，人见不可得，不可得的人见，当下就是般若无漏智，本自具足，是名真人见。

世尊说众生见，以般若观照之，众生见不可得，不可得的众生见，本无烦恼，是名清净众生见。

世尊说寿者见，以般若观照之，寿者见不可得，不可得的寿者见，是一切众生性，本不生不灭，是名清净寿者见。意思是如来所说我见等，就是非见，所以才名我见乃至受者见。这因为明白了这些见，都是没有所见的实体可得；所以如来要人破除牠，名之为我见乃至受者见，才好断除了这些见。

依佛法的义理来说，并没有真实的“我、人、众生、寿者”可得，因为世间人所说的“我”，无非是指自己的五蕴，或是意识觉知心而已。然五蕴的我、意识觉知心的我，皆非真实有；五蕴的色蕴、受蕴、想蕴、行蕴、识蕴等都是无常之法，都是由众生自己的如来藏所生。一切所生之法都是有灭，终会坏灭，是故五蕴是无常虚幻之法，如水聚沫，无有自性可言。五蕴既是如此体性，又如何会有真实五蕴之我呢？我见亦可分为人我见、法我见，要断此二种我见才是真正断我见。

意识觉知心亦复如是，由如来藏所生，在众缘具足下，自己的如来藏生出了自己的意识觉知心。然意识觉知心之出生必须有如来藏和意根作为俱有依，还要有根身、法尘等众缘，如来藏始能生出意识觉知心；是故意识觉知心是所生法，必会坏灭。每一世之意识心都不能带到下一生，或是未来世，生生世世之意识心，都是由每一世新的有根身为所依，始由如来藏生出新的意识；是故意识心是所生法，有生有灭，是虚幻不实，无常不坚之法，这又如何有真实的意识心我可得呢？

若不能了解前面所说之义理，则必执着有真实的五蕴我、意识心我，这样就不解了佛所说“我”之义理。既是无有真实的“我”，亦不可能有真实的“人”、“众生”、“寿者”；因为所谓的“人、众生、寿者”亦皆是由五蕴、意识觉知心去当“人、众生、寿者”，“无我、无人、无众生、无寿者”才是真正佛法之义理。此即意指要断除人我见、法我见，始为真正之无我。

意识觉知心为常住真心，执此意识觉知心为真实我，如是之人名为常见外道行者，不能解了如来所说“我”之义理。有执空明觉知之意识心为真心者，有执灵明觉了意识心为真心者，有执能分别之知觉心为真心者，有执能反观之意识心为真心者，有执清清楚楚、明明白白之意识心为真心者……不一而足，彼等皆是错认真心。如此错执意识觉知心之境界以为真心者，即不能了知佛所说“我、人、众生、寿者”之义理，不能断我见；我见未断者，则无有解脱之可能。

“须菩提，发阿耨多罗三藐三菩提心者，于一切法，应如是知，如是见，如是信解，不生法相。

若有善男子善女人发菩提心，于一切法：应如是知——知一切法无我，知一切众生皆有佛性。

应如是见——见一切法都是般若，无漏智性，本自具足。

如是信解——信烦恼本来空，解一切法不生不灭，法寿无量。

若能如是知、如是见、如是信解，则离四相。四相空，菩提心现前，即可发菩提心。菩提心内具足一切佛法：三身、四智、五眼、六通、六波罗蜜、十力、四无所畏、慈悲喜舍、三十二相、八十种好、紫磨金色身，菩提心内全都具足，具足已，更不必再生起三藏十二部的法相，故云：“不生法相”。因为已经到家了，所以不须再生法相，所谓到岸不须船。

正如前面所说，意识觉知心乃是所生之法，既是所生之法，则必坏灭。这样的心又怎么可能是真心呢？又真心如来藏是一切众生本具，是本来而有，自无始劫来一直伴随着众生流转生死。众生生生世世之五蕴，皆是由其真心如来藏所生，是故真心如来藏是完全迥异于意识觉知心，而且差别极大。如来藏性如金刚，永不坏灭，而意识觉知心有生有灭。意识心在五位时，即已

断灭，譬如在眠熟时、闷绝时、二种无心定时、正死位时，意识心必会断灭，是故不可执以意识觉知心为真心如来藏。

“须菩提！所言法相者，如来说即非法相，是名法相。”

诸法本来离名离相，诸佛为法安名，故有法相，相以表法，众生依法相修行，悟道时，法相空。“即非法相”，是名真实法相，若法相未空，不名真实法相，悟道后，法相立亦得，不立亦得。

人在睡着无梦时，意识心已断，如此才说“睡着”；若有人一整夜失眠，则必清楚知道自己没有睡着。凡是睡着无梦时，都不知道自己睡着无梦时之情形，必须等到醒来，才知道自己从熟眠当中醒来。为何能了知自己醒来，即是因为意识又重新生起。这是一般人最容易察觉之事实，也是经验。二无心定也是一样，二无心定是指无想定和灭尽定，在此二种定中，意识心已断，是故意识心不可能是真心。

如来藏所生之五蕴、十二入、十八界等一切法，并无真实不变之法相：因为这一切法都是无常不坚之法，迁流变化，无有休止，如此则不应有一定不变之法相。法相是指法的相貌，譬如意识心就没有真实之相貌，因为生已即归坏灭，何有真实之相貌可言？如来虽说一切法、说一切法法相，是为方便假名而说，一切法实无有真实之法相可得，故说：“所言法相者，如来说即非法相。”如来说一切法法相，是真正了知它的无常性、虚幻性。法相并非一定不变，如此智慧了知，始名为一切法法相。

我和意识心我皆非真实，至于“人、众生、寿者”也同样不是真实法。佛虽然在说法上随顺世间而说“我、人、众生、寿者”，然依佛之无相智慧如实了知，无有真实之“我、人、众生、寿者”，故说：“即非我见、人见、众生见、寿者见。”这样才是佛说“我、人、众生、寿者”之真正义理，如此始可名为“我见、人见、众生见、寿者见”。佛弟子应该建立如是“无我、无人、无众生、无寿者”之正知见，方能在修学上有所帮助。

五蕴、十二入、十八界等一切法，皆是如来藏所生，是有生有灭之法，虚幻不实，无常不坚，没有一定不变之相貌，是故无有真实之法相。就生出五蕴、十二入、十八界等一切法之如来藏而言，如来藏无有形相，犹如虚空，却是真实有，亦没有真实之法相可得。

发起证得无上菩提心者，必须以法界实相如来藏心为根本而修学一切法。应该如实了知诸法实相之道理，亦应如实亲见、信受、解了此诸法中道实相

之义理，不可有所错会。譬如“清清楚楚、明明白白、处处做主”之心是妄心，不是法界真实心。因为“清清楚楚、明明白白”之心为意识，又名第六识，摄属六识，六识是十八界之法，有生有灭，是故不应执为真心。又处处做主之心为意根，又名末那识，是第七识。在八识心王中，意根是属于七转识，为有生有灭之法，仍是如来藏所生，是故亦不应执此意根为真实心。一切声闻阿罗汉若欲入无余涅槃，都必须舍去十八界之每一界，意根亦是十八界之法，声闻阿罗汉亦必须舍去，如是舍去十八界之法，唯存第八识为涅槃之本际。第八识又名如来藏，又名阿赖耶识，又名藏识，又名心，又名所知依，又名种子识，又名本来面目，又名非心心，又名无心相心……有众多之异名，都指法界之真实心。

评析

佛陀让侍者去刚才经过的一条小河弄些水。侍者刚到那里，就有一队商人骑着马从那条小河经过，河水被他们搅得浑浊不堪，哪里还能饮用啊！侍者无奈地回去了，如实地告诉佛陀说：“河水被那些商人给弄脏了，不能喝了。我知道前面就有一条小河，而且河水十分清澈，离这里也不远，也就两个时辰的路程吧。”

佛陀说：“我们离这条小河近，而且我现在已经口渴难耐了，为什么非要走两个时辰的路去找前面的那条河流呢？你还是再去刚才那条小河看看吧。”

侍者无可奈何地拿着容器又去了，心想：“刚才不是看了嘛！水那么脏，怎么能喝啊？现在又让我去，这不是浪费时间白费体力吗？”于是他决定不去了，转身回来对佛陀说：“我都告诉您了，河水已经被弄脏了，您为什么还要让我白跑一趟呢？”

佛陀什么也没有向他解释，说："等一会儿你就知道了，你现在就去吧，你肯定不会白跑一趟的！"侍者只好又去了，当他再次来到那条小河旁时，看到河水已经变得那么清澈、纯净了，泥沙早就看不见了。

回来后，佛陀说："这个世界上没有任何东西是永恒的，只要耐心等待，你就总会找到想要的东西啊。"

第三十二品　应化非真分[①]

分名解说

①应化非真分：此总结之文，云法身非相，应化非真也。前文言人法皆空，既是人法皆空，持经何益？所以篇终归结，仍重在受持读诵。盖众生处处着相，若不从般若法中，受持读诵，终不悟法身非相之理。空生虽悟法身全体，又疑法身无言说，既是法身无言说，何以如来现有言说也？如来既有言说，岂不是有相有说也。反复不悟者，皆因不解化身佛能说如如法也。其实化身非应，应身非化，亦应亦化，非应非化，全是法身大用也。何谓化身非应？法身是常住法，随众生心所感应，隐佛身或现龙鬼身也。何谓应身非化，应地前机所现佛身，非五趣之所摄也。何谓亦应亦化，声闻所见相，是修成身，属忽有之身也。何谓非应非化，法报二身，既不属应，亦不属化也。今云应化非真者，是说法身本无言说相，假化身而说也。以如如身，说如如法，不取于相，而无相无不相也。三身一体，一体三身，至此方真是般若无上之法，法身如如不动之体。

“须菩提，若有人以满无量阿僧祇[①]世界七宝持用布施，若有善男子、善女人发菩提心者，持于此经，乃至四句偈等，受持读诵，为人演说，其福胜彼。云何为人演说，不取于相，如如不动[②]。何以故?”

“一切有为法，如梦幻[③]泡影[④]，如露[⑤]亦如电，应作如是观。[⑥]”佛说是经已，长老须菩提，及诸比丘、比丘尼、优婆塞、优婆夷，一切世间天、人、阿修罗，闻佛所说，皆大欢喜，信受奉行。

①阿僧祇：译汉语为无央。

②如如不动：心如镜如，故曰如如不动，经之结穴也。不取于相，万法皆空，如如不动，即圆融自在也。万法归于真性之如如不动，即两仪四象之归于太极也。

③梦幻：梦出无心，幻成有意，梦觉入幻，幻结疑梦，怕从颠倒起也。

④泡影：水沤为泡，泡随水消，形照为影，影从形灭，皆虚无实也。

⑤露：露以日晞，电以霁散，尤为倏忽起灭也。

⑥如是观：应作这样看。

译 文

“须菩提，假如有人拿能装满无数的世界那么多的七宝来布施，假如有善男善女生成菩提心，对这部经，甚而至于只对其中的四句偈语等，受持、读诵、给人演说，后者所得的福德胜过前者。怎么说给他人演说呢？即要不执着于这部经的相状，就是观照般若。这又是为什么呢？”

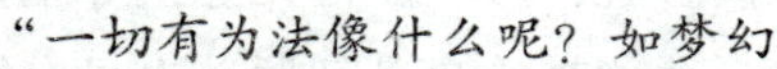

“一切有为法像什么呢？如梦幻泡影，又如那露水亦如雷电，应作这样看。”释迦牟尼佛到此说完了这部《金刚经》。长老须菩提、比丘、比丘尼和所有的优婆塞、优婆夷以及世上所有的天、人、阿修罗，听罢此经，全都非常高兴，并且从此信仰、受持、遵守、修行这部经。

“须菩提，若有人以满无量阿僧祇世界七宝持用布施，若有善男子、善女人发菩提心者，持于此经，乃至四句偈等，受持读诵，为人演说，其福胜彼。

须菩提怀疑诸佛法身，遍一切处无相可得，那么谁人说法恩济群品呢？佛的恩德怎样存在呢？因为须菩提对于佛的恩德怀疑，所以佛告诉他说：须菩提！若大菩萨，以无量无数世界盛满七宝、奉施如来应正等觉；又若有善男子或善女人，对于此般若波罗多经中乃至四句颂，受持、读诵、究竟通利、如理作意，及广为他宣说开示。由这种因缘所生的福聚，还多于以前奉施如来的福聚，无量无数。因为般若波罗蜜多法门，是佛从因至果直至成佛的唯一法门。佛既依此法门成就而又布施于人。若人闻此法门乃至最少四句颂，能领受忆持、读诵、究竟通利、如理作意，又能觉悟他人，他人闻此法又能辗转开示他人。使众生闻此法，不取不着，修四寻思、四如实智，或修唯识观，遍观察一切法都不可得；久久观察，然后分别习气渐断，无分别智现前，亲证离言说分别真实性。由这种因缘所生的福聚，当然胜前无量无数，这不是佛现身说法的大利益吗？怎能说佛没有恩德呢？

佛弟子受持读诵《金刚经》，必须真正体认此部经具有无比之重要性，也就是说，只要能够了解此部经所宣说的主要法义无讹，自己受持读诵，乃至如法为人演说，所获之福德远比世间财布施所获福德超胜。因为这部经是大乘菩萨第一义之经典，无论是自己受持读诵，或是为他人演说，从法上所得到之利益确是难以形容。

从了义法所得到的菩提种子，是为来世解脱，乃至证得无上正等正觉之重要原因。只有从法的修学当中所得智慧，才能带给自己解脱，也只有智慧之究竟圆满，才有成佛之可能。这都是修学此部经所说大乘了义正法，从修学当中获得智慧，才有可能成办此事。

为他人演说也是一样，由此了义法之布施，令人种下无上菩提之种子，于未来世即有萌芽成长之机会；一入耳根，永为道种，由此令人获得解脱，乃至未来成就佛地果位。这些法布施之利益，绝对不是任何其他财布施所能替代；一切财布施所获之福德，皆不可能令人解脱，更不可能使人成佛。财布施所获之福德也许可能成为转轮圣王，却不能成就佛地果位。譬如经云：

“三世诸佛，皆以般若为母。”福报不是成佛之主因，般若智慧才是三世诸佛成佛之主因，是故经云：“一切布施中，法布施为最。”像这样的经文，都可以互相贯通无碍。

财布施很好，也很重要，但不要一直停留在财布施；法布施更重要，但不可舍弃财布施。若是要把两者作比较，则佛已说：“诸供养中，法供养第一。”此一佛语即是最佳说明。

如来筏喻中密意说过的，若要渡人到彼岸还是要用舟筏，所以诸佛虽证无相法身，为要度众生还是要现身说法的。但虽说种种名相分别法，只是作为过渡的工具，真实还是要证无相法身，使众生不执名相分别、了达真实法性，都到究竟彼岸。所以这正是诸佛的恩德。

“云何为人演说，不取于相，如如不动。何以故？”

能说者，听法者，及所说之法都是有相，但切不可取相，不取相即离相，离相即空。

如如不动者，表说法时，不以生灭心来说，亦不以希望心、好胜心乃至不以任何有所得心而说。心空——前心空、后心空，前后心一如——就是如如不动，任运从容，随缘演说。

简单地说，不取有为，有为法空，当下就是无为，无为即不取于相，如如不动，是讲金刚经的条件。

什么叫为他宣说演说呢？不为他宣说演说，就名为他宣说演说。因为此法不是言说分别所能说到真实的，不是凡夫思量心所能想到的，是无有情命者等想，是不住相想离一切相的，这才是般若波罗蜜法。所以宣说此法，即无此法可取可说；虽说无可说的相，虽听无可听的相，这才是真正宣说此法。

即使以《金刚经》之四句偈，受持读诵，或为人演说，所获福德都胜于前之布施福德。我们还是要相信佛语，依教奉行，多行法布施。但法布施的殊胜福德，在于所布施之法必须正确，尤其是大乘了义之法若能正确为人解说，所获得者即是无量报，福德无有限量。佛弟子在受持读诵之余，是否于此曾作深思，有所启示呢？

众生会执取一切相，是因为众生不了解五蕴、十二入、十八界等一切法，根本没有真实的法相可言。五蕴、十二入、十八界是每一位众生之如来藏所出生，是众缘具足下由如来藏所生；凡是一切所生出来的法，都会坏灭，不可常保、不可常住，就像色身亦是无常，凡人有生，皆必有死，不可执取。

《维摩诘所说经》云："诸仁者！是身无常、无强、无力、无坚，速朽之法，不可信也！为苦、为恼，众病所集。诸仁者！如此身，明智者所不怙。是身如聚沫，不可撮摩；是身如泡，不得久立；是身如焰，从渴爱生；是身如芭蕉，中无有坚；是身如幻，从颠倒起；是身如梦，为虚妄见；是身如影，从业缘现；是身如响，属诸因缘；是身如浮云，须臾变灭；是身如电，念念不住；是身无主，为如地；是身无我，为如火；是身无寿，为如风；是身无人，为如水；是身不实，四大为家；是身为空，离我我所；是身无知，如草木瓦砾；是身无作，风力所转；是身不净，秽恶充满；是身为虚伪，虽假以澡浴衣食，必归磨灭；是身为灾，百一病恼；是身如丘井，为老所逼；是身无定，为要当死；是身如毒蛇、如怨贼、如空聚，阴界诸入所共合成。诸仁者！此可患厌，当乐佛身。所以者何？佛身者即法身也。"

如同色蕴，其他四蕴亦复如是，非是常住之法，十八界亦皆是无常之法。是故无有真实之法相可得，不应取于一切法相。若就如来藏而言，如来藏并非像木头一般一动也不动，反而是活泼得很。在这里，"如如不动"是指如来藏的体性是如，永不坏灭，永不倾动，即使在三界六道也是如此。由于如来藏是这种体性，所以能为出生一切法之根本，为第一因；又如来藏之体性清净，犹如莲花出淤泥而不染，此清净之体性亦是如如不动。说法要依此法界实相如来藏心而说，要不离此心而说一切法，名为中道实相。若能不离此"如如不动"之真心如来藏而为人说法，必一一皆从自性出，如是方为佛在此经之说法方式，即是："不取于相，如如不动。"

很多上了年纪的人，或是人生起伏极大、大起大落的人，都会有一种感觉，人生就像做梦一般，这正是对人生无常之感受。但这算是比较粗的觉受，若真要更透彻地体验、了知，就必须修学佛法，只有在佛法上努力修学，有了智慧，才能真正如实了知无常之意涵，那就是世尊于此所说："一切有为法，如梦幻泡影。"

事实上，有智慧者皆了知："人生唯是见分和相分而已。"

众生个个本具之自性本心，又名如来藏，一切法界之中，只有如来藏心

体具无为法性。因为如来藏具无为性，不是有为有作、所造所生之法，祂本来即有，而且一切众生个个本来具足。如来藏由于具此体性，是故亦永不坏灭，自无始劫以来都一直是“如”，无有灭过。如来藏由于具有本来性、自性性、清净性、涅槃性，尤其是真心之清净性，因其不分别六尘，故名为“如如不动性”。如来藏的如如不动，并不是一般人在打坐时，色身如如不动，也不是像郊外枯木一样，一动也不动，才名为“如如不动”。如来藏是因为具有清净性，是故称为“如如不动”。祂不是一点也不动，反而极为活泼，能生出一切万法，故是五蕴、十二入、十八界等一切万法出生之根源。

如来藏不是被生出来，或被造出来的，是本来而有，故具“本来性”。又如来藏有其自性，其性是空，名为空性，故说具有“自性性”。又如来藏体性清净，就像莲花出淤泥而不染，如来藏处于众生烦恼泥中而不染，故具“清净性”。又如来藏永不坏灭，性如金刚，为涅槃之本际，故名“涅槃性”。由于具此本来性、自性性、清净性、涅槃性，是无为性，故如如不动。

“一切有为法，如梦幻泡影，如露亦如电，应作如是观。”

智德，又名般若德，是通于佛菩萨的，佛的智慧，又名萨婆若德。本经是般若波罗蜜多经，所以最后说明智德。

金刚经示导我们修行，应从有为下手，有为空，即入无为，如何空有为？

观有为法如梦——无明不觉故有生死，生死大梦阿谁自觉？祖师云:“眼若不睡，诸梦自除，心若不异，万法一如。”一如者，无明梦醒也。永嘉禅师云:“梦里明明有六趣，觉后空空无大千。”生死梦中有天堂、地狱，有人天，有饿鬼畜生，有三界，古人云:“大梦谁先觉，生平我自知。”自知者，彻悟也。人生眼前一切一切，何曾不是梦？圣人生死梦醒，所以不执着。因此无有是非憎爱、冤亲人我等事，凡夫不知是梦，所以执着有是非、人我、憎

爱等。

观有为法如幻——幻指心识，经云："心如工画师，画种种五阴，一切世界中，无法而不画。"七佛偈云："身从无相中受生，犹如幻出诸形象，幻人心识本来无，罪福皆空无所住。"由心识幻出男女老少、七宝树林、莲池花卉、山河大地，皆由心造成，一切如幻。

须菩提怀疑，既一切有为法虚妄不实，无相可取可得，那么就无可知法，可知境；既无可知境，也说不上能知智，在诸佛怎么有智德呢？佛知须菩提有这种疑，就说四句颂来断他的疑：诸和合所为，是指一切有为法，因为都是因缘和合而生的。小至芥子，大至三千大千世界，都是因缘和合而生，所以说诸和合所为。一切有为法可分三门：一、唯识门，就是从唯识上说。唯识门中又分三分，就是能知见分，所知相分，见相二分所依自证分、又名自体分。二、业报门，就是从众生业报上说的，也可分三分。就是正报——有情世间，依报——器世间，由依正二报所受用的事。三、时间门，就是从时间上说的，也有三分：就是现在、过去、未来。颂中的星、翳、灯是喻唯识中的三分的。能知见分，喻如星光，在天空中的星，在黑暗中，也稍有点光明，但日光出现的时候星光也就隐没了。众生的能知见分——有漏心心所，也同此例。在无明位中，有别别了知，就如黑夜星光似的；但无分别智现前时，这分别见也就被消灭了，就如日光覆蔽星光似的。所知相分——宇宙万有，是依见分变起的，喻如翳：如病眼生翳、见空中花，实则空中并没花，只是翳眼才见有花的。由有漏见分而现种种差别相，实则都是唯识变现、空无自体的，就如翳眼见花似的。所以不论科学智识还是哲学智识，凡世间智识所见知的，都是由见分所取的相分，都如翳眼见花似的，是不正确的。在见相二分所依的自体分，喻如灯：如清油灯，要具有灯油、灯炷及火，由灯油相续的燃灯炷，所以有灯光发现，于是有能照用及一切物为所照；等到油尽炷尽而灯光灭，能照的作用、与所照的光相也就消灭了。见相二分所依自体分如灯的自体，烦恼如油，业报如灯炷，于是有识的自体光。由烦恼持续业报，于是有心心所的活动，由心心所活动变起相分，似乎是常住的，实则刹那生灭、不得久住，业报一尽，能知见分与所知相分也就消灭了。

观有为法如泡——泡指妄想，妄想如水泡般不真实，即起即灭。

观有为法如影——影指业，无论善业恶业，罪业福业，如影随形，历劫相随，形端影直，形歪影斜，若无形，便无影。

观有为法如露——露指今生果报，无论是苦乐荣华，贫富贵贱，皆不长久。

观有为法如电——电喻世智辩聪，如闪电一样，靠不住，聪明不敌生死，干慧岂免轮回，枉用心机。

若能作如是观，有为法空，无为现前，无为无相，无相则无取，无取即其心如如不动，就可以为人演说般若。

幻、露、泡三种譬喻，是喻业报门的。观器世间如幻，如看电影，见着种种山川草木、人物花鸟，看起很逼真，其实都是由无数的影片，相续不断的演绎而成似真的情境。在我们错觉的眼识，就看为非常真实似的。器世间的宇宙万有，也都是由有情真异熟识所幻现的，本刹那生灭而又相续不断的，似乎经千古不变、是常住的，实则是我们的错觉。观有情世间如露，露的元素，本水蒸气、无相可见；但遇冷成为水就有形可见了；虽有相也不过是暂时的，日光出现时就被消灭了。一切诸法本尽虚空、遍法界，无定自体，但由有情业力所感而成五蕴诸法假合的有情；有情执取为实有，执令不坏，但到业报一尽仍要坏灭的。由有有情世间，器世间而成为六根六尘，根尘接触能发生种种受用苦乐的事；观受用事如水泡，如江河中的水，由激动力水中起泡，有情所受用事，也是由根、境、识三和合而生的。

梦、电、云三种，是喻时间门的。观过去一切法，喻如梦境。如人醒时回忆梦中的境，但这已不是事实了，只是一种忆念；过去一切法也是不可得，只是忆念，就如梦似的。观现在事，喻如空中的闪电，在闪电忽生忽灭、非

常的快，现在一切法也是这样，我们觉察是现在时，已成过去了。观未来法体如云，未来法所熏成的善恶习气种子，含藏在阿赖耶识中，成熟时就生起现行；空中的云，遇冷就下降成雨，现起雨的相了。佛告须菩提：于一切有为法，应作以上的九喻观。可见佛正是由修这九喻观而得根本无分别智现前，能如实了知诸法实相，并且由根本智起后得智，如实了知这有为相而宣说的。这正是从众生位到佛位的光明大道，这才是佛的智德。并不是如众生的分别慧，知此而不知彼；又不能如实知诸法，执一切法都是实有而起实执的。

如来藏所生之五蕴、十二入、十八界一切法，完全不同于如来藏体性，此诸法是无常性、虚幻性、生灭性、缘起性，因此之故，是有为有作之法，名为有为法。一切有为有作之法，必皆坏灭，无有例外，故说："有生必有灭，有生必有死。"就像夜里做梦一般，醒来始知此梦不真；亦像幻化一般，转眼有如云烟。又如水中泡沫，一切影像，都非真实，这就是有为法之体性。

一切有为法，也像早晨的露珠一般，日出即蒸发消失；亦如闪电一般，刹那不住。五蕴、十二入、十八界一切有为法之体性都是如此，佛弟子在修学佛法当中，应该作如是之观察：一切佛法之修学，都必须经常去作现观，一次又一次地，生生世世地作现观。在这样的熏习下，才能如实体验所学种种法之义理，成为自己之现量智慧，这才是佛弟子能获得修学利益之保证。

佛说是经已，长老须菩提及诸比丘、比丘尼、优婆塞、优婆夷，一切世间天、人、阿修罗，闻佛所说，皆大欢喜，信受奉行。

本经的序分，是叙的常随众，但现在又说了这许多弟子，就是为广流通的。

须菩提是当机众，亦是发起众，比丘、比丘尼、优婆塞、优婆夷是结缘众，天、人、阿修罗、是影响众。

比丘、比丘尼是成年的男子同女人依佛制受了具足戒的。优婆塞、优婆夷，译为正信男、正信女，是于佛法已起信心的，为要使正信心确定成为真正佛教徒，而依佛制受三皈五戒的。天，是指的人间以上的天趣。人，是指的各种人。阿修罗，译为非天，这类有情有天的福报，但没有天的德，最欢喜诤斗。须菩提尊者同佛四众弟子，还有八部众，听佛说完了这部经都大欢喜，信受奉行。

文中一切世间是指有情世间，有情世间中，只有天、人、阿修罗三善道的众生，才可以听闻般若经。地狱、饿鬼、畜生，此等三恶道的众生，罪业深重故，不能参听般若经，若得闻般若经，即能出离三恶道。

当时法会大众，听闻般若经后，皆大欢喜，能信般若、能受持般若、能奉行般若；未发菩提心者发菩提心，已发菩提心者修菩提行，已修菩提行者证菩提果。

闻法应当欢喜才能领受，若生厌恶心就不能领受了，所以说欢喜信受。佛法不是为求点知识，增加点辩才，要受人恭维而听闻的。在佛法是说的宇宙人生的真理，究竟实相，所以信受以后，还当如实奉行。如只为增加点知识而研究佛法，那就看错了如来说法的宗旨了。本经所说的九喻观，是从众生到佛位都用得上的。从此法会之大众身份，就可知道这部经是宣说菩萨法之经典，无论出家、在家，或男或女，乃至天人、阿修罗，都来听闻此殊胜的第一义谛之法，是故此经是大乘了义经典。

能够听闻世尊亲口宣说大乘了义经典，这是何等的稀有难得！参与盛会之大众“皆大欢喜”是应该的，听完之后，又能“信受奉行”，则更为难能可贵。听了这部经以后，当时时作这九种观，观一切有为法都是虚妄不实的，久习纯熟，对于一切有为法，就不取不着了，既不取不着，就不起我法二执，于是般若慧现前，就能证得二空所显的真实。然后又如所证的教化众生，这才是信受奉行，这才是明了佛说法的本义。

评 析

佛陀住世时，有位黑指婆罗门来到佛前，两手拿了两个花瓶，前来献佛。

佛陀对黑指婆罗门说:“放下!”

黑指婆罗门于是把他左手拿的那个花瓶放下。

但是，佛陀又说:“放下!”

黑指婆罗门又把他右手拿的那个花瓶放下。

然而，佛陀还是对他说:“放下!”

这时，黑指婆罗门说:“我已经两手空空，没有什么可以再放下了，请问现在您要我放下什么啊?”

佛陀说:“我并没有叫你放下你的花瓶，我要你放下的是你的六根、六尘和六识。当你把这些统统放下，再没有什么了，你就会从生死桎梏中解脱出来。”

黑指婆罗门这才理解了佛陀“放下”的道理。

“放下”是非常不容易做到的，世间的人一旦有了功名，就会对功名放不下；有了金钱，就会对金钱放不下；有了爱情，就会对爱情放不下；有了事业，就会对事业放不下。世人身体上的重担，心灵上的压力，何止手上的两个花瓶呢？但是这些重担与压力，会使人活得十分艰苦。因此，在缤纷的社会里，学会“放下”可以使心灵获得解脱，让自己活得洒脱。

附　录

图说释迦牟尼的故事

兰毗尼花园（今尼泊尔境内），释迦牟尼的诞生地。离此地西边 14 公里就是释迦族的古都迦毗罗卫城（现已不存任何建筑物，近年考古证明该地为迦毗罗卫城的遗址）。两千五百多年前，在古印度的西北部，喜马拉雅山脚下，有个叫迦毗罗卫（今尼泊尔境内）的王国，这里山上生长着茂密的森林，平原盛产稻米，草原适合畜牧业，是个美丽富饶的地方。国王姓乔达摩，名字叫首图驮那。这名字的意思是纯净的稻米，所以称他为净饭王，属于释迦族。王后叫摩诃摩耶，是邻国天臂城善觉王的长女。净饭王与摩耶王后之间的感情非常好，但结婚多年都没有生育儿女，净饭王为没有王位继承人而十分苦恼。直到净饭王年已 50 岁，摩耶王后 45 岁的时候才第一次怀孕。佛教传说，摩耶王后这次怀孕，是由于睡眠时梦见一头六牙白色大象腾空而来，从右肋进入王后的腹中。王后自从怀孕后，心情非常愉快，再没有忧虑与烦恼，从此也再没有发过怒气，断绝了贪欲和虚伪，每天只是喜欢到幽静的树林和水溪旁散步。按当时古印度的风俗，妇女头胎分娩，必须回到娘家去，妻子回娘家分娩，丈夫不可

同行。摩耶王后怀孕期满，净饭王为摩耶王后备了由两头大象载的轿子，并派了许多宫女、侍臣，护送摩耶王后回娘家天臂城去。

摩耶王后在回娘家天臂城分娩的途中，经过迦毗罗卫城和天臂交界处的兰毗尼花园时，感到有点旅途疲乏，就下轿到花园中休息。当摩耶王后走到一棵葱茏茂盛的无忧树下，伸手去抚树枝时，惊动了胎气，就在树下生下了太子。

太子诞生的时间是公元前 565 年，中国农历的四月八日，佛教将这一天定为“佛诞节”，也称“浴佛节”。上图中左侧跪在太子身边的是闻太子诞生而赶到兰毗尼花园的净饭王，单腿跪在净饭王身边的是净饭王的大弟弟白饭王，站在净饭王身后举手欢呼的是其二弟甘露王，站在画面中间手扶树枝站立的是摩耶王后，两侧空中是为太子祝福的梵神，图中抱着小太子的是传说中的天王，天王身后是诸梵神，寓意上天将释迦牟尼赐给人间。佛经上说：太子是从摩耶王后的右肋出生的。

佛经上说，摩耶王后生下太子之后，迦毗罗卫全国不断出现吉祥的事情。浑浊的江河水变得清澈了，五谷丰登，花木繁茂，人与人之间也变得和睦了；与太子同日降生的孩子，母子都十分健康；产生的牛、马也都十分健壮，连一根杂色鬃毛都没有。

净饭王听到摩耶王后在兰毗尼花园生下了太子，高兴万分，立即带领众多的宫女侍臣，备了车马和特制的华丽的大轿，赶到兰毗尼花园，将王后和太子接回皇宫。

太子诞生后的第 5 天，净饭王请来许多全国有名望的学者来为太子取名字。经过几番讨论，大家一致同意太子应取名叫乔达摩·悉达多。悉达多的意思是“吉祥”和“成就一切”。

姨母抚育

释迦牟尼诞生刚七天，他母亲摩耶王后就因病去世了。净饭王悲从中来，悼痛不已，回顾年幼的王子，更是怆恻。于是他把摩耶王后的妹妹摩诃波阇波提接进宫中，托付她抚育王子。摩诃波阇波提贤淑仁慈，视王子悉达多为己出，十分钟爱，净饭王又令三十二名宫女协助抚育：八女抱持，八女洗浴，八女喂乳，八女带领玩耍。后来摩诃波阇波提与净饭王结婚，抚养王子更为尽心。

童年时代的悉达多王子聪明伶俐，无出其右。他得到了姨母的悉心呵护，寒暖得时，饮食有节，身体异常健康，发育也非常迅速，就如同尼拘陀树，得种肥沃之土，正与日俱长。

佛经上说：悉达多太子出生后不久，一位很有名望的预言家，号称阿私陀的仙人来到王宫给太子占相。阿私陀看到太子，先是非常惊喜，转而又悲伤地流下了泪水。净饭王问他为何又喜又悲，阿私陀仙人回答：“太子的相貌太好了，人间找不出第二人来！将来如果继承王位，一定是位‘转轮王’（印度古代称能以威望统一四方天下的君主），因此我为国王高兴。但据我的观察，太子必定要出家学道，并能得到最高成就，成为人天至尊的导师，拯救世人离苦海。可惜我已经老了，听不到太子的教诲了，所以我为自己悲哀。”

净饭王听到占相仙人的话，也是又喜又忧，他当然希望自己的儿子成为统一天下的转轮王。从此国王千方百计防止太子出家修道。

悉达多太子在幼年的时候，就有沉思的习惯，世间许多现象被他看到之后，都容易引起他的感触和深思。在传统的“王耕节”时国王要在这一天亲自耕种土地，净饭王带领悉达多太

子来到田野，太子看见在田地里的农夫赤背裸身在烈日下吃力地劳作，耕田的牛被绳索鞭打皮破血流，被犁铧翻出来的小虫蚯蚓，被鸟雀竞相啄食，鸟雀又被蛇、鹰吞食……这一幅幅生存斗争、弱肉强食的情景，使王子感到很痛苦，他无心游玩，就走到一棵阎浮树下静坐沉思。

佛经上说：悉达多太子坐在树下沉思，有时能自然升空许久，净饭王和太子的姨母摩诃波阇波提王妃十分惊奇，不由得就朝太子礼拜。

图中悉达多太子读“吠陀”。坐在正中头部有光环的为太子，左侧是太子的老师毗奢密多罗。太子手中拿的是用贝叶写成的《吠陀经》。乔达摩·悉达多太子越长相貌越奇伟，天资十分聪慧。他的父亲净饭王对他期望很高，希望他继承王位后建功立业，成为一个转轮王。太子从7岁开始学习当时王族应具备的一切学问和技艺。

太子学到12岁，就已经掌握了印度当时最高的学术，即五明和四吠陀。五明即是：①语文学的声明；②工艺学的工巧明；③医药学的医方明；④论理学的因明；⑤宗教学的内明。四吠陀即是：①养生之法的梨俱吠陀；②祭祀祝词的搓马吠陀；③兵法研究的夜柔吠陀；④咒求文献的阿闼吠陀。四吠陀是当时婆罗门教的经典，被奉为至高无上、贵族必读的经典。

悉达多太子又向武士们学习武术，练成了一个骑马、射箭、击剑的能手。

净饭王举行一次武艺竞赛大会，释迦族的王子们都参加比赛，悉达多太子骑射出众，夺得冠军，受到万人敬仰。

净饭王发觉自己的儿子对人世

间的苦难情景思虑太重，生怕太子产生厌世出家念头，就为他建造了三座豪华的冬天防寒，夏天避暑，雨季防潮的宫殿（称三时殿），又选来上百名美丽的少女随时为太子歌舞。在悉达多太子16岁的时候，便为他娶了他的表妹耶输陀罗公主为妃子，企图从生活的享乐上束缚太子，让他沉迷娱乐，安享荣华。但是这一切未能引起悉达多太子的兴趣，反而使他感到太喧嚣，太骚扰人，使他很厌烦。更引起他深远的思考："人世间有数不尽的苦痛和忧虑都未能解决，一味地追求享乐就能解脱吗？人的生命是短暂的，享乐又能到几时呢？"因此，悉达多太子经常躲避喧哗的歌舞，独自到幽静的树林和河边散步思考。

出游感苦

青年时期的悉达多王子，性喜清静，他对于宫廷中的声色喧嚣生活甚感厌烦，常思出门游赏大自然景物。

世间凡是做父亲的人，不管是国王还是平民百姓，都是怕自己的儿子贪图享乐，放纵情欲。可是，净饭王却怕太子清心寡欲，产生厌世、出家的念头。因此，除了为太子修建豪华的宫殿，为太子娶了美丽的妻子外，还时刻关心太子的情绪变化。一见到太子沉默寡言，闷闷不乐时，就要设法让太子高兴起来。当净饭王发现太子对宫里的歌舞感到喧骚烦嚣时，就让太子坐马车去游玩，并告诉驾车的驭者，一定要带太子到有欢乐的人群和景色美丽的地方去。可是，悉达多太子喜欢幽静的环境，他让给他驾车的名叫车匿的驭者，把他带到城外去。

悉达多太子乘坐七宝轮车出城，他刚来到京城的东门，看见一个须发全白，弯腰驼背，行走艰难还不断呻吟的老人。

悉达多看到这个情景就想到衰老是人人都逃避不了的命运啊！人在儿童时受父母宠爱，青年时英俊潇洒，壮年时精力充沛，但是到了晚年，人就要在许多痛苦中度日了。

悉达多王子顿时有感于人生之老苦，心生忧郁，就叫车匿调转马车，驱车向京城南门走来。

刚到南门，又见到一个满身生疮流血的病人，病人一边走，一边不断痛苦地呻吟着。悉达多王子怜悯病人，心自忧怖。于是心想：疾病也是每个人都不能避免的，人的一生要害多少次疾病，要遭受多少痛苦，真是难以想象的啊！

接着，悉达多太子又调转车来到京城的西门，看见两个人抬着一个死人迎面走来，随行的亲属悲痛地嚎哭着。悉达多太子叹息地自语：死亡是可怕的，每个人又都难免一死，当死亡来临时带来的恐惧，又使人多么难以忍受啊！自己的死亡又造成许多亲朋的无限悲痛，这些痛苦，永无休止，任何人都摆脱不了，这多么苦闷，多么烦恼啊！悉达多王子又有感于心，惶恐苦闷，他立即又离开西门。

最后，悉达多太子驱车来到了京城的北门，看见一个出家修道的人（印度当时称出家人为“沙门”）从对面走来。这沙门身穿袒右肩的黄色法衣，一手持法杖，一手托钵，态度严肃安详。悉达多太子想道：这出家人是一定不会有俗人那么多的痛苦和烦恼的。那出家人告诉他修行解脱之道，王子听后，决计弃绝富贵享乐，刻意修行，以求解脱“老”“病”“死”之苦。

夜别妻儿

悉达多太子美丽的王妃耶输陀罗，为太子生下了一个儿子。净饭国王十分高兴，命全国举行庆贺。但悉达多太子的内心却感到沉重，他给自己的儿子所取的名字叫罗侯罗，这名字的意思是“覆障”，就是潜伏的一种障碍。这时的悉达多太子已经有了出家修行的念头，他怕因为有了儿子而增加他留恋家庭的感情。“罗侯罗”这个名字的意思也有解释为“圈子”，就是说有了儿子要受到束缚，就像被圈子套住了一样。

终于，在悉达多太子 29 岁（也有说 19 岁）时的某一天，他郑重地恳求父亲净饭王允许他出家修行。净饭王听到儿子要出家，如同霹雳轰顶，他流着泪要求悉达多打消出家的念头，将来好继承他的王位。悉达多就向父王提出，如能满足他的四个要求，他就不出家。一是没有衰老的现象，二是没有疾病的痛苦，三是没有死亡的恐怖，四是所有的东西不损不灭。

净饭王看到儿子出家的决心已坚定，没有能力说服儿子，只好多派人看护悉达多太子，防止他离开皇宫。

净饭王命令宫女时刻不离太子，演奏着美妙的音乐，跳着优美的舞蹈，竭尽魅力讨太子欢心。有一天半夜里，悉达多太子醒来，他见到歌舞一天的宫女们都疲倦地睡在周围，每个人都是披头散发，脂粉残脱，袒胸露胯。有的在说着梦话，流着涕涎；有的发出鼾声，姿态丑陋。平时的妖艳姿容荡然无存。太子不由心中一惊，感叹道：这世界上有许多事物都是虚假的啊！我要解脱掉这一切，我不可再踌躇、再犹豫了。太子那一刻的心情，就如同整个宫殿燃起了熊熊大火，他必须立刻逃出去一样。

在二月初八日（中国农历）的午夜，悉达多太子起身先来到妻儿的卧室，他凝视着熟睡中的耶输陀罗公主和儿子罗侯罗，默默地向他们告别后，毅然转身离开了父亲为他修建的豪华宫殿。

夜度凡尘

悉达多王子别了妻儿，唤起了车夫备马，车夫高声泣谏，想惊醒宫中之人，不料宫中人却都鼾睡不醒，他只得替王子备好马。

悉达多太子又来到马厩，唤醒了车匿，叫他牵出一匹名叫犍陡的白色骏马，备上马鞍，太子跨上马背，由车匿伴随，在整个皇宫里的人都在梦乡的时候，太子跃马出了城北门，在白茫茫的月色中，朝山林奔驰而去。

悉达多太子决然地舍弃王位出家修行，究其原因，有社会方面的影响，也有他个人的认识。悉达多太子所处的时代正是古印度各国之间互相讨伐、并吞的时期，阶级和民族矛盾十分尖锐。他所属的释迦族是一个较为弱小的民族，受到邻国强权的威胁，朝不保夕，时有被灭亡的危险，因而认为世间一切事物和概念都在生与灭中变化着，没有永恒的幸福，而种种痛苦却是无休止的。另外，他又目睹人自有生以后，接踵而来的老、病、死的情景，联想到自己也摆脱不了同样的命运，从而产生了人生难脱苦难的烦恼。他为了在精神上获得解脱之道，终于出家修行。

他拔剑斩断了自己的头发，改扮成出家人的模样，然后命车匿回王宫去告诉父亲净饭王说自己已经出家修行去了。佛经上说，马初学步，大地震动，四大天王捧承马足，梵天帝释执幡引路。

王子出城之际，发下誓愿："我若不了生死，终不还宫；我若不成佛道，终不还见父王；我若不尽恩爱之情，终不还见姨母妻儿。"于是，悉达多王子与马夫车匿，一骑一步，乘着茫茫夜色，横渡清溪，到天明的时候，已达百里之外，走到了阿拨弥河边的深林，就是古跋伽仙人修苦行的地方。

削发更衣

悉达多王子见这里山林繁茂，寂静无哗，心中欢喜，便命车匿牵马回宫。车匿不肯，涕泣相劝道："王子生长宫中，安享尊荣，今到山林，伴随荆棘虫

兽，怎经得住这诸多苦患险难呢？”王子回答说：“你不必多言，须知我在宫中，虽能免有形的荆棘虫兽，却不能免无形的荆棘虫兽，我现在正欲解除老病死苦，而得永久真实的安乐。”

说罢，悉达多王子心中思忖，若不剃除须发乃非出家。即拔金刀，手自削发，且发誓言：“我今剃除须发，愿与一切众生断除烦恼习障。”

这时，来了一个猎人，身着袈裟，王子就以身上的华丽服饰相换，完全成了僧人形象。马夫车匿见此情形，知不能挽回，只好牵马拜辞，寻路回宫。

面壁静心

释迦牟尼出家后，曾多方面寻访明师，以求大道。他先到了跋伽仙人的苦行林，看到那里的修行者，或以草为衣，或不食自饿，或翘一足，或卧尘土荆棘之中，或拜日月，或事奉水火，以种种苦行折磨肉体，以求得精神的解脱，心中大不以为然，知其皆为外道，不满意这种做法，滞留一宿便离去了。

后来，释迦牟尼从师隐居山洞的阿罗逻迦罗摩和乌陀迦罗摩学习禅定。前者教他“追随沉思默想步骤”，就能得到“空寂王国”；后者对他宣讲“既非心理作用也非非心理作用的状态”（即非想非非想）。

于是释迦牟尼独处一山洞之中，盘膝趺坐，面壁静心，以求觉悟。春去秋来，终无所得。他明白了这不可能得到启迪，于是改变主意，决定去体验禁欲苦行，以求解脱。

悉达多太子出家后，他的父亲净饭王听到儿子出家的消息，十分悲伤，经派人劝说无效，便在亲族中选派了阿若侨陈如、阿说示、跋提、十力迦叶、摩诃男拘利等五人伴随他。

悉达多带着五个随从渡过恒河，到了摩揭陀国的首都王舍城。国王频婆娑罗会见了他，并请他应允，如果得道，请先来度我频婆娑罗。尔后，悉达多寻访隐栖在王舍城附近山林的数论派信奉者阿罗逻·迦罗摩和郁罗迦·罗摩子，跟他们学习禅定，然而他们的教义仍然不是真正的人生解脱之道，悉达多便离开了他们。

六年苦行

悉达多带领五个随从又来到尼连禅河边的加阁山苦行林中，和那里的苦行人一起实行极端刻苦的修行。悉达多为了寻求解脱，他静坐思维，身不着衣，不避风雨，每日仅食一麦或一麻，坚持不懈达六年之久，身体已极度消瘦，但仍没有找到真正解脱的方法。

释迦牟尼来到尼连禅河边伽阁山苦行林中，独自在树下结跏趺坐。他身无覆盖，不避风雨，目不瞬动，心不恐怖，摒除一切，全体放下。或限制呼吸，头脑发怵，如针刺骨；或牙舌顶颚，强压内心，汗如泉涌。据说，由于他净心守戒，不卧不起，乃至一只大雕在他头上结巢哺雏，粪汙其身也听之任之。

释迦牟尼独修苦行转眼已六年之久，他由最初的每日食一麻一麦，渐渐至七日食一麻一麦以至于不饮不食起来。他身体变得极其消瘦，有若枯木，手摩胸腹，能触背脊。

有一日，他忽然觉悟到，过度享受固然不易达到解脱大道，但是一味苦行，也是没有办法进去大彻大悟的法门。于是他决定重新进食，再参玄道。

牧女献糜

悉达多结束苦行后，先到尼连禅河中洗去了他身上的积垢。尼连禅河边有两名牧牛女子，一名难陀，一名波罗，常赶牛在苦行林边放青，素日里看见释迦牟尼如此虔修，心中甚是感动敬佩。这时见释迦牟尼已愿受食，忙选择肥壮的母牛，入河洗浴干净，挤取乳汁，蒸成乳糜，盛了满碗，捧到他面前，礼拜奉献。

释迦牟尼接受了供养，发愿说："今食饮食，得充满力，以保留智能年寿，为度众生。"遂即服食。自此，释迦牟尼每日皆受牧女贡献乳糜。一月之后，体力强健，已回复了昔日的壮实。他又去尼连禅河中沐浴更衣，更觉得遍体清凉，光彩焕发。

随从他的5个人见他这样做，都以为他放弃了信心和努力，便离开了他，前往波罗奈城的鹿野苑去继续他们的苦行。

佛经上说，悉达多太子站在尼连河边，手捧铁制的钵多罗（简称钵，出家人乞食盛饭器），默念道：我将此钵投入河中，此钵如能浮出水面并逆水漂行，我就必能在此地彻底觉悟，得到解脱。当悉达多将钵投入水中后，果然铁钵浮出水面，逆水漂行。

树下静悟

释迦牟尼放弃苦行生活，来到了今名菩提伽耶的地方，在一株高大茂繁的毕波罗树下坐了下来（又译菩提树，即无花果树），用一些草叶铺了一个座位。他面向东方，盘腿静坐。当时发下誓愿："我若不能证到无上大觉，宁让此身粉碎，终不起此座！"他静思冥索，总结过去修行的经历，重新调整思维方法，深究宇宙间一切现象的规律和人生解脱之道。

他重新调整修行的方法，端身正意在菩提树下结跏趺坐，静思默想。他的思维追忆着过去的经历，用大智能观照宇宙人生的缘起本心，经过长时间

的思索，进入一种“明白”或“醒悟”状态，达到“既不知道满意又不知道失望”的情况。似乎错误消失，智能涌现，黑暗过去，光明现前。

佛经上说，释迦牟尼在菩提树下升座之后即圆成菩提道果，祥光照耀天地。（菩提道果是大乘佛教的出世圣果。凡一面自度以求成佛，一面普度众生脱离苦海的就称为菩萨）

魔女炫媚

释迦牟尼即将成佛，祥光上冲死亡与欲念之魔的魔宫，魔王波旬想阻挠他圆成佛果，便命令三个魔女前去蛊惑他。

三魔女一名特利悉娜（爱欲），一名罗蒂（乐欲），一名罗伽（贪欲）。她们盛装严饰，兰香馥郁，来到释迦牟尼身前，殷勤献媚，桃面嫣然，但释迦牟尼深心寂定，视而不见，犹如莲花出淤泥而不染。

三个魔女不肯死心，竭尽种种妖娆之态，淫邪之状，把所有怪相表演完了。释迦牟尼训诫她们道：“你们形体虽好，心不端正，好比精美的琉璃瓶满贮粪秽，不自知耻，还敢来诳惑人吗？”他又使大神通力加持三魔女（即授之以不净观法门），使得她们照见自身恶态。只见骷髅骨节，皮包筋缠，脓囊涕唾，屎尿贮满，丑状鄙秽，魔女看后，意念一转，羞耻惭愧，匍匐而遁。

魔众败阵

魔王波旬见魔女无功，十分震怒，他自恃神通，召集所属全部魔将魔兵毒虫怪兽，带上毒雷毒箭，如蜂如蚁杀向释迦牟尼。魔王威胁太子说：如果太子不立即回到皇宫去享受荣华富贵的生活，就让太子粉身碎骨死在树下。悉达多太子专心修行思考，对魔王的威胁就如同没有听见。

释迦牟尼在金刚宝座之上，毫不恐惧惊动。魔王的毒雷毒箭，射到近处皆纷纷散落。他告诉魔王道："我所以得成菩萨道是因为从三大阿僧祇无央数劫（佛教认为，世界自成至坏叫一劫）以来，积集了无量福德智能，圆满了六度万行，你来攻我，不是以卵击石，自取破灭吗？"魔王不听劝告，一味蛮横，率众向前。释迦牟尼身放净光，魔鬼的刀剑却不能挨近太子的身体，魔众尽皆跌扑。天帝又请菩萨相助，菩萨使法，洪水波涛汹涌而出，恶魔怪兽尽淹其中，狼狈败退。这时天空一声巨响，护法天神来帮助释迦牟尼，将魔鬼全部驱散。

大悟成佛

释迦牟尼在菩提树下趺坐四十八天，已是十二月初七（中国农历）。这天晚上，天朗气清，惠风和畅，他默坐在金刚座上，示现种种禅定境界，遍观十方无量世界和过去世、现在世、未来世一切事情，洞见三界因果。十二月初八日凌晨（中国农历），明星出现天上，悉达多太子战胜了最后的烦恼，他豁然大悟，得无上大道，因获得了彻底的觉悟而成了大智慧的佛陀。

悉达多太子成佛的年龄是35岁（也有说是30岁）。

悉达多太子所觉悟到的真理，就是：①四谛；②八正道；③缘起论；④三法印。

佛陀的意思是“觉者”或“智者”，就是我们平时简称的佛。佛教对佛的解释有三种含义：①正觉：就是对宇宙间一切事物无增无减地、如实地了解了，觉察了；②等觉或遍觉：就是不仅自己觉悟了，而且能平等普遍地使别人也觉悟；③圆觉或无上觉：就是自己觉悟和使别人觉悟的智慧和行动、功德都达到了最高和最圆满的境地。

佛经上说，释迦牟尼成佛之时，大地震动，诸天神人齐赞，地狱饿鬼畜生三道的许多苦厄，一时休息，天鼓齐鸣，发出妙响，天上降下曼陀罗花，曼殊沙花、金花、银花、琉璃花、宝花、七宝莲花等。

至此，释迦牟尼已成就菩提道果，遂开始传教收徒，传授他所证悟的宇宙真谛。

悉达多达到了这种觉悟的境地，所以他成佛了。因为他属于释迦族，人们就尊称他为释迦牟尼，意思是释迦族的圣人。

因为悉达多是坐在毕钵罗树下成佛的，毕钵罗树从此就叫做菩提树了。菩提就是“觉”的意思。悉达多成佛的地方，称为菩提伽耶，又称菩提道场和佛陀伽耶。

释迦牟尼在菩提树下大悟成佛后，无比的喜悦，佛陀的这种得到彻底解脱的愉快，是不可能用几句话形容得了的。佛陀从座位上站起来，他在附近的树下踱步，反复品味着自己所觉悟到的真理，一连在树下呆了3个7日（21天）。因为这种获得真理，得到解脱的快乐，使佛陀忘记了时间，忘记了自己，他只是感到他的思维在扩大，在升腾，已经和宇宙融为一体了。

佛经上说：释迦牟尼成佛后，并不想把自己悟到的真理传授给他人。因为佛陀想到，世上一切众生都是在追求名利和争取自己满足欲望，我静悟到的真理，世人未必愿意接受，或许还要遭到世人的诽谤和讥嘲。只要我解脱，永不烦恼，与世无争就算了。但是，天神劝请佛陀慈悲为怀，救济众生，脱离苦海。

鹿苑传教

释迦牟尼成佛后，即从事说法传教。他知道曾追随伺候过他的五名侍从，其时正在贝拿勒斯鹿野苑中力修苦行，正待化度，便前往鹿野苑。

释迦牟尼在鹿野苑第一次说法。他面前是曾跟随他修过苦行的五位亲族弟子，阿若侨陈如、摩诃男拘利、跋提、阿说示、十力迦叶。

在鹿野苑中，释迦牟尼向侨陈如等五人说法道：欲求大道应防止两个极端，一为享乐纵欲的生活，这是堕落；一为禁欲的苦行生活，这是痛苦。避开这两个极端，行于中道，就能导致智能觉悟，即可修“八正道”，脱出生死的苦海。五人听后，顶礼拜服。他又向五人说了生灭四谛之法，侨陈如等五人便皈依了释迦牟尼，同时被度为比丘，成为最早的信徒。

他们遵循释迦牟尼倡导的正道修行，不久就修成阿罗汉果（阿罗汉是小乘佛教的出世圣果，已了脱生死，不再来三界受生，故亦无灭）。

释迦牟尼成佛后，就以大慈悲的心情，博大精深的智慧，不畏艰苦的精神，开始了40年不间断的弘扬佛法，教化众生的活动。他最初说法，是到波罗奈城的鹿野苑，化度这随侍过他的5个侍者阿若侨陈如等人。佛陀在鹿野花苑的第一次说法，在佛教称为“初转法轮”。

佛法为什么叫做转法轮呢?“轮”是印度古代战争中用的一种武器，它的形状像个轮子。印度古代有一种传说，征服四方的大王叫做转轮王，转轮王出世时，空中就出现此轮，预示他前途无敌，这里用轮来比喻佛所说的法。佛的法轮出现在世上，一切不正确的见解，不善的法都将破碎无余，所以把佛法叫做转法轮。

释迦牟尼当初出家的目的，是为了寻求解脱生老病死等痛苦之道。他在鹿野苑第一次说法时，以浅显的语言，生动的比喻，讲述如何修道才能解脱烦恼永离苦海的真理。他所讲的主要内容有以下几个方面：①四谛；②八正道；③缘起论；④三法印。这些是佛教的根本教义，是释迦牟尼证悟以后所形成的自己独特的观察和分析事物的观念。

四谛，也称四圣谛。“谛”是实在和真理的意思。四谛即苦、集、灭、道。

苦谛，是讲世间存在的种种苦的现象，所谓“一切皆苦”。

集谛，是讲造成痛苦的各种原因或根据。

灭谛，是讲苦的断灭，即断灭一切产生苦的原因，达到佛教最后理想的无苦境界。

道谛，是讲要实现佛教的最高理想所应遵循的途径和方法。

要实现“道谛”，就必须遵循“八正道”。

八正道，也称八圣道、八支正道。主要是解释要实现佛教最高理想的“道谛”，即必须遵循的八种途径：①正见（正确的见解）；②正思维（正确的思维）；③正语（正确的语言）；④正业（正确的行为）；⑤正命（符合佛教戒律规定的正当合法的生活）；⑥正精进（正确的努力修炼消灭一切烦恼，达到无忧寂静）；⑦正念（正确的思想，明记四谛等佛教真理）；⑧正定（正确的修习禅定）。佛教认为，人们按此来观察、思考、说话、行动和生活，就可以达到涅槃的境地。涅槃的意思是圆寂，圆是智慧福德圆满，寂是灭除了一切惑业，永恒寂静，达到了最安乐的解脱境界。

教佛的经籍非常繁多，其实不超出四圣谛，而四圣谛所依据的根本原理则是缘起论。佛教的所有教义，都是从缘起论这个源泉流出来的。

缘起也称缘生，是“因缘生起”的略称，是佛教全部宇宙观和宗教实践的基础理论。所谓缘起，即诸法由因缘而起，也就是释迦牟尼常说的“此有故彼有，此生故彼生，此无故彼无，此灭故彼灭”。佛教认为，一切事物和现象的生起，都存在着相互联系，互为条件的因果关系。佛教的缘起说，主要是以人生问题为中心来谈的，用以解释人生痛苦的原因。

缘起论，是佛教特有的教义。归纳起来，有四个重要的论点：第一个论点是无造物主。佛教既承认“诸法因缘生”，就否定有个创造宇宙万物的主宰。这是释迦牟尼对当时的“种姓制度”进行批判的新思想。从中亚侵入印度的白肤色的雅利安人称自己是高贵的种族，而把被他们征服的，深色皮肤的土著民族称为低贱的种族。他们把种姓分为四等，即婆罗门（祭司，最高贵），刹帝利（王族、武士）、吠舍（农民、手工业者及商人）和首陀罗（奴隶）。他们造出一个“原人”（类似上帝），宣称婆罗门从原人口中生出，刹帝利从原人臂中生出，吠舍从腿中生出，首陀罗从脚中生出。释迦牟尼反对有一个绝对第一因的血统论，他主张“四姓平等”。

缘起论的第二个重要论点：无常。佛教认为，宇宙间一切现象都是相互依存，没有永恒的实体的存在。所以任何现象都是无常，都表现为刹那生灭的。无常分为：①众生无常。谓人生都是无常的，终归要变化以至于消灭的；②世界无常。谓世界上一切现象都是无常的，无时无刻不在流动变迁中，最后归于消灭；③诸念无常。谓人们的思维概念都是瞬息万变的，所谓“念念生灭”。佛教无常学说，主要是为反对当时婆罗门教主张宇宙有个最高的主宰叫做“梵”的是永恒常驻的理论而提出的。

缘起论的第三个重要论点：无我。佛教根据缘起论认为世界上一切事物都由因缘而生，因缘灭则灭。所以就不会有一个独立的，实在的，主宰一切的“自我”（即灵魂）存在。佛教认为房子是砖瓦木石的结合体，人是由五蕴（色、受、想、行、识）组成的，色属于物质，后四种属于精神。在这样的结合体中，没有常住不变的“我”，所以称“无我”。

婆罗门教主张宇宙间的最高主宰是“梵”，“自我”（灵魂）是梵的化身。佛教为反对婆罗门的这个理论而提出了“诸法无我”，也就是不承认有一个造物主。缘起论的第四个重要论点：因果相续。佛教认为因缘所生的一切法不但是生灭无常的，又是相续不断的，如流水一般，前前逝去，后后生起，因因果果，没有间断。因与果相符，果与因相顺，如同“种瓜得瓜、种豆得豆”的道理一样。

“诸行无常，诸法无我”，是佛教对宇宙万物的总的解释，也可以说是一切法的总法则。所以无常和无我的教义被称作“法印”。

法印，是佛教用来鉴别佛法真伪的标准。法，指佛教教义；印，喻世俗的印玺，能印证真伪的佛法之印，故名法印。凡符合法印的是佛法，违背法印的则非佛法。

“诸行无常、诸法无我、涅槃寂静”，并称三法印。或者加上“有漏皆苦。”亦称四法印。

佛教解释“有漏皆苦”的意义：“漏”就是指烦恼。佛教认为众生不明白一切法都是缘生缘灭，无常无我的道理，而在无常的法上贪爱追求，在无我的法上一味追求“为我所有”，这就引起众生的烦恼。烦恼的种类极多，所以人生的苦也极多，一般地说有八苦。佛说世间有无量的苦，苦不是孤立的自己生起来的，也不是造物主给予的，也不是偶然的，而是有因缘的，这就是佛教对苦的缘起的解释。

佛教解释“涅槃寂静”的意义：涅槃是无漏，就是消灭了苦的因和苦的果，也就是消灭了生死忧悲的苦恼，人就得到超度了，所以也称灭度。更明确地说：凡是属于不清净的污染的缘尽灭了，没有贪欲，愚痴转变成清净的智慧，这就是涅槃。涅槃的意义也是圆寂，圆，就是智慧福德都达到圆满成就；寂，就是达到了永恒寂静的最安乐的境界。佛教认为这种境界“唯圣者所知”，是不可思议的解脱境界。涅槃可以解释为逝世，但不能以世俗所见到的一个人没有了，死了的概念来解释。其实释迦牟尼 30 岁就已经证得涅槃而成佛了，不过他的肉体还是过去惑业之果的剩余，所以称为“有余涅槃”。直到他 80 岁逝世，方是入“无余涅槃”。

涅槃是佛教修习所要达到的最高理想境界。如何才能达到涅槃，就要以戒、定、慧这三学为方法，这是学佛者必须修持的三种基本学业。

戒：指戒律。即防止行为、语言、思想三方面的过失。有五戒、十戒、具足戒三级。五戒是不杀、不偷盗、不邪淫、不妄语、不饮酒类。这是出家和在家的皈依信仰佛教的弟子共持的戒。十戒叫沙弥戒，是不满 20 岁的出家人受的戒。满 20 岁的出家人才能受具足戒。受具足戒的男出家人称比丘，女出家人称比丘尼。释迦牟尼刚开始传教时，并没形成约制僧团的一定规律，其后随着问题的发生而随时制成。到释迦牟尼逝世前，具足戒已制定了 250 多条。

三学中的“定”，是指禅定。即摈除杂念，专心致志，精神上既不瞌睡又不纷弛的安和状态。这是佛教徒的必修课程。由于定，身心远离爱欲乐能等而达到完全安静的境地，从而产生了智慧。再进一步集中精神思想，终于能够引发一种无漏（无烦恼）的智慧，完全超脱苦、乐，连自已的存在都忘却，达到舍念清净的境界，即涅槃境界。这就是从“定”而后能引出的“慧”。慧就是智慧，就是通达了四圣谛的道理，断除迷惑，证悟了真理，获得了真正的解脱。三学概括了全部佛教教义和全部修行法门。三学中以“慧”最重要，“戒”和“定”都是获得慧的手段。只有获得慧，才能达到最终解脱的涅槃境界。

释迦牟尼得道成佛之后，第一次在鹿野苑对侍从过他的 5 人：阿若侨陈如、摩诃男拘利、跋提、阿说示、十力迦叶所宣讲的佛法，就是以上所讲解的法印、四谛、八正道、缘起论等内容。这些只是佛教初期佛法的基本内容。

侨陈如等 5 人听到释迦牟尼的教说，心悦诚服，便都皈依释迦牟尼，成为最初出家的佛弟子。后人称这 5 人为五比丘，这是世间有比丘的开始。比丘是指出家男人，梵语原义指乞食以自生活，义中还有怖魔、破恶、净命等义。凡三比丘和合共处称“僧伽”，义为众，就是团体。所以俗称比丘为僧人。世俗也称比丘为“和尚”，这是印度的俗语，义为亲教师，与称师傅相同。会讲经说法的和尚被称为“法师”。

释迦牟尼在鹿野苑初转法轮这件事，是佛教的一件具有重大意义的事。因为从那时起，佛教就开始建立起来了。从那时起，佛教开始具备了组成宗教团体的三个要素：领袖、理论、参加人员。这三个要素佛教称为三宝：佛陀是佛宝；佛所说的佛法是法宝；佛的出家弟子的团体——僧伽是僧宝。称之为宝，是因为它能够令大众止恶行善、离苦得乐，是极为尊贵的意思。释迦牟尼开悟得道成为佛陀，形成了自己独特认识世界的观念。在鹿野苑初转法轮，使侨陈如等5人皈依佛，成为出家弟子，于是形成了僧伽，所以从此佛教开始具足了三宝，创建起佛教。

佛陀收徒

释迦牟尼教化侨陈如等5人为比丘之后，就暂住在鹿野苑，开始在附近传教。不久，婆罗奈城商会会长俱梨迦的儿子耶舍，因厌倦奢侈豪华的生活，深夜逃到鹿野苑，请求释迦牟尼帮他解脱苦恼。释迦牟尼听到耶舍的苦恼与自己为太子时相似，十分同情，收为弟子。耶舍成为佛陀的第六位比丘。

耶舍的父亲俱梨迦寻找儿子到佛陀处，佛陀向他宣讲了四谛的佛理，富贵并不可靠，人生最宝贵的是觉悟。俱梨迦受佛启示，也想出家，但商业上又无人管理。佛教导说：信仰佛法不必一定出家。于是收俱梨迦为第一个在家佛弟子，称为优婆塞，意为清信士，俗称居士，意为居家修道之士。

俱梨迦皈依佛陀成为优婆塞（居士）之后，请佛陀到他家受供。释迦牟尼带领6名弟子到俱梨迦家中应供时，对耶舍母亲宣讲了佛法，耶舍的母亲愿意皈依佛陀作为在家的信女，佛化的家庭生活。于是佛陀收她为第一个优婆夷——女居士。佛陀告诉说：在家修行的男女佛信徒（优婆塞和优婆夷），遵守不杀生、不偷盗、不淫邪、不妄语、不饮酒这五戒，就像佛的其他弟子一样，在修行中同样可以证得涅槃。

释迦牟尼在鹿野苑吩咐弟子们分散到各地去宣传佛法，释迦牟尼化度了耶舍成为比丘，耶舍的父母成为优婆塞、优婆夷之后，佛陀传教的影响渐渐扩大。接着，耶舍的亲朋约50人都受到感召，都皈依佛陀做了出家的弟子——比丘。

有一天，佛陀在鹿野苑对50多位弟子说："现在世间有无数众生在迷途上受着痛苦，很需要你们去解救。你们的责任，就像去消灭燃烧着的大火一样，而佛法就像净水一样，你们愿意去吗？"众弟子都愿为弘扬佛陀的教义而踊跃去各方行化布道。为了能普及佛法，增多教益，佛陀规定弟子不应两人同走一路线。佛陀也自己单独向伽耶山走去。

释迦牟尼在走向伽耶山途中，经过一座树林时坐下来休息。这时他看见一个年轻的女人拿着一个很大的包裹从他面前匆匆走过。不久，树林中走出来30个精壮的男人。看这些人的举止和所佩带的刀剑，都是些王公大臣和富豪的子弟。他们看见在树下休息的佛陀，就询问佛陀见到一个拿包袱的女子没有。佛陀问为何找这女子，这些男人说女子是他们找来的妓女，这妓女哄骗了他们，把他们的衣物都偷走了。佛陀说：找东西重要还是找回你们自己重要？快找回你们自己的身心吧！佛陀的这一句话，使这些公子哥猛醒。佛陀又为他们讲解四圣谛的苦集灭道，使他们都皈依了佛陀，成为比丘。

释迦牟尼离开树林，来到他曾经修道的伽耶山尼连河边。他的目的是化度在这里修行的拜火教的首领优楼频罗迦叶。佛陀指出：不去觉悟人生的真谛，抱着追求某种欲望和私念去一味地拜火，是不能解除一切苦恼的，更达不到涅槃寂静的崇高境界。使优楼频罗迦叶真正见到了真理的火光，带领拜火教500弟子皈依佛陀。后来优楼频罗迦叶又说服了他的两个也是拜火教的弟弟那迦叶和伽耶迦叶，各带领自己的250名教徒皈依佛陀。这时，佛陀的弟子已有千余人。释迦牟尼的佛法，从此向更广泛的地域传播。

释迦牟尼曾答应摩竭陀国王频婆娑罗，自己成道，必先去度他。为不失约，佛陀就带领千名弟子去摩竭陀国的首都王舍城。

摩竭陀国的国王频婆娑罗听到悉达多太子修道成为佛陀，亲领千名弟子光临他的国土，非常高兴。带领群臣和眷属，恭迎到首都王舍城城外。请佛陀向全国臣民说法，佛陀在王舍城系统地讲解了"诸行无常、诸法无我、涅槃寂静"三法印。频婆娑罗王和一切听众听从佛法的感召，顿开愚痴，内心清凉。从此，摩竭陀全国奉行佛教，许多人皈依佛陀。

为了报答佛陀的教化，频婆娑罗王在王舍城的迦兰陀竹林内建了一座花园式的别墅，起名“竹林精舍”，供佛陀安居、说法。这就是佛教的第一座寺院的形成。

还有一个妇女，丈夫抛弃了她，她唯一的一个孩子又得病死了。这个妇女痛不欲生，抱着死去的孩子来到佛陀面前，请求佛陀大发慈悲，无论如何要救活她的孩子，否则她也不要活在人世上了。

佛陀说：要救活你的孩子，你必须去找到一户从来没有死过一个人的家庭，向这家人讨来一粒芥菜籽，就能救活这孩子。这妇女走了无数的家庭，但没有一个家庭是从来没有死过一个人的。最后这妇女明白了：人总是要死的，每个家庭都经历了死去亲人的痛苦。佛陀教导这个妇女说：死是人生最大的痛苦，要想解脱生死的烦恼，唯皈依佛门，达到正觉涅槃境地。于是这位妇女皈依佛陀，成为比丘尼。

佛陀说法

释迦牟尼组建僧团后，常端坐千叶莲台上，向僧众弟子讲经说法。他所说法，有佛教的“三皈五戒”。所谓三皈，即皈依佛、皈依法、皈依僧，佛、法、僧为佛门三宝；所谓五戒，即戒杀生、戒偷盗、戒淫邪、戒妄语、戒饮酒。

释迦牟尼宣讲之法，主要有“四谛”“八正道”“十二因缘”；其大略意思是说，世间存在的一切，都是种种痛苦的现象，即所谓“苦海无边”造成痛苦的原因是爱欲和贪欲，要想脱离痛苦，必须根除欲望，遵循佛门的正确途径，证入常乐我净的涅槃境界。

另外，释迦牟尼还主张种姓平等；他说：“不应问生处，宜问其所行，微木能生火，卑贱生贤达。”离王舍城不远的摩诃沙罗陀村里，有一位大富豪名叫大迦叶（又名摩诃迦叶、迦叶尊者），他聪明博学，是婆罗门种姓中最受人尊敬的杰出人物。佛陀在王舍城的竹林精舍说法，声名大震，皈依者如云。起初，大迦叶对佛陀是持怀疑态度的，他为探明究竟，每次都去听佛陀说法。佛陀的德慧和佛法的感召渐渐地打动了大迦叶的心。有一天，大迦叶听完佛陀讲法后，在归家的路上经过多子塔时，看见佛陀正静坐在塔边的大树下。佛陀的肃静和威严，使大迦叶肃然起敬，他终于拜倒在佛陀面前，请求收他为弟子。佛陀对大迦叶说："我知道你会成为我的弟子的，你跟我来吧，未来佛法的流传，很需要你啊！"大迦叶重视苦行，少欲知足，因此有"头陀（苦行）第一"的称号。

释迦牟尼所宣讲的佛理服众，皈依佛门者众多。

释迦牟尼彻底觉悟成为佛陀以来，首先在鹿野苑初转法轮，收乔陈如等5人为弟子后，大约在4年的时间里，相继皈依佛陀成为比丘的，已形成2250人的庞大的教团组织。佛经中常见的"千二百五十人俱，皆是大阿罗汉"就是指的这时僧团的规模。

阿罗汉简称罗汉，是上座部佛教修行的最高果位。达到阿罗汉果位有三个要求：①杀贼（以烦恼为贼）；②无生（不受生死轮回）；③应供（应受人天供奉）。所以罗汉的意思又为"应供"。

佛教传说，十六罗汉是释迦牟尼的弟子，他们受了佛的嘱咐，不入涅槃，常住世间，受世人供养而为众生作福田。

"祇园精舍"遗址。中央的台座，据说是释迦牟尼说法的座位

在释迦牟尼成佛后的第五年，拘萨罗国首都舍卫城的一位富商，名叫须达多（由于他乐意救济贫穷孤独的人，人称"给孤独"），他来到王舍城的竹林精舍拜访佛陀，请求赐教。佛陀对须达多讲解道：救济贫苦孤独者是可贵的德行。但布施只是祈求人天福报，那还是追求"我所有"的欲念，是不会久常的。施财是一种善行，法施（以佛法劝人行善）更是大善，还有无畏施，就是不顾自己安危去解救他人，才是伟大的德行。同

时又进一步讲解了宇宙间没有什么天神控制世界，一切善恶都是因缘而生，是自己的行为所致的道理。须达多听完佛陀教诲，深受启发，下决心要在舍卫城建造一座精舍，请佛陀到拘萨罗国去为众生说法。

须达多在舍卫城为佛陀选择精舍的地方。最后，他认为只有波斯匿国王的太子只陀所拥有的一座花园，才是最适合建造精舍的圣地。于是须达多请求只陀太子将自己的花园卖给他，为佛陀建说法的精舍。太子对佛陀没有认识，不愿出卖心爱的花园，就难为须达多，让他用黄金布满园林来作价购买。如此昂贵的价钱也没有吓倒须达多，他果然用黄金铺满太子花园的土地。这使只陀太子十分感动。于是太子与须达多共同将花园赠送给佛陀，并建造了规模比竹林精舍更大的精舍，佛陀命名为“祇树给孤独园”（又名祇园精舍）。当佛陀到达舍卫城时，受到全城人民的盛大欢迎。从此，祇园精舍与竹林精舍都成为佛陀经常居住说法的重要场所。

佛陀省父

释迦牟尼成道后不久，曾在摩竭陀国王舍城东面的灵鹫山结茅小住，其时摩诃迦叶、舍利弗、目犍连三人正跟随身边，听他说法。

释迦牟尼的父亲净饭王听说自己的儿子修行成佛陀，在邻国舍卫城祇园精舍说法，就派使者请佛陀回国一行。一是想念儿子，二是请佛陀为迦毗罗城的民众说法。佛陀应父亲的召唤回祖国省亲。当他见到离别10多年的父亲时说，我给父亲带来的礼物只有佛法，我就以佛法报答父亲的养育之恩。佛陀在迦毗罗城说法，王亲贵族和平民都来聆听，受到佛法的启迪，许多人皈依了佛门，佛教在佛陀的故乡风行。

佛陀这次回故乡只住了7天，便辞别父亲返回王舍城的竹林精舍宣传佛法。

释迦牟尼这次回故乡虽然只住了7天，但由于他宣讲佛法，感召了许多王族的子弟。不久，许多子弟追踪佛陀到了王舍城的竹林精舍，要求出家修

行。其中著名的有 4 位堂兄弟阿难陀、提婆达多、阿那律和金毗罗。与这些王子一同赶到竹林精舍请求出家的人中，有一位是给王子们理发的贱民（种姓首陀罗），名叫优婆离。优婆离自觉血统卑下，很怕佛陀不收自己为弟子。佛陀不但收优婆离为弟子，并让他出家受戒在诸位王子之先。这是为了表明佛法对任何种姓的人都是平等的。同时也抑制自以为血统高贵的诸王子的骄傲习气。奴隶出身的比丘优婆离，由于他“奉持戒律，无所触犯”，因此拥有“持律第一”的称号，是佛陀的十大弟子之一。

● 重见妻儿

释迦牟尼回迦毗罗卫国后，他的妻子耶输陀罗携其子罗侯罗也前往恭迎。其时罗侯罗年方七岁，聪明智能。

图中跪迎佛祖者即罗侯罗、耶输陀罗，另两人为释迦牟尼的堂弟阿难及王宫理发师优婆离。罗侯罗、阿难、优婆离皆修成阿罗汉果，一起成为佛陀的十大弟子。佛陀灭度后，阿难由于听法多，记忆力强，遂诵出佛陀所讲的人生宇宙的实相真理，优婆离亦诵出佛陀为弟子们制定的行持法规。记录下来后，就是佛氏三藏书中的经藏和律藏。

耶输陀罗后来与释迦牟尼姨母摩诃波阇波提一起皈依佛门后，成为最早的比丘尼（即尼僧）。

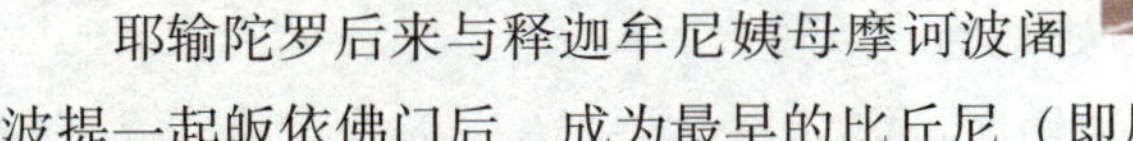

释迦牟尼的父亲在 93 岁的高龄时逝世了。佛陀亲自抬棺把父亲火葬了。净饭王逝世后，曾经抚育过佛陀的姨母摩诃波阇波提夫人，带领 500 释迦族中的妇女，要求佛陀给她们受具足戒，依照正法出家修行。按照当时各沙门的惯例，妇女只允许在家学道，所以佛陀也不收女弟子。但摩诃波阇波提夫人自己把头发剃去，披起袈裟，跪在精舍门外不起。佛陀提出，妇女参加僧团出家，除了遵守一般戒律外，又增加了八条更加严厉的戒规。摩诃波阇波提夫人都欣然接受了。于是波阇波提夫人成为第一个出家的女弟子——比丘尼。“尼”是梵语中的女声。因此汉语俗称比丘尼为“尼姑”。不久，佛陀的

妻子耶输陀罗妃子也加入波阇波提夫人的比丘尼僧团出家了。

由于佛陀的儿子罗侯罗出家，佛陀的姨母摩诃波阇波提夫人率释迦族500妇女出家，这时的佛教僧团就有了七众弟子：①比丘（20岁以上出家男子）；②比丘尼（20岁以上出家女子）；③沙弥（20岁以下出家男子）；④沙弥尼（18岁以下出家女子）；⑤式叉摩那（这是为曾经结过婚的妇女设置戒条。因为有的妇女不知自己受孕，出家后生了孩子，招致俗人诽谤，所以结过婚的妇女要先接受为期两年的式叉摩那戒，两年后再受比丘尼戒）。以上为出家五众。⑥在家男众称优婆塞（男居士）；⑦在家女众称优婆夷（女居士）。合称为七众弟子。

释迦牟尼曾教诫最初的60位弟子说："应为众生利益游行化教。"这就明确规定了佛教僧伽的生活方式是游行乞食，教化四方众生，是没有固定居所的。但印度每年从6月中旬以后的3个月，降雨量很大，河川泛滥，僧尼游行困难，佛教还认为雨季行走易伤草木小虫，应定居一处，坐禅修学，接受供养，这期间称为安居期。佛陀说法的"竹林精舍"和"祇园精舍"，就是为雨季安居和集会的需要才建立的场所。久之，按照3个月集体生活的需要，开始制定出佛教原始的一些宗教仪式和僧团制度。雨季安居的住所逐渐成为永久居住的僧院（寺院），也是为适应僧伽举行宗教集会、禅定或讨论佛法的需要而形成的。

释迦牟尼传教的对象，包括当时社会的各种姓和各阶层。有婆罗门、沙门（各道门的人员）、国王、大臣、商人、手工业者、渔民以至妓女、盗贼等。在传教方式上，随机施设，不拘一格。他用倡颂、散文、故事、譬喻、直叙、问答等各种形式，在不同的场合，针对不同的对象，宣讲不同的内容。

对僧众谈论出离生死，证得无上正觉，对俗人谈论道德和行善。佛陀允许弟子可不用规范化的梵语，而用地区方言进行说教，这就使得他的思想学说在社会上得到广泛的传播。

将“祇园精舍”赠给佛陀的富商须达多，他最小的一个儿子的妻子玉耶，是全国最美的美女，玉耶因自己的美貌而骄气十足、盛气凌人、不孝父母、不睦家人。须达多请佛陀教导玉耶。佛陀带着一个比玉耶还要美丽的美女，亲自到须达多家中对玉耶说法。

玉耶在佛陀面前听讲时，亲眼看到佛陀带来的美女渐渐变老，又由老而变成一架白骨。玉耶觉悟出人的美貌是不会长久的，最终是要变为可怕的骷髅。玉耶从此觉悟，皈依佛陀，成为在家修行的优婆夷。

佛经上说：释迦牟尼在王舍城说法时，城中出现了一个名叫“鬼子母”的女人，这女人生了许多孩子，她非常疼爱自己的孩子，但却喜欢偷吃别人家的孩子。王舍城时有孩子丢失，引起百姓极大恐慌。佛陀为解放无辜幼儿，就将鬼子母最小的，也是她最爱的儿子偷着抱到竹林精舍。鬼子母失去最心爱的小儿子，痛不欲生，来精舍求佛陀帮助。佛陀说：你爱自己的孩子，别人也爱自己的孩子。谁失去孩子都是与你一样的伤心啊！这是因果报应。鬼子母听到佛陀的教诲，认识到自己的罪恶，说只要能找回自己的爱子，她决心悔改。佛陀将孩子还给鬼子母，并为她规定了五戒：不杀生、不盗、不邪淫、不妄言、不吃不应吃的东西。从此，鬼子母做了天下孩子们的保护者。

采花献佛

释迦牟尼在印度北部游历传教，一日于林中树下静坐，头上光环，巍巍无量，如日月之光，辉映四方。村中有一贫穷少女，为大家做佣人，她善良贤淑，敬信三宝。当时遥见佛祖，心怀喜悦，苦于无力供养，即去荒野，采集香花鲜果，贡献佛陀。

释迦牟尼知道她的心意，面露微笑，大发慈悲心，对她说法，并道："一切众生，皆当随时随处出至诚心，广植善因。勿以贫贱为忧，勿轻视小的施舍，以为无福。"少女听后，心解佛慧，矢志随佛以离尘世诸浊苦，勤苦修身以求解脱。释迦牟尼度她出家，号为妙花。

有一位比丘，平时对别人的困难和痛苦漠不关心，从不给予帮助。当这位比丘年纪大了，病得全身生疮，十分痛苦时，大家也是都不帮助他。佛陀得知老比丘得病后，亲自带领弟子阿难陀来看望老比丘。佛陀为老比丘擦洗全身，为他上药，并安慰老比丘安心养病。

佛陀针对老比丘这件事教导众人说：老比丘过去不帮助别人，才有今天别人不帮助他的后果，老比丘是做错了事。但你们不帮助病人也是不对的，这违背了佛门救苦救难的精神，今后一定要做到互相帮助，互相爱护。

古代印度所实行的种姓制度中，把首陀罗男子和别的种姓女子所生的混血儿，从法律上给予一种名叫旃陀罗的贱姓，地位最低贱，只能从事下贱的职业。在舍卫城，有个旃陀罗姓名叫尼提的挑粪者，当他在路上遇到释迦牟尼时，赶快躲开。但释迦牟尼却主动去找尼提，让尼提跟他出家修行。这在当时是很伟大的平等的民主的改革精神，因为当时从事宗教职务被视为最高贵者。这体现了佛陀的"不舍众生"的宗旨。

佛经上说，释迦牟尼在菩提树下初成正觉时，就发出"大地众生皆有如来智慧德相"和"四姓出家，同为释氏"的平等主张。因此佛教受到当时被奴役的下层人民的欢迎。经常有农奴、佣人逃到佛陀处寻求保护。佛陀在舍卫城就曾教诲一个残酷虐待佣人，名叫诺纠玛拉的女主

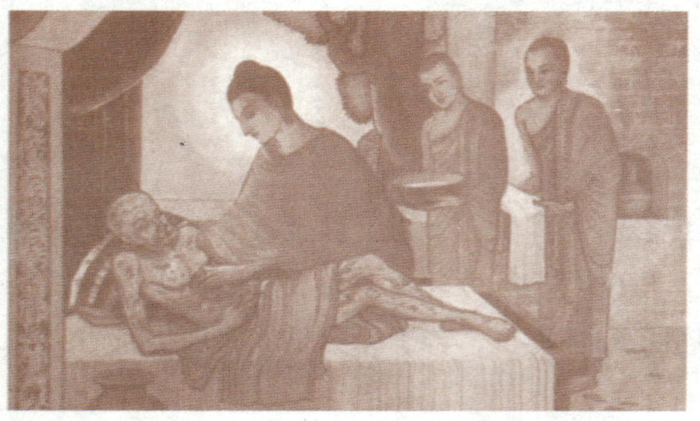

人。释迦牟尼当时明确主张，主人一定要给佣人一定的自由权。他的这种主张，对当时尖锐的阶级矛盾起到了缓和作用。

释迦牟尼在北方传教时，听到黛沙罗国的国王要屠杀大量的牲畜。于是他立即赶到黛沙罗国去见国王问他为什么要杀生。原来国王经常做噩梦，婆罗门教徒让他杀大量的牛羊祭鬼神。佛陀对国王宣讲佛法，告诉他要爱惜一切生命，发扬善良慈悲之心，心情自然平静，不生邪念，魔鬼就没有机会侵扰。人的欲望太强、烦恼太多，噩梦才多。要解脱烦恼，就要修习佛法，使自己觉悟。黛沙罗国王接受了佛陀的教诲，皈依佛陀，成为佛教弟子。

释迦牟尼说法时经常教导人们要“生财有道”。就是要有正当的劳动，正当的经营手段取财，绝不能取用不义之财。

释迦牟尼在舍卫城说法时，在听讲中有一位妇女向佛陀讲述了她自身的悲惨遭遇：这位妇女的丈夫很爱她，他们有两个儿子，有自己的田地和房子，生活十分美满。没想到灾难接连降临到这位妇女的身上：房屋被烧毁，丈夫被毒蛇咬死，一个儿子被大水冲走，另一个儿子又被老鹰抓走。这位妇女从最幸福的人一下变成了最不幸的人。她痛苦得不能自拔，请佛陀帮助她解除痛苦。佛陀就以这个妇女的遭遇，来说明四谛中人生皆苦的道理和“诸行无常，诸法无我”的佛理，觉悟明理，才能认识这个世界，才能掌握指导自己的行为，才能脱离苦恼。这位妇女得到佛陀的启发，出家成为一名比丘尼。

有一年，释迦牟尼的家乡一带遭到了较大的旱灾。释迦族人要引沓提河水灌田，沓提河对岸的考利亚族人也要引沓提河水灌田，因这是一条界河，于是释迦族与考利亚族人之间争水，眼看就要发生流血的争斗。

释迦牟尼闻讯，立即赶到沓提河边，向就要动武的两族

人说：是河水重要还是你们的生命、鲜血重要。就是争到了水，没有了性命还有什么意义。用和平的方式解决争端，才是人类的大智慧。在佛陀的教诲下，两个民族经协商互相利用河水，避免了一场流血的冲突。

释迦牟尼十分重视众生的教育事业。佛陀要求僧团，每日不但要学习教义进行修持（就是理论与实践结合），还要学习文化知识。因为没有文化知识就不能很好学佛。

古今中外，许多大的寺院里，往往设有佛学院，以培养造就佛教事业的接班人才。

佛学院课程的设置一般都有佛学课和文化课两方面。佛学课教授经、律、论及佛教史；文化课有语文、科学知识、时事政策。学习外文也是重要课程。还有重点研读巴利文、梵文等，为译经文的需要。佛陀还主张提升民众的受教育程度，告诉弟子们在传教的同时，也要传播文化知识。

● 佛化无恼

舍卫国有一人，名叫无恼，身材魁伟，力超壮士，勇猛好斗，从师一婆罗门。有一天，师父唆使他清晨执利刃出门，到中午时，若能杀够一百人，把百只指头穿成指鬘（环状饰物），饰之就能升天成神。无恼被惑，若醉若狂，逢人便杀，如狮搏兔，剑到指脱，国内之人，奔走藏匿，不敢外出，释迦牟尼知道后，急忙赶去解难。

这时已近中午，无恼捡点手指，已得九十九枚，遍寻人不得，恐错过时间，心中焦躁，恰逢无恼母亲已做好午饭，怪子不归，出门来寻，无恼心智模糊狂乱，竟欲杀其母，以凑指数。释迦牟尼赶到，挡到前面，无恼舍母追赶佛祖，佛祖施展神足通，无恼力竭也追赶不上，佛祖教化他道："汝从邪师，伤生害命，造无边罪，岂能妄想成道？"无恼蓦然醒悟，掷刀道旁，五体投地，愧悔不已，后亦随佛出家，永离邪门。

"放下屠刀，立地成佛"就出自这个故事。

佛度猎人

摩揭陀国王舍城外山峦起伏，林木茂盛，极多飞禽走兽，于是许多人操弓持弩，大肆猎杀禽兽。

释迦牟尼心中众生平等，人类畜生本无差别。某日见一猎人，射猎飞雁，群雁惊飞，一雁中矢，哀鸣堕地，佛祖心中慈悲，化作俗人，抱护伤雁劝告猎人道："大雁生长川泽湖泊之间，与人无争，有什么罪恶，要受到你诛戮呢？要知道，人若杀生害命以自济活，乃是罪孽深重的业障，若不自拔，报应将如影随形，就在目前。"

猎人听了佛祖之言，感悟悔过，忙取药给雁治伤包扎，并放于山林。佛祖又点化他道："慈悲为本不伤众生，博爱济众福常随身。"

猎人即皈依了佛陀，愿受佛门五戒，以脱苦厄。

驯服醉象

释迦牟尼还有一堂弟，叫提婆达多，也随众出家，他骄傲狠戾，妒忌佛陀，想争夺僧团领导权，分裂佛教，他诱惑摩揭陀国王子阿阇世杀害了崇奉释迦牟尼的父王频婆娑罗王，后来又欲加害佛陀，但三次暗害，都不成功。

他们又假意请佛陀入城，暗中在道旁埋伏一头醉象，欲趁机杀踏佛陀，释迦牟尼带领五百弟子，往城里而来，百姓恐佛被醉象伤害，站在城头，请佛陀不要过去，醉象却昂头甩动长鼻，直奔佛陀，释迦牟尼毫不畏惧，迎了上去，伸开五指放大光明，出大音声，似雄狮怒吼，醉象伏地受法，从此驯服，不敢害人。

后来，阿阇世王觉悟，归佛忏悔，提婆达多党徒离散，众叛亲离，成为孤家寡人，无处容身，气惧而死。

● 收比丘尼

释迦牟尼返家省父后，他的姨母摩诃波阇波提和妻子耶输陀罗都先后皈依了他，同时，有更多的妇女也信奉了佛教，其中的许多人希望加入佛教僧团，释迦牟尼也准许了她们的要求。

他说：“我今分众为四众，在家二众，出家二众，凡是信奉佛教，愿意披剃出家的，男的名为比丘，女的名为比丘尼，这是出家的二众；凡是信奉佛教，不愿出家的，男的名为优婆塞，女的名为优婆夷，这是在家的二众。”

本图即为释迦牟尼收女性弟子的情况，旁侧僧人为阿难。

早期的女性佛教徒都乐善好施，忠诚于佛法，并能传教布道，她们为佛教的传播和发展作出了较大贡献。

不蓄金银

“五戒”再加上不观听歌舞，不着华鬘，不坐高广大床，过午不食，不蓄金银财宝，即为佛教的沙弥“十戒”。

释迦牟尼强调人生皆苦，贪爱皆是苦因，钱财是人所贪爱之物，变化无常，终将消失，欲解脱人生痛苦，就应舍去贪爱之物，消除贪欲之念，这才可能达到没有痛苦的涅槃境界。

画中倒卧地上之人，穿金戴银，广积财宝，贪得无厌，但是财宝并没有给他带来幸福。贪欲只会使他更为痛苦而无片刻的心理安宁，因此，只有虔信佛祖，崇敬三宝，才能登上“佛筏”，从无知、贪欲而痛苦不堪的此岸渡过生命的长河，到达智能的彼岸。

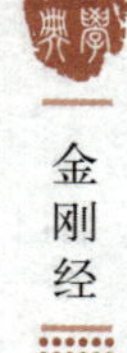

象猴得度

释迦牟尼一日坐在尼连禅河边菩提树下静思，一只猕猴手捧蜜果，一头大象鼻卷竹筒甘泉悄悄跪伏于前，佛祖睁慧眼询问其故，猕猴答道：“我原居住在山麓林中，有亲眷数百，每日攀树摘果自在生活，但王子游猎射杀我辈，伙伴尽皆丧身，我攀树枝荡过溪流而幸免于难。今剩一生身，求佛祖救度。”

大象也说：“我所居住处附近有一恶人，对我象群十分凶狠，陷阱捕捉，刀剑杀伤，我为避灾祸逃匿于此，幸遇佛祖，祈求庇护。”

释迦牟尼听后，对猕猴说道：“伤生害命是佛门第一大戒，滥施强暴的人终将受惩，你们欲要解脱苦厄，须精修磨炼。”说罢，遂与象猴同饮甘泉，分食蜜果，象猴大喜，叩拜佛祖，投入尼连禅河，溺水而死，待转世为人，再出家修行，以求解脱。今河畔林中，佛度象猴处，仍有遗迹可寻。

普度众生之一

1. 佛陀带领摩诃迦叶等三位弟子到古印度迦尸弥罗国传教。

2. 国内有一青年名毗阇先，心地善良，当时久旱无雨，他就到旷野撒谷物喂鸟，以此向天祈雨。

3. 毗阇先父母年迈多病，他尽心奉养，非常孝顺。

4. 毗阇先乐于助人，学校的老教师脚部受伤，他热心治疗。

5. 毗阇先妻子贤惠，幼子乖巧，家庭和睦幸福。

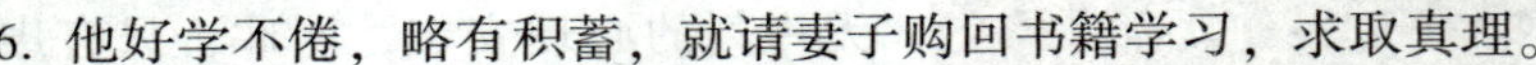

6. 他好学不倦，略有积蓄，就请妻子购回书籍学习，求取真理。

7. 毗阇先勤劳仁厚，常于夜半起来为饲养的牲畜加添饲料。

8. 持之以恒不失善行的毗阇先为佛陀赏识，就吩咐摩诃迦叶前往度化他。毗阇先悉听了迦叶尊者的种种教诲，明白了许多真谛，遂皈依了佛陀，后来成为著名的在家弟子。

普度众生之二

1. 古印度摩揭陀国某村有一少女名叫优那陀耶，她父母双亡，一人为生。

2. 她摆设一个小摊，出售水果蔬菜等杂货，由于买卖公平，生意还不错。

3. 后来她与同村的一个青年结为夫妇，婚后感情融洽，丈夫料理生意，她在家中操持家务。

4. 不久，她生了一个可爱的孩子，家庭生活更增添了乐趣。

5. 可惜好景不长，丈夫因病去世后，幼子亦即患病身亡，她抱着死去的孩子来到正在菩提树下坐禅的佛陀前祈求超度。

6. 佛陀对她讲道：娑婆世界的一切，本性都是“苦”，人生皆苦，生苦，老苦，痛苦，死苦，怨苦，别离苦，生活在尘世上，就是生活在“苦”中。

7. 优那陀耶回村后，迫于生计，便求助邻里，时逢瘟疫流行，病死之人甚多，人人自顾不及，无力相助。

8. 她深感丧夫失子以及人世生活之苦，忆及佛陀的教诲，决心脱离苦海，优那陀耶皈依了佛门，佛陀应允收她为徒，后来，她精心修行，终成正果。

普度众生之三

1. 中印度摩揭陀国有位妇女名叫波摩，她与丈夫虽非常富有，但男耕女织，感情甚笃。逢丈夫在田间忙碌时，波摩忙完家务，总要到田里去帮助他，他们还有两个天真可爱的孩子，家庭生活幸福美满。

2. 有一天，丈夫去田里后，波摩在海边的树下给小儿子喂乳，大儿子在海滩上嬉戏，她轻拍小儿子，幸福充满她的心田。

3. 正在田里收割庄稼的丈夫，被窜出的一条毒蛇咬了一口，很快就毒发死亡……

4. 一只凶恶的兀鹰，忽然从天而降，叼起树下的幼儿，霎时便无影无踪……

5. 大海掀起了汹涌的浪涛，卷走了正在海滩的大儿子……

6. 短短一天之内，波摩便失去了丈夫和两个娇儿，她悲痛欲绝，望着正在焚烧丈夫遗体的火焰，深感世间之苦，家破人亡的波摩皈依了佛陀，虔诚地祈求解脱，在佛陀的点化下，她潜心修行，勇猛精进，后来成为有名的佛门女弟子。

佛说前生

佛陀有一次向弟子这样说：以前有一国王叫勒那跋弥，他秉性善良，体察民情，得到百姓爱戴，由于无子，他虔诚祈祷天帝，不久，王后就给他生下了一个儿子，人称善事太子，太子少时即十分聪慧，熟读经书，深明其义理。

他经常端坐菩提树下静思，或听僧众诵经讲道，看见过他的人，都说他相貌堂堂，酷似天帝。一日，他途经郊外，见农夫犁田，便下车试之，随即看见了这样一件事——耕地之时，地中的许多虫蚁被驱出来，一只蛤蟆趁机饱餐虫蚁，尔后一条蛇又吞食了蛤蟆，接着一只大雕飞来啄食了那条蛇。

太子看后，感慨不已，心忧不乐，他一面随国师遍访名山，求学寻道，一面劝告父母多做善事，更加体恤民间疾苦，后来，当善事太子到了绀琉璃山时，众多的天女手持珠宝，奉献于他。佛陀最后说道：那时的善事太子，就是现在的我啊！勒那跋弥国王就是现在的净饭王，那时的王后就是我母亲摩诃波阇波提 。

释迦牟尼从35岁成佛以来，数十年如一日，从未间断过宣传佛法，教化众生的活动。佛陀亲自所到的地方主要是中印度的恒河流域，大致是北到迦毗罗卫，南到王舍城，东到瞻波，西到乔赏弥。但是，斯里兰卡和缅甸都有佛陀曾经到过并留下足印的传说。

释迦牟尼经过几年的苦行和几十年风雨中奔走传教，讲经集会3万余次，化度众生无数。佛陀到了80高龄的时候，衰老的身体实在支持不住了，他自知舍寿的时间快要到了。但佛陀还要抓住生命的最后时刻，为弘扬佛法尽力去做。佛陀从王舍城出发，向北方游行，做他最后的教化活动。

佛陀在离开王舍城的时候，对王舍城的弟子们提出要求：今后要依靠自己，要依靠佛法，而不要再依靠我了。

释迦牟尼北行首先来到毗舍离，当地一个十分富裕而又十分美丽的妓女名叫庵摩罗，她虽然是妓女，但却虔诚地信奉佛教。佛陀认为她虽为妓女，但能信仰正确的宗教，也是难能可贵的。当庵摩罗请佛陀到她家去受供养时，佛陀欣然应允了。接着，毗舍离城中的有钱有势的乡党、富商们都来请佛陀，希望他不要到妓女家去。佛陀以事先应允，不去失礼而拒绝了乡党和富商们的邀请，当晚率领弟子在庵摩罗特意为佛陀腾出来的花园中安歇。

佛陀是以自己的行为，宣传佛法是对众生平等的。

释迦牟尼在毗舍离度过了雨季，又带病行至拘尸那迦城外的希拉尼耶伐底河边，那里有一片娑罗树林，佛陀与阿难陀走进树林。他叫阿难陀在两棵娑罗树中间铺上草和树叶，又将僧伽梨（大衣）铺在上面，然后佛陀头向北方、面向西方、右肋而卧、头枕右手。这是佛陀所选择的僻静的、荒野的地方，来作为他涅槃的处所。

释迦牟尼在娑罗双树间躺着，将要进入涅槃了，这时来了一个外道（其他教派）僧人，名叫须跋陀罗，在外道教派中是位很有学识和道德的长者，他听到佛陀在娑罗林中即将涅槃，特地赶来请教佛陀传授正法，以求开悟。阿难陀坚决不允许在这个时候再有人去打扰佛陀。但佛陀不愿舍弃任何众生，他让须跋陀罗来到床前，用最后气力，向他讲解了无常、无我、涅槃寂静的三法印和八正道等佛法根本知识，使须跋陀罗迷津顿开，成了佛陀在世收的最后一位弟子。

释迦牟尼在娑罗双树间即将涅槃的弥留之际，向弟子们所作的最后的叮嘱是：不要以为你们失去了导师，应当以法为师，要努力精进，不要放逸。

佛陀逝世后，遗体举行火化。摩揭陀国人和释迦族等将佛陀的舍利（火化后的佛的遗体）分成八份，在他们各自的本土上建塔安奉。这是有佛塔的开始。

关于释迦牟尼的涅槃日，有很多不同说法。我国一般认为是公元前486年，农历二月十五日。东南亚各国（南传佛教）则以公历5月月圆日（相当于我国农历四月十五日）为佛的涅槃日。

释迦牟尼在世所收的弟子，分在家与出家。在家弟子太多无法统计，分散在各地的出家弟子也没法计算。只算常跟随释迦牟尼身边并证得阿罗汉果的比丘，就有1255人。这其中有10人是被公认的学有成就，各有专长。所谓十大比丘：舍利弗（智慧第一）；目犍连（神通第一）；富楼那（说法第一）；须菩提（解空第一）；迦诲延（论议第一）；大迦叶（头陀第一）；阿那律（天眼第一）；优婆离（持戒第一）；阿难陀（多闻第一）；罗侯罗（密行第一）。

以上这十大比丘，其中有几个人的塑像，在寺庙中是多有供奉的。

释迦牟尼生前教示，在他逝世之后，僧团要以佛法为师。因此对佛陀的教法进行整理以流传后世是十分必要的。于是，在佛陀涅槃后的90天（五月十五日），由跟随过佛陀的五百比丘，公推大迦叶为上座（会议主持），在王舍城外的七叶石窟中集会。在会上由阿难陀诵出佛所说的经，由优婆离诵出佛所制的僧团戒律，由大迦叶诵出对教理解释和研究的论著，将佛一言一语都记录下来。形成经、律、论的佛教三藏，比丘们互相传视，并得到与会者的认可，定为是佛所说。这就是第一次结集。

三藏，“藏”，原语是盛放东西的竹箧，是容纳收藏的意义。

结集两个字含有编辑的意义。古代翻译家用结集二字含有“会诵”的意思。

《大藏经》是佛教典籍的大型丛书，又名一切经，即是汇集佛教一切经典丛书的总称。内容包括经、律、论三藏。《大藏经》的编纂，始于释迦牟尼涅槃不久。通过几次会议方式的“结集”，形成一致公认的经、律、论内容。其后又不断增加了有关经、律、论的注释和疏等“藏外典籍”，成为卷帙浩繁的四大部类。现存的《大藏经》，按文字分为汉文、藏文、蒙文、满文、西夏文、日文和巴利语系。

第一部木版雕印的汉文《大藏经》的问世，是北宋开宝（公元968～975年）年间。以后的元、明、清各朝代到中华民国，共出版过木刻和排印本《大藏经》20种。日本和高丽国所排印的《大藏经》，均是依照汉文。

佛光普照

释迦牟尼佛静坐菩提树下得大觉悟后，创立了佛教基本教义，他广收门徒，组建僧团，度人不计其数，总计其一生，说法四十余年，谈经三百余会，功德无量。自他灭度后，佛教弟子多次集结，追述他所教的学理，编集成浩繁的《大藏经》。他的生平事迹，也随着佛教在亚洲地区的传播而流传开来，并逐渐被后人赋予神秘的色彩，他本人也被神化为法力无边的佛祖。我国汉族地区人们习俗上称他为如来佛，是佛的十种称号之一，“如”即“真如”，指佛所说的“绝对真理”，循此真如达到佛的觉悟，“如来者，乘如实道来成正觉，故曰如来。”大乘佛教认为有许多佛，故如来并不一定专指释迦牟尼佛。

佛教圣迹

佛教圣迹遍及南亚、东南亚与东亚，右图四幅照片为释迦牟尼佛诞生、悟道、初转法轮、涅槃的四座圣塔。

上左：生处塔，在迦毗罗卫国（今尼泊尔南部地区）林微园中。

上右：成道塔，在印度摩揭陀国（今印度比哈尔邦境内）善胜道场元吉树下，据传，佛陀就是在此地悟道的。

下左：转法轮塔，在印度波罗奈国（今瓦腊纳西地区）古仙人住处鹿野苑中，据说，佛陀于此地第一次向阿若侨陈如等五人说法，并使他们成为第一批佛教信徒。

下右：涅槃塔，在拘尸那国（约今印度联合邦迦夏城地区）力士生地秀林双树间，据传，佛祖就在此处圆寂辞世。

《梁朝傅大士颂金刚经》

二十世纪初敦煌遗书的发现，为人们打开一个新的天地。《傅大士颂》是首批被人们注意到的敦煌遗书之一。从那时到现在，学术界对《傅大士颂》的研究不断推进，并取得了相当丰厚的成果。

1914年，日本小林雪峰发表了《关于敦煌发掘的〈傅大士颂金刚经〉》，中村不折发表了《关于〈傅大士金刚经序〉及其颂文》。他们认为，从缀牒本的体裁和字体来看，敦煌遗书《傅大士颂》（斯1846号）应在初唐高祖（公元618~626年）或睿宗（公元684年）时代就已经流传于世了。

1933年，日本矢吹庆辉出版了《鸣沙余韵？解说篇》，提出《傅大士颂》并非傅大士所作，而是相宗学人所为，但没有提出具体的论据。并且提出在《弥勒上生经》中有弥勒菩萨所居的兜率天“摩尼光回旋空中，化为四十九重微妙宝宫”的说法。认为这可能就是《傅大士颂》采用四十九颂的依据。由于傅大士被认为是弥勒菩萨的化身，因此就把“四十九”与“傅大士”联系起来了。

1935年至1945年之际，周叔迦先生曾对《傅大士颂》进行研究，认为此《傅大士颂》是唐人附会梁朝傅大士而作。理由有三：一是《梁朝傅大士颂金刚经？序》（以下简称《序》）中说《傅大士颂》原本题在“荆州寺四层阁上”，但又说“阁既被焚烧”。既然如此，则此《傅大士颂》的源头，实在无本可据。二是传世的傅大士其他言偈多不用教相名句，而此颂采用了“遍计”、“依他”、“圆成”等三性之名。这些名称首见于唐人玄奘译本。三是末颂采用了元魏菩提流支所译《金刚经》之九喻。但梁朝时菩提流支的这个译本还没有流通到江南。周先生认为：“此颂附会之作，要在初唐之末也。”此后几十年，对《傅大士颂》的研究归于沉寂。1970年，日本井ノ口泰淳发表了

《金刚般若经传承的形式——敦煌、吐鲁番出土关于〈梁朝傅大士颂金刚经〉的若干资料》。他将回鹘本的《傅大士序》译成汉文，并将它与《大正藏》第85卷所收的《傅大士序》（斯1846号）相对照，发现回鹘本《傅大士序》与敦煌本《傅大士序》内容基本一致，但末后多出“皈依佛，皈依法，皈依僧”等三皈依文。他还介绍了回鹘本中以婆罗迷文音译汉文《启请文》的情况。他把以“弥勒颂曰”领起的《傅大士颂》单行本称为“弥勒颂”，指出有四种残本的“弥勒颂”。由于这四种弥勒颂都是残片，因此无法判定到底是否有经文。但是，其他带经文的颂前都有“弥勒颂曰”领起。而这些残片的颂前都没有“弥勒颂曰”领起。因此，他认为《傅大士颂》开始是穿插在《金刚经》中，后来为了方便阅读，才从中抽出来，成为单行本。

1971年德国的Georg Hazai和Peter Zieme，将吐鲁番出土的回鹘文《傅大士颂》汇集、编辑，并翻译成德文。Peter Zieme认为敦煌遗书《傅大士颂》不可能创作于9世纪之前，而回鹘本最早可能作于10世纪。他发现回鹘本的颂文比敦煌遗书《傅大士颂》的颂文更多，认为这些多出的颂文可能是回鹘文译者所创。最后，他认为《傅大士颂》是后人伪托傅大士之名而撰的。其实，所谓多出的颂文在中文本和高丽本中也有。这些颂文在中文本标为“智者大师”所作，而高丽本则将其归于“傅大士”。

1980年，日本川崎ミチコ在《讲座敦煌》中发表了对《梁朝傅大士颂金刚经》的研究，认为该文献形成应在唐中期以后，亦即九世纪之后。并在井ノ口泰淳研究的基础上，主张应有“弥勒颂”单行本传世。

1981年，陈祚龙发表了《敦煌古抄“梁朝傅大士颂金刚经”之考证和校订》。提出《傅大士颂》是相宗学人伪托傅大士所作，其原因有二：第一，该颂的作者肯定是受天亲菩萨所造的《金刚经论》的影响而萌发了创作的思路。第二，他认为《傅大士颂》不可能早于西元805年问世。

1982年，日本松崎清浩发表《傅大士和金刚经》。认为：一、敦煌遗书

《傅大士颂》应创作于初唐或隋朝。二、《傅大士序》中提到的“有一智者，不显姓名，资扬五首”，这五首“智者颂”应是第一颂、第八颂及末后“三性颂”，因为这五个颂之前没有“弥勒颂曰”。三、敦煌遗书的颂文没有以后的传本多，以后的传本是指《金刚经五家解》和《金刚经集解》中所收的颂文。

1994年，香港衍空法师撰《〈梁朝傅大士颂金刚经〉概述及颂文英译》，他对所收到各种传本的《傅大士颂》进行了校勘，名为《综合本〈金刚经颂〉》附于文末。他指出：对《傅大士颂》起源于梁武帝与傅大士一事，最早提出异议的是观竹庵。在宗鉴（？~西元1206年）编撰的《释门正统》这本天台论著中，观竹庵提出“《傅大士颂》非傅大士所作”，理由有二：一、傅大士被请入宫讲《金刚经》的时候（西元533年或534年），志公大师（卒于西元514年）早已圆寂，故志公推荐傅大士讲经不可能是在那一时间。二、《傅大士颂》常用相宗术语“三性”，多用“三性义”，恐北方相宗人私窃大士名也。衍空法师同意观竹庵的观点。他把各种传本的《傅大士颂》分为敦煌中文本、高丽本、五十三家本、宗通本、回鹘本等五个传本，并对它们进行了评介。他发现高丽本《傅大士颂》所包含的颂文数量最多，总共七十首。衍空法师提出，《傅大士颂》的创作时间很可能在公元645~867年之间。因为《傅大士颂》的作者生活于从玄奘由印度返回（西元645年）到临济圆寂（公元867年）之间。其次，虽然作者的阐释受到了玄奘弘扬的相宗影响，但这并未妨碍他对其他领域佛教思想的理解和运用。因此，《傅大士颂》的作者是一位“无名菩萨”而非相宗学人，因为作者不想暴露其个人的身份，于是就假借一个很受尊重的人物（傅大士）来代替了。

1995年至2000年，张勇博士多次发表有关《傅大士颂》的论著，本文所引以其最后成果2000年7月出版的《傅大士研究》为准。《傅大士研究》第八章为《敦煌遗书〈梁朝傅大士颂金刚经〉》，对《傅大士颂》诸传本进行校订、归类、研究。全文分三节来写：一、傅翕解讲《金刚经》的故事。二、版本源流。有两个部分：（一）敦煌遗书。又分为四类，认为最早的传本（即第一类）是伯2756号、伯2277号、斯4105号，最晚的写本是斯1846号。（二）后世流布的传本。他介绍了《金刚经集解》《金刚经注解》等，认为“在《梁朝傅大士颂金刚经》的演变过程中，《金刚经集解》是一道分水岭，是今日尚流传的颂、歌的最后定本”。三、创撰年代及作者之考辨。他提出：

"《梁朝傅大士颂金刚经》应创撰于唐穆宗长庆二年（公元 822 年）至文宗大和五年（公元 831 年）之间。"并主张它是佛窟遗则晚年受本门尊崇《金刚经》的影响，因景仰傅大士而撰。

对于上述现代学术成果，我们大至可归纳出如下几条：第一，到目前为止，学术界已有足够的证据，可以说明《梁朝傅大士颂金刚经》并非"梁朝傅大士"所作，并且已成为定论。

第二，对《傅大士颂》中"傅大士颂"的作者，有着不同的看法。观竹庵、矢吹庆辉、陈祚龙等认为《傅大士颂》的作者是"法相宗的学人"。他们以一种学术直觉以及《傅大士颂》中用了相当多的法相宗名词，来做这样的估计。衍空法师和张勇博士认为不是法相宗的学人所作，衍空法师提出了"无名菩萨"作一说，而张勇博士更进一步的认为是"佛窟遗则"所作。

第三，对《傅大士颂》中"智者颂"的智者，松崎清浩认为是"慧约大师"；而张勇博士认为是"通达佛理者的泛称"等等。但都没有注意到此处不但指"通达佛理者的泛称"，而且，到后来还曾指"天台智者大师"。

第四，从观竹庵开始，历代对这一文献进行研究者，基本认为是《傅大士颂》的作者本人出于某种（或许是善意的）目的，而伪托傅大士之名所撰。

第五，对于创作时间，有松崎清浩认为应创作于初唐或隋朝，小林雪峰等认为在初唐时就已流传于世了，周叔迦先生认为是唐初之末的作品，德国学者 Peter Zieme 认为不可能创作于九世纪之前，陈祚龙认为不可能早于西元 805 年，川崎ミチコ也认为该文献形成于九世纪之后，衍空法师认为约在西元 645~867 年之间，张勇博士认为是在公元 822~831 年之间。总之，尚未得出统一的意见。

通过上述相关资料的介绍，以及研究史的回顾，可以发现许多有待解决的问题。这需要更多原始文献和相关资料，以及以后的不断研究来解决。

印顺法师解《金刚经》

“凡所有相，皆是虚妄。”——解脱之讲座

一、解脱即是自由

解脱，是学佛所仰求到达的，是最高理想的实现。我们是初学，没有体验心得，至少我没有到达这一境地，所以不会说，不容易说，说来也不容易听。如没有到过庐山，说庐山多少高，山上有什么建筑，有怎样的森林、云海，那都是说得空洞，听得渺茫，与实际相隔很远的。佛与大菩萨的解脱，体会更难，现在只略为介绍一二。

解脱，是对系缚而说的。古人称做解黏释缚，最为恰当。如囚犯的手足被束缚，受脚镣手铐所拘禁，什么都不自由。除去了系缚，便得自由。人（一切众生）生活在环境里，被自然、社会、身心所拘缚，所障碍，什么都不得自由。不自由，就充满了缺陷与忧苦，悔恨与烦恼。学佛是要从这些拘缚障碍中透脱过来，获得无拘无滞的大自在。三乘圣者，就是解脱自由的实证者。

在自然，社会，身心的环境中，也可说有系缚与非系缚的。如砖石乱堆一起，会障碍交通，便是系缚。如合着建屋的法则，用作建筑材料，那就可筑成遮风避雨、安身藏物的处所，增加了自由。即长江大河，疏导而利用它，可成交通运输，灌溉农田的好工具。否则，河水泛滥，反而会造成巨大的损害。社会也是如此，身心也如此，不得合理的保养，休息，锻炼，也会徒增苦痛。

然而使我们不得自在的系缚力，使我们生死轮回而头出头没的，最根本的系缚力，是对于（自然、社会、身心）环境的染着——爱。内心的染着境界，如胶水的黏物，磁石的吸铁那样。由于染着，我们的内心，起颠倒，欲望，发展为贪、瞋、痴等烦恼，这才现生为他所系缚，并由此造业而系缚到将来。我们触对境界而生起爱瞋、苦乐，不得不苦、不得不乐，这不是别的，只是内心为事物所染着，不由得随外境的变动而变动。

学佛的，要得解脱与自由，便是要不受环境所转动，而转得一切。这问题，就在消除内心的染着、执着，体现得自在的境地。佛问某比丘：你身上穿的衣服，不留意而被撕破了，你心里觉得怎样？比丘说：心里会感到懊丧。佛又问：你在林中坐禅，树叶从树上落下，你感到怎样？比丘说：没有什么感触。佛告诉比丘说：这因为你于自己的衣服，起我所执而深深染着的关系。树叶对于你，不以为是我所的，不起染爱，所以才无动于衷。佛陀的这一开示，太亲切明白了！平常的家庭里多有意见，或者吵闹，这因为父子、兄弟、夫妻之间，构成密切关系，大家都起着我我所见，所以容易“因爱生瞋”。对于路过的陌生人，便不会如此。我们生活在环境中，只要有了染着，便会失去宁静，又苦又乐，或贪或恨。从我的身体，我的衣物，到我的家庭，我的国家，凡是自己所关涉到的，无论爱好或瞋恨，都是染着。好像是到处荆棘，到哪里便牵挂到哪里。听到声音，心就被音声钩住了；看见景色，心便被景色钩了去。好猎的见猎心喜；好赌的听见牌响，心里便有异样感觉。我们的心，是这样的为境所转，自己做不得主。

求解脱，是要解脱这样的染着。任何境界，就是老死到来，也不再为境界所拘缚，而能自心做主，宁静的契入于真理之中。对事物没有黏着，便是离系缚得解脱了。烦恼染爱，无始以来，一直在系缚我们，所以忧苦无边，如在火宅。真的把染爱破除了，那时候所得到的解脱法乐，是不可以形容的。好像挑着重担的，压得喘不过气来，一旦放下重担，便觉得浑身轻快。又如在酷热的阳光下，晒得头昏脑涨，渴得喉干舌硬。忽而凉风扑面，甘露润喉，那是怎样的愉快！解脱了的，把身心的烦累重压解消了，身心所受的“离系之乐”，轻安自在，惟有体验者才能体会出来。总之，解脱不是别的，是大自在的实现，新生活的开始。

二、解脱的层次

佛法说有两种解脱：一、心解脱，二、慧解脱。这虽是可以相通的，而也有不同。如画师画了一幅美女或一幅罗刹，因为人的认识起了错误，以为是真的美女或罗刹，于是生起贪爱或者恐怖，甚至在睡梦中也会出现在面前。事实上，哪里有真的美女或罗刹呢！这种贪爱与恐怖等，只要正确地认识他——这不过是假的形象，并没有一点真实性；能这样的看透他，就不会被画师笔下的美女与罗刹所迷惑了。

我们的生死系缚不自在，也是这样，依无明为本的认识错误，起染爱为主的贪瞋等烦恼，忧愁等苦痛。如能以智能勘破无明妄执，便能染着不起，而无忧无怖，离无明，名为慧解脱，是理智的。离爱，名心（定）解脱，是情意的。这两方面都得到离系解脱，才是真解脱。

佛法的解脱，廓清无明的迷谬，染爱的恋着，所以必须定慧齐修。但外道的修习禅定，也有修得极深的，对五欲等境界，名位等得失，都能不起贪等烦恼。不知真实的，以为他是断烦恼了，何等自在呀！其实这不是根本解决，如石压草一样，定力一旦消失了，烦恼依旧还生。这如剿匪一样，倘不施予感化，兵力一旦调走，匪会再活动起来。若能施以道德的感化，生活的指导，使成为良民，地方才会真的太平。所以，系缚我们的烦恼，必须用智能去勘破他，而不能专凭定力。佛法重智能而不重禅定，理由就在此。然而，一分佛弟子，仅有一点共凡夫的散动慧解，这对于解脱，不能发生多大力量。有的着重真慧，依少些未到定力，能断烦恼，了生死，这称为慧解脱。这样的解脱，从了生死说，是彻底的；但在现实身心中，还不算圆满。所以定慧均修，得“俱解脱”，才契合解脱的理想。专约慧证的解脱说，人类对于事事物物，处处起执着，处处是障碍，不得自在。要破除执障而实现解脱，在修持的过程上，略可分为三阶。

1. 于千差万别的事相，先求通达（外而世界，内而身心）一切法的绝对真如——法法本性空，法法常寂灭。真如是绝对平等而无差别的，可是我们（一切众生）从无始以来，一直在无明的蒙蔽中，于一一境界，取执为一一的实性。由此，我见我所见，有见无见，常见断见，无边的葛藤络索，触处系着。如能从幻相而悟入平等无差别的法性，即能从执障中透出，而入于脱落身心世界的境地。古人说：“见灭得道”，“见空成圣”，“入不二门”，大旨相同。如不能透此一门，一切谈玄说妙，说心说性，都不相干。

2. 虽然要悟入空性无差别（或称法界无差别），而不能偏此空寂，偏了就被呵为“偏真”，“沉空滞寂”，“堕无为坑”。原来，理不碍事，真不坏俗，世界依旧是世界，人类还是人类。对自然、社会、身心，虽于理不迷，而事上还需要陶冶。这要以体悟的境地，从真出俗，不忘不失，在苦乐、得失、毁誉，以及病死的境界中去陶练。换言之，不仅是定心的心境，而要体验到现实的生活中。

3. 功行纯熟，达到动静一如，事理无碍。醒时、睡时、入定、出定，都无分别，这才是世法与出世法的互融无碍，才能于一切境中得大自在。关于悟入而心得解脱，本有相似的与真实的，浅深种种，不过从理而事，到达事理一致的程序，可作为一般的共同轨辙。

三、解脱的重点

解脱，从体悟真性而来。体悟，是要离妄执，离一切分别的。在修行趣证的行程中，合理的分别是必要的。但在临近悟入的阶段，善的与合理的分别，都非离却不可。经上说：“法尚应舍，何况非法？”论上说：先以福舍罪，次以舍舍福。佛见，法见，涅槃见，都是“顺道法爱生”，对于无生的悟入是有碍的。古人所以要“佛来佛斩，魔来魔斩”。所以说“欲除烦恼重增病，趣向真如亦是邪”。你不见，白云乌云，一样的会遮碍日光？金索铁索，一样的会拘缚我们吗？原来，我们所认识的一切，都只是抽象的、幻想的，不是事物的本性。如认识而能接触到事物本身，那我们想火的时候，心里应该烧起来了！为了要表达我们的意境，所以用语言文字。所写的和所说的，更只是假设的符号，并不能表示事物自身。这等于一模一样的米袋，放在一起，如不在米袋上标出号码，要使人去取那一袋，就会无从下手，不知取哪一袋好。语言、文字、思想，都不是事物本身，所以要真实体悟一切法本性，非远离这些相——离心缘相，离语言相，离文字相不可。《中论》也说：“心行既息，语言亦灭。”因为如此，法性不但是离名言的，离分别的，离相的，而且惟是自觉的，不由他悟的——“自知不随他”。

再说，语言、文字，以及我们的认识，都是相对的——佛法称之为“二”。如说有，也就表示了不是无；说动，也就简别了静；说此，就必有非此的彼。这都落于相对的境界，相对便不是无二的真性。所以我们尽管能说能想，这样那样，然而在绝对的真理前，可说是有眼睛的瞎子，有耳朵的聋子。我们成年累月，生活在这抽象的相对的世界，不但不契真理，而反以为我们所触到所了解的，就是一切事物的本性，看作实在的。(从五根）直觉而来的经验是如此，推比而来的意识知解，也不能完全不如此。对事对理，既然这样的意解为实在性，那么一切的法执、我执，一切的贪念等烦恼，都由此而云屯雾聚，滋长蔓延起来。所以如实的体悟，非从勘破这些下手不可，非远离这些错觉的实在性不可，非将一切虚妄分别的意解彻底脱落不可！寻根究底，彻底掀翻，到达“一切法不生则般若生”，真觉现前，这才不落抽象的相对界，脱落名言而实现了超越主观客观的觉证，这才是如实的现证一切法真性。

所以，法性是不二的，无差别的。无二无别的平等性，不但生活在相对境界的我们，想象不到，说不明白；就是真实体验了的，在那自觉的当下，也是“离四句，绝百非”，而没有一毫可说可表的。

人类（众生）有生以来，从来不曾正觉过，一向为无始来的虚妄熏习所熏染，成为生死的妄识。众生的虚妄心识，可说越来越分化了。感情，意志，认识，使内心无法平衡。有时意志力强，有时感情冲动，有时偏于抽象的认识，使内心分崩离析，互相矛盾，有时成为无政府状态。就是我们的认识，不但五识的别别认识，形成不同的知识系统；总取分别的意识，受五识的影响而缺乏整全的认识，有时推想起来，又想入非非，不着实际。内心的分化、偏颇，纯为虚妄熏染的恶果，佛法要我们息除虚妄分别，离却妄执，就是要脱落层积的虚妄熏习，扫尽离析对立的心态，而实现内心的一味平等，不离此相对的一切，而并不滞着于一切。

圣者的正觉，称为智能，并非世俗的知识，与意志、感情对立的知识。而是在一味浑融中，知情意净化的统一，浑融的不可说此，不可说彼，而是离去染垢（无漏）的大觉。这与我们专在抽象的概念中，在分裂的心态中过日子，完全是不同的。那正觉现前时，智能与真理，也是无二无别的；活像哑巴吃蜜糖，好处说不出。证见时，没有能知与所知的对立心境，所以说“无有如外智，无有智外如”。但这也还是证悟者描写来形容当时的，正在证悟中，这也是不可说的；在不可说中而假设说明，只可说是平等不二，所以称为“入不二法门”，或“入一真法界”。由此，解脱必需证悟，而悟入的重点在于离分别。这是除了般若而外，什么也不能实现的。

佛教中，有一通俗的返本还源的思想。以为我们的心识，本来是清净光明的，没有一毫杂染；因客尘烦恼的蒙蔽，所以迷真而流转生死。本来如此，我们现在的心体，也还是如此。如能离却妄染，本来清净的自心，便会显露出来。其实，“是心非心，本性净故”，显示心性的空寂（净即空的异名）。本来如此，是说明他的超越时空性，并非落在时间观念中，想象为从前就是如此。绝非先有清净，后有尘染，而可以解说为“从真起妄，返璞归真”的。

彻底的说起来，不但不是先真而后妄，在现实中，反而是由于妄想，才能正觉，如低级众生，也有分别影像，可是不明不利。人的意识力特强，为善为恶，妄想也特别多。他可能堕得极重，也可能生得最高。人类有此虚妄分别，而且是明确了别的意识，才会知道自己的认识错误；知道抽象概念，并非事物的本来面目，这是一般众生所不易做到的。由于人类的虚妄分别，只有发展到高度（“忆念胜”），才能积极修证，达到超越能所，不落分别的境地。如不解这一点，要远离分别，当然趋于定门，谁还修习观慧引发证智的法门呢！

四、解脱者之心境

证得诸法真性的境地，是不可以形容的，如从方便去说，那可用三事来表达。

（一）光明：那是明明白白的体验，没有一丝的恍惚与暗昧。不但是自觉自证，心光焕发，而且有浑融于大光明的直觉。

（二）空灵：那是直觉得于一切无所碍，没有一毫可粘滞的。经中比喻为：如手的扪摸虚空，如莲花的不着尘垢。

（三）喜乐：由于烦恼的滥担子，通身放下，获得从来未有的轻安，法乐。这不是一般的喜乐，是离喜离乐，于平等舍中涌出的妙乐。

这三者，是彻悟真性所必具的。但也有类似的，切莫误认。如修习禅定，在心力凝定集中而入定时，也有类似的三事。甚至基督徒等祈祷专精时，也有类似的心境现前（他们以为见到神）。佛法的真般若，从摧破无明中来，不可与世俗的定境等混滥。

得解脱者的心境，与一般人是不同的，现在略说三点：

一是不忧不悔：圣者是没有忧虑的，不像一般人的“人生不满百，常怀千岁忧”。圣者又是不悔的，一般人对于已做的事情，每不免起悔心，特别是做了罪恶所引起的内心不安。有忧悔，就有热恼；有热恼，内心就陷入苦痛的深渊。解脱的圣者，已做的不起追悔，未来的不生忧虑，只是行所当行的，受所当受的，说得上真正的“心安理得”。古人有未得彻证的，睡不安枕，食不知味。一旦廓然妙悟，便能“饥来吃饭困来眠”；吃也吃得，睡也睡得。

二是不疑不惑：证解脱的，由于真性的真知灼见，从内心流露出绝对的自信，无疑无惑，不再为他人的舌头所转。不但不为一般所动摇，就是魔王化作佛菩萨来，告诉他“并不如此”，他也不会有丝毫的疑念。佛有“四无所畏”，便是这种最高的绝对自信。

三是不忘不失：体现了解脱的（在过程中可能有忘失），于所悟的不会忘失，如不会忘记自己一样。在任何情况下，都能直捷而明确地现前。禅宗使用的勘辨方法，或问答，或棒喝，都是不容你拟议的。如一涉思量，便是光影门头，不是真悟。从前有一故事，某人有了相当的见地，善知识要考验他是否真实的彻悟，就在他熟睡的时候，把他的喉咙扼紧，要他道一句来。此人一醒，即冲口而答，这可见亲切自证者的不忘不失。

解脱者的心量与风度，也多少有不同的：

1. 有的得了解脱，在立身处世上，都表现出谨严拔俗的风格。这因为他所体验到的多少着重于超越一切，所以流露为高尚纯洁的超脱，带点卓立不群、谨严不苟的风度，这大抵是声闻圣者。

2. 有的证悟了，表现出和而不流的风格。内心是纯净而超脱的，可是不嫌弃一般人、事或更能热忱的勇于为法为人。这由于悟入的理境，是遍于一切、不离一切的，大抵是大乘的圣者。

这是从悟境而作大类的分别，其实由于无始来的性习不同，声闻与菩萨，都有不同类型的风格。（此下都指解脱者）如贪行人是混俗和光的；慎行人是谨严不群的；慢行人是勇于负责的（世间圣者，也有“清”、“和”、“任”、“时”等差别）。如约悟境的风格来说，声闻圣者的悟境，并不彻底，彻底的是世出世间互融无碍的大乘。

五、解脱者之生活

在日常的生活方面，解脱了的声闻圣者，偏重禅味，而漠视外界。他们的生活态度是自足的，“少事少业少希望住”，对于人事，不大关心。简朴，恬澹，有点近于孤独。以财物为例，声闻圣者觉得这是毒蛇般的东西，不可习近，有不如无。如果是大乘圣者，一定是拿财物去供养三宝，济施贫病，利用他而并不厌恶他。

传说，阿育王巡礼圣迹，到薄拘罗尊者的舍利塔时，听随从的人说：“这位尊者，生平无求于人，也不与人说法。”阿育王嫌他与世无益，只以一钱来供养。哪知当此一钱供于塔前时，钱即刻飞出。阿育王赞叹说：“少欲知足到一钱也不受，真是希有！”由此可以想见声闻圣者淡泊自足的生活。他们的内心是充实的，而外面好像是贫乏清苦。

大乘圣者的生活态度，是富余丰足，也希望别人如此。功德不嫌多，心胸广大，气象万千；于人，于事，于物，从来不弃舍他，也不厌倦他。凡夫虽也是所求无厌的，但都是为着自己，菩萨是为了一切众生。所以菩萨的生活态度，不像声闻圣者的拘谨。在一般人看来，多少有点“不拘小行”。

无论是声闻与菩萨，由信慧深入而来的坚定精进，都是非常有力的。一般所看为艰苦的，根本不可能的，而在圣者们，却能克服他。尤其是菩萨，难行能行，难忍能忍，在宁静恬悦的心境中，胜过了一切。

平常说“八风不动”：利、衰、苦、乐、称、毁、讥、誉，对于解脱的圣者，是不会因此而动心的。就是到了生死关头，都能保持宁静而安详自在的心境，不为死苦所烦扰。经中有“欢喜舍寿”的话，即是最好的例证。一般所说的“预知时至”，凡夫也可以做到的。临死时身体的不受死苦，在定力深湛的，也不是难事（反而，定力不深的阿罗汉，还是不免身苦）。“坐亡”，“立脱”，那种要死就死，撒手便行的作略，非根除我、我所执的圣者不可。然而，并非每一圣者，都表现这样的作略。

经上说：佛入涅槃时，佛弟子中烦恼未断的，痛哭流涕；而烦恼已尽的解脱者，只有世相无常的感觉，默然而已。依一般的眼光来看，一定要说哭的人对；那无动于衷而不哭的，不近人情。其实，真得解脱的，不会为此而哀哭的。如因死而哭，一切众生不断的死，哭都来不及了。中国的庄子，一般人都说他达观。他在妻死的时候，内心的矛盾痛苦，无法舒泄，于是才鼓盆而歌。这便是内心不得解脱自在的证明，如真的解脱，固然不必哭，又何必鼓盆而歌呢？

六、解脱与究竟解脱

二乘圣者与菩萨，从证悟而得的解脱，还有不圆满处。如犯罪的，手足被机械束缚久了，一旦解脱下来，手足的动作，总有点不自在。二乘圣者，虽断尽烦恼而证解脱，但烦恼的习气，还时时发现，这种习气，虽不碍于生死解脱，不碍于心地自在，而到底还是一种缺点。因为无始来的烦恼，多而

且重，深刻影响于身心。所以虽由智能而破除了烦恼，身心仍不免遗剩有过去烦恼的惯习性。这种惯习性，就是习气。声闻圣者有这种习气，事例很多，如阿那律的时常骂人，大迦叶的闻歌起舞等。这些习气，菩萨已能分分的消除，但须证得佛果，才能纯净。烦恼与习气销尽，才能到达究竟圆满的解脱境地——佛地。

佛与大地菩萨，解脱的境地太高。二乘的解脱，与学菩萨行者的少分解脱，已使我们可望而不可即，足够为佛弟子的赞仰处，而摄引、鼓舞着学佛法者的向前发展。

《金刚经》与六祖惠能

在四祖之后，《金刚经》就逐渐取代了《楞伽经》的地位，四祖道信就曾劝人念“摩诃般若波罗蜜”。五祖弘忍创东山法门，普劝僧俗读诵《金刚般若波罗蜜经》，到了六祖惠能，与《金刚经》的因缘就更为密切了。六祖惠能原是岭南一个樵夫，因为卖柴，路过街道，听到一户人家念《金刚经》，在心灵上产生了极大震动。从他后来见五祖时，与五祖两人的对话看来，惠能此时显然已开了智慧，只是没有大彻大悟而已，实在是宿慧深厚，来历不凡。

随后，惠能取得那个诵经员外的资助，拜辞老母，便千里迢迢地来到靳州黄梅县东禅寺，参见五祖。经过一番往返考核，五祖对这位边远山区的年轻人，不得不另眼相看。于是就安排他到槽厂劈柴、踏碓。过了八个多月，五祖要传法退居了，就让门人各做一偈，以表自己在修证上的见地。惠能的偈子获得五祖的认可，并传其衣钵。在传法时，五祖又为惠能说《金刚经》，至“应无所住，而生其心”大彻大悟。惠能决心求法到得法，都没有离开过《金刚经》。

惠能的悟道偈充分地体现般若性空的思想。般若讲性空无所得。《般若心经》曰:“无智亦无得，以无所得故，菩提萨埵，依般若波罗蜜多故，心无挂碍。”《金刚经》说:“阿耨多罗三藐三菩提实无所得。”六祖的悟道偈是“菩

提本无树，明镜亦非台，本来无一物，何处惹尘埃。”阐明的都是同一实质。

六祖在弘扬佛法时，总极力称赞般若法门。《坛经》说：“师升座，告大众曰：总净心念摩诃般若波罗蜜。”又曰：“善知识，若欲入甚深法界，得般若三昧者，须修般若行，持诵《金刚经》，即得见性，当知此经功德无量无边，经中分明赞叹，莫能具说，此法门是最上乘，为大智人说。”是说持诵《金刚经》功德无量无边，持诵《金刚经》能入甚深法界，见性成佛。

《金刚经六祖口诀序》

夫金刚经者，无相为宗，无住为体，妙有为用。自从达摩西来，为传此经之意，令人悟理见性。只为世人不见自性，是以立见性之法，世人若了见真如本体，即不假立法。此经读诵者无数，称赞者无边，造疏及注解者，凡八百余家。所说道理，各随所见，见虽不同，法即无二。宿植上根者，一闻便了；若无宿慧者，读诵虽多，不悟佛意。是故解释圣义，断除学者疑心。若于此经，得旨无疑，不假解说。从上如来所说善法，为除凡夫不善之心。经是圣人语，教人闻之，超凡悟圣，永息迷心。此一卷经，众生性中本有，不自见者，但读诵文字。若悟本心，始知此经不在文字。若能明了自性，方信一切诸佛，从此经出。今恐世人身外觅佛，向外求经，不发内心，不持内经，故造此诀，令诸学者，持内心经，了然自见清净佛心，过于数量，不可思议。后之学者，读经有疑，见此解义，疑心释然，更不用诀。所冀学者，同见矿中金性，以智慧火镕炼，矿去金存。我释迦本师，说金刚经，在舍卫国，因须菩提起问，佛大悲为说，须菩提闻法得悟，请佛与法安名，令后人依而受持，故经云：佛告须菩提，是经名为金刚般若波罗蜜，以是名字，汝当奉持。如来所说金刚般若波罗蜜，喻法为名，其意谓何？以金刚世界之宝，其性猛利，能坏诸物。金虽至坚，羖羊角能坏；金刚喻佛性，羖羊角喻烦恼。金虽至坚，羖羊角能碎；佛性虽坚，烦恼能乱；烦恼虽坚，般若智能破；羖羊角虽坚，镔铁能坏。悟此理者，了然见性。涅槃经云：“见佛性不名众生，不见佛性是名众生”。如来所说金刚喻者，只为世人性无坚固，口虽诵经，光明不生，外诵内行，光明齐等，内无坚固，定慧即亡，口诵心行，定慧均等，是名究竟。金在山中，山不知是宝，宝亦不知是山，何以故？为无性故。人则有性，取其宝用，得遇金师，錾凿山破，取矿烹炼，遂成精金，随意使用，得免贫苦，四大身中，佛性亦尔。身喻世界，人我喻山，烦恼喻矿，佛性喻金，智慧喻工匠，精进勇猛喻錾凿。身世界中有人我山，人我山中有烦恼矿，烦恼矿中有佛性宝，佛性宝中有智慧工匠，用智慧工匠，凿破人我山，见烦恼矿，以觉悟火烹炼，见自金刚佛性，了然明净，是故以金刚为喻，因为之名也。空解不行，有名无体，解义修行，名体俱备。不修即凡夫，修即同圣智，故名金刚也。何名般若，般若是梵语，唐言智慧。智者不起愚心，慧者有其方便；智是慧体，慧是智用。体若有慧，用智不愚，体若无慧，用愚无智。只为愚痴未悟，故修智慧以除之也。何名波罗蜜，唐言到彼岸。到彼岸者，离生灭义。只缘世人性无坚固，于一切法上有生灭相，流浪诸趣，未到真如之地，并是此岸；要具大智慧，于一切法圆满，离生灭相，即是到彼岸。亦云心迷则此岸，心悟则彼岸；心邪则此岸，心正则彼岸。口说心行，即自法身有波罗蜜；口说心不行，即无波罗蜜。何名为经？经者，径也，是成佛之道路也。凡人欲臻斯路，当内修般若行，以至究竟。如或但能诵说，心不依行，自心则无经；实见实行，自心则有经。故此经如来号为金刚般若波罗蜜经。

法会因由分第一

（非法无以谈空，非慧无以说法。万法森然曰因，一心应感曰由，故首以法会因由分。）

如是我闻。

如者指义，是者定词，阿难自称如是之法，我从佛闻，明不自说也，故言如是所闻，又我者性也，性即我也，内外动作，皆由于性，一切尽闻，故称我闻也。

一时佛在舍卫国祇树给孤独园。

言一时者，师资会遇齐集之时也。佛者说法之主，在者欲明处所，舍卫国者波斯匿王所在之国，祇者太子名也。树是祇陀太子所施，故言祇树也，给孤独者。须达长者之异名。园者本属须达，故言给孤独园。佛者梵语，唐言觉也。觉义有二：一者外觉，观诸法空；二者内觉，知心空寂，不被六尘所染。外不见人过，内不被邪迷所惑，故名觉。觉即是佛也。

与大比丘众千二百五十人俱。

言与者。佛与比丘同在住金刚般若无相道场，故言与也。大比丘者，是大阿罗汉故，比丘者梵语，唐言能破六贼，故名比丘。众，多也。千二百五十人者。其数也。俱者，同处平等法会。

尔时世尊食时。着衣持钵。入舍卫大城。乞食于其城中。

尔时者，当此之时，是今辰时，斋时欲至也。着衣持钵者，为显教示迹故也。入者为自城外而入也，舍卫大城者，名舍卫国丰德城也。即波斯匿王所居之城，故言舍卫大城也。言乞食者，表如来能下生于一切众生也。

次第乞已。还至本处。饭食讫。收衣钵。洗足已。敷座而坐。

次第者不择贫富，平等以化也。乞已者，如多乞不过七家，七家数满，更不至余家也。还至本处者，佛意制诸比丘，除请召外，不得辄向白衣舍。故云尔："洗足者。"如来示现，顺同凡夫，故言洗足。又大乘法，不独以洗手足为净，盖净洗手足，不若净心，一念心净，则罪垢悉除矣。如来欲说法时，常仪敷旃檀座，故言敷座而坐也。

善现起请分第二

(从空起慧，请答双彰，故受之以善现起请分。) 时长老须菩提。

何名长老，德尊年高，故名长老。须菩提是梵语，唐言解空也。

在大众中即从座起，偏袒右肩，右膝着地，合掌恭敬，而白佛言。

随众生所坐，故云即从座起。弟子请益，行五种仪。一者从座而起，二者端整衣服，三者偏袒右肩，右膝着地，四者合掌，瞻仰尊颜，目不暂舍；五者一心恭敬。以申问辞。

希有世尊。

希有略说三义。第一希有，能舍金轮王位；第二希有，身长丈六，紫磨金容三十二相，八十种好，三界无比；第三希有，性能含吐八万四千法，三身俱圆备，以具上三义，故云希有也。世尊者，智慧超过三界，无有能及者，德高更无有上，一切咸恭敬，故曰世尊。

如来善护念诸菩萨。善付嘱诸菩萨。

如来者，自真如来之本性也。护念者，以般若波罗蜜法，护念诸菩萨。付嘱者，如来以般若波罗蜜法。付嘱须菩提诸大菩萨，言善护念者，令诸学人，以般若智，护念自身心。不令妄起憎爱，染外六尘，堕生死苦海，于自心中，念念常正，不令邪起。自性如来，自善护念。言善付嘱者，前念清净，付嘱后念，后念清净，无有间断，究竟解脱。如来委曲诲示众生，及在会之众，当常行此，故云善付嘱也。菩萨者梵语，唐言道心众生，亦云觉有情，道心者，常行恭敬，乃至蠢动含灵，普敬爱之，无轻慢心，故名菩萨。

世尊，善男子，善女子。

善男子者平坦心也，亦是正定心也，能成就一切功德，所往无碍也。善女子者，是正慧心也，由正慧心，能出生一切有为无为功德也。

发阿耨多罗三藐三菩提心。云何应住。云何降伏其心。

须菩提问，一切发菩提心的人，应云何住，云何降伏其心。须菩提见一切众生躁扰不停，犹如隙尘，摇动之心，起如飘风，念念相续，无有间歇，问欲修行，如何降伏。

佛言：“善哉善哉。”须菩提如汝所说，如来善护念诸菩萨，善付嘱诸菩萨。

是佛赞叹须菩提，善得我心，善得我意也。

汝今谛听，当为汝说。

佛欲说法，常先戒敕，令诸听者，一心静默，吾当为说。

善男子，善女人，发阿耨多罗三藐三菩提心，应如是住，如是降伏其心。

阿字言无，耨多罗之言上，三之言正，藐之言遍，菩提之言知，无者，无诸垢染。上者，三界无能比；正者，正见也，遍者，一切智也；智者，知一切有情佛性。但能修行。尽得成佛。三者，即是无上清净般若波罗蜜也。是以一切善男子善女人。若欲修行，应知无上菩提道，应知无上清净般若波罗蜜多法，以此降伏其心也。

唯然世尊，愿乐欲闻。

唯然者，应诺之辞，愿乐者，愿佛演说，令中下根基，尽得开悟，乐者，乐闻深法，欲闻者。渴仰慈诲也。

大乘正宗分第三

（宗绝正邪，乘无大小，随三根而化度。简异说而独尊，故受之以大乘正宗分，）佛告须菩提，诸菩萨摩诃萨，应如是降伏其心。

前念清净，后念清净，名为菩萨。念念不退，虽在尘劳，心常清净。名摩诃萨，又慈悲喜舍，种种方便。化度众生，名为菩萨，能化所化。心无取著，是名摩诃萨，恭敬一切众生。即是降伏自心处。真者不变，如者不异，遇诸境界。心无变异，名曰真如，亦云外不假曰真，内不虚曰如。念念无差，即是降伏其心也。

（不虚一本作不乱）所有一切众生之类、若卵生、若胎生、若湿生、若化生、若有色、若无色、若有想、若无想、若非有想、非无想、我皆令入无余涅槃。

卵生者迷性也，胎生者习性也，湿生者随邪性也，化生者见趣性也。迷故造诸业，习故常流转，随邪心不定，见趣多沦坠。起心修心，妄见是非，内不契无相之理，名为有色。内心守直，不行恭敬供养，但言直心是佛，不修福慧。名为无色，不了中道，眼见耳闻，心想思维。爱著法相，口说佛行，心不依行，名为有想。迷人坐禅，一向除妄，不学慈悲喜舍智慧方便，犹如木石。无有作用，名为无想，不著二法想，故名若非有想。求理心在，故名若非无想，烦恼万差。皆是垢心，身形无数，总名众生。如来大悲普化，皆令得入无余涅槃。（云多沦坠一作坠阿鼻也。）

而灭度之。

如来指示三界九地众生，各有涅槃妙心，令自悟入无余。无余者，无习气烦恼也；涅槃者，圆满清净义。灭一切习气，令永不生，方契此也。度者渡生死大海也，佛心平等，普愿与一切众生。同入圆满清净无余涅槃，同渡生死大海，同诸佛所证也。有人虽悟虽修，作有所得心者，却生我相，名为法我，除尽法我，方名灭度也。

如是灭度无量无数无边众生，实无众生，得灭度者。

如是者，指前法也；灭度者，大解脱也；大解脱者，烦恼及习气。一切诸业障，灭尽更无有余，是名大解脱。无量无数无边众生，元各自有一切烦恼贪嗔恶业，若不断除，终不得解脱。故言如是灭度无量无数无边众生。一切迷人，悟得自性，始知佛不见自相。不有自智，何曾度众生？只为凡夫不见自本心，不识佛意，执着诸法相，不达无为之理。我人不除，是名众生，若离此病，实无众生得灭度者。故言妄心无处现菩提，生死涅槃本平等，何灭度之有？

何以故，须菩提，若菩萨有我相人相众生相寿者相，即非菩萨。

众生佛性无有异。缘有四相，不入无余涅槃。有四相即是众生，无四相即是佛。迷即佛是众生，悟即众生是佛。迷人恃有财宝学问族姓，轻慢一切人。名我相，虽行仁义礼智信，而意高自负，不行普敬，言我解行仁义礼智信，不合敬尔。名人相，好事归己，恶事施于人，名众生相，对境取舍分别。名寿者相，是谓凡夫人四相。修行人亦有四相，心有能所，轻慢众生。名我相，恃持戒，轻破戒者。名人相，厌三涂苦，愿生诸天，是众生相。心爱长年，而勤修福业，诸执不忘，是寿者相。有四相即是众生，无四相即是佛也。

妙行无住分第四

（得宗而行，不住于相，故受之以妙行无住分。）复次须菩提、菩萨于法，应无所住行于布施。所谓不住色布施，不住声香味触法布施。

凡夫布施，只求身相端严，五欲快乐，故报尽却堕三涂。世尊大慈，教行无相布施者，不求身相端严，五欲快乐，但令内破悭心，外利益一切众生，如是相应，为不住色布施。

须菩提，菩萨应如是布施，不住于相。

应如是无相心布施者，为无能施之心。不见有施之物，不分别受施之人，是名不住相布施也。

何以故？若菩萨不住相布施，其福德不可思量。

菩萨行施，无所希求，其所获福德，如十方虚空，不可较量，言复次者，连前起后之辞，一说布者普也，施者散也，能普散尽心中妄念习气烦恼，四相泯绝，无所蕴积，是真布施，又说布施者，由不住六尘境界，又不有漏分别，惟当返归清净，了万法空寂，若不了此意，惟增诸业，故须内除贪爱，外行布施，内外相应，获福无量，见人作恶，不见其过，自性不生分别，是名离相，依教修行，心无能所，即是善法，修行人心有能所，不名善法，能所心不灭，终未得解脱，念念常行般若智，其福无量无边，依如是修行，感得一切人天恭敬供养，是名为福德，常行不住相布施，普敬一切苍生，其功德无有边际，不可称计。

“须菩提，于意云何？”“东方虚空可思量不？”“不也，世尊。”

缘不住相布施，所得功德，不可称量。佛以东方虚空为譬喻，故问须菩提：“东方虚空可思量不。”不也，世尊者，须菩提言，“东方虚空不可思量也。”

须菩提，南西北方，四维上下虚空，可思量不？不也世尊，须菩提，菩萨无住相布施，福德亦复如是，不可思量。

佛言虚空无有边际，不可度量。菩萨无住相布施，所得功德亦如虚空，不可度量，无边际也。世界中大者莫过虚空，一切性中大者莫过佛性，何以故？凡有形相者，不得名为大，虚空无形相，故得名为大，一切诸性，皆有限量，不得名为大，佛性无有限量，故名为大，此虚空中无东西南北，若见东西南北，亦是住相，不得解脱。佛性本无我人众生寿者，若有此四相可见，即是众生性。不名佛性，亦所谓住相布施也。虽于妄心中说有东西南北，在理则何有？所谓东西不真，南北曷异。自性本来空寂混融，无所分别，故如来深赞不生分别也。

须菩提，菩萨但应如所教住。

应者唯也，但唯如上所说之教。住无相布施，即是菩萨也。

如理实见分第五

（行行皆如，谓之实见，故受之以如理实见分，）须菩提，于意云何？可以身相见如来不？不也，世尊，不可以身相得见如来。

色身即有相，法身即无相，色身者，四大和合，父母所生，肉眼所见，法身者，无有形段，非有青黄赤白。无一切相貌，非肉眼能见，慧眼乃能见之。凡夫但见色身如来，不见法身如来，法身身等虚空，是故佛问须菩提，可以身相见如来不？须菩提知凡夫但见色身如来，不见法身如来，故言不也，世尊，不可以身相得见如来。

何以故？如来所说身相，即非身相。

色身是相，法身是性。一切善恶，尽由色身，不由法身。色若作恶，法身不生善处；色身作善，法身不堕恶处。凡夫唯见色身，不见法身，不能行无住相布施，不能于一切处行平等行，不能普敬一切众生。见法身者，即能行无住相布施，即能普敬一切众生，即能修般若波罗蜜行，方信一切众生。同一真性，本来清净，无有垢秽。具足恒沙妙用。

佛告须菩提，凡所有相，皆是虚妄。若见诸相非相，即见如来。

如来欲显法身，故说一切诸相皆虚妄。若见一切诸相虚妄不实，即见如来无相之理也。

正信希有分第六

（见而信之，善根深固，故受之以正信希有分。）须菩提白佛言，世尊，颇有众生，得闻如是言说章句，生实信不。

须菩提问，此法其深难信难解，未世凡夫智慧微劣，云何信入，佛答在次下。

佛告须菩提，莫作是说。如来灭后，后五百岁，有持戒修福者，于此章句，能生信心，以此为实，当知是人，不于一佛二佛三四五佛而种善根，已于无量千万佛所种诸善根。闻是章句，乃至一念生净信者。

于我灭后，后五百岁。若复有人，能持大乘无相戒，不妄取诸相，不造生死业，一切时中，心常空寂，不被诸相所缚，即是无所住心，于如来深法，心能信入，此人所有言说，真实可信，何以故？此人不于一劫二劫三四五劫而种善根，已于无量千万亿劫。种诸善根，是故如来说，我灭后，后五百岁，有能离相修行者。当知是人，不于一二三四五佛种诸善根。何名种诸善根，略述次下，所谓于诸佛所，一心供养，随顺教法，于诸菩萨善知识师僧父母，耆年宿德尊长之前处，常行恭敬，承顺教命，不违其意，是名种诸善根；于一切贪苦众生，起慈悲心，不生轻厌，有所需求，随力惠施，是名种诸善根，于一切恶类，自行和柔忍辱，欢喜逢迎，不逆其意，令彼发欢喜心，息刚戾心，是名种诸善根；于六道众生，不加杀害，不欺不贱，不毁不辱，不骑不棰，不食其肉，常行饶益，是名种诸善根。信心者，信般若波罗蜜能除一切烦恼，信般若波罗蜜能成就一切出世功德，信般若波罗蜜能出生一切诸佛，信自身中佛性本来清净，无有染污，与诸佛佛性平等无二，信六道众生本来无相。信一切众生尽能成佛，是名清净信心也。

须菩提，如来悉知悉见，是诸众生。得如是无量福德，何以故？是诸众生，无复我相人相众生相寿者相，无法相亦无非法相。

若有人于如来灭后，发般若波罗蜜心，行般若波罗蜜行，修习悟解，得佛深意者，诸佛无不知之，若有人闻上乘法，一心受持，即能行般若波罗蜜无相无著之行。了无我人众生寿者四相；无我者，无色受想行识也；无人者，了四大不实，终归地水火风也，无众生者，无生灭心也；无寿者，我身本无，宁有寿者。四相既亡，即法眼明澈，不著有无，远离二边，自心如来，自悟自觉，永离尘劳妄念，自然得福无边。无法相者，离名绝相，不拘文字也，亦无非法相者。不得言无般若般罗蜜法，若言无般若波罗法，即是谤法。

何以故？是诸众生，若心取相，即为著我人众生寿者，若取法相，即著我人众生寿者。何以故？若取非法相，即著我人众生寿者。

取此三相，并著邪见，尽是迷人，不悟经意，故修行人不得爱著如来三十二相。不得言我解般若波罗蜜法，亦不得言不得般若波罗蜜行，而得成佛。

是故不应取法。不应取非法，以是义故。如来常说，汝等比丘。知我说法如筏喻者，法尚应舍，何况非法？

法者，是般若波罗蜜法。非法者，生天等法，般若波罗蜜法，能令一切众生过生死大海。既得过已，尚不应住，何况生天等法，而得乐著。

无得无说分第七

（无得之得，是名真得；无说之说，是名真说；故受之以无得无说分，）

须菩提，于意云何？如来得阿耨多罗三藐三菩提耶，如来有所说法耶，须菩提言：“如我解佛所说义，无有定法名阿耨多罗三藐三菩提，亦无有定法如来可说。”

阿耨多罗，非从外得，但心无能所即是也，只缘对病设药，随机宜为说，何有定法乎？如来说无上正法，心本无得，亦不言不得，但为众生所见不同。如来应彼根性，种种方便，开诱化导，俾其离诸执着，指示一切众生，妄心生灭不停，逐境界动，于前念瞥起，后念应觉，觉既不住，见亦不存，若尔，岂有定法为如来可说也？阿者，心无妄念，耨多罗者，心无骄慢，三者，心常在正定；藐者，心常在正慧，三菩提者，心常空寂，一念凡心顿除，即见佛性。

何以故？如来所说法，皆不可取。不可说，非法非非法。

恐人执着如来所说文字章句，不悟无相之理，妄生知解，故言不可取。如来为化种种众生，应机随量。所有言说，亦何有定乎？学人不解如来深意，但诵如来所说教法，不了本心，终不成佛。故言不可说，口诵心不行即非法，口诵心行。了无所得，即非非法。

所以者何，一切贤圣，皆以无为法而有差别。

三乘根性，所解不同，见有深浅，故言差别。佛说无为法者，却是无住。，无住即是无相，无相即无起，无起即无灭。荡然空寂，照用齐皎，鉴觉无碍，乃真是解脱佛性。佛即是觉，觉即是观照，观照即是智慧，智慧即是般若波罗蜜多。又本云圣贤说法，具一切智，万法在性，随问差别，令人心开，各自见性。

依法出生分第八

（无得无说，怖于沈空。一切诸佛皆从此经出，故受之以依法出生分。）须菩提，于意云何？若人满三千大千世界七宝以用布施，是人所得福德，宁为多不？须菩提言，甚多。世尊，何以故？是福德即非福德性，是故如来说福德多。

三千大千世界七宝持用布施，福德虽多，于性上一无利益。依摩诃般若波罗蜜多修行，令自性不堕诸有，是名福德性。心有能所，即非福德性；能所心灭，是名福德性。心依佛教，行同佛行，是名福德性。不依佛教，不能践履佛行，即非福德性。

若复有人，于此经中，受持乃至四句偈等。为他人说，其福胜彼。

十二部教，大意尽在四句中。何以知其然？以诸经中赞叹，四句偈即是摩诃般若波罗蜜多，以摩诃般若为诸佛母。三世诸佛，皆依此经修行，方得成佛。般若心经云，三世诸佛，依般若波罗蜜多，故得阿耨多罗三藐三菩提。从师所学曰受，解义修行曰持，自解自行是自利，为人演说是利他，功德广大，无有边际。

何以故？须菩提，一切诸佛，及诸佛阿耨多罗三藐三菩提法，皆从此经出。

此经者，非指此一卷之文也。要显佛性，从体起用，妙利无穷。般若者，即智也，慧以方便为功，智以决断为用，即一切时中觉照心，是一切诸佛及阿耨多罗三藐三菩提法，皆从觉照生，故云此经出也。

须菩提，所谓佛法者，即非佛法。

所说一切文字章句，如标如指。标指者，影响之义。依标取物，依指观月，月不是指，指不是物。但依经取法，经不是法，经文则肉眼可见，法则慧眼能见。若无慧眼者，但见其文，不见其法。若不见其法，即不解佛意，不解佛意，则诵经不成佛道。

一相无相分第九

（果虽有四，相本无二，故受之以一相无相分。）须菩提，于意云何？须陀洹能作是念，我得须陀洹果不？须菩提言："不也，世尊。"

须陀洹者梵语。唐言逆流，逆生死流。不染六尘，一向修无漏业。得粗重烦恼不生，决定不受地狱畜生修罗异类之身，名须陀洹果。若了无相法，即无得果之心。微有得果之心，即不名须陀洹，故言不也。

何以故？须陀洹名为入流。而无所入，不入色声香味触法，是名须陀洹。

流者，圣流也，须陀恒人也。离粗重烦恼，故得入圣流，而无所入，无得果之心也。须陀洹者，乃修行初果也。

须菩提，于意云何》斯陀含能作是念，我得斯陀含果不》须菩提言："不也，世尊。"何以故？斯陀含名一往来，而实无往来，是名斯陀含。

斯陀含者梵语。唐言一往来，舍三界结缚，三界结尽，故名斯陀含。斯陀含名一往来，往来从天上却到人间生，从人间却生天上竟，遂出生死，三界业尽。名斯陀含果，大乘斯陀含者，目观诸境。心有一生灭，无第二生灭，故名一往来。前念起妄，后念即止，前念有著。后念即离，故实无往来。

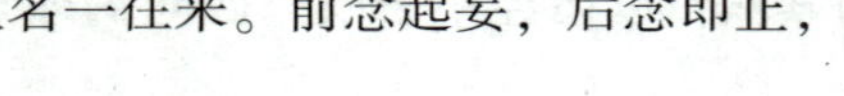

须菩提，于意云何？阿那含能作是念，我得阿那含果不？须菩提言："不也，世尊。"何以故？阿那含名为不来，而实无来，是故名阿那含。

阿那含梵语。唐言不还，亦名出欲，出欲者外不见可欲之境。内无欲心可得，定不向欲界受生，故名不来。而实无来，亦名不还，以欲习永尽。决定不来受生，是故名阿那含。

须菩提，于意云何？阿罗汉能作是念，我得阿罗汉道不？须菩提言："不也，世尊。"

诸漏已尽，无复烦恼，名阿罗汉。阿罗汉者，烦恼永尽。与物无诤，若作得果之心，即是有诤。

何以故？实无有法名阿罗汉，世尊。若阿罗汉作是念，我得阿罗汉道，即为著我人众生寿者。

阿罗汉梵语，唐言无诤。无烦恼可断，无贪嗔可离，性无违顺。心境俱空，内外常寂。若有得果之心，即同凡夫，故言不也。

世尊，佛说我得无诤三昧，人中最为第一，是第一离欲阿罗汉。我不作是念，我是离欲阿罗汉。

何名无诤三昧，谓阿罗汉心无生灭去来，惟有本觉常照，故名无诤三昧。三昧梵语，此云正受，亦云正见。远离九十六种邪见，是名正见。然空中亦有明暗诤，性中有邪正诤。念念常正，无一念邪心，即是无诤三昧。修此三昧，人中最为第一。若有一念得果心，即不名无诤三昧。

世尊，我若作是念，我得阿罗汉道。世尊则不说须菩提是乐阿兰那行者，以须菩提实无所行，而名须菩提是乐阿兰那行。

阿南那梵语，唐言无诤行，无诤即是清净行。清净行者，为除去有所得心也。若存有所得心，即是有诤。有诤即非清净道，常得无所得心。即是无诤行也，

庄严净土分第十

（清净心生，是为净土，庄严所相，即非庄严。故受之以庄严净土分。）佛告须菩提，于意云何？如来昔在然灯佛所。于法有所得不？不也，世尊。如来在然灯佛所，于法实无所得。

佛恐须菩提有得法之心，为遣此疑，故问之，须菩提知法无所得，而白

佛言，不也。然灯佛是释迦授记之师。故问须菩提，我于师处有法可得不？须菩提即谓法因师开示，而实无所得。但悟自性本来清净，本无尘劳，寂然常然，即自成佛。当知世尊在然灯佛所。于法实无所得。如来法者。譬如日光明照，无有边际，而不可取。

须菩提，于意云何？菩萨庄严佛土不？不也，世尊。何以故？庄严佛土者，则非庄严，是名庄严。

清净佛土。无相无形，何物而能庄严耶。唯以定慧之宝，假名庄严。事理庄严有三：第一庄严世间佛土，造寺写经布施供养是也；第二庄严见佛土，见一切人，普行恭敬是也；第三庄严心即佛土，心净佛土净，念念常行佛心是也。

是故须菩提，诸菩萨摩诃萨。应如是生清净心，不应住色生心，不应住声香味触法生心，应无所住，而生其心。

此修行人不应谈他是非，自言我能我解。心轻未学，此非清净心也。自性常生智慧，行平等慈悲心。恭敬一切众生，是修行人清净心也。若不自净其心，爱著清净处。心有所住，即是著法相，见色著色，住色生心；即是迷人，见色离色，不住色生心；即是悟人，住色生心，如云蔽天；不住色生心，如空无云，日月长照，住色生心；即是妄念，不住色生心；即是真智，妄念生则暗，真智照则明，明即烦恼不生，暗则六尘竞起。

须菩提，譬如有人，身如须弥山王，于意云何？是身为大不，须菩提言：“甚大，世尊。”何以故？佛说非身是名大身。

色身虽大，内心量小。不名大身，内心量大。等虚空界，方名大身，色身纵如须弥山王，不为大也。

无为福胜分第十一

（有为之福，限量有穷。无为之福，殊胜无比，故受之以无为福胜分，）

须菩提。如恒河中所有沙数，如是沙等恒河，于意云何？是诸恒河沙，宁为多不？须菩提言：“甚多，世尊。”但诸恒河，尚多无数，何况其沙？须菩提，我今实言告汝，若有善男子，善女人，以七宝满尔所恒河沙数三千大千世界。以用布施，得福多不？须菩提言：“甚多，世尊。”佛告须菩提：“若善男子善女人，于此经中，乃至受持四句偈等，为他人说，而此福德，胜前福德。”

布施七宝，得三界中富贵报。讲说大乘经典，令诸闻者生大智慧。成无上道，当知受持福德，胜前七宝福德。

尊重正教分第十二

（是经所在，天龙敬事，故受之以尊重正教分。）复次须菩提，随说是经，乃至四句偈等。当知此处，一切世间天人阿修罗，皆应供养，如佛塔庙。

所在之处，如有人即说是经。若念念常行无念，心无所得心，不作能所心说。若能远离诸心，常依无所得心，即此身中有如来全身舍利。故言如佛塔庙，以无所得心说此经者。感得天龙八部，悉来听受。心若不清净，但为名声利益而说是经者。死堕三涂，有何利益？心若清净为说是经，令诸听者除迷妄心，悟得本来佛性。常行真实，感得天人阿修罗等，皆来供养持经人也。

何况有人尽能受持读诵。须菩提，当知是人，成就最上第一希有之法。若是经典所在之处，则为有佛，若尊重弟子。

自心诵得此经，自心解得经义，自心体得无著无相之理。所在之处，常修佛行。念念心无有间歇，即自心是佛。故言所在之处，则为有佛。

如法受持分第十三

（至道无名，假之方便，以是名字，行者受持，故受之以如法受持分。）尔时须菩提白佛言。世尊，当何名此经？我等云何奉持，佛告须菩提，是经名为金刚般若波罗蜜，以是名字，汝当奉持。所以者何，须菩提。佛说般若波罗蜜，则非般若波罗蜜。

佛说般若波罗蜜，令诸学人用智慧除却愚心生灭。生灭除尽，即到彼岸。若心有所得，不到彼岸，心无一法可得，即是彼岸。口说心行，乃是到彼岸。

须菩提，于意云何？如来有所说法不？须菩提白佛言。世尊，如来无所说。

佛问须菩提，如来说法，心有所得不？须菩提知如来说法，心无所得，故言无所说也。如来意者，欲令世人离有所得之心，故说般若波罗蜜法。令一切人闻之，皆发菩提心，悟无生理，成无上道。

须菩提，于意云何？三千大千世界所有微尘，是为多不？须菩提言，甚多。世尊，须菩提。诸微尘如来说非微尘，是名微尘，如来说世界非世界，是名世界。

如来说众生性中妄念，如三千大千世界中所有微尘。一切众生，被妄念微尘起灭不停，遮蔽佛性，不得解脱。若能念念真正修般若波罗蜜无著无相之行，了妄念尘劳，即清净法性。妄念既无，即非微尘，是名微尘，了真即妄，了妄即真，真妄俱泯，无另有法。故云是名微尘，性中无尘劳，即是佛世界；心中有尘劳，即是众生世界，了诸妄念空寂。故云非世界，证得如来法身，普见尘刹，应用无方，是名世界。

须菩提，于意云何？可以三十二相见如来不？不也。世尊，不可以三十二相得见如来，何以故？如来说三十二相，即是非相，是名三十二相。

三十二相者，是三十二清净行，三十二清净行者，于五根中修六波罗蜜。于意根中修无相无为，是名三十二清净行。常修此三十二清净行，即得成佛；若不修三十二相清净行，终不成佛。但爱著如须菩提。

若有善男子，善女人，以恒河沙等身命布施。若复有人，于此经中，乃至受持四句偈等，为他人说，其福甚多。

世间重者莫过于身命，菩萨为法，于无量劫中舍施身命与一切众生。其福虽多，亦不如受持此经四句之福。多劫舍身，不了空义，妄心不除。元是众生，一念持经。我人顿尽，妄想既除，言下成佛。故知多劫舍身，不如持经四句之福。

离相寂灭分第十四

（闻经解义，独悟实相，故受之以离相寂灭分。）尔时，须菩提闻说是经，深解义趣，涕泪悲泣。而白佛言："希有世尊。"佛说如是甚深经典。我从昔来，所得慧眼，未曾得闻如是之经。世尊，若复有人，得闻是经，信心清净，则生实相。当知是人，成就第一希有功德。

自性不痴名慧眼，闻法自悟名法眼，须菩提是阿罗汉。于五百弟子中，解空第一。已曾勤奉多佛，岂得不闻如是深法，岂于释迦牟尼佛所始言闻之？然或是须菩提于往昔所得，乃声闻慧眼，至今方悟佛意，故始得闻如是深经，悲昔未悟，故涕泪悲泣。闻经谛念，谓之清净，从清净体中。流出般若波罗蜜多深法，当知决定成就诸佛功德也。

世尊，是实相者，则是非相，是故如来说名实相。

行清净行，若见垢净二相，当情并是垢也。即非清净心也，但有所得，即非实相。

世尊，我今得闻如是经典。信解受持，不足为难。若当来世，后五百岁。其有众生，得闻是经。信解受持，是人则为第一希有，何以故？此人无我相。无人相，无众生相，无寿者相，所以者何？我相即是非相，人相众生相寿者相即是非相，何以故？离一切诸相，则名诸佛。

须菩提深悟佛意，盖自见业尽垢除，慧眼明澈，信解受持，即无难也。世尊在世说法之时，亦有无量众生，不能信解受持，何必独言后五百岁？盖佛在之日，虽有中下根不信及怀疑者。即往问佛，佛即随宜为说："无不契悟。"佛灭后，后五百岁，渐至末法，去圣遥远。但存言教，人若有疑，无处咨决，愚迷抱执，不悟无生，著相驰求，轮回诸有，于此时中，得闻深经，清心敬信，悟无生理者，甚为希有，故言第一希有。于如来灭后，后五百岁，若复有人，能于般若波罗蜜甚深经典，信解受持者，即知此人无我人众生寿者之相。无此四相，是名实相。即是佛心，故曰离一切诸相，则名诸佛。

佛告须菩提："如是如是。"

佛印可须菩提所解，善契我心，故重言如是也。

若复有人，得闻是经，不惊不怖不畏，当知是人，甚为希有。

声闻久著法相，执有为解，不了诸法本空。一切文字，皆是假立。忽闻深经，诸相不生。言下即佛，所以惊怖。唯是上根菩萨，得闻此理，欢喜受持。心无恐怖退转，如此之流，甚为希有。

何以故？须菩提，如来说第一波罗蜜，即非第一波罗蜜，是名第一波罗蜜。

口说心不行即非，口说心行即是。心有能所即非，心无能所即是也。

须菩提，忍辱波罗蜜，如来说非忍辱波罗蜜。须菩提，忍辱波罗蜜，如来说非忍辱波罗蜜。

见有辱境当情，即非；不见辱境当情，即是。见有身相，当彼所害，即非；不见有身相，当彼所害，即是。

何以故，须菩提，如我昔为歌利王割截身体，我于尔时。无我相、无人相、无众生相、无寿者相。何以故，我于往昔，节节支解时。若有我相、人相、众生相、寿者相，应生瞋恨。

如来因中在初地时，为忍辱仙人，被歌利王割截身体。无一念痛恼之心，若有痛恼之心，即生嗔恨。歌利王是梵语，此云无道极恶君也。一说如来因中，曾为国王，常行十善，利益苍生，国人歌赞此王，故云歌利王。求无上菩提，修忍辱行，弥时天帝释化作旃檀罗。乞王身肉，即割施，殊无嗔恼。今并存二说，于理俱通。

须菩提，又念过去，于五百世。作忍辱仙人，于尔所世。无我相、无人相、无众生相、无寿者相。

如来因中于五百世修忍辱波罗蜜，以得四相不生，如来自述往因者。欲令一切修行人，成就忍辱波罗蜜行，行忍辱波罗蜜行者。不见一切人过恶，冤亲平等，无是无非，被他打骂残害。欢喜受之，倍加恭敬，行如是行者，即能成就忍辱波罗蜜也。

是故须菩提，菩萨应离一切相。发阿耨多罗三藐三菩提心，不应住色生心，不应住声香味触法生心，应生无所住心。

不应住色生心者，是都标也。声香等别，列其名也。于此六尘起憎爱心，由此妄心。积集无量业结，覆盖佛性。虽种种勤苦修行，不除心垢，无解脱之理。推其根本，都由色上住心。如能念念常行般若波罗蜜，推诸法空，不生执着。念念常自精进，一心守护，无令放逸。净名经云，上求一切智，无非时求，大般若经云。菩萨摩诃萨昼夜精勤，常住般若波罗蜜多。相应作意，无时暂舍。

若心有住，则为非住。

若心住涅槃，非是菩萨住处。不住涅槃，不住诸法，一切处不住，方是菩萨住处，上文说应无所住而生其心是也。

是故佛说菩萨心，不应住色布施。须菩提，菩萨为利益一切众生，应如是布施。

菩萨不为求望自身快乐，而行布施。但为内破悭心，外利益一切众生，而行布施也。

如来说一切诸相，即是非相。又说一切众生，则非众生。

如者不生，来者不灭。不生者我人等相不生，不灭者觉照不灭。下文云：“如来者无所从来，亦无所去。故名如来。”如来说我人等相，毕竟可破坏，非真实体也。一切众生，尽是假名。若离妄心，即无众生可得，故言即非

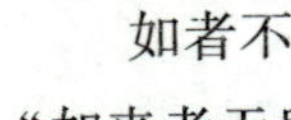

众生。

须菩提，如来是真语者。实语者、如语者、不诳语者、不异语者。

真语者说一切有情无情皆有佛性；实语者说众生造恶业定受苦报；如语者说众生修善法，定有乐报。不诳语者，说般若波罗蜜法，出生三世佛，决定不虚；不异语者如来所说初善中善后善旨意微妙，一切天魔外道，无有能超胜及破坏佛语者也。

须菩提，如来所得法，此法无实无虚。

无实者以法体空寂，无相可得；然中有恒沙性德，用之不匮，故言无虚，欲言其实；无相可得，欲言其虚，用而无闻，是故不得言无。不得言有，得无而不无，言譬不及者。其唯真智乎？若不离相修行，无由臻此。

须菩提，若菩萨心住于法，而行布施。如人入暗，则无所见。

于一切法，心有住着，则不了三轮体空，如盲者处暗，无所晓了，华严经云："声闻在如来会中闻法，如盲如聋，为住诸法相故也。"

若菩萨心不住法，而行布施。如人有目，日光明照，见种种色。

若菩萨常行般若波罗蜜多，无著无相行。如人有目，处于皎日之中何所不见也。

须菩提，当来之世。若有善男子，善女人，能于此经，受持读诵，则为如来以佛智慧。悉知是人，悉见是人，皆得成就无量无边功德。

当来之世者，如来灭后，后五百岁，浊恶之世。邪法竞起，正法难行。于此时中，若有善男子善女人，得遇此经，从师禀受，读诵在心，精进不忘，依义修行，悟入佛之知见，则能成就阿耨菩提。以是三世诸佛，无不知之。

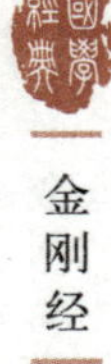

持经功德分第十五

（受持读诵，自利利他，功德无边，不可称量，故受之以持经功德分。）

须菩提，若有善男子，善女人，初日分以恒河沙等身布施，中日分复以恒河沙等身布施，后日分亦以恒河沙等身布施，如是无量百千万亿劫，以身布施。若复有人闻此经典，信心不逆，其福胜彼，何况书写受持读诵，为人解说？

佛说末法之时，得闻此经，信心不逆，四相不生，即是佛之知见。此人功德，胜前多劫舍身功德，百千万亿不可譬喻。一念闻经，其福尚多，何况更能书写受持为人解说，当知此人，决定成就阿耨多罗三藐三菩提，所以种种方便，为说如是甚深经典，俾离诸相，得阿耨多罗三藐三菩提。所得福德，无有边际，盖缘多劫舍身，不了诸法本空，心有能所。未离众生之见，如能闻经悟道，我人顿尽，言下即佛，将舍身有漏之福，比持经无漏之慧，实不可及。故虽十方聚宝，三世舍身，不如持经四句偈。

（注云："心有能所四字。"一本云："有能舍所舍心，有元来未离众生之见。"此解意又分明，故两存之。）

须菩提，以要言之。是经有不可思议，不可称量，无边功德。

持经之人，心无我所，无我所故，是为佛心。佛心功德，无有边际，故言不可称量。

如来为发大乘者说，为发最上乘者说。

大乘者智慧广大，善能建立一切法，最上乘者。不见垢法可厌，不见净法可求，不见众生可度，不见涅槃可证，不作度众生心，不作不度众生心，是名最上乘。亦名一切智，亦名无生忍，亦名大般若。

若有人能受持读诵，广为人说，如来悉知是人，悉见是人，皆得成就不可量，不可称，无有边，不可思议功德。如是人等，则为荷担如来阿耨多罗三藐三菩提。

若有人发心求佛无上道，闻此无相无为甚深之法，即当信解受持，为人解说，令其深悟，不生毁谤，得大忍力，大智慧力，大方便力，方能流通此经也。上根之人，闻此经典，得深悟佛意，持自心经，见性究竟，复起利他之行。能为人解说，令诸学者，自悟无相理，得见本性如来，成无上道。当知说法之人，所得功德，无有边际，不可称量。闻经解义，如教修行，复能广为人说，令诸众生。得悟修行无相无著之行，以能行此行，有大智慧光明，出离尘劳。虽离尘劳，不作离尘劳之念，即得阿耨多罗三藐三菩提，故名荷担如来。当知持经之人，自有无量无边不可思议功德。

何以故？须菩提，若乐小法者。著我见人见众生见寿者见，则于此经。不能听受读诵，为人解说。

何名乐小法者，为二乘声闻人，乐小果不发大心，故即于如来深法。不能受持读诵，为人解说。

须菩提，在在处处。若有此经，一切世间天人阿修罗所应供养。当知此处，则为是塔。皆应恭敬作礼围绕，以诸华香而散其处。

若人口诵般若，心行般若，在在处处。常行无为无相之行，此人所在之处，如有佛塔，感得一切天人，各持供养，作礼恭敬，与佛无异。能受持经者，是人心中，自有世尊，故云如佛塔庙。当知所得福德，无量无边。

能净业障分第十六

（恒沙罪业，一念消除果报。）复次须菩提，若善男子，善女人，受持读诵此经。若为人轻贱，是人先世罪业，应堕恶道。以今世人轻贱故。先世罪业则为消灭，当得阿耨多罗三藐三菩提。

佛言持经之人，如得一切天人恭敬供养，为前生有重业障故。今生虽得受持诸佛如来甚深经典，常被人轻贱，不得人恭敬供养。自以受持经典故，不起人我等相，不问冤亲，常行恭敬，心无恼恨，荡然无所计较。念念常行般若波罗蜜行，曾无退转，以能如是修行故，得无量劫以到今生，所有极恶罪障，并能消灭，又约理而言，先世即是前念妄心，今世即是后念觉心，以后念觉心。轻贱前念妄心，妄不得住。故云先世罪业，即为消灭，妄念即灭，罪业不成，即得菩提也。

须菩提，我念过去无量阿僧祇劫，于然灯佛前。得值八百四千万亿那由他诸佛，悉皆供养承事，无空过者。若复有人于后末世，能受持读诵此经，所得功德，于我所供养诸佛功德，百分不及一，千万亿分，乃至算数譬喻所不能及。

供养恒沙诸佛，施宝满三千界，舍身如微尘数。种种福德不及持经一念悟无生理，息希望心。远离众生颠倒知见，即到波罗蜜彼岸，永出三涂，证无余涅槃也。

须菩提，若善男子，善女人，于后末世。有受持读诵此经，所得功德，我若具说者。或有人闻，心则狂乱，狐疑不信。

佛言末法众生，德薄垢重，嫉妒弥深，邪见炽盛。于此时中，如有善男子善女人，受持读诵此经，圆成法相，了无所得。念念常行慈悲喜舍，谦下柔和，究竟成就无上菩提，或有人不知如来正法，常住不灭。闻说如来灭后，后五百岁，有人能成就无相心，行无相行，得阿耨多罗三藐三菩提，则必心生惊怖，狐疑不信。

须菩提，当知是经义不可思议，果报亦不可思议。

是经义者，即无著无相行也。云不可思议者，赞叹无著无相行，能成就阿耨多罗三藐三菩提也。

究竟无我分第十七

（本来无我，安得有人，为度彼人，故权立我，故受之以究竟无我分。）

尔时须菩提白佛言，世尊，善男子，善女人，发阿耨多罗三藐三菩提心。云何应住？云何降伏其心？佛告须菩提，善男子，善女人，发阿耨多罗三藐三菩提者。当生如是心，我应灭度一切众生，灭度一切众生已，而无有一众生实灭度者。

须菩提问佛，如来灭后后五百岁。若有人发阿耨多罗三藐三菩提心，依何法而住，如何降伏其心？佛言当发度脱一切众生心，度脱一切众生，尽得成佛已。不得见有一众生是我灭度者。何以故？为除能所心，除有众生心，亦除我见心也。

何以故？须菩提，若菩萨有我相、人相、众生相、寿者相、则非菩萨。

菩萨若见有众生可度者，即是我相，有能度众生心，即是人相；谓涅槃可求，即是众生相，见有涅槃可证，即是寿者相，有此四相，即非菩萨也。

所以者何，须菩提，实无有法发阿耨多罗三藐三菩提者。

有法者，我人等四法是也。不除四法，终不得菩提。若言我发菩提心者，亦是人我等法。人我等法，是烦恼根本。

须菩提，于意云何。如来于然灯佛所，有法得阿耨多罗三藐三菩提不，不也。世尊，如我解佛所说义，佛于然灯佛所，无有法得阿耨多罗三藐三菩提。佛言："如是如是。"

佛告须菩提，我于师处，不除四相，得授记不，须菩提深解无相之理，故言不也。善契佛意，故佛言："如是如是。"言是，即印可之辞也。

须菩提，实无有法如来，得阿耨多罗三藐三菩提，须菩提，若有法如来得阿耨多罗三藐三菩提者。然灯佛则不与我受记，汝于来世，当得作佛，号释迦牟尼，以实无有法得阿耨多罗三藐三菩提，是故然灯佛与我受记。作是言，汝于来世，当得作佛，号释迦牟尼。何以故？如来者，即诸法如义。

佛言实无我人众生寿者，始得受菩提记，我若有发菩提心，然灯佛则不与我授记，以实无所得，然灯佛始与我授记，此一段文，总成须菩提无我义。佛言诸法如义者，诸法即是色声香味触法，于此六尘中，善能分别，而本体湛然。不染不著，曾无变异，如空不动，圆通莹澈、历劫常存，是名诸法如义。菩萨璎珞经云："毁誉不动，是如来行。"入佛境界经云："诸欲不染故，敬礼无所观。"

若有人言，如来得阿耨多罗三藐三菩提。须菩提，实无有法佛得阿耨多罗三藐三菩提。须菩提，如来所得阿耨多罗三藐三菩提，于是中无实无虚。

佛言实无所得心，而得菩提。以所得心不生，是故得菩提。离此心外，更无菩提可得，故言无实也。所得心寂灭，一切智本有，万行悉圆备，恒沙德性，用无乏少，故言无虚也。

是故如来说一切法，皆是佛法。须菩提，所言一切法者，即非一切法，是故名一切法。

能于诸法，心无取舍，亦无能所。炽然建立一切法，而心常空寂，故知一切法皆是佛法，恐迷者贪著，一切生为佛法，为遣此病，故言即非一切；心无能所，寂而常照，定慧齐行，礼用一致，是故名一切法。

须菩提，譬如人身长大，须菩提言。世尊，如来说人身长大，则为非大

身，是名大身。

如来说人身长大，则为非大身者。以显一切众生，法身不二，无有限量，是名大身。法身本无处所，故言则非大身。又以色身虽大，内无智慧，即非大身。色身虽小，内有智慧。得名大身。虽有智慧，不能依行，即非大身。依教修行，悟入诸佛无上知见，心无能所限量。是名大身也。

须菩提，菩萨亦如是。若作是言，我当灭度无量众生，则不名菩萨。

菩萨若言由我说法，除得彼人烦恼，即是法我。若言我度得众生，即有我所。虽度脱众生，心有能所，我人不除，不得名为菩萨，炽然说种种方便，化度众生，心无能所，即是菩萨也。

何以故？须菩提，实无有法，名为菩萨，是故佛说一切法，无我无人无众生无寿者。须菩提，若菩萨作是言，我当庄严佛土，是不名菩萨。何以故？如来说庄严佛土者，即非庄严。是名庄严。

菩萨若言我能建立世界者，即非菩萨。虽然建立世界，心有能所，即非菩萨。炽然建立世界，能所心不生，是名菩萨。最胜妙定经云，假使有人造得白银精舍满三千大千世界，不如一念禅定心，心有能所，即非禅定，能所不生，是名禅定。禅定即是清净心也。

须菩提，若菩萨通达无我法者，如来说名真是菩萨。

于诸法相，无所滞碍，是名通达，不作解法心，是名无我法。无我法者，如来说名，真是菩萨，随分行持，亦得名为菩萨，然未为真菩萨，解行圆满，一切能所心尽，方得名真是菩萨。

一体同观分第十八

（一眼摄五眼，一沙摄恒河沙，一世界摄多世界，一心摄若干心，故受之以一体同观分，）

“须菩提，于意云何，如来有肉眼不，如是，世尊，如来有肉眼，须菩提，于意云何，如来有天眼不。如是，世尊，如来有天眼，须菩提，于意云何，如来有慧眼不，如是，世尊，如来有慧眼。须菩提，于意云何？如来有法眼不，如是，世尊，如来有法眼，须菩提，于意云何？如来有佛眼不，如是，世尊，如来有佛眼。”

一切人尽有五眼，为迷所覆，不能自见，故佛教除却迷心，即五眼开明。念念修行般若波罗蜜法，初除迷心，名为第一肉眼，见一切众生。皆有佛性，起怜悯心，是名为第二天眼。痴心不生，名为第三慧眼。著法心除，名为第四法眼。细惑永尽，圆明遍照，名为第五佛眼，又云见色身中有法身，名为天眼，见一切众生，各具般若性，名为慧眼，见性明澈，能所永除，一切佛法。本来自备，名为法眼，见般若波罗蜜，能生三世一切法，名为佛眼。

须菩提：“于意云何？”恒河中所有沙，佛说是：“沙不。”如是，世尊，如来说：“是沙。”须菩提，于意云何，如一恒河中所有沙，有如是等恒河，是诸恒河所有沙数佛世界，如是宁为多不，甚多，世尊。

恒河者，西国祇园精舍侧近河，如来说法，指此河为喻，佛说：“此河中沙。”一沙况一世界，以为多不？须菩提言：“甚多。”世尊，佛举此众多国土者，欲明其中，所有众生，一一众生，皆有若许心数也。

佛告须菩提，尔所国土中，所有众生，若干种心，如来悉知，何以故，如来说诸心，皆为非心，是名为心。

尔所国土中所有众生，一一众生，皆有若干差别心数，心数虽多，总名妄心，识得妄心非心，是名为心，此心即真心，常心，佛心，般若波罗蜜心，清净菩提涅槃心。

所以者何，须菩提，过去心不可得，现在心不可得，未来心不可得。

过去心不可得者，前念妄心，瞥然已过，追寻无有处所，现在心不可得者。真心无相。凭何得见，未来心不可得者，本无可得，习气已尽，更不复生，了此三心皆不可得，是名为佛，

法界通化分第十九

（遍周法界，一化普通，七宝福田，宁如四句，故受之以法界通化分。）

须菩提，于意云何。若有人满三千大千世界七宝以用布施，是人以是因缘，得福多不。如是，世尊，此人以是因缘，得福甚多。须菩提，若福德有实，如来不说得福德多，以福德无故，如来说得福德多。

七宝之福，不能成就佛果菩提，故言无也。以其无量数限，故名曰多。如能超过，即不说多也。

离色离相分第二十

（三身具足，诸相圆成，人法俱忘，即非具足，故受之以离色离相分。）

须菩提，于意云何。佛可以具足色身见不，不也。世尊，如来不应以具足色身见。何以故？如来说具足色身，即非具足色身，是名具足色身。

佛意恐众生不见法身，但见三十二相，八十种好。紫磨金耀，以为如来真身。为遣此迷，故问须菩提。佛可以具足色身见不，三十二相即非具足色身。是名具足色身，净行者，即六波罗蜜是也。于五根中修六波罗蜜，于意根中定慧双修，是名具足色身。从爱如来三十二相，内不行三十二净行，即非具足色身。不爱如来色身，能自持清净行，亦名得具足色身。

须菩提，于意云何。如来可以具足诸相见不，不也。世尊，如来不应以具足诸相见。何以故？如来说诸相具足即非具足，是名诸相具足。

如来者，即无相法身是也。非肉眼所见，慧眼乃能见之，慧眼未明具足，生我人等相，以观三十二相为如来者，即不名为具足也。慧眼明澈，我人等相不生，正智光明常照，是名诸相具足。三毒未泯，言见如来真身者，固无此理，纵能见者，只是化身，非真实无相之法身也。

非说所说分第二十一

（终日谈空，不谈一字。若云有说，即谤如来，故受之以非说所说分。）

须菩提，汝勿谓如来作是念，我当有所说法，莫作是念。何以故，若人言如来有所说法，即为谤佛。不能解我所说故。须菩提，说法者，无法可说，是名说法。

凡夫说法，心有所得，故告须菩提。如来说法，心无所得，凡夫作能解心说，如来语默皆如。所发言辞，如响应声，任用无心，不同凡夫作生灭心说。若言如来说法，心有生灭者，即为谤佛，维摩经云："真说法，无说无示。"听法者，无闻无得。了万法空寂，一切名言，皆是假立，于自性空中，炽然建立。一切言辞演说，诸法无相无为，开导迷人，令见本性，修证无上菩提。

尔时，慧命须菩提白佛言。世尊，颇有众生，于未来世，闻说是法，生信心不。佛告须菩提，彼非众生，非不众生。何以故，须菩提，众生众生者。如来说非众生，是名众生。

（灵幽法师加此，尔时慧命须菩提以下六十二字，是长庆二年。今现在濠州钟离寺石碑上，记六祖解在前，故无解，今亦存之。）

无法可得分第二十二

（无上正智，实无少法，法无所得，正遍历然，故受之以无法可得分。）
须菩提白佛言，世尊，佛得阿耨多罗三藐三菩提，为无所得耶。佛言："如是如是。"须菩提，我于阿耨多罗三藐三菩提，乃至无有少法可得，是名阿耨多罗三藐三菩提。

须菩提言，所得心尽，即是菩提。佛言如是如是，我于菩提实无希求心，亦无所得心，以如是故，得名阿耨多罗三藐三菩提。

净心行善分第二十三

（一法存心，情生高下，净心修行，善法何穷，故受之以净心行善分。）
复次须菩提，是法平等，无有高下，是名阿耨多罗三藐三菩提。以无我无人无众生无寿者，修一切善法，则得阿耨多罗三藐三菩提。

此菩提法者，上至诸佛，下至昆虫，尽含种智，与佛无异，故言平等，无有高下。以菩提无二故，但离四相，修一切善法，则得菩提。若不离四相。虽修一切善法，转增我人欲证解脱之心，无由可了。若离四相，修一切善法，解脱可期。修一切善法者，于一切法，无有染著。对一切境，不动不摇，于出世法，不贪不著，不爱，于一切处常行方便，随顺众生，使之欢喜信服，为说正法，令悟菩提。如是始名修行，故言修一切善法。

须菩提，所言善法者。如来说非善法，是名善法。

修一切善法，希望果报，即非善法。六度万行炽然俱作，心不望报，是名善法。

福智无比分第二十四

（施宝如山，山非无尽，大身妙智。斯即实山，故受之以福智无比分。）

须菩提，若三千大千世界中，所有诸须弥山王，如是等七宝聚，有人持用布施。若人以此般若波罗蜜经，乃至四句偈等，受持读诵，为他人说，于前福德，百分不及一，百千万亿分，乃至算数譬喻所不能及。

大铁围山，高广二百二十四万里。小铁围山，高广一百一十二万里。须弥山高广三百三十六万里，以此名为三千大千世界。就理而言，即贪嗔痴妄念各具一千也。如尔许山尽如弥弥，以况七宝数持用布施，所得福德，无量无边，终是有漏之因，而无解脱之理。摩诃般若波罗蜜多四句经文虽少，依之修行，即得成佛。是知持经之福，能令众生证得菩提，故不可比。

化无所化分第二十五

（化门建立，未脱筌蹄，以要言之，实无所住，故受之以化无所化分。）

须菩提于意云何，汝等勿谓如来作是念，我当度众生。须菩提，莫作是念。何以故？实无有众生如来度者，若有众生如来度者，如来则有我人众生寿者。

须菩提意谓如来有度众生心，佛为遣须菩提如是疑心，故言莫作是念。一切众生，本自是佛，若言如来得度众生成佛，即为妄语。以妄语故，即是我人众生寿者，此为遣我所心也。夫一切众生，虽有佛性，若不因诸佛说法，无由自悟，凭何修行，得成佛道。

须菩提，如来说有我者，则非有我。而凡夫之人，以为有我。须菩提，凡夫者，如来说即非凡夫，是名凡夫。

如来说有我者是自性清净，常乐我净之我，不同凡夫贪嗔痴无明虚妄不

实之我，故言凡夫之人，以为有我，有我人者，即是凡夫。我人不生，即非凡夫。心有生灭，即是凡夫。心无生灭，即非凡夫。不悟般若波罗蜜多，即是凡夫。若悟般若波罗蜜多，即非凡夫。心有能所，即是凡夫。心无能所，即非凡夫。

法身非相分第二十六

（色见声求，是行邪道。于兹妙契，独露真常，故受之以法身非相分。）须菩提，于意云何？可以三十二相观如来不。须菩提言："如是如是。"以三十二相观如来，佛言。须菩提，若以三十二相观如来者，转轮圣王则是如来。须菩提白佛言，世尊，如我解佛所说义，不应以三十二相观如来。

世尊大慈，恐须菩提执相之病未除，故作此问。须菩提未知佛意，乃言如是，如是之言。早是迷心，更言以三十二相观如来，又是一重迷心，离真转远，故如来为说除彼迷心。若以三十二相观如来者，转轮圣王，即是如来。转轮圣王，虽有三十二相，岂得同如来？世尊引此言者，以遣须菩提执相之病，令其所悟深澈。须菩提被问，迷心顿释，故云如我解佛所说义，不应以三十二相观如来。须菩提是大阿罗汉，所悟甚深得方便。不生迷路，以冀世尊除遣细惑，令后世众生所见不谬也。

尔时世尊而说偈言：若以色见我，以音声求我。

是人行邪道，不能见如来。若以两字，是发语之端，色者相也，见者识也。我者，是一切众生身中自性清净，无为无相真常之体，不可高声念佛，而得成就。念须正念分明，方得悟解。若以色声求之，不可见也。是知于相中观佛，声中求法。心有生灭，不悟如来矣。

无断无灭分第二十七

（相而无相，空且不空。亘古亘今，执云断灭，故受之以无断无灭分。）须菩提，汝若作是念，如来不以具足相故，得阿耨多罗三藐三菩提。须菩提，莫作是念，如来不以具足相故，得阿耨多罗三藐三菩提。须菩提，汝若作是念，发阿耨多罗三藐三菩提心者。说诸法断灭相，莫作是念。何以故？发阿耨多罗三藐三菩提心者，于法不说断灭相。

须菩提闻说真身离相，便谓不修三十二净行，而得菩提。佛语须菩提，莫言如来不修三十二净行，而得菩提。汝若言不修三十二净行，得阿耨菩提者，即是断佛种性，无有是处。

不受不贪分第二十八

（大心成忍，本自无贪，世福甚多。云何有受，故受之以不受不贪分。）须菩提，若菩萨以满恒河沙等世界七宝持用布施，若复有人，知一切法无我，得成于忍。此菩萨胜前菩萨所得功德，何以故？（异本有此三字）须菩提，以诸菩萨不受福德故，须菩提白佛言，世尊云何菩萨不受福德，须菩提，菩萨所作福德，不应贪著，是故说不受福德。

通达一切法，无能所心，是名为忍。此人所得福德，胜前七宝福德，菩萨所作福德，不为自己。意在利益一切众生，故言不受福德。

威仪寂静分第二十九

（去来坐卧，无不如如，故受之以威仪寂静分。）须菩提，若有人言，如来若来若去若坐若卧，是人不解我所说义。何以故？如来者，无所从来，亦无所去，故名如来。

如来非来非不来，非去非不去，非坐非不坐，非卧非不卧，行住坐卧四威仪中，常在空寂，即是如来也。

一合相理分第三十

（信心不断，斯即微尘，信宝遍充，是名世界。界尘一合，法尔如然，故受之以一合相理分。）须菩提，若善男子，善女人，以三千大千世界碎为微尘。于意云何？是微尘众，宁为多不。须菩提言，甚多。（此二句原本无）世尊，何以故？若是微尘众实有者，佛则不说是微尘众，所以者何？佛说微尘众，即非微尘众，是名微尘众。

佛说三千大千世界，以喻一切众生性上微尘之数。如三千大千世界中所有微尘，一切众生性上妄念微尘，即非微尘者。闻经悟道，觉慧常照，趣向

菩提也。念念不住，常在清净，如是清净微尘，是名微尘众。

世尊，如来所说三千大千世界，则非世界，是名世界。

三千者约理而言，则贪嗔痴妄念各具一千数也。心为善恶之本，能作凡作圣，其动静不可测度，广大无边，故名大千世界。

何以故？若世界实有者，则是一合相。如来说一合相，则非一合相，是名一合相。

心中明了，莫过悲智二法，由此二法，而得菩提。说一合相者，心有所得故。即非一合相，心无所得。是名一合相，一合相者。不坏假名，而谈实相。

须菩提:“一合相者，则是不可说，但凡夫之人，贪著其事。”

由悲智二法，成就佛果菩提，说不可尽，妙不可言，凡夫之人，贪著文字事业，不行悲智二法，若不行悲智二法，而求无上菩提，何由可得。

知见不生分第三十一

（四见俱非，是名四见，故受之以知见不生分。）须菩提，若人言，佛说我见人见众生见寿者见，须菩提，于意云何，是人解我所说义不，不也，世尊，是人不解如来所说义，何以故。世尊说我见人见众生见寿者见，即非我见人见众生见寿者见，是名我见人见众生见寿者见。

如来说此经者，令一切众生，自悟般若智慧，自修行菩提果，凡夫人不解佛意，便谓如来说我人等见。不知如来说甚深无相无为般若波罗蜜法，如来所说我人等见，不同凡夫我人等见，如来说一切众生，皆有佛性。是真我见，说一切众生有无漏智，性本自具足，是人见，说一切众生本自无烦恼，是众生见，说一切众生，性本不生不灭，是寿者见。

须菩提，发阿耨多罗三藐三菩提心者，于一切法，应如是知。如是见，如是信解，不生法相，须菩提，所言法相者，如来说即非法相，是名法相。

发菩提心者，应见一切众生皆有佛性，应见一切众生无漏种智，本自具足，应信一切众生本无烦恼，应信一切众生，自性本无生灭，虽行一切智慧。方便接物利生，不作能所之心，口说无相法，而心有能所，即非法相，口说无相法，心行无相行，而能所心灭，是名法相也。

应化非真分第三十二

（一念发心，获福亦尔，应身化物，岂得已哉，真佛流通，于事毕矣，故受之以应化非真分。）须菩提，若有人以满无量阿僧祇世界七宝，持用布施，若有善男子、善女人，发菩提心者，持于此经，乃至四句偈等，受持读诵，为人演说，其福胜彼，云何为人演说，不取于相，如如不动。

七宝福虽多，不如有人发菩提心。受持此经四句，为人演说。其福胜彼百千万亿，不可譬喻。说法善巧方便，观根应量，种种随宜，是名人演说。所听法人，有种种相貌不等，不得作分别之心。但了空寂如如之心，无所得心，无胜负心，无希望心，无生灭心，是名如如不动也。

何以故？

一切有为法，如梦幻泡影。

如露亦如电，应作如是观。

梦者是妄身，幻者是妄念，泡者是烦恼，影者是业障，梦幻泡影业，是名有为法。若无为法，则真实难名相，悟者无诸业。

佛说是经已，长老须菩提。及诸比丘，比丘尼，优婆塞，优婆夷，一切世间天人阿修罗，闻佛所说。皆大欢喜，信受奉行。

六祖口诀后序

法性圆寂，本无生灭，因有生念，遂有生缘，故天得命之以生，是故谓之命。天命既立，真空入有，前日生念转而为意识，意识之用，散而为六根，六根各有分别，中有所总持者，是故谓之心。心者念虑之所在也，神识之所含也，真妄之所共处者也，当凡夫圣贤几会之地也。一切众生自无始来，不能离生灭者，皆为此心所累。故诸佛惟教人了此心，此心了即见自性，见自性则是菩提也，此在性时皆自空寂，而湛然若无，缘有生念，而后有者也。有生则有形，形者地水火风之聚沫者也，以血气为体，有生者之所托也，血气足则精足，精足则生神，神足则生妙用。然则妙用者，即是在吾圆寂时之真我也。因形之遇物，故见之于作为而已。但凡夫迷而逐物，圣贤明而应物；逐物者自彼，应物者自我；自彼者著于所见，故觅轮回；自我者当体常空，故万劫如一。合而观之，皆心之妙用也。是故当其未生之时，所谓性者，圆满具足，空然无物，湛乎自然，其广大与虚空等，往来变化，一切自由，天虽欲命我以生，其可得乎？天犹不能命我以生，况于四大乎？况于五行乎？既有生念，又有生缘，故天得以生命我，四大得以气形我，五行得以数约我，此有生者之所以有灭也。然则生灭则一，在凡夫圣贤之所以生灭则殊。凡夫之人，生缘念有，识随业变，习气薰染，因生愈甚，故既生之后，心著诸妄，妄认四大以为我身，妄认六亲以为我有，妄认色声以为快乐，妄认尘劳以为富贵。心自知见，无所不妄，诸妄既起，烦恼万差，妄念夺真，真性遂隐，人我为主，真识为客，三业前引，百业后随，流浪生死，无有涯际，生尽则灭，灭尽复生，生灭相循，至堕诸趣，在于诸趣，转转不知，愈恣无明，造诸业罟，遂至尘沙劫尽，不复人身。圣贤则不然，圣贤生不因念，应踬而生，欲生则生，不待彼命，故既生之后，圆寂之性，依旧湛然，无体相无罣碍，其照万法，如青天白日，无毫发隐滞。故建立一切善法，于沙界，不见其少；

摄受一切众生，皈于寂灭，不以为多。驱之不能来，逐之不能去。虽托四大为形，五行为养，皆我所假，未尝妄认，我跡当灭，委而去之，如来去耳，于我何与哉！是故凡夫有生则有灭，灭者不能不生；圣贤有生亦有灭，灭者归于真空，是故凡夫生灭，如身中影，出入相随，无有尽时；圣贤生灭，如空中雷，自发自止，不累于物，世人不知生灭之如此。而以生灭为烦恼大患，盖不自觉也，觉则见生灭如身上尘，当一振奋耳，何能累我性哉！昔我如来以大悲心，悯一切众生，迷错颠倒，流浪生死之如此，又见一切众生，本有快乐自在性，皆可修证成佛，欲一切众生，尽为圣贤生灭，不为凡夫生灭，犹虑一切众生无始以来，流浪日久，其种性已差，未能以一法速悟，故为说八万四千法门，门门可入，皆可到真如之地。每说一法门，莫非丁宁实语，欲使一切众生，各随所见法门，入自心地，到自心地，见自性佛，证自身佛，即同如来，是故如来于诸经说有者，欲使一切众生？相生善；说无者，欲使一切众生离相见性。所说色空，亦复如是。然而众生执着，见有非真有，见无非真无，其见色见空，皆如是执着，复起断常二见，转为生死根蒂，不示以无二法门，又将迷错颠倒，流浪生死，甚于前日，故如来又为说大般若法，破断常二见，使一切众生，知真有真无，真色真空，本来无二，亦不远人，湛然寂静，只在自己性中，但以自己性智慧，照破诸妄，则晓然自见。是故大般若经六百卷，皆如来为菩萨果人说佛性，然而其间犹有为顿渐者说，惟金刚经为发大乘者说，为发最上乘者说，是故其经先说四生四相，次云凡所有相，皆是虚妄，若见诸相非相，即见如来，盖显一切法，至无所住，是为真谛。故如来于此经，凡说涉有即破之，以非直取实相，以示众生，盖恐众生不解所说，其心反有所住故也，如所谓佛法即非佛法之类是也。是故六祖大师，于五祖传衣付法之际，闻说此经云：应无所住而生其心，言下大悟，是为第六祖，如来云一切诸佛，及诸佛阿耨多罗三藐三菩提法，皆从此经出，其信乎哉！适少观坛经，闻六祖由此经见性，疑必有所演说，未之

见也。及知曹州济阴，于邢君固处得六祖口诀一本，观其言简辞直，明白利断，使人易晓而不惑，喜不自胜。又念京东河北陕西人，资性质朴信厚，遇事决裂，若使学佛性，必能勇猛精进，超越过人。然其为讲师者，多传百法论，上生经而已，其学者不知万法随缘生，缘尽法亦应灭，反以法为法，固守执着，遂为法所缚，死不知解，犹如陷沙之人，力与沙争，愈用力而愈陷，不知勿与沙争，即能出陷，良可惜也。适遂欲以六祖金刚经口诀，镂板流传，以开发此数方学者佛性，然以文多脱误，因广求别本刊校，十年间凡得八本，惟杭越建陕四本文多同，因得刊正谬句。董君遒力劝成之，且从诸朝士以资募工，大夫闻者，皆乐见助，四明楼君常愿终承其事，呜呼！如来云："无法可说是名说法。"夫可见于言语文字者岂佛法之真谛耶？然非言语文字，则真谛不可得而传也，学者因六祖口诀以求金刚经，因金刚经以求见自佛性，见自佛性，然后知佛法不止于口诀而已，如此则六祖之于佛法，其功可思议乎哉！或者以六祖不识字，疑口诀非六祖所作，譬夫大藏经，岂是世尊自作耶，亦听法者之所传也。或六祖言之，而弟子传之，吾不得而知也，苟因口诀可以见经，何疑其不识字也。

佛说能断金刚般若波罗蜜多经

——唐三藏沙门义净译

如是我闻，一时薄伽梵，在名称大城战胜林施孤独园。与大苾刍众千二百五十人俱。及大菩萨众，尔时世尊于日初分时，著衣持钵入城乞食。次第乞已还至本处，饭食讫收衣钵洗足已，于先设座加趺端坐正念而住。时诸苾刍来诣佛所，顶礼双足右绕三匝，退坐一面，尔时具寿妙生在大众中，承佛神力即从座起，偏袒右肩右膝著地，合掌恭敬白佛言，希有世尊，希有善逝，如来应正等觉，能以最胜利益，益诸菩萨，能以最胜付嘱，嘱诸菩萨，世尊，若有发趣菩萨乘者，云何应住，云何修行，云何摄伏其心。

佛告妙生，善哉善哉，如是如是，如汝所说，如来以胜利益益诸菩萨。以胜付嘱嘱诸菩萨，妙生，汝应谛听极善作意。吾当为汝分别解说，若有发趣菩萨乘者，应如是住如是修行。如是摄伏其心，妙生言，唯然世尊。愿乐欲闻，佛告妙生。若有发趣菩萨乘者，当生如是心。所有一切众生之类，若卵生胎生湿生化生。若有色无色，有想无想，非有想非无想，尽诸世界所有众生，如是一切，我皆令入无馀涅槃而灭度之，虽令如是无量众生证圆寂已。而无有一众生入圆寂者，何以故，妙生，若菩萨有众生想者，则不名菩萨，所以者何。由有我想众生想寿者想，更求趣想故。

复次妙生，菩萨不住于事应行布施。不住随处应行布施，不住色声香味触法应行布施。妙生，菩萨如是布施。乃至相应亦不应住，何以故，由不住施福聚难量妙生，于汝意云何。东方虚空可知量不。妙生言，不尔世尊，南西北方四维上下十方虚空可知量不，妙生言。不尔世尊，妙生，菩萨行不住施，所得福聚不可知量，亦复如是。

妙生，于汝意云何，可以具足胜相观如来不，妙生言，不尔世尊，不应以胜相观于如来，何以故，如来说胜相即非胜相，妙生。所有胜相皆是虚妄。若无胜相即非虚妄，是故应以胜相无相观于如来，妙生言，世尊，颇有众生。于当来世后五百岁正法灭时，闻说是经生实信不。

佛告妙生，莫作是说。颇有众生，于当来世后五百岁正法灭时。闻说是经生实信不，妙生。当来之世有诸菩萨，具戒具德具慧。而彼菩萨非于一佛承事供养植诸善根，已于无量百千佛所，而行奉事植诸善根，是人乃能于此经典生一信心，妙生，如来悉知是人悉见是人。彼诸菩萨当生当摄无量福聚，何以故。由彼菩萨无我想众生想寿者想更求趣想。彼诸菩萨非法想非非法想，非想非无想，何以故，若彼菩萨有法想，即有我执。有情执寿者执更求趣执，若有非法想，彼亦有我执，有情执寿者执更求趣执。妙生，是故菩萨不应取法不应取非法，以是义故，如来密意，宣说筏喻法门，诸有智者法尚应舍何况非法。

妙生，于汝意云何？如来于无上菩提有所证不，复有少法是所说不，妙生言，如我解佛所说义，如来于无上菩提。实无所证亦无所说，何以故？佛所说法不可取不可说，彼非法非非法，何以故？以诸圣者皆是无为所显现故。

妙生，于汝意云何?，若善男子善女人，以满三千大千世界七宝，持用布施得福多不。妙生言，甚多世尊，何以故?此福聚者则非是聚，是故如来说为福聚福聚。

妙生，若有善男子善女人。以满三千大千世界七宝，持用布施。若复有人能于此经乃至一四句颂，若自受持为他演说。以是因缘，所生福聚极多于彼无量无数。何以故?妙生，由诸如来无上等觉从此经出，诸佛世尊从此经生。是故妙生，佛法者如来说非佛法是名佛法。

妙生，于汝意云何?诸预流者颇作是念，我得预流果不。妙生言，不尔世尊，何以故?诸预流者无法可预故名预流。不预色声香味触法故名预流，世尊，若预流者作是念。我得预流果者，则有我执有情寿者更求趣执。妙生，于汝意云何，诸一来者颇作是念，我得一来果不，妙生言，不尔世尊。何以故，由彼无有少法证一来性故名一来。妙生，于汝意云何?诸不还者颇作是念。我得不还果不?妙生言，不尔世尊。何以故?由彼无有少法证不还性故名不还。妙生，于汝意云何?诸阿罗汉颇作是念，我得阿罗汉果不.妙生言，不尔世尊，由彼无有少法名阿罗汉，世尊，若阿罗汉作是念，我得阿罗汉果者。则有我执有情寿者更求趣执。世尊，如来说我得无诤住中最为第一，世尊，我是阿罗汉离于欲染。而实未曾作如是念我是阿罗汉，世尊，若作是念我得阿罗汉者。如来即不说我妙生得无诤住最为第一。以都无所住，是故说我得无诤住得无诤，住妙生，于汝意云何，如来昔在然灯佛所，颇有少法是可取不。妙生言，不尔世尊，如来于然灯佛所实无可取。妙生，若有菩萨作如是语，我当成就庄严国土者，此为妄语，何以故，庄严佛土者如来说非庄严。由此说为国土庄严，是故妙生，菩萨不住于事，不住随处。不住色声香味触法，应生其心，应生不住事心，应生不住随处心。应生不住色声香味触法心，妙生，譬如有人身如妙高山王。于意云何，是身为大不。妙生言，甚大世尊。何以故，彼之大身如来说为非身。以彼非有说名为身，妙生，于汝意云何?如殑伽河中所有沙数，复有如是沙

等弶伽河，此诸河沙宁为多不。妙生言，甚多世尊。河尚无数况复其沙。妙生，我今实言告汝。若复有人以宝满此河沙数量世界，奉施如来得福多不。妙生言，甚多世尊。妙生，若复有人于此经中受持一颂并为他说。而此福聚胜前福聚无量无边妙生，若国土中有此法门。为他解说乃至四向伽他，当知此地即是制底。一切天人阿苏罗等，皆应右绕而为敬礼。何况尽能受持读诵，当知是人则为最上第一希有，又此方所即为有佛及尊重弟子。

妙生，于汝意云何？颇有少法是如来所说不。妙生言，不尔世尊，无有少法是如来所说。妙生，三千大千世界所有地尘是为多不。妙生言，甚多世尊。何以故，诸地尘佛说非尘故名地尘，此诸世界佛说非界，故名世界。妙生，于汝意云何？可以三十二大丈夫相观如来。妙生言，不尔世尊，不应以三十二相观于如来。何以故？三十二相佛说非相。是故说为大丈夫相。妙生，若有男子女人以弶伽河沙等身命布施，若复有人于此经中受持一颂并为他说。其福胜彼无量无数，尔时妙生闻说是经，深解义趣涕泪悲泣而白佛言，希有世尊，我从生智以来，未曾得闻如是深经。世尊，当何名此经。我等云，何奉持？佛告妙生是经名为般若波罗蜜多，如是应持，何以故？佛说般若波罗蜜多则非般若波罗蜜多。世尊，若复有人闻说是经生实想者，当知是人最上希有。世尊，此实想者即非实想。是故如来说名实想实想，世尊，我闻是经心生信解未为希有。若当来世有闻是经能受持者，是人则为第一希有。何以故？彼人无我想众生想寿者想更求趣想。所以者何世尊，我想众生想寿者想更求趣想即是非想？所以者何，诸佛世尊离诸想故。

妙生，如是如是。若复有人得闻是经，不惊不怖不畏。当知是人第一希有。何以故？妙生，此最胜波罗蜜多，是如来所说诸波罗蜜多，如来说者即是无边佛所宣说。是故名为最胜波罗蜜多。妙生，如来说忍辱波罗蜜多即非忍辱波罗蜜多。何以故？如我昔为羯陵伽王割截支体时，无我想众生想寿者想更来趣想。我无是想亦非无想，所以者何？我有是想者应生瞋恨。妙生，又念过去于五百世。作忍辱仙人，我于尔时无如是等想。是故应离诸想发趣无上菩提之心，不应住色声香味触法。都无所住而生其心，不应住法，不应住非法。应生其心，何以故，若有所住即为非住，是故佛说菩萨应无所住而行布施。

妙生，菩萨为利益一切众生。应如是布施，此众生想即为非想，彼诸众生即非众生，何以故。诸佛如来离诸想故。妙生，如来是实语者。如语者，不诳语者，不异语者。

妙生，如来所证法及所说法，此即非实非妄。妙生，若菩萨心住于事而行布施。如人入暗则无所见，若不住事而行布施，如人有目日光明照见种种色，是故菩萨不住于事应行其施。妙生，若有善男子善女人，能于此经受持读诵为他演说。如是之人佛以智眼悉知悉见，当生当摄无量福聚。妙生，若有善男子善女人。初日分以弶伽河沙等身布施，中日分复以弶伽河沙等身布施。后日分亦以弶伽河沙等身布施，如是无量百千万亿劫以身布施，若复有人闻此经典不生毁谤。其福胜彼，何况书写受持读诵为人解说。

妙生，是经有不可思议不可称量无边功德。如来为发大乘者说，为发最上乘者说。若有人能受持读诵广为他说，如来悉知悉见是人皆得成就不可量不可称不可思议福业之聚。当知是人则为以肩荷负如来无上菩提。何以故？妙生，若乐小法者则著我见众生见寿者见更求趣见，是人若能读诵受持此经，无有是处。妙生，所在之处若有此经，当知此处则是制底，一切世间天人阿苏罗。所应恭敬作礼围绕以诸香花供养其处妙生，若有善男子善女人，于此经典受持读诵演说之时。或为人轻辱，何以故，妙生当知，是人于前世中造诸恶业应堕恶道。由于现在得遭轻辱，此为善事能尽恶业，速至菩提故。妙生，我忆过去过无数劫，在然灯佛，先得值八十四亿那庾多佛，悉皆供养承事无违背者，若复有人于后五百岁正法灭时。能于此经受持读诵解其义趣广为他说，所得功德，以前功德比此功德。百分不及一，千万亿分算分势分比数分因分乃至譬喻亦不能及。妙生，我若具说受持读诵此经功德，或有人闻心则狂乱疑惑不信妙生当知，是经不可思议，其受持者应当希望不可思议所生福聚。

复次妙生白佛言。世尊，若有发趣菩萨乘者。应云何住？云何修行，云何摄伏其心，佛告妙生，若有发趣。菩萨乘者，当生如是心。我当度脱一切众生悉皆令入无馀涅槃，虽有如是无量众生证于圆寂，而无有一众生证圆寂者。何以故？妙生，若菩萨有众生想者则不名菩萨，所以者何？妙生，实无有法可名发趣菩萨乘者。

妙生，于汝意云何？如来于然灯佛所，颇有少法是所证不。妙生言，如来于然灯佛所，无法可证而得菩提。佛言，如是如是。妙生，实无有法如来于然灯佛所有所证悟得大菩提。若证法者然灯佛则不与我授记。摩纳婆，汝于来世当得作佛号释迦牟尼。以无所得故，然灯佛与我授记，当得作佛号释

迦牟尼，何以故？妙生，言如来者即是实性真如之异名也。妙生，若言如来证得无上正等觉者。是为妄语，何以故？实无有法如来证得无上正觉。妙生，如来所得正觉之法此即非实非虚。是故佛说一切法者即是佛法。妙生，一切法一切法者。如来说为非法。是故如来说一切法者即是佛法。妙生，譬如丈夫其身长大，妙生言。世尊，如来说为大身者。即说为非身是名大身，佛告妙生，如是如是。若菩萨作是语。我当度众生令寂灭者。则不名菩萨。妙生，颇有少法名菩萨不。答言，不尔世尊。妙生，是故如来说，一切法无我无众生无寿者无更求趣，妙生，若有菩萨言，我当成就佛土严胜。佛土严胜者如来说为非是严胜。是故如来说为严胜，妙生，若有信解一切法无性。一切法无性者，如来说名真是菩萨菩萨。妙生，于汝意云何？如来有肉眼不。妙生言，如是世尊，如来有肉眼，如来有天眼不。如是世尊，如来有天眼，如来有慧眼不，如是世尊，如来有慧眼。如来有法眼不，如是世尊。如来有法眼，如来有佛眼不，如是世尊，如来有佛眼。

妙生，于汝意云何？如弶伽河中所有沙数，复有如是沙等弶伽河随诸河沙，有尔所世界是为多不。妙生言，甚多世尊。妙生，此世界中所有众生种种性行其心流转。我悉了知，何以故。妙生，心陀罗尼者，如来说为无持。由无持故心遂流转。何以故？妙生，过去心不可得，未来心不可得。现在心不可得，妙生，于汝意云何，若人以满三千大千世界七宝布施，是人得福多不。妙生言，甚多世尊。妙生，若此福聚是福聚者，如来则不说为福聚福聚。

妙生，于汝意云何？可以色身圆满观如来不，不尔世尊。不应以色身圆满观于如来，何以故，色身圆满色身圆满者，如来说非圆满。是故名为色身圆满。妙生，可以具相观如来不。不尔世尊，不应以具相观于如来。何以故，诸具相者如来说非具相，是故如来说名具相。

妙生，于汝意云何？如来作是念我说法耶，汝勿作是见，若言如来有所说法者。则为谤我何以故，言说法说法者。无法可说是名说法，妙生白佛言。世尊，于当来世颇有众生闻说是经生信心不。佛告妙生，有生信者彼非众生非非众生，何以故？众生众生者，如来说非众生是名众生。

妙生，于汝意云何？佛得无上正等觉时。颇有少法所证不。妙生言，实无有法是佛所证，佛告妙生，如是，此中无有少法可得故，名无上正等菩提。妙生，是法平等无有高下故，名无上正等菩提，以无我无众生无寿者无更求趣性，其性平等故。名无上正等菩提。一切善法皆正觉了故，名无上正等正觉。妙生，善法者如来说为非法故名善法。

妙生，若三千大千世界中所有诸妙高山王，如是等七宝聚。有人持用布施，若复有人于此经中乃至一四句颂，若自受持及为他说。以前福聚比此福聚，假令分此以为百分，彼亦不能及一分，或千分亿分算分势分数分因分乃至譬喻亦不能及一。

妙生，于汝意云何，如来度众生不。汝莫作是见，如来度众生，何以故。曾无有一众生是如来度者，若有众生是如来度者。如来则有我见众生见寿者见更求趣见。妙生，我等执者如来说为非执。而诸愚夫妄为此执，妙生，愚夫众生如来说为非生，故名愚夫众生。

妙生，于汝意云何？应以具相观如来不。不尔世尊，不应以具相观于如来。妙生，若以具相观如来者，转轮圣王应是如来，是故不应以具相观于如来，应以诸相非相观于如来，尔时世尊而说颂曰：

若以色见我　以音声求我
是人起邪觐　不能当见我
应观佛法性　即导师法身
法性非所识　故彼不能了

妙生，诸有发趣菩萨乘者，其所有法是断灭不，汝莫作是见，何以故？趣菩萨乘者其法不失，妙生，若有男子女人，以满弶伽河沙世界七宝布施，若复有人，于无我理不生法中得忍解者，所生福聚极多于彼无量无数。

妙生，菩萨不应取其福聚，妙生言，菩萨岂不取福聚耶，佛告妙生，是应正取不应越取。是故说取，妙生，如有说言如来若来若去若坐若卧者，是人不解我所说义，何以故？妙生，都无去来故名如来。

妙生，若有男子女人，以三千大千世界土地碎为墨尘，妙生，于汝意云何？是极微聚宁为多不，妙生言，甚多世尊，何以故？若聚性是实者如来不说为极微聚极微聚，何以故？极微聚者，世尊说为非极微聚，故名极微聚，世尊，如来所说三千大千世界，说为非世界故，名三千大千世界，何以故？若世界实有，如来则有聚执。佛说聚执者，说为非聚执，是故说为聚执妙生，此聚执者是世言论然，其体性实无可说，但是愚夫异生之所妄执，妙生如有说云，佛说我见众生见寿者见更求趣见者。是为正说为不正耶，妙生言，不尔世尊，何以故？若有我见如来说者，即是非见故名我见，妙生，诸有发趣菩萨乘者。于一切法应如是知如是见如是解，如是解者乃至法相亦无所住，

何以故？妙生，法想法想者，如来说为非想，故名法想法想。

妙生，若有人以满无量无数世界七宝持用布施，若复有人能于此经乃至受持读诵四句伽他令其通利，广为他人正说其义。以是因缘所生福聚极多于彼无量无数，云何正说，无法可说是名正说，尔时世尊说伽他曰：

一切有为法　如星翳灯幻

露泡梦电云　应作如是观

尔时薄伽梵说是经已，具寿妙生。及诸菩萨摩诃萨，苾刍苾刍尼，邬波索迦邬波斯迦，一切世间天人阿苏罗等。皆大欢喜，信受奉行。

佛说能断金刚般若波罗蜜多经。